主编 周棉

白鹿原论丛

2022年第1期
总第一辑

陕西高校哲学社会科学重点研究基地
西安思源学院留学生与中国现代化研究中心　主办

中国社会科学出版社

图书在版编目（CIP）数据

白鹿塬论丛．第一辑／周棉主编．—北京：中国社会科学出版社，2022.9
ISBN 978-7-5227-0588-0

Ⅰ.①白… Ⅱ.①周… Ⅲ.①社会科学—文集 Ⅳ.①C53

中国版本图书馆 CIP 数据核字（2022）第 133541 号

出 版 人	赵剑英
责任编辑	郭曼曼
责任校对	朱妍洁
责任印制	王 超

出　　版	中国社会科学出版社
社　　址	北京鼓楼西大街甲 158 号
邮　　编	100720
网　　址	http://www.csspw.cn
发 行 部	010-84083685
门 市 部	010-84029450
经　　销	新华书店及其他书店

印　　刷	北京明恒达印务有限公司
装　　订	廊坊市广阳区广增装订厂
版　　次	2022 年 9 月第 1 版
印　　次	2022 年 9 月第 1 次印刷

开　　本	710×1000　1/16
印　　张	25
插　　页	2
字　　数	360 千字
定　　价	129.00 元

凡购买中国社会科学出版社图书，如有质量问题请与本社营销中心联系调换
电话：010-84083683
版权所有　侵权必究

《白鹿塬论丛》（辑刊）

陕西高校哲学社会科学重点研究基地
西安思源学院留学生与中国现代化研究中心主办

编辑委员会

顾　问　　张海鹏　　［美］李又宁　　［日］大理浩秋
　　　　　周洪宇　丁　帆　孙　麾

主　任　　周延波
副主任　　赵惠霞　刘吉发　周　棉

编　委　（以姓氏笔画为序）
　　　　　元　青　刘吉发　李国荣　李继凯　李雪涛
　　　　　周延波　周　棉　赵惠霞　赵明宇　赵秀玲
　　　　　柳建晖　梁瑜霞　郭　涛

主　编　　周　棉

目　录

雏凤声鸣白鹿塬——《白鹿塬论丛》发刊词 ………… 周延波（1）

留学生与中国社会发展研究

中国共产党与百年出国留学事业 ……………… 苗丹国　董惠江（3）
留德学人李仪祉水利思想的渊源和特点 ……… 李　清　周　棉（17）
1940年中央建教会与国立西北工学院关于留学
　　背景师资工作的函电研究 …………………………… 贾辰飞（37）
后疫情时代面向东盟的来华留学教育市场前景
　　及发展策略 …………………………………………… 鲁　芳（52）

教育　修身研究

谈谈大学生的爱国意识 ………………………………… 张海鹏（81）
基于整体性视域的新时代大学生思想政治教育 ……… 姜建成（90）
从胡适参与"壬戌学制"的制定看其"再造
　　文明"的实践 ………………………………………… 吴克峰（114）

文艺学　美学研究

论鲁迅的文化磨合与创新
　　——纪念鲁迅诞辰140周年 ………………………… 李继凯（135）
美学基本问题的现代转换 ……………………………… 赵惠霞（154）

微地理景观里的中国原
　　——从白鹿原到《白鹿原》的双向文化建构……… 刘　宁（175）
地理空间与延安文艺的相互建构释探 ……………… 杜　睿（194）
大数据对当代大众文艺创作审美性的影响 …… 王敬艳　侯露露（214）
留英画家金诚及中国画学研究会研究述评 ………… 周　牧（227）

文化　历史研究

中华原文化：一种新范式的文化学分析 …………… 刘吉发（259）
无锡淮湘昭忠祠的修建与淮军历史遗迹新探
　　——以无锡及全国4所淮军昭忠祠为中心的研究
　　………………………………………………… 傅德元（276）

医学人文　公共卫生研究

作为影响人类历史基本参数和决定因素之一的传染病
　　——有关历史上瘟疫与当下新冠肺炎疫情的对话
　　……………… Heiner Fangerau（房格劳）李雪涛（301）
北京协和医学院高等护理教育早期历史研究 ……… 王　勇（322）
中国著名生理学家林树模述论 ……………………… 朱素颖（345）
20世纪美国公共卫生学家塞缪尔·克拉宾及其贡献 … 夏媛媛（367）

编后记 …………………………………………………… 周　棉（384）

征稿启事 ……………………………………………………… （387）

引证规范 ……………………………………………………… （389）

雏凤声鸣白鹿塬
——《白鹿塬论丛》发刊词

周延波

  白鹿塬，又称白鹿原，位于西安市区东南，蓝田县西南，长安区东北，为一东西长约三十公里、南北宽约十公里的黄土台塬。塬之东南与秦岭余脉箦山隔沟相望。源于蓝田东秦岭北麓的灞河、浐河，分别从这个万年古塬的东西两侧由东南——西北方向流出，在灞桥区光泰庙交汇后，注入黄河的支流渭河。

  千古白鹿塬，依山傍水，钟灵毓秀，乃中华民族早期的繁衍发展之地。在近三百平方公里的塬上和塬下数十公里长的浐、灞河畔，留下了难以计数的远古传说和人文古迹：举世闻名的"蓝田人"遗址陈家窝村，地处蓝田西北十公里灞水北岸的泄湖镇，西与中华始祖母华胥故里华胥镇毗邻，南依灞河，与白鹿塬隔水相望；半坡母系氏族遗址西临浐河，东倚古塬；巍峨雄阔的白鹿塬上，汉家陵墓星罗棋布，开创文景之治的汉文帝的霸陵江村大墓，其母薄太后的南陵和妻孝文窦皇后陵等，都居塬之西端。其中江村霸陵的发现，纠正了近 2200 年的"凤凰嘴"旧说，破解了西汉 11 座帝陵的名位疑案，对研究中国古代帝王陵墓制度特别是汉文化具有重要意义。

  白鹿塬文化底蕴深厚，但是其名则另有来头，实因塬上有白鹿出现而得名。《后汉书·郡国志》载："新丰县西有白鹿塬，周平王白鹿出"。当时的新丰县在西安东、临潼西，故白鹿塬在县西。《水经注》《太平寰宇记》等典籍均沿袭此说："平王东迁时，有白鹿游于此塬，以是名。"由此可知，自周平王在塬上狩猎发现白鹿，此塬得而名之，迄今已有近 3000 年历史。

于是，在中国传统诗文中出现了歌咏白鹿塬（霸陵原，灞陵原）、灞桥的诗章。最早的当为建安七子王粲的《西京乱无象》："南登霸陵岸，回首望长安。悟彼下泉人，喟然伤心肝"。唐初长孙无忌的《灞桥待李将军》则比较吻合霸陵主人的身份：

"飒飒风叶下，遥遥烟景曛。霸陵无醉尉，谁滞李将军。"

从大诗人李白的《别韦少府》："西出苍龙门，南登白鹿原，"与白居易的《城东闲游》："独寻秋景城东去，白鹿原头信马行。"可知白鹿塬为唐代长安的游猎之地。

因汉文帝葬在塬上，故白鹿塬又名为"霸陵原"，成为古人咏物的对象。如中唐诗人权德舆诗曰："雁沼寒波咽，鸾旍夕吹翻。唯馀西廡树，千古霸陵原。"

又因为"霸水，古滋水也。"秦穆公时为彰显霸业，改滋水为"霸水"。公元前206年，汉高祖刘邦在霸桥轵道受降秦王子婴，又将"霸"字改为"灞"。故"霸陵原"又常常被写为"灞陵原"。且看李白的《忆秦娥 萧声咽》：

"萧声咽，秦娥梦断秦楼月。秦楼月，年年柳色，灞陵伤别。"

文人雅士描写白鹿塬的传统一直延续到当今，现代著名学者、文学家吴虞就曾写有七律《甲午节事》。

但是，真正使白鹿塬声名鹊起、天下皆知的乃是当代著名作家陈忠实的小说《白鹿原》。《白鹿原》出版后，风靡天下，正版、盗版争相问世，几近七八百万册，一时间洛阳纸贵；戏剧、研讨会也相继登场……"白鹿原"也因此成为"一个独立的文学意象"和"文化符号"（刘宁）而名扬天下。

从蓝田人的出现到《白鹿原》的传播，世事沧桑百万年。人类文明的曙光在环绕白鹿塬的浐灞两岸出现；中华民族诞生前行的伟大足迹，也在这片古老雄奇的土地上演绎了筚路蓝缕的华章，不时激发当代人无限的遐思和再"启山林"的梦想。

21世纪初，乘改革开放之东风，在多年创业的基础上，经国家教育部批准，西安思源学院在历史悠久的白鹿塬上宣告成立，成为全国统一招生的民办本科高校，涵盖工、文、经、教、体、医、艺、商等十几个学科专业。为了提升学校的科研水平，我们还建立了一批较前沿、具有较高学术水平的研究机构，如"留学生与中国现代化研究中心"，这在大西北和全国民办高校中还是唯一的。我们力图把代表国家主流意识和延安精神的红色文化、代表中国传统文化和陕西地方特色的黄土文化，与代表当代中国先进科学技术水平的留学生文化，有机地融为一体；立足白鹿塬，从留学生的视角和全球的视野，从跨文化的高度和广度，研究中国的现代化和陕西的社会发展，并推动学校的学术研究和学科发展。

感谢全国学术界的支持，感谢陕西省教育厅的指导和重视，去年我校的"留学生与中国现代化研究中心"获批为"陕西高校哲学社会科学重点研究基地"。这不仅是对我们的肯定和褒扬，也是鞭策和激励。为此，我们又快马加鞭未下鞍，在中国社会科学出版社的热情支持下，开始创办学术辑刊《白鹿塬论丛》。

鄙人深知，以敝校之情形，在目前学术界和出版界竞争异常激烈的情况下出书办刊，绝非易事。但我们身处白鹿塬，于草莽荆棘之中拓荒开路，不仅是白鹿塬先民们的传统，也是今日白鹿塬人之责任。在《白鹿原》出版不久，我们不但创建了"陈忠实文学馆"，还创办了"白鹿书院"。那么，在21世纪，为千古白鹿塬再增添一个具有时代色彩的"论丛"，又何尝不是填补白鹿塬历史的空白？这对于当下的学术界，也或许是一缕草野清风，一声稚嫩鸣叫。这缕清风，起于历史迷茫的白鹿塬；这声鸣叫，也发于万古沧桑的白鹿塬！

经过近一年的筹备和严肃的编校，特别是得益于专家学者的支持，《白鹿塬论丛》第一辑即将付印出版。根据惯例，需一"发刊词"冠于篇首。而我本人，出于责任，特草成此文，略表心声，特别希望领导、方家们的批评、指导和支持！

2022 年 8 月

（周延波　西安思源学院校长
全国民办教育协作创新联盟理事长）

留学生与中国社会发展研究

中国共产党与百年出国留学事业

苗丹国　董惠江 *

摘要：中国共产党的成立以及科学社会主义在中国的实践与发展具有极其深远的意义。作为建党前期马克思主义传入中国的重要媒介，留学人员群体对于引进、传播马克思主义和筹建共产主义组织发挥了不可低估的作用。留学人员群体与共产党的创建、成长与壮大密切相关，在中共百年发展历程中发挥了至关重要的作用。中国共产党成立百年来，具有强烈现实关切、较高知识水准和领先创新意识的留学人员群体，不但影响了中国人民的教育观念，推动教育向大众化普及，促进中西文化交流与合作，为科教文卫事业注入新的活力，而且在很大程度上影响着中国的政治走向，进而谱写了百年党史进程中出国留学事业发展的壮丽诗篇。

关键词：中国共产党；百年历程；出国留学

引　言

中国共产党的创建，是影响 20 世纪世界发展的重要事件之一，是中华民族从筚路蓝缕到艰难崛起历史进程中的巍峨丰碑，是充满革命理想和献身精神、用钢铁意志和斗争勇气谱写的人类史诗。其百年间

---

* 作者简介：苗丹国，山东威海人，西安思源学院留学生与中国现代化研究中心研究员、教育部调研员。董惠江，北京人，教育部原研究人员、惠华教育研究院研究员。

不断迸发出的强大力量，跨越历史、跨越时空、跨越民族，以巨大的震撼和深刻的影响推动着中国的觉醒与变革。无数优秀的中共党员勠力同心，前赴后继，向死而生，以其宽广的胸怀和深邃的视野演绎着百年来的不懈奋斗史、理论探索史与自身建设史。

正是由于找到并接受了马克思主义，中国的历史命运才发生了根本性改变。作为建党前期马克思主义传入中国的重要媒介，留学人员群体对引进、传播马克思主义和筹建共产主义组织起到了不可低估的作用，对科学社会主义在中国的生根、发芽、开花、结果具有深远影响。留学人员群体与中国共产党的创建、成长与壮大更是密切相关，对中国共产党百年的发展历程产生了至关重要的影响，发挥了卓有成效的作用，建立了不可磨灭的功勋。

中国共产党成立一百年来，在其伟岸精神、英烈壮举、崇高奉献和果敢作为的引领之下，具有强烈现实关切、较高知识水准和领先创新意识的留学人员群体，与其如影相随并结伴而行，不但影响了中国人的教育观念，促使教育向大众化普及，促进中西文化交流与合作，为中国科教文卫事业注入新的活力，而且在很大程度上影响着中国的政治走向，进而谱写了一部可歌可泣的百年留学壮丽诗篇。

一　留学生与马克思主义在中国的早期传播

清末民初，经历鸦片战争洗劫、遭受外来侵略并饱尝民族耻辱的中国，各种思潮激烈竞争，各种政党频繁立废，各色人等先后尝试了君主立宪制、议会制等模式，但均以失败而告终。恰逢此时，科学社会主义于19世纪40年代由马克思、恩格斯创立于欧洲。由马克思主义哲学、政治经济学和科学社会主义构成的马克思主义已经在整个欧洲产生巨大影响，并开始在西方世界范围内广泛传播。马克思主义初入中国，是由来华传教士首先选择性翻译出相关的内容，并按照自己的理解，再结合中国文化的语境将其表达出来。1899年，西方基督教传教士在《万国公报》第121期和123期以及相继翻译、出版的《万国史记》《富国策》等书籍中，简单、零碎、散乱地介绍了马克思及有关《资本论》的简况。

19世纪末，马克思主义的个别篇章引起资产阶级改良派和在日本的中国留学生的注意和译介，进而于20世纪初传入中国，处于零散、自发、无序与不自觉的朦胧状态，其中包含着一些明显的随意曲解与主观误读，因此影响力和传播力十分有限。他们或一鳞半爪地介绍马克思主义，或只言片语地引用马克思、恩格斯的个别言论，或是热衷于传播外国资产阶级学者歪曲和批判马克思学说的观点，没有也不可能真正地理解马克思主义的精髓与要义，因此十月革命前马克思主义在中国的传播缺乏系统性、科学性和完整性。

因辛亥革命、十月革命和"五四"运动的影响，知识青年爱国热情高涨，纷纷留学国外追求新思想新学说新主义，寻找救国出路。在中国共产党成立前夕，留日、留欧、留学苏俄①学生中出现研究和传播马克思主义的热潮。其中留学生出身的早期共产党人对传播马克思主义尤为努力，主要可分为三个群体：

一是留日学生群体。留日学人李大钊、陈独秀、李汉俊、李达、陈望道等，均对马克思主义经典学说在中国的传播作出了重要贡献，为引导大批有志之士树立共产主义远大理想、投身民族解放振兴事业发挥了重要作用。

李大钊在北京创办《晨钟报》，参与编辑《新青年》，发起组织"马克思学说研究会"，并和陈独秀创办《每周评论》，发表了《法俄革命之比较观》《庶民的胜利》《布尔什维主义的胜利》《我的马克思主义观》等大量宣传十月革命意义和马克思列宁主义的著名演说与文章，传播十月革命经验、社会主义理论和共产主义思潮，并于1920年先后策划在中国建立无产阶级政党、组建"马克思学说研究会"以及"北京共产党小组"（中国共产党北京支部），进而与陈独秀酝酿组建

---

① 1917年11月7日十月革命后成立苏维埃俄国，简称苏俄；1922年12月30日后改称苏联。

"全国性"的共产党组织。1924年6月上旬，李大钊率中共代表团赴苏联莫斯科，出席6月17日至7月8日召开的共产国际第五次代表大会；会后因出任中共驻共产国际代表留在莫斯科，同年12月初回国。在苏联期间，他参观访问了莫斯科和列宁格勒等地，应多方邀请做报告、发表谈话和讲演，撰写了15篇有关访苏通讯或有关中国革命的政论文章等重要文献。9月22日，俄共（布）中央和共产国际在莫斯科国家大剧院举行数千人参加的"不许干涉中国"协会的群众大会，在主席台上，中共代表李大钊身着立领正装，胸前戴着徽章，其动情的神态、豪迈的动作和意气风发的精彩演讲，不时被掌声和欢呼声打断。

陈独秀被毛泽东誉为"五四运动时期的总司令"[1]，作为五四新文化运动的主要领导人之一，他在上海创办《新青年》杂志，和李大钊创办《每周评论》，研究马克思主义、宣传社会主义，先后成立"（上海）马克思主义研究会"和"中国共产党上海发起组"（上海共产主义小组、上海共产党）并任总书记，开展了建党的思想准备和干部准备等大量筹备活动。1920年9月至1926年7月，在其创办的《新青年》上，先后刊登了马克思、列宁的著作和介绍宣传马列主义的文章200余篇。

李汉俊与陈独秀等多人共同发起组建马克思主义研究会和上海共产主义小组并曾出任代理总书记，同时创办《劳动界》周刊宣传马克思主义，并赴武汉帮助董必武和陈潭秋等人筹建武汉（湖北）共产主义小组。继而他与陈独秀等组织筹划了在其兄长寓所（即中共一大会址）召开的中国共产党第一次全国代表大会。

李达翻译了《唯物史观解说》《马克思经济学说》《社会问题总览》三本著作，还与中国早期的马克思主义者一道，对国内各种反马克思主义和非马克思主义的思潮展开论战，成为宣传马克思主义的先驱者之一，同时作为中国共产党的创始人之一参加上海共产主义小组并曾接任代理总书记，还主编《共产党》月刊，并为上海共产主义小

---

[1] 江苏省中共党史学会编：《中共党史论丛》第5辑，中共党史出版社2010年版，第298页。

组的成员讲授马克思主义课程。

陈望道是《共产党宣言》中文全译本的首译者，早年从事新文化运动和宣传马克思主义的革命活动，曾任《新青年》编辑，并加入上海共产主义小组。

二是留法（欧）勤工俭学学生群体。在毛泽东、蔡和森为骨干的湖南新民学会及社会主义青年团等各地进步团体共同推动和组织下，20世纪初的一二十年代，陆续约有20批次1900余人赴法（欧）勤工俭学。在留法（欧）勤工俭学的革命先辈中，湘籍人数较多，其中著名的有蔡和森、蔡畅、李立三、向警予、李维汉、李富春、何长工等人。1918年，由毛泽东、蔡和森等湘籍优秀青年学生创立的"湖南新民学会"，一个重要的任务就是设立"留学部"并筹措资金，资助中国留学生赴法勤工俭学。被毛泽东誉为中国共产党"唯一的一个女创始人"[①]的向警予，和蔡畅等人积极组织湖南女子留法勤工俭学会，制定《湖南女子留法勤工俭学会简章》，成为湖南女界勤工俭学运动的首创者。在1919年3月16日由上海华法教育会举行的送别会上，赴法人数最多的是湖南人，有43名。1920年7月，以蔡和森、向警予等湖南新民学会会员为主的留法学生，在蒙达尔纪召开了著名的"蒙达尼会议"，提出建立中国新民主主义政党的主张，并建议命名为中国共产党，同时还积极翻译马克思、恩格斯的著作传回国内，为早期中国共产党的建立与成长奠定了理论基础，留法（欧）勤工俭学留学生群体为中国共产党培养了一大批杰出人才，如周恩来、邓小平、陈毅、李富春、王若飞等。

三是赴苏（俄）留学生群体。毛泽东认为，中国革命的青年应广为分散于世界各地，博采各国革命的经验和教训，在比较与鉴别中，寻找出更适合中国国情的革命道路。所以毛泽东并不赞成留学生都拥向法国，而是"应该散于世界各处去考察，天涯海角都要去人，不应该堆积一处。最好是一个人或几个人担任去开辟一个方面。各方面的

[①] 刘朋主编：《中共党史口述实录》第1卷，中国古籍出版社2010年版，第4页。

'阵'都要打开。各方面都应有去打先锋的人"。① 由毛泽东、何叔衡等于1920年9月发起组建的革命团体"湖南俄罗斯研究会",其《简章》明确规定要推动"赴俄实地考察,提倡留俄勤工俭学"②,旨在研究苏(俄)革命经验,身临其境研学马列主义。20世纪20年代的十年时间,约有1400名中国留学生陆续赴苏(俄)学习救国真理,在莫斯科东方大学和莫斯科中山大学等校园内留下了研读马列主义的足迹。他们大都成为中国共产党和中华人民共和国的领导人,如刘少奇、邓小平、朱德等。

二 留学生群体参与中国共产党的创立与发展

俄国十月革命的胜利改变了整个世界的政治格局,并成为马克思主义在中国早期传播进程中的重要转折点,在中国社会引发激烈震荡,对中国共产党的诞生产生了重大影响。"十月革命一声炮响,给我们送来了马克思列宁主义。"③ 毛泽东的这个语句生动阐明了马列主义在中国早期传播的开始。李大钊、陈独秀等一批具有留学经历的先进知识分子与毛泽东等具有初步共产主义思想的知识分子一道,从马克思主义学说中找到批判旧世界的思想武器。留学生群体不但分别从日本、苏俄、欧洲三个不同渠道引进科学社会主义理论,于全国各地组建研究马克思主义的学术团体,筹建早期政党萌芽状态的共产主义小组,并且直接策划组织了全国性共产主义政党中国共产党。

在此期间,俄共中央政治局与共产国际开始考虑设一个"东方局",主要任务是"与远东各国的革命力量建立密切的联系和帮助这些国家建立共产党组织"④。接着,派遣维经斯基以俄共中央外交人民委员部远东事务全权代表的身份率一小组赴华指导。他先后结识了李大

---

① 何平主编:《毛泽东大辞典》,中国国际广播出版社1992年版,第123页。
② 马洪武:《中国革命史辞典》,中国档案出版社1988年版,第34页。
③ 《毛泽东选集》(第4卷),人民出版社1996年版,第1471页。
④ 李小平:《马克思主义中国化文化进路》,华南理工大学出版社2017年版,第81页。

钊、王尽美、邓恩铭、张太雷、戴季陶、李汉俊、李达、陈望道、沈玄庐、俞秀松、施存统、沈雁冰、周佛海、孙中山等人，并经李大钊介绍，在上海与陈独秀接触进而得到积极响应。维经斯基向陈独秀等人介绍了共产国际和俄共（布）的情况，并就中国革命问题交换了意见，取得了共识，一致认为，中国共产党的创建条件已经成熟，只是学术性研究马克思列宁主义的活动是不够的，是时候而且应该组织一个政党来领导中国的革命了。正是在俄共中央政治局与共产国际的指导支持帮助下，中国共产党得以成立。

中国共产党创建初期的高层领导核心成员主要由四部分人员组织构成：

第一部分，是以陈独秀、李大钊、李达、李汉俊、董必武、林伯渠、彭湃等人为代表的早期留日学学生群体。

第二部分，是瞿秋白、罗亦农、刘少奇、任弼时等于1920年起陆续赴苏俄工作或留学期间成长起来的革命骨干群体。

第三部分，是以蔡和森、周恩来、朱德、赵世炎、李维汉、李富春、向警予等为代表的旅欧勤工俭学学生群体。

第四部分，是张国焘、邓中夏、毛泽东、何叔衡、陈潭秋等没有出国留学经历的国内先进知识分子。

中国共产党以其新型政党的姿态登上历史舞台，以其鲜明的理想信念、价值取向、愿景追求创造了别开生面的政治发展道路，给百孔千疮的旧中国带来峰回路转的希望。成立不久的中国共产党在共产国际的帮助下，从1923年开始陆续分批派遣领导干部以及党团员骨干赴苏联留学，其中董必武、林伯渠、吴玉章、徐特立、叶剑英、何叔衡，以及张闻天、叶挺、关向应、王稼祥、博古、王明、左权、乌兰夫、师哲、杨尚昆、陈赓、伍修权、刘伯承、凯丰、叶剑英等中共高级领导人，是这批留学群体的主要代表。与此同时，成立于1922年的中共旅欧支部也于1923—1926年先后安排数批留欧勤工俭学生转赴苏联留学，其中有赵世炎、陈延年、王若飞、刘伯坚、李富春、蔡畅、朱德、邓小平、聂荣臻等，他们后来均成为中国共产党的高层领导人。

三 留学生在新中国成立之前中共中央领导层中的地位

历届中共中央领导层中具有留学背景者人数所占的比例[①]很大，据统计，从1921年7月中国共产党创建至1949年10月中华人民共和国成立的28年间，共有169人先后担任过中共中央委员或候补委员（复任者不重复统计），有留学背景者为58人，占总数的34.3%，其中有19人曾在两个或两个以上的国家留学或勤工俭学。1921年7月中国共产党创建之时，陈独秀、张国焘、李达三人当选为首届中央委员，其中陈、李二人曾在日本留学，留学生在中央领导层中占三分之二。次年中共二大选出的中央委员增加到8人，其中陈独秀、李大钊、李汉俊曾留学日本，蔡和森、向警予曾留学法国，留学生比例达62.5%。在1923年中共三大改选后的14名中央委员中，陈独秀、李大钊、蔡和森、李汉俊4人有留学背景，所占比例为28.6%。在1925年中共四大和1927年中共五大上，留学生中央委员的比例有所回升，分别为35.7%和43.5%。1928年中共六大在莫斯科召开，留学生中央委员比例又降至29.7%。1945年中共七大选出的77名中央委员中，留学生人数为31人，所占比例为40.3%。

如果以党的核心领导层（即中央局或政治局委员）为背景，则留学生所占比例要高出许多。1949年前28年间共有49人先后担任过中国共产党中央局、政治局的委员或候补委员（复任者不重复统计），其中有留学背景者为24人，占总数的49%。中共一大、二大所选出的中央委员人数较少，自然成为全党领导核心。1923年中共三大开始从中央委员中再选出若干人为中央局委员，作为核心的领导集体，陈独秀、

---

① 关于历届中央委员之人数和名单，学界存有诸多不同说法，本文主要依据为王健英主编的《中国共产党组织史资料汇编——领导机构沿革和成员名录》，红旗出版社1983年版；李里峰：《中共中央领导层中的留学生群体分析（1921—1949）》，《徐州师范大学学报》（哲学社会科学版）2005年第6期。

毛泽东、蔡和森、谭平山、罗章龙5人当选，其中陈、蔡2人分别留日和留法，留学生占40%。中共四大时，陈独秀、蔡和森继续当选中央局委员，无留学背景的毛泽东、谭平山、罗章龙则被张国焘、彭述之、瞿秋白取代，其中彭述之曾在苏联莫斯科东方大学学习，留学生比例上升到60%。1927年中共五大始设中央政治局，委员人数增至11人，其中留学生6人，占54.5%。不久后召开的"八七"会议上，留学生在16名政治局委员中占据7席，比例为43.8%，较此前明显降低。次年中共六大政治局委员中的留学生比例略有回升，将近二分之一。若依据党代会届别数据进行比较，1930年党的六届三中全会上，留学生政治局委员的比例降至最低点，为35.8%。此后则长期呈上升趋势，并在1936年10月，三大主力红军会师陕北后达到最高点，12名政治局委员中的9名有过留学经历，比例高达75%。正是此背景之下，在1938年在延安召开的中共六届六中全会上，毛泽东首次提出了"马克思主义中国化"这一命题，在把马克思主义基本原理同中国革命具体实际相结合的基础上，实现了马克思主义中国化的第一次飞跃，创立了毛泽东思想。抗日战争期间，中共核心领导层中的留学生比例虽然有所降低，但也基本保持在55%—70%之间。更详尽的数据显示出，在中华人民共和国成立前的多数年份里，中共核心领导层中的留学生比例在50%以上。

四 中国共产党领导下留学事业的发展与辉煌

中华人民共和国成立伊始，中国政府面对来自国内外异常复杂、重重困难的巨大压力，坚定实施了向苏联和东欧等社会主义国家大量派遣留学人员的重大方略。20世纪60年代初期，又拟定了向西方发达资本主义国家适量派遣留学人员的决策，为新中国出国留学活动的发展打下政策根基。党的十一届三中全会确定实行改革开放路线之后，特别是党的十八大以来，中国大陆不断完善扩大派遣出国留学人员的政策方针，为我国当代出国留学事业的发展输入强劲动力，使得具有中国特色社会主义本质特征的留学活动展现出前所未有的生机活力。

在中国共产党的领导下，70多年来，我国的出国留学活动及整体规模，从小到大、从点到面、从弱到强，业已成为全球最大的留学人员输出群体。多达一千余万人次的各级各类中国留学人员的足迹踏至世界几乎所有国家和地区①，留学后回国人员的身影也已遍布内地几乎所有的地域和行业。

在中国共产党的全面领导下，70多年来，我国出国留学事业多层次、多学科、多领域、多国别、多类型的留学人才培养模式，齐头并举，已形成"国家财政公派出国留学、单位经费公派出国留学、个人筹资自费出国留学、境外奖学金资助出国留学、中小学生出国留学、留学完成学业后回国就业"等六项既各自独立、自成体系，又互为关联、相得益彰的运行体制和政策机制。研究表明，以"攻读本硕博学历学位"为主要留学目的，以"选择西方科技发达国家"为主要留学国别，以"规避各类留学行为风险"为留学安全保障的"出国留学三项基本原则"，仍将是出国留学活动运行的主要特征、基本规律和总体趋势。

在中国共产党的坚强领导下，70多年来，我国的出国留学事业已经进入新的"繁荣发展期"，并逐步形成了一整套"各类风险管控、彼此相互借鉴、协力融合调整、科学兼收并蓄"的进取模式；同时持续强化构筑了以"各路有序并举、综合效益攫取、多维合作共建、整体安全保障"为基本导向的境外求学之路，使之成为"人类命运共同、多元文明共鉴、全球文化共赏、先进模式共享"的国际化研学载体。作为全球第一的国民人口大国、教育人口大国、出国留学生源大国，出国留学活动的整体规模早已居于世界前列，形式多样的出国留学行为也逐渐演变为

---

① 狭义概念的"留学生"系指我国教育行政机关实施该项统计时限定的人员，即在国外正规高等教育机构或科研院所学习、进修或访学的人员；广义概念的"留学生"还包括大量中小学阶段的留学生、于境外语言学校的勤工俭学就读生。所谓"一千余万人次"的表述，一是涵盖了1949年至今72年间的广义留学生，二是表明事实上有很多留学人员具有多次出国留学的经历。

常态化的教育方式。因此，无须过度解读所谓的"留学低龄化""留学大众化""海归潮"；"神化"、"矮化"甚至"异化"留学回国人员的倾向也是不理智的。因为我国内地留学人数总量占全国总人口的比例在世界上排名还不是最高，优秀留学回国人才的比例还明显偏低，且高端留学人才大量流失的局面尚未得到根本性扭转。

在中国共产党的长期领导下，70多年来，国家公派留学和单位公派留学的管理体制及服务机制，成功地实现了坚持改革、不断创新、持续优化的阶段性全面提升：聚焦并紧扣国家发展战略需求，坚定"为党育人、为国育才、服务留学"的工作目标，开创了规范化、法治化、国际化且具有中国特色的公派留学模式；在协调国际国内、简化流程手续、提升服务效率的过程中，公派留学人员有更多的成就感、使命感和责任感；审慎应对错综复杂的国际环境带来的新矛盾、新挑战、新机遇，保持自信和定力，克服畏难情绪，深化拓展与世界各国在留学领域的互利合作与交流互鉴，充分发挥公费留学在构建新型大国关系中增信释疑的"润滑剂"作用，锁定高层次国际化人才培养主线不动摇，巩固并开拓国际合作渠道，继续推动各国教育共同关注领域的合作，并积极释放鼓励回国、发挥作用的政策效能，引导和激励海外优秀留学人员报效祖国。

习近平总书记2013年10月21日在欧美同学会成立100周年庆祝大会上的讲话，从党和国家全局的高度，充分肯定了广大留学人员在我国革命斗争和社会主义建设事业中做出的突出贡献，深刻分析了国际人才竞争背景下我国留学人员面临的形势，既丰富和发展了留学人员工作方针，又对新时期留学人员提出希望和要求。习近平总书记的重要讲话，高屋建瓴，意义深远，是新世纪、新时代、新阶段指导留学人员工作的纲领性文件，为出国留学事业站在新百年起点上确定了新方位，找准了新目标，指明了新方向。上述讲话中有关"支持留学、鼓励回国、来去自由、发挥作用"的表述意义重大，为"当代中国留学理论体系"的整合奠定了坚实的思想基础。由"党管留学人才""留学人员党建""留学安全构建""留学外交使命""留学效益评价"

建构而成并不断完善的留学工作理论体系，是对新时代中国特色社会主义制度下出国留学实践活动的概括和总结，并为推动中国留学事业的行稳致远提供理论引领和学术支撑。

李克强总理于2017年4月5日主持召开的国务院常务会议上，责令相关机构简化留学回国人员学历认证等手续，并针对长期以来留学服务与回国保障工作中的"痛点、难点、热点"等不作为、乱作为的不正之风提出了严厉批评。李克强指出："过于繁琐的学历认证，让毕业后归国的留学生烦不胜烦。搞得有些留学生都不想回来了。""防止留学生假学历的出发点没有错。但并不需要如此繁琐的手续，很多通过网络就可以更简便地验证"①。会议强调：要深化简政放权、放管结合、优化服务改革，切实加强事中事后监管和优化政府服务；要实施留学人员回国创业创新启动支持计划，鼓励以知识产权等入股创办企业；要简化学历认证等手续，依法为重点引进人才和高层次留学人才申请永久居留提供便利。2018年4月4日召开的国务院常务会议再次强调："留学回国人员是国家宝贵人才资源，是大众创业、万众创新的重要力量。为支持留学回国人员创业创新推出了一系列新的措施和规定，一是要进一步简化落户、子女入学等证明和办理手续；二是要落实留学回国人员创业优惠政策，支持知识产权抵押贷款等创业融资，推进商标注册便利化，优化企业出口资质申请流程，支持科技成果转化应用；三是要建立普惠式公共服务体系，全方位支持留学回国人员初创企业发展。"②

党的十八大以来，国家公派与单位公派留学政策持续改革，数百个中外合作办学项目获批终止、自费留学中介资质取消审批、内地教育机构赴境外办学取消审批、留学回国人员证明废止取消、疫情期间留学认证等服务保障强制升级、内地高校可酌情接受出国留学者转学就读、中

---

① 王小涵：《李克强在常务会新闻稿上亲笔加了这6个字》，2017年4月6日，20：01，中国政府网，http://www.gov.cn/premier/2017-04/06/content_5183829.html。

② 《李克强主持召开国务院常务会议，决定进一步减少涉企收费，降低实体经济成本等》，2018年4月4日，19：30，中国政府网，http://www.gov.cn/zhuanti/2014-05/30/content_2796372.html。

外合作办学可对出国留学生择优考录、涉嫌变相售卖海外学历和文凭的行为不被认证等等,一系列优化留学政策及简化服务程序的保障性举措连续出台;无不彰显出中央纪委国家监委以及中共各级党组织精准施治推诿扯皮与服务缺失等官僚主义和形式主义的浮夸浮躁,密切紧盯"在项目安排、业务评审评比评估等重点领域存在的廉政风险"[①],进而强力推动政府职能体系的转变与优化,加快破除以往管理体制中不合理的规章和制度,不断完善并强化内部管理结构的整治与清理,持续加大并深化留学工作领域"放管服"改革的决心和勇气。

结　　语

百年间不断演绎的中国留学发展史无可置疑地表明,中国共产党是引领中国留学事业从以往辉煌迈向更大辉煌的旗帜。1949 年中华人民共和国成立以来特别是改革开放之后的留学发展与实践,是在我国独特的文化传统、基本国情和社会形态状况下演进的,促使中国走出一条与西方国家不同却更加成功的出国留学发展之路。进入中国特色社会主义新时代,出国留学事业取得空前发展,有必要增强道路自信、制度自信和政策自信,深化研究并不断创新留学工作理论。这是有待深入构建的学术体系,也是有所作为的研究领域:既有时代的使命与责任,也有制度的需求与优势;既有数百年留学历史与留学实践的支撑,也有留学人员群体参与国际化进程的互动;既是对中国特色社会主义理论体系的贡献,也是对相关学科专业发展建设的作为。

在以习近平为核心的党中央正确领导下,中国的出国留学事业,必定能够在"后疫情时代"重置期的世界格局中,积极应对错综复杂的国际形势和国内发展,进而在中国式现代化建设的进程中赢得优势,赢得主动,赢得未来。

---

① 《中央第三巡视组向教育部党组反馈巡视情况》,2021 年 9 月 5 日,中央纪委国家监委网站,http://www.ccdi.gov.cn/dqlxsfkn/202109/t20210905_141831.html。

The 100-year Career of Studying Abroad and the Communist Party of China

Miao Danguo   Dong Huijiang *

Abstract: The founding of the Communist Party of China and the practice and development of scientific socialism in China are of far-reaching significance. As an important carrier for the introduction of Marxism into China in the early days of the founding of the party, the group of overseas students played an important role in introducing and spreading Marxism and preparing for the establishment of communist organizations. The group of overseas students has been closely related to the establishment, growth and expansion of the Communist Party of China, and has played a vital role in the centennial development of the Communist Party of China. In the past century since the founding of the Communist Party of China, a group of overseas students with strong practical concerns, high knowledge standards and leading innovation consciousness have not only changed the Chinese people's educational concept, promoted the popularization of education, enhanced cultural exchanges and cooperation between China and the West, and injected new vitality into the undertakings of science, education, culture, and health, but also influenced China's political trend to a large extent. Further more they have written a magnificent poem on the development of the cause of the studying abroad in the process of 100 years of the CPC history.

Keywords: The Communist Party of China; A Century of History; Study Abroad

---

* Miao Danguo, Research Center of Returned Students and China Modernization of Xi'an Siyuan University, Researcher of Ministry of Education; Dong Huijiang, Former researcher of the Ministry of Education, researcher of Huihua Institute of Education.

留德学人李仪祉水利思想的渊源和特点[*]

李清 周棉[**]

摘要：李仪祉在中国近代水利史上曾作出过不可磨灭的贡献。他汇通中西，学以致用，规划关中八惠，造福桑梓，并在生前完成了"四惠"工程；细致考察了中国多地的江河水文状况，创建性地提出了黄河水文治理的相关理论。其水利惠农、综合治理的思想，为近代中国农田水利工程作出了典范。李仪祉的水利思想和水利实践，至今仍有着积极、重要的影响。

关键词：李仪祉；水利思想；水利实践；留学

在中国教育现代化进程中，涌现了许多求学异域、以新知奉献于国家建设的杰出留学人物，李仪祉即是一位在教育、水利领域有重要影响的人。李仪祉（1882—1938），陕西省蒲城县人，著名水利学家和教育家，我国现代水利建设的先驱。他主张治理黄河要上、中、下游并重，防洪、航运、灌溉和水电兼顾，改变了几千年来单纯着眼于黄河下游的治水思想，把我国治理黄河的理论和方略向前推进了一大步。

---

[*] 基金项目：2015年度国家社科基金重大项目"中国第一历史档案馆清代留学档案的整理与研究"（主持人：周棉；项目编号：15ZDB040）；陕西省教育科学"十三五"规划项目"李仪祉留学报国实践及现代启示"（主持人：周棉；项目编号：SGH18H533）。

[**] 作者简介：李清，女，内蒙古乌海人，南开大学历史学院博士生、陕西高校哲学社会科学重点研究基地西安思源学院留学生与中国现代化研究中心兼职研究员；周棉，江苏沭阳人，陕西高校哲学社会科学重点研究基地西安思源学院留学生与中国现代化研究中心教授，江苏师范大学留学生与近代中国研究中心教授。

在民族危机严重、国内动荡不安的年代，他始终以爱国报国为出发点和归宿，投身中国水利研究与教育实践。其水利思想横接中外、融汇古今，是中国近代水利史上中西合璧的典范。探析其水利思想的形成及发展对水利史、留学史都具有重要的意义。

一　对传统水利思想的扬弃

"吾国自昔重农，水利素所讲求，《禹贡》《周礼》以下，历代史书，于河渠沟洫均有著录。"[①] 李仪祉考察了黄河、淮河、永定河等河流的水文状况及治水历史，深入研究了中国的农本思想及灌溉技术；根据河流的实际情况，改良古代堤防思想，探索科学筑堤的发展理念。他还继承并发展了中国传统的农政思想，重视农业及农田水利的发展，为传统水利思想注入了现代意识。

1. 改良古代堤防思想，探索科学筑堤理念

李仪祉的堤防思想集中体现于对黄河治理问题的探讨中。黄河是自古以来治理难度最大的河流之一，我国古代对黄河治理就极为重视。汉代、宋代、明代对治黄思想的探讨空前活跃，为现代黄河治理提供了宝贵经验。李仪祉在黄河治理问题的探讨中，发挥了重要的创新和引领作用。他不仅继承并发展了传统的治水思想，还引进西方科学水利思想，融会贯通，提出了科学的治理方略，有力地推进了近代堤防理论。在黄河治理方略的探讨中，李仪祉多次肯定中国传统治水理念的现代价值，引用古人的治水经验，认为"历代治河名臣，虽于测验之事不精，建筑之术未善，然其名言谠论，深合乎治理，可取者甚多也"[②]。

例如，李仪祉为治理黄河泥沙淤积问题提出了开沟洫之法，并将其运用于河工模型和实际治理当中。"沟洫本是最古的名词。孔子说：禹卑

---

① 郑肇经：《中国水利史》，上海商务印书馆1939年版，第1页。
② 李协：《黄河之根本治法商榷：标准横断面、沟洫、畔柳道路（附图）》，《科学》1922年第7卷第9期。

宫室而尽力乎沟洫。……小者为沟，大者为洫，而主要皆在排水。"① 传统的沟洫治水，在现代治水中仍具有重要的价值和科学性。李仪祉非常认同古人所提出的：沟洫可以容水、留淤，进而利农利水的说法。但也认识到，不能死板地复制古人的方法，"要可师其意耳。……黄壤粪田之功，为古今人所认同，听其入海而去，亦殊可惜。而阶田之利，田面肥沃，尤可为珍。使上田沃土，以粪下田，犹得失两消。"② 对传统沟洫治水的理念进行改良，结合沟洫和阶田的各自特点，既满足了灌溉需求，又合理利用了被冲刷的沃土，进一步提升了农田水利的效益。

清代施璜所著《近思录发明》对李仪祉也有启发，他认为其中所讲"周定王以前，沟洫制行，千余年无河患，向以为臆度之言，今知可计数也"③，非常值得重视，并将其运用于河工模型和实际治理当中。

对于堤防存在的价值，历朝历代争论不休。李仪祉吸纳了传统理念中"任水势所之，随高而处"的思想，指出："'凡立国都非于大山之下，必于广川之上，高毋近旱，而水用足；下毋近水，而沟防省'。试观欧洲建立都会，毋不合于此旨，而吾华人反乎之，惜哉！"④ 不仅肯定了中国古代选择居所与避免水患方面的智慧，还进一步指出西方现代科学治水理念与这一思想的契合之处，呼吁国人重视中国传统水利思想。

在防洪治水方面，1935年，李仪祉撰文《后汉王景理水之探讨》，批判了现代人防洪过程中"只堵不治"的问题，认为王景治河"必有其切中肯要之处。以十里水门之法固堤防而深河槽，以疏导之法，减下游盛涨。下游减则在其上游溃决之患自弛。本此法也，故能使河一大治"⑤。高度肯定了王景治河的智慧之处，认为其治河理念与恩格尔斯不谋而合，

---

① 李仪祉：《沟洫》（1925），黄河水利委员会选辑：《李仪祉水利论著选》，水利电力出版社1998年版，第671页。
② 李协：《黄河之根本治法商榷：标准横断面、沟洫、畔柳道路（附图）》，《科学》1922年第7卷第9期。
③ 李协：《黄河之根本治法商榷：标准横断面、沟洫、畔柳道路（附图）》，《科学》1922年第7卷第9期。
④ 李协：《黄河之根本治法商榷：标准横断面、沟洫、畔柳道路（附图）》，《科学》1922年第7卷第9期。
⑤ 李仪祉：《后汉王景理水之探讨》（1935），《黄河水利月刊》第2卷第3期。

值得后人效法，体现了李仪祉对古代堤防思想的肯定和继承。李仪祉提倡，以王景治水的方法，结合现代的水工试验技术，"十里一水门，可以豁然贯通矣"①，并进一步发展为科学筑堤的现代堤防思想，初步显现出李仪祉综合治水的水利观。

2. 重视农业，发展农田水利

农业的发展，促进了传统社会对水利的认识。司马迁在《史记·河渠书第七》中记录了自大禹以降，治水防洪与农业灌溉、政治统治的密切关系及历史演变。指出自汉以后"用事者争言水利"的历史状况。司马迁更是"南登庐山，观禹疏九江，遂至于会稽太湟，上姑苏，望五湖；东窥洛汭、太邳，迎河，行淮、泗、济、漯洛渠；西瞻蜀之岷山及离碓；北自龙门至于朔方"②。感叹道："甚哉，水之为利害也！"③此后，人口的增多，人地矛盾的凸显，使得水利与农业被纳入政治的范畴当中，并逐步树立了"农为政本，水为农本"的代表性思想。前有徐光启撰写的《农政全书》首次把水利卷单列于农书体系中，并提倡数学及实验在水利工程的运用，后有李光地、林则徐、张睿等把水利作为富国救民的重要方略。但是，中国古代这些有价值的水利思想却因行政能力的不足及生产力的滞后，导致实际指导性和实效性不理想，也难以符合农业经济和农村规划的基本需求。

李仪祉继承发展了传统的农政思想，认为"救国之策无他，重农而已。……历朝政事，重农则治，轻农则乱"④，将农业与国家兴衰联系起来，凸显了农业在政治中的作用。"农之位既贵，全国之人将以农为荣。以农为荣，则以游食为耻。农既丰矣。由农而工，由农而商，由农而士。其根本俱出乎农，其实力焉有不厚之理。"⑤突出强调了农

---

① 李仪祉：《后汉王景理水之探讨》（1935），《黄河水利月刊》第 2 卷第 3 期。
② （汉）司马迁著，易行、孙嘉镇校订：《史记》，线装书局 2006 年版，第 133 页。
③ （汉）司马迁著，易行、孙嘉镇校订：《史记》，线装书局 2006 年版，第 133 页。
④ 李协：《重农救国策》，《国闻周报》1926 年第 3 卷第 37 期，第 1 页。
⑤ 李协：《重农救国策》，《国闻周报》1926 年第 3 卷第 37 期，第 3 页。

业、农村、农民的重要作用。一方面从历史出发，洞察传统农田水利思想的合理性和不足之处，积极安抚流民，稳定农民数量；另一方面结合近代农村的发展需求，鼓励、扶助农业。提倡重视农业，但不抑制商业的发展。

首先，水资源与农业的发展息息相关。李仪祉对"水为农本"思想的解读，关注到了水资源的自然价值和经济价值，强调对水资源的调配和利用。他所探讨的"水土"有更广的包容性，并将相关理念具体化。"土"不仅仅是土地，而是包孕了大地的全部组成物；"水"也不再只是水资源，而是涵盖了水系调配、利用、治理等多个层面的意义。

其次，李仪祉对传统"农为政本、水为农本"思想的继承和发展，又集中表现在其农田水利思想当中。他强调水利惠农，认为"所谓农田水利，是属于农田的，或农家企业的种种水利设施"[1]，包括排水和灌溉。此外，"与农业有关者尚有堤防水库。至于沟洫及整理土地，似乎只限于农业治田之事，但亦与水利有关，故并及之。治理河道亦指其限于农田者言之"[2]。明确了农田水利所包含的具体内容。正因为农田水利涉及范围广、规模大，所以需要建立大规模合作，既可利用现有成本及农民本身之力，更能够降低成本，增加生产。以此，使农田水利，取之于农，用之于农，重农惠农。更让以往"旱则争水，潦则以邻为壑"[3]的弊病得以剪除。

最后，李仪祉还集中探讨了中国历史上的治河策略与经验，为此后的河流治理提供了借鉴。如：《黄河根本治法商榷》（1923），《治黄意见》（1934），《陕西水利工程十年计划纲要》（1935）、《纵论河患》（1935）、《陕南水利要略》（1931）等，对黄河水利、西北水利、江淮水利进行了深入的探讨和规划，系统研究了中国水利治理的经验及现代路径。

---

[1] 李仪祉：《农田水利之合作》，《陕西水利季报》1937年第2卷第3/4期，第1页。
[2] 李仪祉：《农田水利之合作》，《陕西水利季报》1937年第2卷第3/4期，第1页。
[3] 李仪祉：《农田水利之合作》，《陕西水利季报》1937年第2卷第3/4期，第3页。

二　对于西方近代水利思想的汲取

李仪祉水利思想的形成还得益于他对西方水利建设的了解，对西方水利技术的学习。以其所学造福桑梓的报国理念，指引着李仪祉投身西北水利建设。由李仪祉主导的水工试验、中外合作治水，在中国现代水利发展史上有重要的垂范作用。

1. 留学西方，投身中国西北水利建设

李仪祉对西方水利思想的吸收，离不开他自幼所受的"新学"教育。幼时起，受叔父李仲特和父亲李桐轩的影响，李仪祉对西学的吸收，"并不'赶潮流'，而是把西学书籍同传统典籍置于同等的位置，注重其学理"①。据其回忆儿时读书生活："予兄弟皆从学焉，置是乃多读古文词，治四史及通鉴，文献通考，旁及九章，历象，格致等学，而以科举尚行，犹不废制艺。时伯父南游于浙，光绪三十年始归，载书盈车，乃资予兄弟读。百家诸子以及同光间所出西书译本几无不有。"②可见，在传统教育体制仍然盛行的清末，李仪祉已经在家庭教育中接触西学新知，这为他之后的留学西洋并以所学致力于西方水利科技本土化，奠定了最初的知识与思想基础。

李仪祉于 1909 年首次出国，1913 年第二次出国，两次求学，均去往德国。李仪祉留德期间，德国经济发达，是新一代的科学中心，较早发展了大学实验室和工业实验室。在德国皇家科技学院土木工程科（1946 年后改称柏林工业大学）就读期间，李仪祉学习了数学、实验物理学、物理实验、力学、建造工程学、机器知识（Maschinenkunde）、描述性几何（Darstellende Geometrie）、大地测量学、地质学、矿物学、

---

① 尹北直：《李仪祉与中国近代水利事业发展研究》，九州出版社 2011 年版，第 18 页。
② 李仪祉：《南园忆胜》，《李仪祉先生遗著》（1940 年石印本）第十三册，第 8 页；转引自尹北直《李仪祉与中国近代水利事业发展研究》，九州出版社 2011 年版，第 18 页。

铁混凝土建造（Eisenbetonbau）①等课程。实地考察了德国的石灰厂、道路交通机构、机器厂、材料试验所、水库、矿山等，还曾在法兰克福的一个铁路局实习混凝土桥与铁路桥工程。系统的课堂教育、实地考察、实践实习经历，为李仪祉奠定了坚实的土木工程专业基础。

1913年2月，李仪祉随陕西省水利局局长郭希仁考察欧洲大型水库、水电站、农田灌溉、填海造地、防洪排水等水利工程。二人目睹了瑞典、德国、荷兰、法国、比利时、英国等欧洲国家的水利现代化和发达的经济状况，不禁联想到积贫积弱的祖国和水利废弛的家乡。郭希仁希望李仪祉能在水利事业上有所作为，便劝导李仪祉："吾国西北多旱灾，荒年饥馑，史不绝书。君曷改学水利，继郑白之迹，以利民乎？"②这燃起了李仪祉重振关中水利、实现郑白宏愿的希冀。李仪祉当即决定留在德国，入丹泽工业大学水利系就读，尊德国著名水利专家恩格尔斯教授为导师，接受现代水力学训练。两度留学德国，使李仪祉不仅接受了不同专业的训练，也明确了自己将为之奋斗一生的事业。

2. 引进现代水工模型试验方法

现代水工试验方法萌芽较早，达·芬奇就曾提出用试验的方法测量水流运动，后以牛顿的相似率为理论基础，随着欧洲水利的兴建得以迅速发展。水流运动是一个非常复杂的发展过程，各种力的发展变化及相互作用，难以通过数据和经验进行精准考量。"天然河道中水工建筑物的边界条件，各不相同，经过水工模型试验的分析和研究，方可切合实际，更可从而提高理论，再指导实践。所以，水工模型试验，是流体力学理论和实际水利工程中间的媒介物。"③

水工模型试验对水力学及水利工程有重要价值。"最早的专业水工

---

① 尹北直：《李仪祉与中国近代水利事业发展研究》，九州出版社2011年版，第24页。
② 刘允丞：《郭希仁事略》，中国人民政治协商会议陕西省委员会文史资料研究委员会编《陕西文史资料》22辑"陕西民国人物1"，陕西人民出版社1989年版，第22页。
③ 南京水利科学研究所、水利水电科学研究院编：《水工模型试验》，中国水利电力出版社1959年版，第5页。

试验室，是由德国德累斯顿（Dresten）工科大学教授恩格尔斯（Hubert Engels）设立的。"[1] 恩格尔斯在德国水力学和水利工程领域享有盛誉，曾助力普鲁士政府水利工程的修建，并一直以黄河研究为志，历经二十余年搜集黄河资料。"1898年在德国首创河工实验室，从事河流模型试验，随后发表了他的著名论文《模型试验的发展及其价值》。他的名著《水工学》于1914年出版，总结了德国和法国的治河经验。"[2] 为近代水力学理论的发展发挥了重要的推动作用。

李仪祉留德学习水利期间，受到著名水利专家恩格尔斯教授的深刻影响。他对恩格尔斯在水利方面的贡献大为赞赏，曾指出："数十年来，试验之效，彰彰大著，于是水工试验场之设，遍及全欧，不下数十处。费里门游欧遍访之记，而倡其用于美国。而试验场之鼻祖，则特莱斯丹教授恩格尔氏是也。"[3] 高度肯定了试验方法对治河的影响，强调恩格尔斯在河工试验领域的引领和开拓之功。

近代科学发展迅猛，但治河工事却发展缓慢。"我们对于河道的研究，远不如生理学家、病理学家对于血管的研究。自从恩格尔斯提倡用模型试验以来，欧洲的学者对于行水的研究，可算是有相当的进行了。"[4] 模型试验从理论和实践层面为西方治水实践提供了更多可资借鉴的方法。

李仪祉认识到西方治水方法的科学性、丰富性，从中汲取防水治水的经验，进而摸到了治水的门径。他说："人们觉悟了以前的成法，不够应付，于是群起而研究妥善的方法。维克斯堡水工试验所（U.S. Waterways Experiment Station at Vicksburg）应运而生。将以前的政策，许多不当的地方，根本推翻。对于河沙的运输情形，岸坡掩护方法，作根本的研究。停蓄水库，也在研究之列。可以作为我们借鉴的当不少。"[5]

---

[1] 尹北直：《李仪祉与中国近代水利事业发展研究》，九州出版社2011年版，第20页。
[2] 《中国水利百科全书》编辑委员会编：《中国水利百科全书》（第1卷），水利水电出版社1991年版，第410页。
[3] 李协：《三省会派工程师往德国作治导黄河试验之缘起》，《华北水利月刊》1932年第5卷第5/6期。
[4] 李仪祉：《黄河治本的探讨》，《黄河水利月刊》1934年第1卷第7期。
[5] 李仪祉：《黄河治本的探讨》，《黄河水利月刊》1934年第1卷第7期。

于是，回到国内的李仪祉，在（天津）第一水工试验所建筑期间，就建议在平汉铁路黄河铁桥北岸庙工的地方，仿照恩格尔斯在联邦德国奥巴纳赫（Obernach）设立的试验场，设立了一个大规模试验场。不仅可以作为黄河水、沁河水的露天试验场所，还可以在此研究黄河泥沙、黄土等。这一建议的提出，既着眼于当时，更是为此后的黄河水利开辟了科学治理的思路。

恩格尔斯是李仪祉治水事业的引路人。他不仅以西方科学治水的理念指引着李仪祉，并切实参与到中国现代水利工程规划中来，以其所长，改善了中国传统治水以经验为主导的不足。1931年，在李仪祉的推动下，恩格尔斯受民国政府委托，将水工试验的方法，科学地运用于黄河水利工程的规划中，在慕尼黑大学水工研究所针对黄河治理问题进行了河工模型试验。不过，恩格尔斯在试验中运用的是清水，这与含有大量泥沙的黄河水差异极大，其试验结果是未能将此法运用于黄河水利治理当中。但是，其水工模型试验对中国水利事业起到了重要的垂范作用。

3. 开展中外合作治水，探索黄河治理新路

李仪祉不仅在德期间接受导师恩格尔斯的指导，勤勉治学，回国后仍与其时常通信，请教水利问题，在水利工程领域积极开展与国外专家的合作。关于黄河治理问题的研究，他还聘请恩格尔斯、方修斯（O. Franzius）等教授直接参与到黄河治理规划的实际工作中来，并多次实地考察或书信探讨。

"民国十七年，导淮委员会成立，电聘恩格尔斯为顾问工程师，氏以病来电谢之。继改聘方修斯，方亦氏之高足。方来华，氏电会曰，方来与其亲来等也。方修斯在华半年，于赞助导淮计划之外，兼研究治河。"[1] 恩格尔斯虽然没能亲自到中国来，但其高足方修斯在中国的

---

[1] 李协：《三省会派工程师往德国作治导黄河试验之缘起》，《华北水利月刊》1932年第5卷第5/6期。

半年时间,对中国的淮河、黄河治理提出了很多规划和见解。至于两人在治河思想上的异同,李仪祉曾总结道:"方氏与恩氏对治河之见解,大同小异。其不同之点,在方氏则主以缕堤束水,刷深河槽。在恩氏则以固定中水为主。"① 后来,恩格尔斯又发明倡导"大模型试验"(Grossmodell Versache)之法,改造利用天然水流作为试验模型。1931年,恩格尔斯致函并附赠有关水工试验的多种刊物,表示"余对黄河之兴趣始终不衰。……昔年对黄河虽曾与特莱斯丹大学作种种试验,而迄未得有如是大规模之设置。贵国人士对治黄河,当较鄙人尤切,此良机也,切勿失之。"② 并盛情邀请中国工程师,到其所在的水工试验场,共同研究黄河治理方略。

李仪祉吸收了恩格尔斯、方修斯等人的治河思想,结合中国传统治水经验,产生了新的治黄理论。如他在分析黄河水患频繁(善决、善淤、善徙)的原因时,总结出"水力强、负荷重、黄壤不能盛水,黄壤为岸,容易坍塌等"。在具体分析中,又多次援引西方现代水利术语,进行比较研究。例如,对于黄河土壤问题的探讨,李仪祉也参考了国外学者的研究,指出黄壤也就是德国人所说的"Loess"。李仪祉还援引 V. Richthofen 对这一词汇的解释:"……loess 之为物,似只限于适温之带,而传布极广……loess 积累之厚,由极薄之层以达数百公尺。……惟其积太厚者,因不能盛水,故雨泽失期,辄易干枯。"③ 由此,展现了李仪祉在水利研究及治理过程中融汇中西、构建中国治黄理论的可贵尝试。

在黄河流域泥沙问题上,李仪祉大胆汲取了西方科学理念。他援引泰祚溪(K. Terzaghi)的观点"调查每一种土质,不但要说明它的外状,

---

① 李协:《三省会派工程师往德国作治导黄河试验之缘起》,《华北水利月刊》1932年第5卷第5/6期。
② 李协:《三省会派工程师往德国作治导黄河试验之缘起》,《华北水利月刊》1932年第5卷第5/6期。
③ 李协:《黄河之根本治法商榷:标准横断面、沟洫、畔柳道路(附图)》,《科学》1922年第7卷第9期。

并需知道它的矿物成分，和他的地质上的来源"①。以此作为研究黄河泥沙种类的重要依据。他参照西方水利专家的理论，研究黄河泥沙性质，设定研究标准及方法。初步借鉴了泰祚溪关于土壤结构的划分标准，将土质分为单粒结构、网状结构、瓣状结构、团状结构等四种②。

泥沙颗粒大小及其粗细混合的比例研究中，泥沙过筛问题成为难点，李仪祉认为"可用葛白资基（J. Kopetzky）的淘汰分析法"③。沙土渗透率的研究则先后比较了达瑟定律（$U = K \cdot J$，U 为水渗过沙土之速率，J 为水之降度，K 为渗透率）、伏尼梅 [$J = n_1 u_1 + n_2 u_2$（n_1 及 n_2 为系数）]、哈森 [$K = 116 (0.7 + 0.03 t°) d_e^2$（cm/sec）]、柯赍尼（P. Kresnik）$\{k = k_{10} \cdot [1 + 0.0745 (t - 10) 5 \sqrt{d.}]$（cm/sec）$\}$、司里奚（C. S. Slichter）[$k_{10} = a d_e^2$（cm/sec）] 等西方学者的测验、推导算式，进而推导出适合研究黄河泥沙渗透率的算法。

1934 年，李仪祉致函恩格尔斯，探讨关于如何解救水库之淤、如何固定中水河床、缕堤是否有治导功能等治河难题（《函德国恩格尔斯教授关于黄河质疑之点》）。恩格尔斯曾提出以固定中水河床的方法治理黄河，当时，这一技术在德国各河已有数十年历史。何谓中水？即"日日之所观察，月取其均焉，月月之所观测，岁取其均焉。积若干岁之均而均之"④。但是，由于 1935 年前后黄河流域的观测站大多设立时间较短，观测数据不足，并且，黄河河床变动较快，同样的水流状况下，水位也在不断变动。因此，"非有相当时期不易断定何者为中水也"⑤，这也是黄河水位研究较之世界其他诸河的复杂之处。

在这种情况下，李仪祉并未把时间耗费于对中水的观测、探求。

---

① 李仪祉：《研究黄河流域泥沙工作计划》（1934），黄河水利委员会选辑《李仪祉水利论著选集》，水利电力出版社 1998 年版，第 124 页。

② 参见李仪祉《研究黄河流域泥沙工作计划》（1934），黄河水利委员会选辑《李仪祉水利论著选集》，水利电力出版社 1998 年版，第 125 页。

③ 李仪祉：《研究黄河流域泥沙工作计划》（1934），黄河水利委员会选辑《李仪祉水利论著选集》，水利电力出版社 1998 年版，第 124 页。

④ 李仪祉：《固定黄河河床应以何水位为标准》，《黄河水利月刊》1935 年第 2 卷第 8 期。

⑤ 李仪祉：《固定黄河河床应以何水位为标准》，《黄河水利月刊》1935 年第 2 卷第 8 期。

他认为，恩格尔斯固定中水河床的说法，"亦不过示吾人以概要而已，非必拘拘然惟中水是守"①，并提出："黄河河床应先从改除险堤入手"，先固定若干节点，确定河槽走向，再于其间固定河床的一面作为引导，另一面则根据实际情况，依次固定。这个方案既能避免因未能确定中水而耽误河床治理工程，又以变通之法，践行了恩格尔斯固定河床的主旨，即"免除险工"。此类水利工程的规划，展现了中外合作治水的雏形。

秉承着"学术无国界"的专业态度，李仪祉充分展现了其对西方水利技术及水利专家学习的态度。对于水利问题的研究，李仪祉积极听取了国外专家的意见，并适当采纳，推动了中国黄河治理在概念设计上的突破，促进了中国水利的学术化、现代化发展。在此背景下，推动了近代中国水利工程的兴建。

三　汇通中西，为中国水利现代化奠基

李仪祉援西入中，继往开来，在中国水利现代化的道路上谱写了浓墨重彩的一笔。围绕黄河水利工程、现代水利高等教育等重要环节，他引进了水工试验的现代工程理念，创建了中国第一个水工试验所；继承中国传统的水利思想，把农业灌溉、水库、航运、植树造林等都纳入水利工程所涉及的范围，提出了综合治水的现代水利观。他认为"实行爱国唯有工程家做得远大，实行打倒帝国主义亦唯有工程家做得结实"②，并以大禹为榜样，施行水利救国，开创了治水兴邦的大水利观。

1. 返本开新，近代水利科技本土化

中国古代治水有较强的经验性，这与现代西方的学术治水理念有所不同。在水利实践中，李仪祉汇通中西，学以致用，引领着中国近

---

① 李仪祉：《固定黄河河床应以何水位为标准》，《黄河水利月刊》1935年第2卷第8期。
② 胡步川：《李仪祉先生年谱》，黄河水利委员会选辑《李仪祉水利论著选集》，水利电力出版社1998年版，第743页。

代科学治水之路。即使对传统堤防理论的运用,李仪祉也是遵循着现代科学原理加以阐释。这既得益于他对中国水利史、中国传统水利思想的深刻领会,也受到了西方现代教育的重要影响。

改进传统的水利技术及思想,增加堤防工程中基础科学的研究力度,是李仪祉孜孜以求的事业。"历来施于河之治功多矣,迄无成效者何耶?著堤无学理之研究,守护无完善之方法,官弁无奉公之才德耳。苟欲根本图治,一要实施科学的研究,二当改变其河务组织,洗清积弊,力谋更新始可。"① 因此,李仪祉提出了学术筑堤的思想,如其在学术著作《水功学》中所论:"水之增也,堤土尚干,故其内渗之范围狭,水面愈高,则其范围亦愈扩。水之落也,土已渗湿,故水面愈落,而内渗愈远,以其持时久也。此外,更有毛细孔管吸力湿气上升。"② "盖河愈宽而浅,则(河岸河床蒙水面积)愈大。水幂愈大,则摩阻力愈甚,而流缓,而停沙。设以平均三四尺深,乘宽三四里之面积改之,减其阔增其深,使其速率,适足以攻沙而不停滞,不其愈乎。"③ 基于数学、力学等现代学科基础,对筑堤工程进行分析和规划的理念,是李仪祉学术筑堤思想的重要体现。

在论及黄河治理时,李仪祉明确指出:"用古人之经验,本科学之新识,加以实地之考察,精确之研究,详审之试验,多数之智力,伟大之机械,则有何目的之所不能达。"④ 李仪祉还曾明确指出中国传统治水经验与德国学者治水理念的相通之处:"方修斯(O. Franzius)缩小堤距束水刷深河床之论,固似偏于理论,但吾国四百年前明代潘季驯氏亦主是说,并实行之,虽未全部奏功,而部分生效者已经显著。后清代靳辅亦依其理以治河,亦颇见功。缕堤有治导之功能,德国学

---

① 李协:《五十年来中国之水利》,《河海季刊》1923 年第 1 卷第 2 期。
② 李仪祉:《水功学》,沈云龙主编《中国水利要籍丛编》(第四辑),台北:文海出版社 1969 年版,第 169 页。
③ 李仪祉:《水功学》,沈云龙主编《中国水利要籍丛编》(第四辑),台北:文海出版社 1969 年版,第 167 页。
④ 李仪祉:《黄河水利委员会工作计划》,黄河水利委员会选辑《李仪祉水利论著选集》,水利电力出版社 1988 年版,第 74 页。

者所见亦略同。"①

德国水利专家恩格尔斯也强调堤防的治导作用。李仪祉赞同此观点，并对此有过详细的释译："堤之为用，非专以防涨水之漫溢田舍也，亦有时为防溜冲。亦非仅为保护田舍用也，且为治导之要方。盖低水有槽，涨水失槽而泛流，则必横决滥停，崎岖不一。有处置得宜之堤以束之，则其流一，流一则泥沙淤淀，可得适当之地，而免溃岸之虞。由是观之，堤之功效，决不可忽也。"②但同时，李仪祉也认识到，鉴于美国密西西比河之例，具有高含沙量的黄河，筑堤束水并不容易。恩氏认为"使滩地增高，则束水之功，正与堤相等，或且过之，何必一定要筑堤"③，李仪祉与恩格尔斯的治理思路不谋而合，并在此基础上提出，"不要先拘执于固定水中河床，而应先从滩地着手"④。以此可以使滩地长高而河槽刷深。这些治理思路，既肯定了中国传统治水经验的价值，又利用现代科学理念继承和改造。

民国时期从事水利建设工作是极为困难的，"在治理意见上有新旧之争，在利害关系上有畛域之议"⑤，且当局并无心建设。在这种动荡的时局中，留学归国的李仪祉，勇于担当，规划了多项水利工程；主持兴建了我国第一座运用近代科学的大型灌溉工程——泾惠渠；担任第一任黄河水利委员会委员长；倡导开展了首次黄河河道模型试验；倡议设立了中国第一个水工实验所；第一位提出"综合治水"的水利专家，树立了爱国利民的"大水利观"。

---

① 李仪祉：《函德国恩格尔斯教授关于黄河质疑之点》，黄河水利委员会选辑《李仪祉水利论著选集》，水利电力出版社1988年版，第113页。
② 李仪祉：《水功学》，沈云龙主编《中国水利要籍丛编》（第四辑），台北：文海出版社1969年版，第165页。
③ 李仪祉：《黄河治河之本的探讨》，黄河水利委员会选辑《李仪祉水利论著选集》，水利电力出版社1988年版，第49页。
④ 李仪祉：《黄河治河之本的探讨》，黄河水利委员会选辑《李仪祉水利论著选集》，水利电力出版社1988年版，第49页。
⑤ 张含英：《李仪祉先生与近代水利》，黄河水利委员会选辑《李仪祉水利论著选集》，水利电力出版社1988年版，第9页。

2. 水利为民，陕西水利现代化理念的发端

李仪祉为现代水利工程提出了新的治理思路，把一个流域的水系当作综合治理的有机体，主张综合治水，且非常注重水利实践，强调学以致用，反对空谈。这集中体现于李仪祉对陕西水利工程的规划和实施中，成为陕西水利现代化理念的发端。

秉承着水利兴而百业举的理念，李仪祉在陕西兴建了三个现代化船闸；提出建设关中八惠，陕南、陕北灌区计划，开创了陕西省的水利化。"引泾"作为陕西历史最古、最有荣誉之事，对陕西的农业发展和河流治理意义重大。李仪祉详细统计、考证了商周至1923年，关中由旱致荒的史实。"据事实可考者，凡一百六十二年。水为灾十五次，蝗为灾十二次，蝗而又旱七次，蝗而又水一次，其他皆旱灾也。史志失载者想不止于此。计自商周及今年三千年中，约为二十年灾一见。然古代之记载也稀。若以由明至今计之，则五百年中，灾四十八见，则为每十年一次。"[①] 对这些灾荒所导致的"死亡枕藉，甚且人相食焉"[②] 的惨状，李仪祉深感痛心。也因此疾呼："关心民瘼者能不为之设法预防哉？……惟其地气苦旱也，故陕西水利之急要较他省为更甚。"[③] 这些历史的、现实的社会状况，成为李仪祉树立郑白宏愿，立志以水利兴邦的重要原因。

正因如此，李仪祉高度重视"引泾"工程，细致周密地考察了陕西省各河道。他以历代各渠变迁史料为基本依据，历数了泾渠自秦朝以来的沿革，绘制历代泾渠灌溉状况图，以及他所期望的灌溉状况（图片已佚），如郑渠、白渠、丰利渠、王御史渠、广惠渠、通济渠、龙洞渠等。这些考证、规划，无不建立在李仪祉对中西水利思想融会贯通的基础之

---

① 李仪祉：《陕西渭北水利工程局引泾第一期报告书》（1923），黄河水利委员会选辑《李仪祉水利论著选集》，水利电力出版社1988年版，第220页。

② 李仪祉：《陕西渭北水利工程局引泾第一期报告书》（1923），黄河水利委员会选辑《李仪祉水利论著选集》，水利电力出版社1988年版，第207页。

③ 李仪祉：《陕西渭北水利工程局引泾第一期报告书》（1923），黄河水利委员会选辑《李仪祉水利论著选集》，水利电力出版社1988年版，第220页。

上。小到一条河流水土状况的考察："陕西渭河两侧之平原，按《禹贡》称为渭汭。据德国地质学家利溪妥芬之考察，其初乃一大湖也。唯此湖昔通海，故含盐卤质。"① 大到一个水利工程体系的规划："远移渠口于上以得良址，凿洞代石渠以避怒泾，效欧美成法以筑新堰，广事潴蓄以增水量。则白公所不为，历代所不能为者，今皆优为之。"②

"利之所在，人必争之，故水利的纠纷最多，不能不有完美的法律管理。"③ 在陕西水利工程建设中，李仪祉还贡献了诸多具有创建性、实用性的水利工程管理思想。如其在《泾惠渠管理章程拟议》中提出了"官民合组"的管理办法，"民方以每一斗为单位，仍依旧历，每斗设水老一人，斗夫一人，另设渠保若干人"④。在此基础上，对水政工作的内容、收益、禁例等做出了具体、明确的规定，确保了水渠良好有序地运行。这一管理思想的提出，兼顾了管理的专业性和普适性，对近代水政思想的发展具有启示和借鉴价值。

正是由于李仪祉孜孜不倦的追求，陕西"关中八惠"也因此得以规划和修建，至1938年李仪祉逝世，泾、渭、洛、梅四渠已经粗具规模，灌溉农田180万亩，且至今发挥着重要的作用。而上述水利理论的创新与实践，充分体现了李仪祉作为中国近代第一位水利专业留学生的使命、责任与担当。

3. 创新灌溉方法，呼吁植树造林

李仪祉认为："水利事业，大别为三：（一）是利于农业的，就是灌溉、排水、改良土地等事；（二）是利于交通的，就是开辟航道等

---

① 李仪祉：《陕西渭北水利工程局引泾第一期报告书》（1923），黄河水利委员会选辑《李仪祉水利论著选集》，水利电力出版社1988年版，第207页。

② 李仪祉：《陕西渭北水利工程局引泾第一期报告书》（1923），黄河水利委员会选辑《李仪祉水利论著选集》，水利电力出版社1988年版，第227页。

③ 李仪祉：《陕西水利行政大纲》（1935），黄河水利委员会选辑《李仪祉水利论著选集》，水利电力出版社1988年版，第338页。

④ 李仪祉：《泾惠渠管理章程拟议》（1932），黄河水利委员会选辑《李仪祉水利论著选集》，水利电力出版社1988年版，第318页。

事；(三) 是利于工业的, 就是发展水利等事。"① 由此可见, 李仪祉把利农、为农视为水利事业的重中之重。"中国自古以农立国, 历代相传, 重农则治, 轻农则乱。"② 反观中国农田灌溉, 虽历史久远, "但是数千年来传到今日, 灌溉事业仍是守旧, 毫无进步; 并且许多古代成法都废了"③。

在灌溉思想的生发中, 李仪祉承继传统, 横贯东西, 深入研究了中外灌溉史上可资参考的方法。"灌溉有单独施行者, 有必须与排水并行者, 在欧洲有恒言曰: "Ohne Entwasserung, Keine Bewässerung"（无排水即无灌溉）。但在吾国黄土地带则有不尽然者。"④ 在传统灌溉和现代灌溉中列举中外一首制和多首制的水利工程: "一首制如昔时之郑国渠、白公渠、李冰渠等皆是。汉中之山河堰亦然。多首制则如陕西之堵水、冷水、廉水等许多堰。宁夏诸渠亦然。新事开辟之泾惠、渭惠、洛惠等渠皆为一首制。印度恒河昔日旧渠, 皆为多首制, 后英人改为一首制, 亦发现一首制之许多缺点。"⑤ 由此观之, 李仪祉显然发现了传统与现代、中国与西方在灌溉方法上的共通之处。

就陕西之灌溉问题而言, 李仪祉针对河床两岸的滩地、河流冲积带、较高的平原、坡地等不同的地势, 提出了相应的灌溉策略, 并兴修了泾惠、洛惠等新创灌溉事业。泾惠、洛惠、渭惠三渠, 引自不同水系, 性质相同, 但所用方法不同。"泾惠以前有郑国, 白公已成而发之灌溉旧规, 洛惠以前, 有龙首方成而毁之灌溉陈迹, 渭惠则前无古人, 虽有成国渠, 大概所引者仍为汧水, 漳水, 非如现在之规模。"⑥

此外, 李仪祉鼓励农民植树蓄水, 使农田水利具有了生态、可持续的发展取向。认为发展农业灌溉, 既可以增加农产品的收入, 还能培植林木。在诸多不能灌溉的地方"要加倍努力的培植树木, 以救济

---

① 李协:《陕西省水利上应要做的许多事情》,《陕西水利月刊》1932年第1卷第1期。
② 李仪祉:《说明华北灌溉讲习班之旨趣》,《华北水利月刊》1929年第2卷第7期。
③ 李仪祉:《说明华北灌溉讲习班之旨趣》,《华北水利月刊》1929年第2卷第7期。
④ 李仪祉:《陕西之灌溉事业》,《水利》1936年第11卷第6期。
⑤ 李仪祉:《陕西之灌溉事业》,《水利》1936年第11卷第6期。
⑥ 李仪祉:《陕西之灌溉事业》,《水利》1936年第11卷第6期。

地方的枯燥情形"①。为了解决干燥地区的植树难题，李仪祉指出"一要审地址；二要择种类；三要乘时机；四要勤管理"②，还测算研究了森林中和森林外的蒸发数据差，援引韩倍克（Hamberg）、格啦维留（Gravellius）等西方学者的相关实验数据，证实了"不毛之土渗透最多而森林掩覆实足以大减渗透之量也"③。通过现代科学方法证实了森林的水土保持功效。

因此，李仪祉主张积极培植森林，多次强调植树造林的重要作用，将植树造林与堤防方略结合起来，提倡生物固沙，生物筑堤。认为："造林工作，在上游可以防止冲刷，平缓径流；在下游可以巩固点，充裕埽料，于治河有甚深之关系。"④ 由此可见，李仪祉对农田水利与治河并非割裂而论，而是将二者融合看待，逐渐构筑一套长远、系统的水利思想。李仪祉也充分认识到植树造林非一日之功，更非个别机关或少数人所能完成的。因此，他倡导相关部门、组织及人民应合力为之。林木的培植对治河和防旱"容有其益"，且"吾国工业将日渐发皇，所需木材岂可常恃舶来品？吾国内地山谷之间，不适于农田之旷地甚多，不植林将焉用之？"⑤ 李仪祉将水利事业看作一个有机的循环系统，注意到了植树造林对农业、治河、防旱、工业发展的重要作用，具有一定的科学性和超前性。

鉴于不同水利工程在地质、气候、交通等方面的相似性和交互性，李仪祉建议联合华北、导淮、黄河三个水利委员会，在资料、人员、测量、规划等领域开展合作。水利事业在中国尽管已有数千年的历史，但论到以现代技术造福于人民和社会，中国却还是一个新造之邦，差

---

① 李仪祉：《农田水利之合作》（1935），黄河水利委员会选辑《李仪祉水利论著选集》，水利电力出版社 1988 年版，第 715 页。

② 李仪祉：《农田水利之合作》（1935），黄河水利委员会选辑《李仪祉水利论著选集》，水利电力出版社 1988 年版，第 715 页。

③ 李协：《森林与水功之关系》，《河海月刊》1921 年第 3 卷第 6 期，第 6 页。

④ 李仪祉：《黄河治本计划概要叙目》（1935），黄河水利委员会选辑《李仪祉水利论著选集》，水利电力出版社 1988 年版，第 171 页。

⑤ 李协：《森林与水功之关系》，《河海月刊》1921 年第 3 卷第 6 期，第 8 页。

不多什么事都要从新做起。在这样的历史条件下，李仪祉以一个先行者的角色投入中国现代水利事业的创建中，并鼓励后来人当按部就班，逐步实现中国水利的振兴。正如他在任陕西省水利局局长、黄河水利委员会委员长兼总工程师时所言："打民国肇造起，到现在，荒荒忽忽了二十一年。我呢，发已斑了，仅仅的有泾惠渠一点小贡献。陕西省水利上应要做的事情，岂止数十倍于泾惠渠，残余的年龄，又如何做的清楚。……我的用意，是在使后继之人，能一项一项的继续不断的照我的意思做个圆满，或者比我的所见更能周到而伟大。"①

结　语

李仪祉自 20 世纪二三十年代以来，根据中国传统水利状况，从水利技术角度着眼来解决水利建设中的实际问题。他对于中国水利事业的投入与贡献，离不开他青年时期东西方教育的双重影响。传统的教育让李仪祉熟知中国传统的治水经验和教训；留学德国后，得以学习现代科学治水技术；与陕西省水利局局长郭希仁一道，遍游德、法、荷、比、英、瑞等欧洲诸国，实地考察河流堤防，目睹欧洲各国水利事业的发达景象，比较我国水利事业的颓废，百感交集，立下了专攻水利科学技术、振兴祖国水利事业之鸿志。从其水利思想与贡献看，既不吝引用先贤治河史料，又不讳言中国传统治水之弊；既以中国传统治水精神为其学术底色，又能发挥西方现代科学治水的优长，充分体现了他融汇中西、造福时代的水利建树。

---

① 李协：《陕西省水利上应要做的许多事情》，《陕西水利月刊》1932 年第 1 卷第 1 期。

The Origin and Characteristic of German-educated Li Yi-zhi's Water Conservancy Thought

Li Qing　Zhou Mian[*]

Abstract: Li Yi-zhi has made indelible contributions to the history of modern water conservancy in China. He integrated Chinese and Western learning and applied what he had learned, planned the eight water conservancy projects in Guanzhong which benefited his hometown, and completed four projects during his lifetime. He inspected the river hydrological conditions in many areas of China, and creatively put forward the relevant theories of the Yellow River hydrological management. His idea of water conservancy benefiting the farmers and comprehensive management has set an example for modern Chinese farmland water conservancy projects. Li Yi-zhi's water conservancy thought and practice still have positive and important influence up to now.

Keywords: Li Yi-zhi; Water Conservancy Thought; Water Conservancy Practice; Studying Abroad

---

[*] Li Qing, History College of Nankai University; Zhou Mian, Research Center of Returned Students and China Modernization of Xi'an Siyuan University.

1940年中央建教会与国立西北工学院关于留学背景师资工作的函电研究[*]

贾辰飞[**]

摘要：抗日战争时期，中央建教合作委员会主动将登记合格的回国留学生以函电的形式介绍到西北工学院工作。这反映了当时该部门对发展西部地区高等教育的重视。而西北工学院在此过程中的回应，也显示了陕西地方政府及西北高校在接纳留学生方面的诚意。补充留学师资是提高当地教育实力的最有效捷径，但限于陕西地方教育发展的先天不足，此事最终未果，给后世带来长久的反思与遗憾。

关键词：中央建教会；西北工学院；留学背景师资；函电

1937年，卢沟桥事件发生后，受日军战火的侵扰，中国高等教育在地域分布和人才培养结构方面都做出了相应调整，以适应战争时期的特殊形势。1938年，国民政府在重庆成立了中央建教合作委员会（以下简称中央建教会），工作内容之一是协调抗战时期人才无法"各尽其能"的人事工作。而战前被视为"天之骄子"的留学出身的师资，在严酷的

---

[*] 基金项目：2011年国家社科基金重大项目"民国时期留学史料的整理与研究"（主持人周棉，项目编号：11&ZD101）；陕西省社科基金项目"民国时期陕西留学档案的整理与研究"（主持人周棉，项目编号：2015H009）。

[**] 作者简介：贾辰飞，女，河南漯河人，西安思源学院文学院讲师，陕西高校哲学社会科学重点研究基地西安思源学院留学生与中国现代化研究中心研究员，在读博士，主要研究方向为留学史、中国文学。

现实面前也不得不为五斗米折腰,由中央建教会为其推荐合适工作。1940年,中央建教会连续发函,为国立西北工学院推荐留学师资,国立西北工学院对此也非常重视,学院院长赖琏特指示教务长潘承孝对接此事,但最终所介绍师资无人前来接洽,个中原因,值得深思。

一 中央建教会所发电文的背景

中央建教合作委员会成立于1938年5月,是国民政府行政院西迁重庆后设立的负责联络教育与建设事业的工作机构。这个机构由教育部牵头,经济、农林、交通等部委配合,彼此之间相互合作,共同引荐各类优质人才,以促进教育人才与国家建设事业的良好对接。国立西北工学院(以下简称西北工学院)是抗战后高校内迁重组的产物,成立于1938年,新校由原来的北洋工学院(原址天津)、东北大学工学院(原址沈阳)、私立焦作工学院(原址焦作)三院合并而成,是西北地区第一所学科齐全的理工类大学。因国内的自然科学从创建到发展皆源自西学,故西北工学院在成立发展中,吸引留学师资是必备之举。中央建教会将适合的留学背景师资人才推荐至西北工学院工作,既是抗战时期国家对留学人员登记并安置工作政策的具体落实,也反映了抗战时期教育界努力重建的不易,是当时教育发展的独特性体现。

(一)抗战初期的留学归国潮

1937年卢沟桥事变爆发,中华民族岌岌可危,在国难面前,留学海外的学子出于爱国义愤,纷纷辍学归国,掀起了近现代留学史上一次规模空前的回国热潮。在这股热潮中,留日学子最早行动。七七事变当日,留日学子蜂拥至东京的民国政府驻日留学生监督处,"群请资送回国""暴日未撤兵前坚不回日求学",坚决不做"日中亲善"的"楔子"和"大东亚新秩序"建设的"协力者"[①]。被学生的热情感召,

---

① 俞可、冷云红:《留日学子的抗战担当》,《中国教育报》2017年7月7日第1版。

1940年中央建教会与国立西北工学院关于留学背景师资工作的函电研究

国民政府也组织人手，协助学生离开日本，并于1937年10月8日关闭撤离中华民国驻日留学生监督处。到1937年10月31日，多数留日学生已返国，在日留学生的人数降至403人①。与此同时，欧美留学生归国者亦络绎不绝，截至1938年5月，回国者几占一半②。

留日、留欧学生的大批回流，固然有政局不稳、教育难以继续的因素，也与家乡被日军侵略后沦陷、经济接济中断有关，但更多的则是因为国家受辱，祖国千百万同胞正在神州大地与日寇浴血奋战，个人安能置身事外做一个旁观者的赤子心态。因此，他们在国家危难面前义无反顾地回国，以尽到自己的国民责任，这是一种优秀的品质，值得充分肯定。但对于疲于应付战争的国民政府来说，留学生的大批回流，如何安置便成为一个棘手的问题。民国前期，流行不成文的规定，即大学里任教授或副教授必以留学回国得有学位者为限。③这个时期的留学生，部分人在国外大学已进入研究生阶段，知识储备和学业成就较为突出，如果顺利毕业，即具备了在大学任职的条件；部分人出国学习时间不足，所修课程未能完成，回国意味着学业的中断，影响后续的发展。可见，留学生的辍学回国，无论是对自身发展还是对国家发展，都是巨大的损失。如果不能对他们进行妥善的安置，轻则影响青年学子的报国热情，重则造成人才与知识的严重浪费，动摇知识分子对国家的归属感，因此，必须慎重对待。

（二）教育部对于战时回国留学生的安置办法

1939年1月31日，为了合理安置归国学子，保存有限的文化火种，避免"使青年而有废学之现象，实即国家衰亡之危机"④的事情发生，教育部综合了多方因素后，实施对回国学生进行登记并推荐工

---

① 徐志民：《敌国留学——抗战时期在日中国留学生的生活实态》，《近代史研究》2015年第5期。
② 王奇生：《抗战时期的留学生群像》，《神州学人》2015年第7期。
③ 陈立夫：《战时教育行政回忆》，台北商务印书馆1976年版，第34页。
④ 陈立夫：《告全国学生书》，《教育通讯》1938年创刊号。

作的政策。《抗战期间回国留学生登记办法》即是措施之一，在该办法中，教育部公布了登记时间（1939年2月1日至2月底）、地点（重庆本部）、资格（根据部令回国的留学生或者自行回国的留学生），并特别提出了登记合格后教育部的处理办法，具体有二，分别是：

其一，国外专科以上学校毕业或国内大学毕业后在国外研究院研究一年以上者，由本部就可能范围内，按照本人专门研究，分别介绍服务，并得有本部指定相当工作，酌给生活费。

其二，出国前在国内专科以上学校尚未毕业，出国后在国外专科以上学校亦未毕业者，由本部按照其所习学科，分发于国内同等学校试读，俟学期试验及格后，编为正式生。①

此后不久，1939年7月28日，教育部颁发了《抗战期间回国留学生分发服务简则》，将归国留学生服务项目分为编译、研究、教学、技术及其他工作，并针对不同岗位设置不同的管理办法。对分发到高等学府的留学生，文件的部分规定如下：

……

其五，留学生分派在各大学或其他机关担任研究或服务者，其工作应由本人与各该校或机关主管人员商定，或有各该主管人员径行指定之。

其六，留学生分派在学校或机关任研究工作者，应自行拟定研究详细计划，商得主管人员同意呈部核定后开始工作。

其七，留学生在各校担任研究工作时，各该校应予以便利。

其八，留学生分派在各校研究或服务者，各校如有需要，得制定其担任教学或其他工作，惟教学时间以六小时为度。②

---

① 周棉主编：《民国时期留学史料·档案史料》（第三编），第1117页，待出版。
② 周棉主编：《民国时期留学史料·档案史料》（第三编），第1120页，待出版。

由以上两个规章可见，教育部在登记方面，既保证了学业已收尾的留学生要求服务国家的愿望，又解决了那些学业中断、难以顺利就业的学生继续学习的问题，使回国留学生感受到了国家的重视及帮助。而且，在具体办理时，教育部也提出了明显的服务标准，一是权力下放，将接收留学生的人事权交给高校负责人，由院校领导视其学校所需而接收，避免了因上级强行安置人员而带来人浮于事的困扰。二是约束留学生，要求他们进入工作岗位后提交工作计划、承担教学任务、开展研究工作，尽职尽责为学校服务，不辜负国家和社会的期望。三是规范高等院校对留学生的管理，要求高校合理地给留学生排课，保证其工作时间与内容，使留学生在工作岗位上健康成长。以上措施，既解决了新回国留学生就业的燃眉之急，也给留学生提供了良好的精神和后勤保障，使他们在战乱流离中不至于产生生不逢时之感，更能努力埋首于工作和国家所需的事务。

（三）西北地区的教育发展现状

民国时期，陕西的高等教育发展十分缓慢。截至1937年年底，全省只有一所农林专科学校，在校学生300多人。抗日战争爆发后，京津沪等地区高校损失惨重，如著名的私立南开大学变成一片焦土。西北地区作为唯一未受日军炮火侵扰的地方，成为教育部部署院校迁徙的重镇。1937年年底，京津和东北的一些高校西迁陕西，并由北洋工学院、北平师范大学与东北大学组成西北联合大学。但组合后的大学未能解决内部的矛盾纷争，到1939年，西北联大正式解体，其下属的几所院校分别独立或者与其他院校合并，如北洋工学院、焦作工学院和东北大学工学院组建成国立西北工学院；国立西北大学农学院、河南大学农学院畜牧系与西北农林专科学校合并组建为国立西北农学院，文科院系则成立国立西北大学，医学系改为西北医学院。这些高校的先后设立，填补了陕西之前高等院校的空白，为西部地区人才的培养奠定了基础。

西北地区的院校稳定之后，师资匮乏问题开始凸显。这由两个因素造成：一是有关院校在西迁中，因交通工具非常缺乏，许多大学教授没能及时离开，更有年岁已高，或儿女成群的，无法支撑战时千里转徙流离之计①，这种情况导致西迁后的院校在恢复重建中人才不足。二是抗日战争时期，中国外部的环境虽然非常艰危，但教育却一直在持续发展，并且取得了不小的成就，仅就大学来说，"高等教育在战时非但维持着，而且更大大的扩张"②。院校的扩张即意味着师资的急需，西北工学院就是一个典型。

作为内迁后新组建的院校，西北工学院在内迁的过程中，学校经历了多次变动，从西安临时大学到西北联大，再到西北工学院，每次重组和拆分都使学校元气大伤，对教师队伍的稳定也带来了不良影响。尤其是1939年年初，北洋工学院前院长李书田带领部分拥戴他的师生离陕入川，更加剧了学院教师的流失。尽管在教育部的干预下，后期师生陆续回陕，但内部纷争仍对学院造成了不小的损失。1938年年末，西北工学院正式开课后，学生约600人③。1939年，部分学生由川回陕，学生人数再次增加，加上先修班学生，工学院学生已接近千人。1940年10月，教育部审查各专科以上学校教职员名单，工学院提供的教职员名单（包括体育教师）共94人④。此时，工学院已在城固安家落户，教学发展进入正常轨道，下设了机械、土木、矿冶、电机、化工、纺织、水利、航空、工业管理等九大系，组建了专业齐备的理工学科。虽然学科众多，但是，师资却严重不足，把行政人员计算在内，平均下来每个系教师不足10人。因此，引进教师是工学院的当务之急。

二 中央建教会函电分析

在以上背景下，1940年9月，中央建教会连续向西北工学院发来

---

① 王奇生：《抗战时期的留学生群像》，《神州学人》2015年第7期。
② 欧元怀：《抗战十年来的大学教育》，《中华教育界》复刊第一卷第一期，1947年1月15日第7页。
③ 本数据来源于西北工学院填写的《全国中等以上学校调查表》（1940年3月20日），由笔者根据各系人数统计而得。原表来源于陕西省档案馆，档案编号：61—2—106.2。
④ 《国立西北工学院教职员统计表》（1940年10月5日），陕西省档案馆，档案编号：61—2—158.1。

1940年中央建教会与国立西北工学院关于留学背景师资工作的函电研究

4道函电，督请学院根据发展所需，聘请电文中推荐人选，函电内容及分析如下：

（一）函电内容

1. 第一道函电（9月10日发出）：

奉本会顾主任委员条谕闻：西北工学院需要土木、机械、机车、化工、采矿各科教授，由专门技术工作咨询处介绍等因，奉此自应遵办，除已分向有关各方征求外，兹先选介本处登记审查合格之电机门张德新君应征，除另行函嘱诣前洽定外，检奉履历，即希核酌，见示为荷。此致

西北工学院①

2. 第二道函电（9月17日发出）：

本处前于九月十日以环字第3474号函，介绍张德新君及函嘱张君诣前洽定，谅已分别察洽。兹查有本处登记审查合格之化工门钟龄君资历相当，特再选介应征贵院化工系教授，随附上履历一纸，即请察核。如贵院决定延聘，祈即将每周授课时数与待遇迅行示知，以便转达钟君，诣前报到为荷。此致

西北工学院②

3. 第三道函电（9月30日发出）：

前奉交下贵院托征土木、机械及化工等教授，经于九月十日函介张德新君并嘱其诣前面洽，又九月十八日函送钟龄君履历，谅已均邀察及。续准吴涧东先生函介化工科留英之唐敦五君及留德廖振中君。查两君学验似优，已分别征询愿应贵院化工教授之聘否，俟得复再当奉知。又土木科教授新近征得留德土木科夏舜参君担任，

---

① 《中央建教会关于推荐张德新担任电机门教授一事致国立西北工学院的函》（1940年9月10日），陕西省档案馆，档案编号：61—1—146。
② 《中央建教会关于推荐钟龄担任化学门教授致国立西北工学院的函》（1940年9月17日），陕西省档案馆，档案编号：61—1—146。

相应附开履历，函请察核选聘，并乞惠复一是为荷。此致

国立西北工学院赖院长①

4. 第四道函电（10月18日发出）：

本处于九月十日以环字第3494号函介张德新君应征机械系教授，及九月十八日以第3534号函介钟龄君应征化工教授，又三十日第3600号函介夏舜参、唐敦五等，计已一一邀察，迄未承复，不识贵院拟否延聘。兹有续在本处登记合格之机械门熊正琬、化学门侯家骍两员均曾任大学教授或副教授有年，资历尚佳，附上履历，贵院如拟延揽，敬请即并案函示任课时数、待遇等，以便转洽为荷。此致

西北工学院②

函电涉及人物履历如表1：

表1　　　　　中央建教会函电涉及人物履历

姓名	性别	年龄	学历	经历	希望待遇
张德新	男	30岁	中央大学及美国密西根大学电机系毕业	中美飞机制造厂第二飞机制造厂工程师、西北农学院教授	250元/月
钟龄	男	36岁	法国博德理工大学电气工程系及法国格城理工大学化学研究院毕业	柳州四十二兵工厂荐，任五级工程师	250元/月
夏舜参	男	35岁	中俄工业大学毕业，得有土木工程司及德国土木工程工学博士学位	城塞局技正，京赣铁路南段副工程师兼设计组组长、湘黔铁路督工专员，赴苏考察苏联现代工业	教授待遇

---

①《中央建教会关于推荐唐敦五及廖振中担任化工教授、夏舜参担任土木科教授一事致国立西北工学院的函》（1940年9月30日），陕西省档案馆，档案编号：61—1—146。

②《中央建教会关于推荐熊正琬、侯家骍担任化工教授致国立西北工学院的函》（1940年10月18日），陕西省档案馆，档案编号：61—1—146。

续表

姓名	性别	年龄	学历	经历	希望待遇
侯家骍	男	33岁	东北大学理学院化学系毕业、北京大学研究院研究一年	国立上海医学院研究助教、东北大学工学院副教授、军令部技术室代理化学组组长	250元/月
熊正琬	男	52岁	英国苏格兰葛拿斯哥大学机械工程学士	胶济路机务总段长、国民革命军直鲁军东北第一军交通处处长、津浦路浦镇机务处机厂厂长、代理铺镇机务处处长、正工程司、浦口机务总段长、军委会铁道运输津浦线区司令部机务科科长、复旦大学教授	600元/月
唐敦五	男	不详	留英	不详	教授待遇
廖振中	男	不详	留德	不详	教授待遇

对于以上所介绍人员，西北工学院表示了极大的诚意。院长赖琏因自己在重庆，特下手谕请潘承孝教务长负责人才的引进工作，而自己在公务闲暇之余，也欢迎被介绍之人到居住之所洽谈。但遗憾的是，函电所介绍之人无一人登门拜访，以致赖琏回陕之后，中央建教会发函询问情况，赖琏复函如下：

公函　　公字第899号
　　接准贵处来函，承介绍各系教授前来本院服务，至为铭感。惟本人前在重庆时，所介各教授均未前去接洽。迨返院后，急向各方延聘，名额已足，有负雅意，深以为歉，相应函复，希即查照，并伸谢忱！此致
中央建教合作委员会专门技术工作咨询处
　　　　　　　　　　　　　　　　院长　赖琏
　　　　　　　　　　　　中华民国二十九年十一月二十八日[①]

[①]《国立西北工学院关于本院教授名额已足不再延聘一事致中央建教会专技咨询处的公函》（1940年11月28日），陕西省档案馆，档案编号：61—1—146。

赖琏在复函中向中央建教合作委员会表达了歉意，解释了此事未果的原因，并告知委员会在他"返院后，急向各方延聘"，现在师资名额已足，不再聘任他人。之后，中央建教合作委员会即停止推荐。

（二）函电分析

抗日战争之前，北洋工学院是国内一流的理工科学府，西迁合校更名为西北工学院后，仍保持了相当水准实力，是同时期最知名的理工大学之一。因战争和迁徙带来的破坏，学校百废待兴，校址定到城固后，亟须恢复发展，对人才的需求迫在眉睫。院长赖琏本身是学工程技术的留学生，对同道中人惺惺相惜，在学院深受师生尊重。同比其他地区的教学环境，西北工学院新选的校址环境远离战区，气候适宜，鸟语花香，天主教堂和新修的校舍，坚固耐用，更重要的是极少受到战争的波及，赖琏曾称之为"世外桃源"[1]。但面对西北工学院良好的发展势头，中央建教会函电所推荐之人无一人来陕工作，可见这批留学背景的师资人员对就职西北工学院没有太多兴趣。这种情况，其实也暴露了抗战期间西北教育发展中的诸多问题，具体如下：

1. 西北工学院所处地理位置不佳

地缘环境是影响高等院校发展的一个重要原因。西北工学院校区迁至汉中城固后，交通是个大问题。汉中在当时虽是联系西北西南的重要交通枢纽，但周边路段地形复杂，从省会西安到汉中，要经宝鸡才能到达。宝鸡过后的路途全程基本为羊肠栈道，沟壑丛生，山路蜿蜒崎岖，危险重重。城固深陷秦岭与巴山之间，地理位置更是偏远。西北联大的校友在回忆录中提及，当年他随院校一起从西安迁徙到城固，先乘坐火车到宝鸡，之后步行500余里，翻过高耸入云的秦岭，才最终到达目的地[2]。而同时期西北联大的学生宣传队从宝鸡到留坝县城（去城固必经之地）为老百姓宣传抗日时，从出发之地到目的地足

---

[1] 高远：《世事纷纭说赖琏》，《休闲读品》（天下）2012年第2期。
[2] 叶心适：《回忆城固时期的西北大学》，西北大学110周年校庆专题网，https://www.nwu.edu.cn，2012年6月30日。

足走了7天①，到城固则需要更多天数。除去交通不便，沿途气候变化也造成行进困难。西北大学法商学院1940年入学校友在文章中提到，他从陕西陇县到城固求学，历时3天，沿途翻越秦岭时，亲历从冬到夏的季节变化②。以上言论，皆可看出去城固之旅的不易。

与学生艰难跋涉的求学相比，外来教师的任教旅途同样不易。外来人员到城固，除走西安线路外，还有一条线路，即从成都出发到汉中的川陕公路。川陕公路建于1935年，1937年2月全面开通，始于成都，途经绵阳、剑阁、广元等蜀中要道，在陕经过汉中辖区的宁强、勉县等，终于棋盘关。根据1939年教育部针对各大院校基本情况的摸底统计，西北工学院在本院登记表的"交通一栏"填写如下："由重庆到城固，需乘汽车至成都，换川陕公路车至南郑，由南郑乘滑竿一天到古路坝"③。川陕公路车是敞篷卡车，乘客可载二三十人，燃料是木炭，时速15—20公里。因川陕公路多在山崖栈道上而建，路途颠簸，晕车乃家常便饭④。到达南郑之后，剩余路段全为山路，宽不过1米，车辆无法通行，交通工具只能靠人力，"滑竿"应运而生。"滑竿"是当地人发明的一种类似轿子的人力交通工具，由两根结实的竹竿并立，中部固定一个有扶手和靠背的座椅，客人坐椅上，由两人一前一后合抬⑤。对于不习山路的外地人，"滑竿"可以减轻步行的困难。但即使是乘坐"滑竿"，一天的颠簸旅途下来，人全身都像散了架。故交通问题也导致西北工学院无法得到充足的教学补给，不但学生的学习用品短缺，常常多人共用一本教科书，教师的教学仪器和实验设备也严重

---

① 姚璐、姚远：《西北联大在汉中留坝的抗敌救国宣传及南迁事迹考》，《陕西理工学院学报》（社会科学版）2016年第1期。
② 穆嘉珉：《回忆城固时期的西北大学》，西北大学110周年校庆专题网，https://www.nwu.edu.cn，2012年8月20日。
③ 本记录来源于西北工学院填写的院校情况表格，原表为"全国中等以上学校调查表"，陕西省档案馆，档案编号：61—2—106.2。
④ 穆嘉珉：《回忆城固时期的西北大学》，西北大学110周年校庆专题网，https://www.nwu.edu.cn，2012年8月20日。
⑤ 陈海儒、李巧宁：《西北联大时期汉中的社会生态》，《西部学刊》2014年第12期。

缺少①。以上情况，影响了人们来陕工作的热情。

2. 抗战时期的特殊环境为人才提供了更多就业机会

抗战期间，尽管教育界遭到严重破坏，但战争造成的物资急缺等问题，让实业学科迅速发展起来，对工科人才的需求也大幅上升。西北工学院的毕业生成为抢手资源。以西北工学院第六届报考清华留美公费生的考生为例，胡衡工作于南桐煤矿，该煤矿是当时中国（敌占区除外）最大的煤炭工业基地，待遇优厚；林国璋服务于水利委员会，属于国家公职人员，自认"于兹工作尚称满意"；黄显伟服务于中国兴业公司，任副工程师已有二年；庄文彬服务于云南钢铁厂……②这些在当时都是比较受欢迎的工作。教育部部长陈立夫在回忆录中也称："战时毕业的大学生，因为军事建设及后方工商业开发的需要，毕业生有不少就业机会，尤其是工程及会计学科的毕业生。"③ 因为国家非常需要这些人才，在函电中提到的这些机械、机工、化工、采矿等学科的师资，所研习皆属于社会急需的实业学科，更是不缺工作机会。如上面提到的张德新，在函电发文之后不久就职于重庆大学，侯家骍就职于中央大学，其他教师暂无踪迹可考。但通过张、侯二人的经历可推断，在抗战特殊的人才需求时期，拥有较高学术水平、具备留学背景的师资，有很多的工作机会。

3. 陕西地区待遇低下

从来往的函电中可知，涉及的几位师资对薪水的要求较高，普遍要求教授待遇最低250元/月起。根据民国时期的薪资水准，这个要求并不为过。1927年，国民政府公布了《大学教员资格条例》，规定大学教员的月薪，教授为400—600元，副教授为260—400元，讲师为160—260元，助教为100—160元。大中小学的教师，平均月薪分别为220元、120元、30元。而当时的国民政府部长，月薪仅为600元。一

---

① 张磊：《抗战时期的西北工学院》，《今晚报》2015年6月14日第17版。
② 周棉：《抗战时期国立西北工学院参加清华大学留美公费生招考情况研究》，《江苏大学学报》（社会科学版）2018年第2期。
③ 陈立夫：《战时教育行政回忆》，台北商务印书馆1976年版，第18—19页。

个县长，月薪为20元。① 民国政府出台的高薪政策使教师们获益甚多，不但免去了经济困扰，而且为自身研究保证了充足的经费，如顾颉刚先生藏书4.6万余册，大多数是用自己的薪水购置。高薪也有利于培养自由思想与独立人格。在优越的物质条件下，知识分子可以安心学术研究，充分发挥自己的聪明才智，在事业上不断钻研，为国家培养栋梁之材。但日军侵华后，教授们的生活不复从前，很多人陷于困窘之中，勉强糊口。西北尽管是抗战的大后方，同样也面临这种境况。据史料记载，1943年，西北农学院教授的月收入仅为50余元，教授们多次发出"生活教育费颇难维持""家境清贫""每月收入不敷所出""经济困难""生活颇苦"②的哀叹。西北工学院尽管没有公开薪资情况，但在城固办学时期，教授们常靠"米贴"维持最基本的生活，教材和教学设施急缺，工科教学所需的实验设备更是无从谈起。这样的待遇，不能不给师资的引进带来严重障碍。

4. 留学生自身意识的问题

函电中也暴露出了留学生自身意识的问题，即自视甚高，不愿去偏远地方奉献理想和热情。民国时期，留学生归国后社会非常重视，其所处之地位亦往往独优。……于是青年学子莫不以能留学为光荣③。据1916年留美归国学生职业统计，在340人归国的队伍中，从政者110人。这110人中，90%以上在中央一级行政、司法和立法部门工作，只有3人"屈尊"在省级行政部门④。对于其他人员，民国政府更是一路绿灯放行，优先安排留学生到教育部门、金融部门等就业。不能安排的，则通过熟人推荐，在待遇上也优于其他人。章士钊在担任教育总长时也针对这种情况感叹：初出校门的留学生"他国至多置于

---

① 史飞翔：《民国教授收入堪比国民政府部长》，《羊城晚报》2013年9月8日。
② 以上数据来自西北农学院农业工作人员调查表，陕西省档案馆馆藏，档案编号：84—1—24。
③ （时评）《中国之文后建设问题——有感速多设研究院之必要》，《申报》1935年1月13日第7版。
④ 王奇生：《民国时期归国留学生的出路》，《民国春秋》1994年第3期。

研究院内、助教室中，而在吾国则为上品通材，良足矜贵"①。造成这种现象的原因有多种，如民国时期社会结构急剧转型，留学生往往是社会各项运动的带头人，久而久之在社会上产生了较高的地位；中国文盲众多，知识分子数量不足，留学生是知识分子中的代表人群；中国国势衰微，亟须向西方学习，留学生成了西方文化和文明的象征，等等。因为留学生的受欢迎程度，导致他们成为社会中最容易就业的一类群体。即使到了20世纪30年代，留学生数量比民国初年猛增，但社会对他们的认可度并没有降低。很多情况下，仅凭几年的留洋经历，即可作为长期安身立命的资本。《围城》里面的方鸿渐，因为有一纸留学文凭，并且无人追究其文凭的真假，回国后就能轻轻松松地获得大学教职。可见，因为国家和社会对留学生的追捧，无形中哄抬了留学生的身价，使他们很难放下身段，选择去偏远落后地区就业。

综上所述，教育是百年大计，是国家富强和民族振兴的基础，也是地区发展的人才储备基地。西北工学院引进留学背景师资的失败，由多方面原因决定，也暴露出了整个西北地区经济、文化、教育和交通的落后和不足。众所周知，留学背景的师资是当时西方先进的科学技术文化在中国的代表，他们投身西北地区的教育，不仅可以推动相关院校的教育研究水平，提高人才的培养质量，而且能带来科学的理念和远大的视野，促进西北地区闭塞观念的转变，有利于形成先进科学的思想氛围。因此，西北工学院引进留学师资未果不但是该院长远发展的遗憾，也是西北地区教育长远发展的遗憾。由此引发的启示和思考，对于当下的教育发展和留学人才的引进，仍然不失为一种良好的借鉴。

---

① 章士钊：《教育问题——答蔡元培》（1925年7月18日），《章士钊全集》（第5卷），文汇出版社2000年版，第24—25页。

1940 年中央建教会与国立西北工学院关于留学背景师资工作的函电研究

Research on the Correspondence between China Construction Educational Committee and National Northwestern Institute of Technology in 1940 about Recommending Teachers with Foreign Education

Jia Chenfei[*]

Abstract: During the Anti-Japanese period, China Construction Educational Committee recommended returning overseas students to work in National Northwestern Institute of Technology by sending letters, which reflected the government's emphasis on developing advanced education in western district. In response, National Northwestern Institute of Technology showed the sincerity of the Institute and the Shaanxi local government in accepting the returning overseas students. Although it didn't work out because of the limitation of Shaanxi local educational development, recruiting returning overseas students is a shortcut in improving the local educational strength and it brought long lasting reflection and regret.

Keywords: China Construction Educational Committee; National Northwestern Institute of Technology; Teachers with Foreign Education; Background

[*] Jia Chenfei, Research of Returned Students and China Modermization of Xi'an Siyuan University.

后疫情时代面向东盟的来华留学教育市场前景及发展策略[*]

鲁 芳[**]

摘要：中国的出国留学运动经历了40多年的快速发展已渐趋平缓，而来华留学生市场正在形成。虽然后疫情时代的国际化教育交流面临着众多挑战和变数，但面向东盟的来华留学生市场依然有发展潜力。中国—东盟关系的加强、东盟来华留学生人数的攀升、东盟新兴中产阶级购买力的增长和中国—东盟文化地缘的相似性，都成为发展东盟学子来华留学的重要依据。建议从以下方面发展东盟来华留学生教育：推动传统教育范式向数字化、个性化转变；打造"东盟国家留学示范区"；确定面向东盟来华留学生的重点辐射区域；构建"汉语+"特色化课程体系；加大针对东盟留学生的奖学金倾斜度和力度。

关键词：中国—东盟；留学生；后疫情时代

20世纪80年代以来，经济全球化的浪潮将高等教育国际化推向高潮。时至今日，教育管理部门对国际化教育的定性，已经从"对教育事

---

[*] 基金项目：本文系2020年度西安市社会科学规划基金项目世界城地组织专项课题"西安属地高校国际化教育交流合作研究——以东盟为例"（项目编号：cdj09）的阶段性成果。

[**] 作者简介：鲁芳，女，陕西宝鸡人，西安思源学院国际学院副院长、副教授，教育部国别和区域研究基地西安思源学院东南亚研究中心研究员，陕西省哲学社会科学重点研究基地西安思源学院留学生与中国现代化研究中心研究员，研究方向为东南亚国情文化、中外文化交流。

业的有益补充"①转变为"是我国教育对外开放的重要组成部分"②。2013年"一带一路"倡议的提出,促进了中国和共建"一带一路"合作国家的共同繁荣发展,也使中国的国际地位和国际化教育市场吸引力不断提升。中国—东盟山水相连,人文相通。作为"21世纪海上丝绸之路"的重要区域,自"一带一路"倡议提出以来,中国和东盟形成了全方位、多层次、宽领域的合作格局,双方教育交流尤为突出,东盟来华留学人数逐年攀升。发展面向东盟的留学生市场已成为推动人文交流的重点,促进"五通"之民心相通的关键。但是,持续蔓延的新冠肺炎疫情给中国—东盟教育交流合作增加了新的变数。后疫情时代面向东盟的来华留学生教育应立足双边关系的新变化,充分研判未来的留学生市场前景。

一 中国的留学生教育市场现状③

中国的出国留学生市场经过40多年的发展已渐趋平缓,尤其是曾经的留学第一目的地国美国的留学增长率几乎停滞,与此形成鲜明对比的是,来华留学生教育市场的繁荣发展之势。这是中国近年留学生教育市场的新现象、新变化和新趋势。

(一)出国留学热度高,但近年增速明显减缓

多年以来,中国的留学生输出人数一直超过来华留学生人数,这种不均衡也是造成中国"人才赤字"的主要原因之一。2018年中国出国留学生达到66.21万。④ 2019年出国留学人员总数为70.35万人,较2018

---

① 龚思怡:《高校中外合作办学模式与运行机制的研究》,上海大学出版社2007年版,第2页。
② 袁振国主编:《中国教育改革进展报告》,教育科学出版社2013年版,第329页。
③ 2020年受新冠肺炎疫情影响,统计数据未涵盖该年度数据。
④ 2020年至今,新冠肺炎疫情的常态化存在严重影响了留学市场,因此,留学生人数变化与前期数据无可比性。

年度增加4.14万人，增长了约6.25%。①"十三五"时期，中国已经成为全球最大的留学输出国。②2020年暴发的新冠肺炎疫情虽然依然在蔓延，也给中国的出国留学带来了消极影响，但中国对国际化教育资源的需求并未发生根本性改变，出国留学仍是重要的发展方向。

2020年，中国教育在线发布了《2020年高招调查报告》。该报告显示了中国自改革开放以来近40年的出国留学人数增势（详见图1）。③从总体趋势上看，改革开放以来，中国学生出国留学的人数呈高速上升趋势，但是其增长率经历了几次起伏。

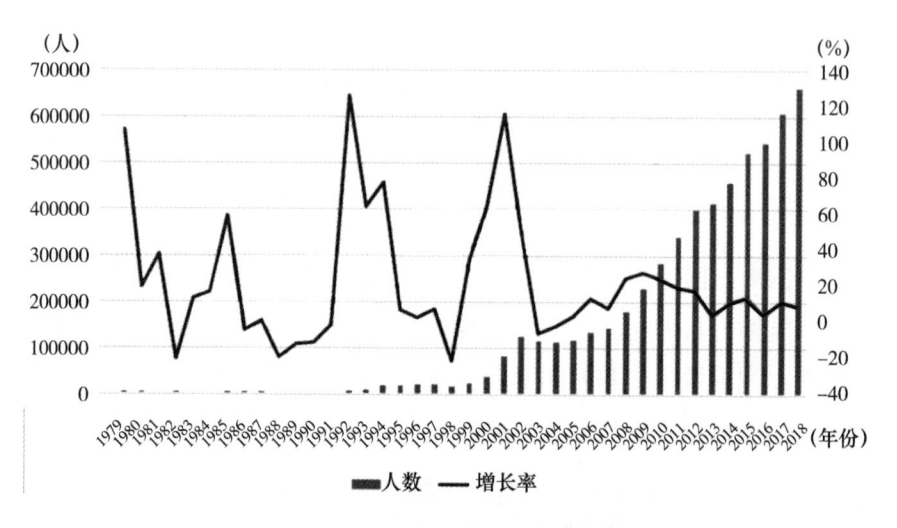

图1 1978—2018年中国出国留学人数及增长率

中国的出国留学生人数从1978年到21世纪初，经历了几个峰值变化，整体呈高速增长势头。而在2001年之后，增长率大幅下降。

---

① 《2019年度出国留学人员情况统计》，2020年12月14日，中华人民共和国教育部，http://www.moe.gov.cn/jyb_xwfb/gzdt/gzdt/s5987/202012/t20201214_505447.html.

② 刘杨：《教育部新闻发布会介绍"十三五"期间教育对外开放工作情况》，2020年12月22日，中华人民共和国中央人民政府，http://www.gov.cn/xinwen/2020-12-22/content_5572191.html.

③ 《高招报告：出国留学增速明显放缓，来华留学生人数稳定增长》，2020年7月7日，中国教育在线，https://www.eol.cn/news/yaowen/202007/t20200707_1736965.html.

2013年的下降幅度较为明显。从增长折线图的总体趋势看，近年来增速明显减缓。以上变化趋势的原因何在？

首先且最为重要的是，1978年邓小平同志作出扩大派遣留学生的重要战略决策，已成为近40年中国留学教育史上一座最为醒目的里程碑。他指出："我赞成留学生的数量增大，主要搞自然科学"，"要成千成万地派，不是只派十个八个"，"要千方百计加快步伐，路子要越走越宽"，"教育部要有一个专管留学生的班子"①。这一重要指示成为现代中国发展出国留学教育的重要依据。自此，中国迎来了历史上规模最大、领域最多、范围最广的出国留学热潮。

其次，2013年以来出国留学增长率渐趋平缓是中国国际地位和国际影响力提升的必然结果，也是中国留学教育市场发展的必然产物。"一带一路"建设已经收获了丰硕的成果，"六廊六路""多国多港"的互联互通基础设施建设网络体系已构建，8年间中国对沿线国家累计直接投资已达1351亿美元。实践证明，"一带一路"倡议符合人类发展规律的全球治理理念，它代表了推动历史发展的正确力量。中国在和合作国家共建"一带一路"的过程中，中华文化特有的魅力尽显其彩。这些都成为影响众多学子是否选择出国深造和发展的重要因素。毋庸置疑，2013年"一带一路"倡议的提出是近年出国留学市场变化的催化剂。

（二）赴美留学增长率近停滞，出国留学目的地呈现多元化趋势

中国的出国留学人数增速整体减缓的同时，第一留学目的国美国增长已近停滞。近十余年赴美本科留学人数虽然持续增长，但增长率却持续下降（详见图2）。②受新冠肺炎疫情影响，这一趋势还将进一步加剧，甚至短期出现明显下降。全球化智库（CCG）在社会科学文献出版社出版的《中国留学发展报告》（2020—2021）蓝皮书中

---

① 《新中国档案：邓小平作出扩大派遣留学生战略决策》，中国政府网，2009年9月30日，http://www.gov.cn/test/2009-09/30/content_1430681.htm。
② 《高招报告：出国留学增速明显放缓，来华留学生人数稳定增长》，2020年7月7日，中国教育在线，https://www.eol.cn/news/yaowen/202007/t20200707_1736965.html。

预测，中国学生赴美留学人数或遇拐点，中国学生出国留学目的地多元化时代即将到来。①

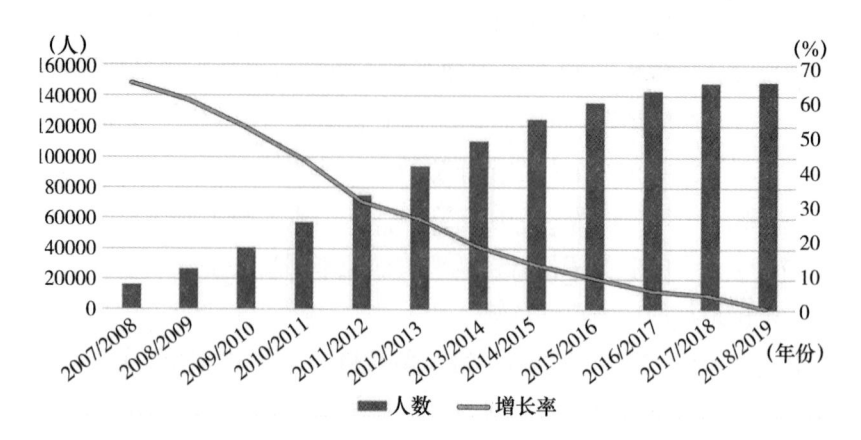

图2 近十余年中国赴美本科留学人数及增长率

2020年，英国已连续第二年超越美国成为中国留学生的意向目的地首选国。2019年，选择英国的留学比例为20.14%，成为中国学生意向留学地首选，2020年上升至29.52%，而2020年选择美国为留学意向目的地的学生占比为23.80%，位居第二。值得注意的是，选择澳大利亚（18.84%）、加拿大（16.19%）、日本（4.54%）、新加坡（3.84%）、新西兰（2.51%）的比例与2019年相比均出现小幅提升。②

表1 全球八大留学目的地国接受高等教育国际学生人数增长情况　　单位：%

	国家	2016—2017年同比增幅	2017—2018年同比增幅	2018—2019年同比增幅	2019—2020年同比增幅
1	美国	3.4	1.5	0.05	-1.8
2	英国	0.9	1.1	-2.0	—

---

① 《欧美同学会：CCG发布〈中国留学发展报告（2020—2021）〉蓝皮书》，2021年3月5日，http://www.wrsa.net/content_41486736.htm。
② 《启德教育发布〈新常态下的留学现状报告〉："新常态"影响留学决策，留学规划何去何从》，2020年7月20日，网易教育频道，https://www.163.com/edu/article/FlOCSO920029985J.html。

续表

	国家	2016—2017年同比增幅	2017—2018年同比增幅	2018—2019年同比增幅	2019—2020年同比增幅
3	中国	11.4	10.5	0.6	—
4	澳大利亚	12.1	13.5	13.1	—
5	法国	4.6	6.0	0.0	—
6	加拿大	18.3	18.8	17.5	—
7	俄罗斯	4.7	5.7	6.8	—
8	德国	6.6	5.5	6.2	—

资料来源：欧美同学会，CCG发布《中国留学发展报告》（2020—2021）蓝皮书，2021年3月5日，http://www.wrsa.net/content_41486736.htm。

美国遭遇留学人数增长的拐点，留学人数出现下降。根据表1中欧美同学会发布的内容来看，2019—2020学年在美国接受高等教育的国际学生人数同比2018—2019学年下降1.8%。这是2008年国际金融危机后赴美留学人数的首次下降，虽然近期统计未提及美国接受高等教育的国际学生人数在2019—2020年以及2020—2021年的同比增长率，但根据美国新冠肺炎疫情的防控情况可以推断，这两年间的增长率不会比2019—2020年更高。根据《中国留学发展报告（2020—2021）》蓝皮书，受新冠肺炎疫情影响，美国多所高校收入大幅减少。在2020年春季学期短短几个月内，美国全境高校收入减少了80亿美元。英国官方估计，新冠肺炎疫情给英国高等教育带来的损失高达190亿英镑，约合1733亿元人民币。

赴美留学的变化，是由多种原因造成的，其主要原因乃是中美关系走低等因素影响的结果。不过，可以预言，在出国留学目的地选择上，除了英国、澳大利亚、加拿大、新西兰、日本、新加坡等发达国家，泰国、马来西亚等国因其较低的留学费用也将成为中国中等收入家庭学生的留学选择对象。因此，中国学生在出国留学目的地选择上将出现多元化趋势。

（三）来华留学生市场吸引力逐步提升，共建"一带一路"合作国家成重点生源国

在出国留学增速逐渐减缓的情况下，中国面向国际留学生的市场也在发生着变化。目前，中国高校对于国际生源的影响力在不断提升，已成为世界第三、亚洲第一留学目的地国。

2015年，国务院印发的《统筹推进世界一流大学和一流学科建设总体方案》明确提出，扩大国际留学生规模已经成为国家"双一流"建设核心工作。为了实现这一目标，过去五年间中国各级政府和高校设立了政府、高校、企业等一系列奖学金，吸引国际学生来华留学，奖学金详情见表2。

表2　近五年中国政府和高校设立的各级别奖学金（部分）

	奖学金类别	奖学金名称（部分）
1	中国政府奖学金	国别双边项目
		中国高校自主招生项目
		长城奖学金项目
		中国—欧盟学生交流项目
		中国—AUN奖学金项目
		太平洋岛国论坛项目
		世界气象组织项目
		中国政府海洋奖学金项目
2	地方政府奖学金	西安市"一带一路"外国留学生奖学金
		江苏省政府茉莉花奖学金
		南京市政府奖学金
		重庆市人民政府外国留学生市长奖学金
3	孔子学院奖学金	华东师范大学孔子学院奖学金新汉学计划
		中国石油大学孔子学院奖学金
		大连理工大学国际中文教师奖学金
4	院校奖学金	北京大学外国留学生奖学金
		中国人民大学国际学生"一带一路"奖学金
		中央财经大学本科国际学生奖学金
		武汉理工大学友谊奖学金
5	企业奖学金	山东大学中建八局奖学金

资料来源：《中国政府奖学金》，2021年8月6日，留学中国网，https://www.campuschina.org/zh/content/details1003_122933.html。

据估计，在中国政府提供的奖学金中，约60%面向参与共建"一带一路"合作国家的留学生。2019年奖学金人数前10位的国家依次为：巴基斯坦、蒙古国、俄罗斯、越南、泰国、美国、老挝、韩国、哈萨克斯坦和尼泊尔，共建"一带一路"合作国家学生获得奖学金占比为61%，比2019年提高了8.4个百分点。[①]

伴随着政府和高校各类制度吸引激励的一系列举措，中国近年来华留学教育市场初显其吸引力，来华留学生人数逐年攀升（详见图3）。

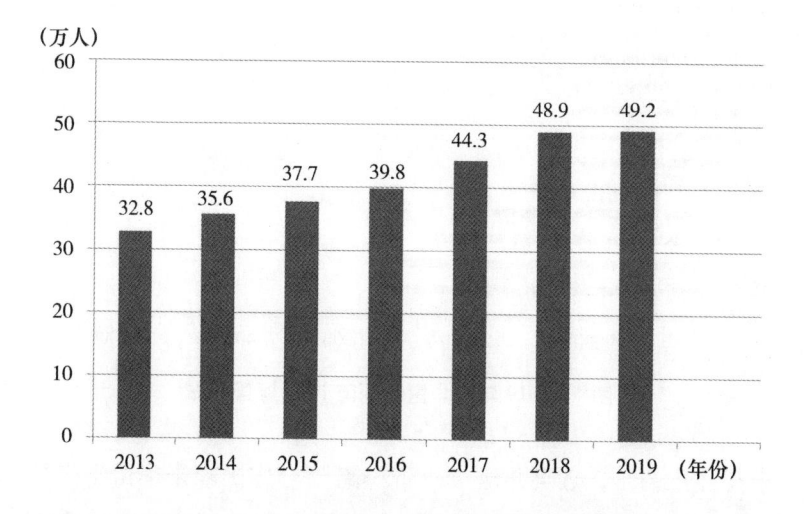

图3 2013—2019年来华留学生人数变化情况

资料来源：《2021年国际留学生来华留学市场现状及发展趋势分析 五大方面促进来华留学高等教育发展》，2021年7月19日，前瞻经济学人，https://bbs.pinggu.org/thread-10684763-1-1.html。

2019年共有来自196个国家和地区的492185名各类外国留学人员在全国31个省（自治区、直辖市）的1004所高等院校学习，较上一年度增加了3013人，增长比例为0.62%（以上数据均不含港、澳、台地区）。来华留学生的学历生比例达到54.6%，比2016年提高了7个百分点。2019年

[①] 《教育部：2016至2019年留学生学成回国占比达八成》，2020年12月22日，中华人民共和国教育部，http://www.moe.gov.cn/fbh/live/2020/52834/mtbd/202012/t20201223_507056.html。

按国别统计排序前 15 名的国家和留学生人数分别是：韩国 50600 人，泰国 28608 人，巴基斯坦 28023 人，印度 23198 人，美国 20996 人，俄罗斯 19239 人，印度尼西亚 15050 人，老挝 14645 人，日本 14230 人，哈萨克斯坦 11784 人，越南 11299 人，孟加拉国 10735 人，法国 10695 人，蒙古国 10158 人，马来西亚 9479 人（详见图 4）。

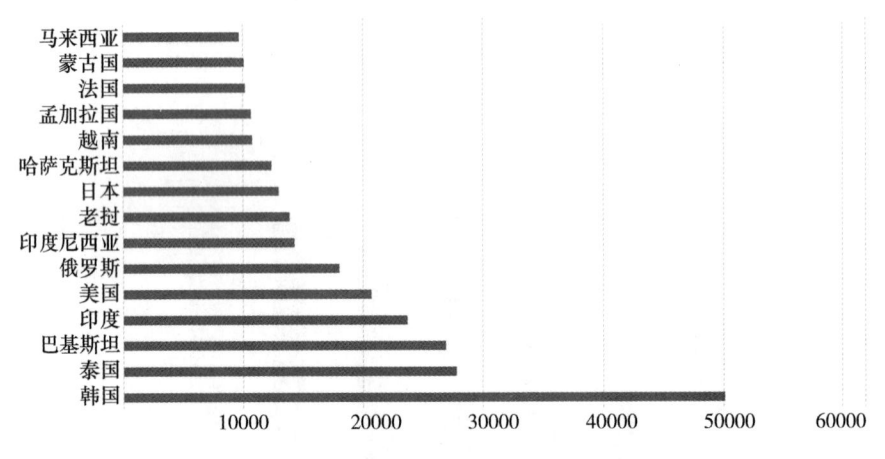

图 4　2019 年来华留学生前 15 生源国分布

值得注意的是，近年共建"一带一路"合作国家来华留学生数量增长明显。2019 年共建"一带一路"合作国家在华留学生共 207746 人，占比达 54.1%，同比增幅达 13.6%，高于各国平均增速。2019 年，中国与俄罗斯双向留学交流人员规模突破 10 万人，提前一年实现了两国元首确定的目标。[①]

微软前董事长比尔·盖茨曾指出，美国对外国人每发放一个工作签证，就能带动四个美国人的本地就业。[②] 以此类推，推动中国的留学产业发展，一方面可以给我国高校带来新的收入；另一方面可以借助留学

---

① 《教育部：来华留学生结构不断优化 2019 年学历生比例达 54.6%》，2020 年 12 月 22 日，网易新闻，https://www.163.com/dy/article/FUF8BT3D0534695R.html。
② 《中国留学生输出人数一直超来华留学生人数》，2019 年 7 月 28 日，网易教育频道，https://www.163.com/edu/article/EL5C1GVN00297VGM.html。

生教育培养知华友华亲华爱华青年，促进"一带一路"发展，推动民心相通，提升中华文化影响力。

二 面向东盟的来华留学生市场前景分析

经历了 20 世纪的出国留学热潮、21 世纪的回国潮以及近年来华留学市场的蓬勃发展，中国已成为亚洲第一大留学目的地国。在选择留学目的地国家的过程中，教育质量、社会环境、外交关系、地缘政治、文化风俗都将成为考量因素。中国与东盟国家陆海相连、习俗相似、文化相通，这种深厚的历史与文化联系将成为东盟学生来华留学的吸引点。目前，中国—东盟正携手打造"双十万学生流动计划升级版"，实现 2025 年学生流动总规模达到 30 万人次的目标。中国有望成为东盟留学生的首选目的地国。

（一）中国—东盟关系稳步加强成为东盟学子来华留学的基本前提

中国与东南亚国家是接邻和近邻关系，有着长期交往的历史。1991年，中国提议与东盟开展对话，得到东盟的积极响应。1992 年，东盟把中国认定为"磋商伙伴"。1996 年，中国成为东盟的"全面对话伙伴国"。1997 年，中国—东盟领导人首次开展直接对话，随后发表了联合宣言，确立了中国与东盟"面向 21 世纪的睦邻互信伙伴关系"新定位。[1]

进入 21 世纪以来，中国积极参与了由东盟牵头的各类双边和多边合作，如，东盟—中国对话机制（10 + 1）、东盟—中日韩合作机制（10 + 3）、东亚峰会（10 + 8）、东盟地区论坛、东盟防长扩大会、亚洲合作对话会议、东亚—拉美合作论坛等。在中国—东盟的共同努力下，双边合作硕果累累（详见表 3）。

---

[1] 张蕴岭：《中国—东盟对话 30 年：携手共创合作文明》，《国际问题研究》2021 年第 3 期。

表3 中国—东盟双边关系标志性进展

时间（年）	双边关系标志性进展
2002	签署《中国与东盟全面经济合作框架协议》
2002	签署《南海各方行为宣言》
2003	双边贸易伙伴关系建立
2003	建立了面向和平与繁荣的战略伙伴关系
2003	签署《东南亚友好合作条约》
2008	中国向东盟派驻大使
2009 至今	中国连续成为东盟第一大贸易伙伴
2010	中国—东盟自由贸易区建成
2020	中国—东盟互为第一大贸易伙伴关系
2020	中国—东盟数字经济合作年
2020	东盟主导、中国参与的 RCEP 签署
2021	中国和东盟建立对话关系 30 周年
2021	中国成为第一个完成 RCEP 核准程序的成员国
2021	中国—东盟媒体合作论坛召开

2020 年暴发的全球性新冠肺炎疫情，使中国与东盟在新冠肺炎疫情防控、推动经济复苏、新冠肺炎疫苗分发等方面加强了合作，双方贸易在全球贸易低迷的情况下逆势增长。2020 年第一季度以来，东盟反超欧盟，实现了中国—东盟互为第一大贸易伙伴关系的历史性突破。2020 年 11 月 15 日，由东盟主导、中国参与的 RCEP 签署，RCEP 的签署，标志着全球规模最大的自由贸易协定正式达成。2021 年是中国与东盟建立对话关系 30 周年，经过 30 年的风风雨雨，中国与东盟从对话关系，上升到伙伴关系，再提升到战略伙伴关系，一步一个台阶，体现了中国与东盟战略互信不断提升。这预示着未来的中国—东盟经贸合作会加大增多，也势必带动人文教育合作。《中国—东盟战略伙伴关系 2030 年愿景》中第三十四条和三十五条明确将教育交流、青年学生互访培训作为合作框架中的人文交流支柱之一。

但是，我们也看到，后疫情时代的中国—东盟关系中还存在中美关系的对抗性加剧及南海局势不稳定等不和谐因素。同时，东盟某些亲美国家在南海制造事端，企图在中国周边引发危机。菲律宾、越南等国因南海岛礁归属问题与中国存在争端，民间对华态度也有不和谐声音出现。新冠肺炎疫情导致的经济、社会秩序失常，亲美势力的煽风点火也助长了东盟地区反华势力的抬头。[1] 这些不利因素会成为中国—东盟关系的障碍，也给中国与东盟关系和来华留学教育增添了变数。

（二）东盟来华留学生人数持续增加已成趋势

长期以来，东盟一直是来华留学生的主要生源地之一。"一带一路"倡议提出以来，东盟来华留学生的增长更为显著。东盟学生选择到中国学习深造，在实现自己人生理想的同时，也将成为联通"一带一路"沿线国家的桥梁、"一带一路"民心相通的助力者和中华文化的传播者。

2015 年，来华留学生总人数为 397635 人，其中东盟国家来华留学生人数为 71107 人，占比 17.88%。[2] 与 2000 年（5391 人）相比较，2015 年东盟国家来华留学生数量增长了 12.19 倍。[3] 到 2016 年，东盟国家来华留学生已超 8 万人。[4] 2017 年东盟来华留学生人数占所有来华留学生人数的 20%，其中，泰国、印度、巴基斯坦、印度尼西亚和老挝来华留学生增幅的平均值超过 20%。2019 年来华留学生源国排名前 15 的国家中，东盟国家共有 5 个，分别是泰国（第二）、印度尼西亚（第七）、老挝（第八）、越南（第十一）、马来西亚（第十五）。

另据教育部统计，从 2010 年到 2018 年底东盟国家来华留学生人数已翻了一番。泰国、印度尼西亚、越南持续稳居十大留学生源地，广西

---

[1] 成汉平、宁威：《"大变局"视野下中国—东盟关系中的问题、挑战与对策》，《云南大学学报》（社会科学版）2020 年第 1 期。
[2] 教育部国际合作与交流司编写的 2001—2015 年《来华留学生简明统计》系列统计年鉴。
[3] 王贤：《东盟国家高层次来华留学生教育发展研究》，《广西教育学院学报》2019 年第 4 期。
[4] 《东南亚留学生逐梦中国》，2017 年 4 月 14 日，搜狐网，https://www.sohu.com/a/133874344_114731。

与东盟国家的留学生交流人数达到双向过万人。表4列出了近几年中国—东盟间留学生人数变化情况。

表4　　　　　　中国—东盟近十年留学生人数变化

时间	东盟来华留学生数量（人）	双方互派留学生总数（人）
2010	约5万	—
2010—2014	超30万	超40万
2016	超8万	—
2017	超9.5万	22万
2025	—	预期30万

资料来源：2020年及2021年因新冠肺炎疫情原因，留学生数量均受到影响，没有典型代表性，故不在统计序列。

由表4可知，东盟学生每年来华留学生人数增加超万人。这些数据后面，体现的是中国的教育水平和国际吸引力。中国的经济发展于2010年赶超日本，成为世界第二大经济体，这是国家强大和国际地位提升的有力表现。在现代美学中有一个社会发展水平形成审美心理规律，指社会发展水平低的地方的人学习和模仿社会发展水平高的地方的人的行为习惯，从而形成审美心理这样一种社会现象。[①] 文化传播中经济社会发展水平吸引力的基本表现形式，就是落后地区的人主动学习先进地区的人。古代世界各地的人到中国学习，今天众多发展中国家的人到西方国家学习，都是社会发展水平吸引力的表现。[②] 根据2020年统计的数据，中国的GDP位居全球第二，而东南亚国家中GDP排名在全球前50的国家也仅有印度尼西亚、泰国、菲律宾、新加坡、马来西亚和越南。东盟国家的经济发展水平与中国尚有很大差距。随着中国经济实力的增强，中华文明的魅力将吸引更多的国际生来华学习，尤其是经济发展落后于中国的东盟。因此，东盟学子

[①] 赵惠霞：《现代美学：审美机理与规律》，人民出版社2011年版，第126页。

[②] 赵惠霞、樊静静：《文化传播视域下的菲律宾华侨华人和华文教育发展》，《西部学刊》2019年第1期。

来华留学人数的增长,是中国经济发展至今的必然结果,也符合生产力落后地区向生产力发达地区学习的审美心理。

(三)东盟新兴中产阶层购买力增长为东盟学子来华留学奠定经济基础

东盟新兴的中产阶级正在崛起,该群体日渐增长的购买力为青年学子来华留学奠定了坚实的经济基础。东盟国家在2008年国际金融危机中并未受到过多外部冲击,十多年来相对稳定的发展使得这些国家顺利进入高增长阶段,而中产阶级在此过程中已然发展成为经济发展的中流砥柱。根据国际货币基金组织的分析和预测,2020年,亚太地区的中产阶层为20亿人,占世界中产阶层人口的比例为54%,预计到2030年,这个数字将上升到35亿,占比将增至65%。欧洲和美洲的中产阶层的增长速度要慢得多,其重要性也在下降(见图5)。世界经济论坛预测,2030年前后,东盟将成为世界第四大经济体,届时70%的东盟人口会成为中产阶级,消费市场的规模将增长到4万亿美元。①

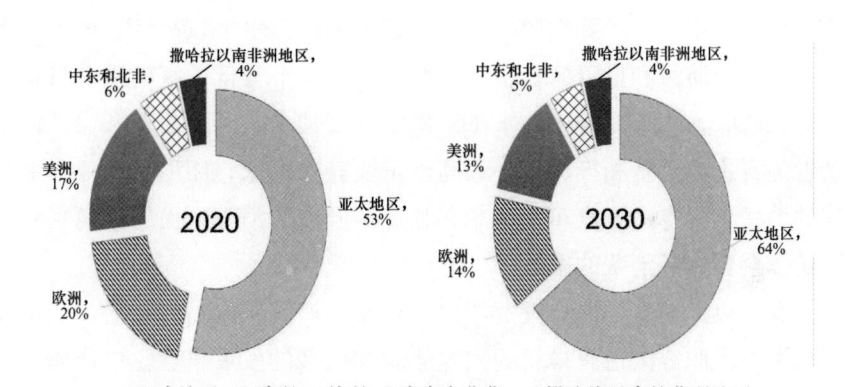

图5 按地区划分的全球中产阶层占比

资料来源:《亚洲中产阶级的崛起》,2020年7月28日,搜狐网,https://www.sohu.com/a/410072129_396568。

---

① 《东盟加速拥抱新经济 中资如何占得4万亿美元市场先机》,2020年7月10日,新浪财经,https://baijiahao.baidu.com/s?id=1671790286544420248。

新加坡国立大学商学院副教授迪勒曼·马琳表示，随着东盟中产阶层的增加，未来人均消费支出将会翻番，增长速度最快的成员国会是印度尼西亚、菲律宾和越南。印度尼西亚 GDP 年均增长 6%，在东盟十国中表现最优，每年有 700 万人加入中产阶级大军。印度尼西亚连续两年排名共建"一带一路"合作国家基础设施发展之榜首，其发展环境、发展潜力和发展趋势指数也均排名前列。[1] 越南现有人口逾 900 万，属中等偏低收入国家，但越南的中产阶层人口增长是东南亚国家中最快的，[2] 他们将在未来全球需求市场自西向东转移的进程中发挥日益重要的作用。世界银行预测，到 2035 年，越南经济规模将达 10000 亿美元左右，约半数人口将步入中产阶层。[3] 当然，这一目标的是实现是基于越南 GDP 保持年均增长 7% 以上，人均 GDP 达 22200 美元。越南被列为东盟 6 个最大经济体之一，排在新加坡、马来西亚、菲律宾、印度尼西亚和泰国之后。但越南经济开放度高，融入国际社会速度快，劳动力人口大，尤其是中产阶层人口。

整体来看，东盟国家中产阶层消费习惯改变的优先方向将涵盖退休、高等教育和生活方式等领域。东盟国家中生产力水平较高国家的消费者更关注消费质量和投资的自主性，而生产力水平较低国家的消费者依然停留在将收入用于改善生活水平。例如，新加坡、马来西亚和泰国的消费者的自主型消费和投资水平远高于东盟其他国家，印度尼西亚和菲律宾的消费者更专注于汽车、房产和教育等领域的消费，而越南消费者才开始体会奢侈品消费的乐趣。

鉴于以上消费习惯和投资能力，东盟中产阶层会通过旅游、出国深造和海外求职等渠道获得新的人生体验和更多的发展机会。中产阶级大多从事脑力劳动，一般受过良好教育，具有专业知识和较强的职业能力

---

[1] 《印度尼西亚："千岛之国"投资环境真那么好》，2019 年 7 月 30 日，晨哨网，https://www.jiemian.com/article/3357435.html。

[2] 《2020 年越南中产阶层人口将达 3300 万》，2016 年 10 月 18 日，中国—东盟自贸区官网，http://www.cafta.org.cn/show.php?contentid=79340。

[3] 《2020 年越南中产阶层人口将达 3300 万》，2016 年 10 月 17 日，新浪财经网，http://finance.sina.com.cn/roll/2016-10-17/doc-ifxwviax9999570.shtml。

及相应的家庭消费能力。因此,他们可以通过网络获取留学市场信息,疫情常态化存在的形势下,留学中国会更趋向于网络化、市场化和区域一体化模式,东盟中产阶层可以适应后疫情时代的留学教育模式。越南、印度尼西亚、菲律宾、泰国和马来西亚都将成为留学中国的重点发展对象。

可以预见,东盟国家中产阶层购买力水平不断提高,对高等教育、出国深造、海外求职和国际化生活方式投资日渐增加,这为东盟学生来华留学提供了经济基础。

(四)中国—东盟地缘文化的相似性成为东盟学子来华留学的纽带

中国与东南亚地区陆海相连,有着近5000千米的边境线,自古就是中国从海洋通向世界的重要通道,也是中国移民传播中华文化的重要窗口。

据史书记载,早在西周甚至更早的时候,中国中原地区就与今天的东南亚地区有了往来。约成书于战国时期魏国史官之手的《竹书纪年》称:"(周成王十年)裳氏来朝。"[1] 秦始皇统一中国后,"置桂林、南海、象郡,以谪徙民,与越杂处十三岁"[2]。汉武帝征服南越以后,置岭南九郡,其中交趾、九真、日南在今越南境内。[3] 早期的岭南开发不仅推动了这一地区的经贸迅速发展,还促进了中国与该地区的文化交流。

自汉代以后,中国通过海路与东南亚的交往越发密切,这条海路就是后来的"海上丝绸之路"。随着"海上丝绸之路"的开辟,有一些中国人常借季风经"海上丝绸之路"出海通商。错过季风或因贸易原因无法归国的,被称为"住蕃"。这些"住蕃"多年的华人商贩,可谓第一代"华侨"[4]。华人大规模向东南亚移民是从近代开始的。明末清初,国内时局紧张,社会矛盾激化,一些反清人士不得不流亡海外寻求出路。

---

[1] 李艳峰、赵永忠、阳举伟:《骆越源流史》,云南大学出版社2019年版,第48页。
[2] (汉)司马迁著,尹立杰主编:《史记全编》,北京日报出版社2016年版,第266页。
[3] 何平:《东南亚民族史》,云南大学出版社2019年版,第292页。
[4] 庄国土:《华侨华人与中国的关系》,广东高等教育出版社2001年版,第24页。

国际上，随着西方资本主义经济发展和地理大发现，西方国家在东南亚开辟的殖民地对劳动力产生需求，中国沿海地区居民开始源源不断地向东南亚移民。

这些移居东南亚的中国人，或与华人通婚，或与当地人通婚生子，他们的文化心理也慢慢地从当初的"叶落归根"到"落地生根"。但由于他们与生俱来的"华族"特征和对中华母国难以割舍的情结，他们的身上依然留有许多中华传统文化的烙印。例如，从云南移居东南亚的云南回族，除了宗教信仰和生活习俗，他们使用的方言也是汉语中的云南方言。越南作为"汉文化圈"的成员，历史上有一千多年都是中原王朝的藩属国，在文化上深受儒家文明影响，其传统历史记录一直用汉字保存。从中国西南地区迁徙到东南亚的苗族和瑶族，从今天对中华民族多元一体的特点来看，他们的文化依然属于广义的中华文化。

除此之外，中国和东南亚国家都深受传统农耕文明的影响，有着相似的佛教信仰。在东南亚国家中，大湄公河次区域途经的缅甸、泰国、老挝、柬埔寨和越南也是典型的佛教国家。泰国有着最大的佛教团体，佛教信徒约占东南亚地区佛教徒总数的34%，以佛教为主的宗教特色非常鲜明。泰国人日常见面的合十礼与微笑、寺庙中的虔诚膜拜与进贡、家庭生活中的祈福祷告与念经等，无不体现着佛教文化的影响。佛教文化在中国也不例外，佛教自西汉末年传入中国以后，深深地影响了中国的文化。佛教中所说的慈悲宽容、善恶报应、宇宙轮回等，已成为中华文化的一部分。

中国和东盟国家在地缘文化上相近相亲，成为中国吸引东盟留学生的地缘文化优势。东盟来华留学生也将成为中国推进"海上丝绸之路"的文化使者和民心相通的重要载体。他们对宣传和弘扬中华文化有着不可替代的作用。中国倡导构建人类命运共同体，要为世界发展贡献中国智慧和中国方案，必须培养一批知华友华人士，东盟来华留学生正是最佳人选的一部分。

三 发展东盟来华留学生教育的建议

面向东盟的来华留学生市场前景广阔，未来发展潜力巨大。中国应加大投入和开发力度，发展中国的来华留学生教育市场，培育共建"一带一路"合作国家知华友华亲华人士，助力"一带一路"建设的良性发展。

（一）推动传统教育范式向数字化、个性化转变

2020年是中国—东盟数字经济合作年，技术革新、东盟各国的"工业4.0"发展目标，以及东盟市场的吸引，都为双方数字经济合作提供了驱动力。顺应制造业、服务业区域合作新趋势，加大跨境电商和信息平台建设，加强跨境电商人才培养，实现线上线下融合发展，将成为国际教育合作的新需求。而新冠肺炎疫情常态化防控也为留学生教育提出了新的要求和挑战。从教育形态上看，当今的教育正在从传统的学校教育机构转向多样化、网络化、混合式的学习格局。"互联网+"教育促进了一体化教育的社会需求，学校教育和正规教育机构与非正规教育机构开展更加密切的互动，将成为学习化社会的发展需要。

中国在发展面向东盟的留学教育中，首先应充分把握学习化社会的具体需求，改变教育理念，更新教育模式，重构教学组织形式和学习方式。要利用网络建立虚拟的学校联合体、虚拟教研室、虚拟教学中心等，开展教育资源联合与共享。各高校应适时灵活调整留学生教育培养计划，充分利用已上线的慕课和省、校两级优质在线课程教学资源，形成优质教育资源聚合中心，建立有针对性的留学生网络学校、留学生学习中心等，形成留学教育的新模式。其次，将现代智慧教育技术与留学生教育有机融合，探索留学生数字化教育服务模式。要借鉴新冠肺炎疫情期间积累的线上教学服务模式，积极开发智慧教学和网络平台资源，构建在线留学教育新方案、新模式。应该积极打造线上线下融合的教育服务新形态和新业态，推动教育范式从标准化向个性化、数字化发展，使线上线下教育模式相互促进、互为补充，为留学教育、教育服务机构的发展提供新机遇。具体而言，各校应依托各类在线课程平台、校内网络学习空间等，统筹协调、合理安排国内外专业型双语任课教师的工作，积极开展线上授课和线上学习等在线教学活动。同时，增加留学生自主学习时间，强化在线学习过程和多元考核评价的质量要求，保证后疫情时代的留学生教学质量。最后，中国—东盟高校应该顺应跨境服务贸易带来的数字化、线上化的需求，在人工智能、大数据、云计算、物联网等新技术保障领域融入跨境教育服务保障的理念，推动教育合作更加求实、务实，从而获得 RCEP 区域经济一体化优势和政策叠加带来的教育红利。例如，可以运用自动语音服务、VR 技术、人工智能等，实现传统的"窗口服务"向数字化在线服务的转变；可以通过云计算、物联网等技术，实现留学生学业数据的在线统计等。中国—东盟间这种低成本、高效率、大规模的在线传播形式势必会打开国际间教育交流合作的突破口，为跨境教育提供新渠道，有利于促进包括跨国网络教育、远程教育等教育服务贸易的发展。

（二）培育资源共享和优势互补的"东盟国家留学示范区"

在东盟来华留学生集中的西南省份以及东南的福建等省，全力打造若干个面向东盟学生的"东盟来华留学示范区"，具有重要的引领和示范作用。

云南省、贵州省、广西壮族自治区等占有得天独厚的地理优势，东盟留学生占比较大，已经拥有针对东盟留学生的前期积累。广西曾在 2011—2015 年接收来自东盟国家的留学生近 4 万人，早在 2016 年就已成东盟国家学生出国留学热门省区和东南亚国家留学生最多的省区之一。广西还为越共中央组织部 165 项目培训越南青年干部 1000 多人，建立了中国—东盟区域发展协同创新中心、中国—东盟职业教育研究中心等多个智库，近两年围绕中国—东盟的交流合作出版学术专著数十本，学术论文 100 多篇。[①]《广西壮族自治区中长期教育改革和

---

① 《广西与东盟留学生交流人数双向过万　成东盟留学生热门省区》，2016 年 9 月 22 日，中国新闻网，http://www.chinanews.com/sh/2016/09-22/8011646.shtml。

发展规划纲要（2010—2020年）》等文件，从战略层面为教育交流合作指明了方向。在留学服务方面，广西重点建设了"中国—东盟金融与财税人才培训中心、中国—东盟农业人才培训中心"等9个国家级教育培训基地，为东盟各国培训的农业、语言、行政管理、医药、艺术等领域的专业人才达6000多人。云南的东盟留学生占来滇留学生总人数的近70%。在政策服务上，云南省签发了《关于加快推进高等院校实施"走出去"战略 提高高等教育国际化水平的若干意见》（云发〔2006〕11号）、《云南省中长期教育改革和发展规划纲要（2010—2020年）》。贵州省自2008年开始的"中国—东盟国际教育交流周"已连续举办了12届，这也成为贵州开展留学生教育的大型国际平台。全国30个国家级"中国—东盟教育培训中心"中，有15个中心设在上述西南省份。另外，福建省设立了面向东盟青年学生的"省长特别奖学金项目"、与东盟国家签署了合作备忘录和职业教育师资培训合作协议[①]、开展了"东盟留学生八闽行"[②] 等各类活动。

因此，可以借助这些前期基础，将这些地区建成面向东盟留学生的重点区域和集约化、集群化的示范基地。

具体可以从以下方面实施：从政府层面而言，要加大"东盟来华留学示范区"政策倾斜和资金支持，加快引进国际管理理念、模式以及国际化的管理人才，提升"东盟来华留学示范区"的国际化程度。国家应通过顶层设计，整合西南省份的教育资源，从集约化、集群化的发展思路来统筹规划"东盟来华留学示范区"建设，充分发挥留学示范区内的资源共享与优势互补，点面结合，从而大幅提高区域留学教育服务供给的国际影响力和整体水平。[③] 在后疫情时代，既要兼顾人员流动过程中的防控安全，还要在政策上尽量简化西南省份

[①] 《福建与东盟教育合作升温》，2020年10月2日，荆楚网，http://news.cnhubei.com/content/2020-10/02/content_13372209.html。

[②] 《"东盟留学生八闽行"开班式在福州举行》，2021年6月8日，福建省人民政府外事办，http://wb.fujian.gov.cn/zwgk/gzdt/zwyw/202106/t20210608_5616349.htm。

[③] 贾佳、方宗祥：《"一带一路"倡议下中国与东盟跨境高等教育刍议》，《高校教育管理》2018年第6期。

与东盟高校人员流动的审批，促进这些示范区面向东盟的留学教育快速发展。从示范区本身而言，示范区建设要充分发挥面向东盟的区位优势，立足国家"一带一路"建设，在示范区建设过程中，探索对外宣传方式和传播渠道，搭建教育交流的桥梁。示范区内涉及的高校应实现校际优质教育资源共享、导师互聘、教师互访、东盟留学生流动培养、学分互认、合作办学等各类横向项目，开创示范区内的共赢局面。

（三）确定面向东盟来华留学生的重点辐射区域

内陆省份陕西可以成为针对东盟留学生的重点辐射区域。原因有三。

一是陕西的地理区位优势为留学教育打开了门户。陕西省位于中国地理版图的几何中心，是"新亚欧大陆桥"亚洲段的中心和进入中国大西北的"门户"。从古丝绸之路到"一带一路"，西安一直是重要的枢纽，也是西部大开发的重要区域。西安处在我国大地原点附近，是亚欧大陆桥最重要的中心城市，从西安辐射周边的关中地区成为亚欧大陆桥最发达的地段。亚欧大陆桥向东延伸通往连云港，连着"一路"，连着东南亚国家；向西延伸直达阿拉山口、霍尔果斯，和"一带"相连。[①]正因有如此重要的区位优势，中国与共建"一带一路"合作国家交流合作的大型平台都在西安，如欧亚经济论坛、丝绸之路国际博览会、丝绸之路城市市长会晤、丝绸之路经济带城市圆桌会议、"一带一路"海关高层论坛、丝绸之路经济带能源金融贸易中心等，西安正在发挥着其无可比拟的区位优势。在"一带一路"倡议的背景下，西安已成为中国西北地区对外开放的门户和生产要素流动的重要站点。近年来，陕西加快建设"一带一路"核心区步伐，西安已驶入"追赶超越"快车道。以西安为代表的陕西地理位置优势和已有的国际平台为吸引东盟留学生创造了契机。

[①] 《陕西自贸区让"一带一路"核心区落到实处》，2018年5月8日，网易财经频道，https://money.163.com/18/0508/14/DH9Q9VKD002580S6.html。

二是正在建设的包海高铁为陕西向南出海提供了通道。贯穿中西部接合部的南北高铁大动脉——包海高铁使西安向南出海更加快捷迅速。包海高铁是国家"八纵八横"高铁网里重要的一纵，早在2016年就被正式纳入国家"十三五"规划，全线预计2025年年底竣工通车。该线路北起内蒙古包头，经鄂尔多斯，向南进入陕西，经榆林、延安、铜川，引入西安枢纽，出站后穿越秦岭，经安康进入重庆，南下贵阳，经贵南高铁，进入广东湛江，最后引入海南海口。这条南北交通大动脉建成之后，将连接"丝绸之路经济带"新起点西安和"21世纪海上丝绸之路"腹地广西、广东、海南，为中国—东盟的教育交流从西南边境省份转向内陆乃至全国奠定了基础，使西安—东盟间交流更加方便快速。未来面向东盟的留学生教育中的人员来往、资源运输、信息共享，将在此高铁大动脉交通路线上实现全域化无障碍交流。

三是陕西拥有的优势学科可以成为后疫情时代东盟留学生的吸引点。作为西北内陆的大学名城，陕西高校积极响应教育部提出的"延期不延学"的号召，有条不紊地组织全国各地的学子按时按课表参加线上课堂。作为内陆省份的陕西在此次抗疫斗争中表现出色，高校对人员管控防控出台了严格的审查程序，针对国际留学生的管控制度尤为精细。这些成功的做法，都让世界刮目相看。面对新冠肺炎疫情对全球高等教育系统提出的挑战，陕西高校在确保教学安全的前提下高质量地完成了任务。

陕西省属于内陆省份，虽然西安人口众多，但相对于沿海城市而言，输入性的病例相对较少，更有可能成为国际留学生的优选目的地。西安高校拥有的生物医药、人工智能、通信技术、新媒体学科也将成为后疫情时代的热门领域。在发展面向东盟国家的留学生市场中，东盟国家的旅游资源和西安高校的教育资源可以有机结合，借助"中国—东盟旅游教育联盟"，为打造未来的"西安—桂林—东盟旅游环圈"提供留学教育服务。

（四）构建适应东盟国家需求的"汉语+"特色化课程体系

东盟国家作为历史上的汉文化圈区域，拥有全球约 73.5% 的华人华侨，泰国、马来西亚、新加坡等国已将汉语纳入其国民教育体系，这是汉语传播的天然优势。李宇明提出："应当树立'汉语+X'的理念，根据不同国度、不同学习者的情况，开决定所加 X 的内容，宏观看，X 可以分为职业内容和专业内容两大类。"①"汉语+X"就是培养学生利用中文掌握文、理、工等各学科知识，具有从事相关科研、教育及从业的专业能力，属于高层次人才培养的范畴。因此，面向东盟的留学教育学科建设，应该充分体现"汉语+"特色。

中国高校的优势学科如生物医药、大数据、"互联网+"、人工智能、数字媒体技术等，在后疫情时代有助于面向东盟的留学生课程体系建设，应适应双边关系变数和东盟国家需求，首先打造涵盖以下专业、面向东盟留学生的学科群：医药学、"互联网+"、人工智能、5G 技术、大数据、云计算、数字媒体、通信技术等。

此外，中国和东盟国家的佛教文旅资源也可以成为双方留学教育的学科建设基础。可以借助"中国—东盟旅游教育联盟"，为打造未来的"西安—桂林—东盟旅游环圈"提供教育服务。建议选取以旅游教育、文旅服务为特色的院校作为培育试点院校，打造涵盖以下专业的东盟留学生文旅学科群：工商管理、旅游教育、酒店管理、文旅服务、电子商务等。

综上所述，面向东盟的留学生课程体系建设中，应充分考虑实用学科、语言媒介和教学模式的有机结合。可以大力建设"汉语+生物医药""汉语+电商""汉语+大数据""汉语+物联网""汉语+工商管理""汉语+旅游教育"等学科。

---

① 李宇明：《改善中文的世界供给》，《世界汉语教学》2020 年第 4 期。

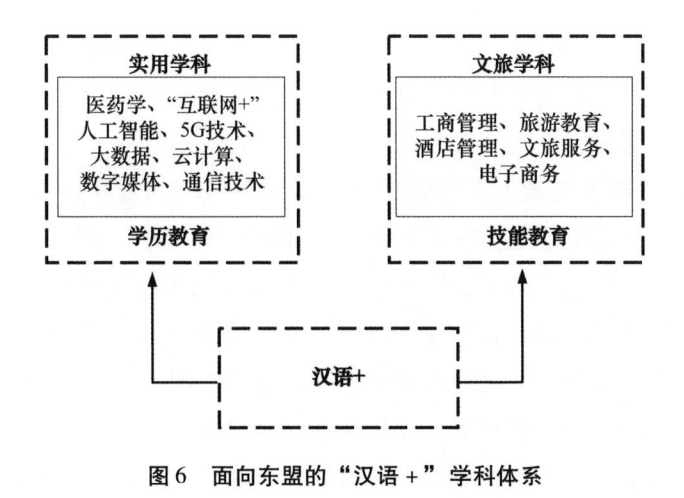

```
┌─────────────────────┐    ┌─────────────────────┐
│      实用学科        │    │      文旅学科        │
│  医药学、"互联网+"   │    │  工商管理、旅游教育、 │
│  人工智能、5G技术、  │    │  酒店管理、文旅服务、 │
│  大数据、云计算、    │    │  电子商务           │
│  数字媒体、通信技术  │    │                     │
│      学历教育        │    │      技能教育        │
└─────────▲───────────┘    └──────────▲──────────┘
          │                           │
          │      ┌──────────┐         │
          └──────│   汉语+   │─────────┘
                 └──────────┘
```

图 6　面向东盟的"汉语+"学科体系

（五）加大针对东盟留学生的奖学金倾斜度和力度

云南省早在 2004 年就开始针对东盟学生设立了奖学金，于 2011 年启动了留学云南计划。经过十年建设期，云南省政府留学生奖学金拟达到 1500 万元，每年资助 400 名东南亚、南亚、西亚及更广泛地区、国家的留学生来滇学习。[①] 云南省还在东南亚国家设立了驻外教育国际合作与交流工作处，宣传其奖学金制度。[②] 广西的奖学金制度始于 2007 年，最初是针对老挝、柬埔寨国家留学生的奖学金。2011 年全面启动了"东盟国家留学生奖学金"，截至目前，已建立了国家、自治区和高校三级留学生奖学金框架。

后疫情时代的东盟来华留学生的奖学金应从现有的"国别双边项目""高校自主招生项目""东盟大学组织项目"和"'一带一路'奖学金"等各类项目入手，从国家层面、邻近东盟的西南各省政府层面以及高校多个层面，增加对东盟和定向国家留学生奖学金的倾斜度和力度。

陕西作为面向东盟来华留学教育的重点辐射区域，应该借鉴西南省

[①] 《留学云南计划启动 预计 2020 年来滇留学生达 10 万》，2011 年 2 月 23 日，留学频道，https://www.eol.cn/liu_xue_kuai_xun_3291/20110223/t20110223_580128.shtml。

[②] 张成霞：《云南、广西与东盟开展教育交流合作的策略和举措对贵州省的启示》，《东南亚纵横》2015 年第 9 期。

份的有益做法，设立专业对口、实用性强、有针对性的奖学金。可依托地域优势和学科优势，加大面向东盟各国普遍急需的高铁技术、交通运输和旅游工商管理等专业的留学生奖学金力度。2019年3月，西安市颁布了《西安市人民政府关于设立"一带一路"外国留学生奖学金的通知》，加快西安国际化战略部署和扩大对外开放，将西安打造成为"留学生之城"，提升西安教育国际化水平。西安市各级高校可在市政府的奖学金制度框架内，设立面向东盟国家尤其是经济发展缓慢、教育水平较低国家的特别奖学金。还应充分利用民办高校在招生上自主性强的特点，选择一批具有国际合作前期积累的学校作为试点，加大政府奖学金的倾斜度，充分挖掘民办高校的留学教育资源。高校也可以充分发挥其校友会、校企合作方资源，在高校内设立特色化奖学金，扩大西安市高校的留学规模。在奖学金的具体实施上，应该从优势学科入手，兼顾其他重点学科；对各级奖学金要实施动态管理，充分发挥奖学金的牵引激励作用。

  总之，面向东盟的来华留学生教育市场潜力巨大。逐步推进上述措施，将中国建设成东盟国家留学生的首选目的地，是近期有望实现的目标。中国教育管理部门应抓住机遇，做好宏观规划和顶层设计。陕西高校地处内陆省份，但已具备培养东盟留学生的天时、地利与人和条件，更应主动发力，发挥优势。

Prospects and Future Development Strategies of Education Market Oriented Toward ASEAN Overseas Students in the Post-epidemic Era

Lu Fang[*]

Abstract: After more than 40 years of rapid growth, the market for Chinese students studying abroad is slowing down, while the market for overseas students studying in China is booming. Although international education exchanges in the post-epidemic era are facing many challenges and variables, the market for international students from ASEAN still has great potential for development. The strengthening of China-ASEAN relations, the rising number of ASEAN students in China, the rising purchasing power of the emerging middle class and the geographical similarity between China and ASEAN have all become the important basis for the development of ASEAN students to study in China. To develop the education of foreign students from ASEAN, the following suggestions are put forward: promoting the transformation of traditional education paradigm to digitalization and individualization; to build a "demonstration area for students from ASEAN countries"; to determine the key radiation areas for international students from ASEAN; to construct "Chinese +" curriculum system; to increase the scholarships for ASEAN students.

Keywords: China-ASEAN; Foreign Students; Post-epidemic Era

---

[*] Lu Fang, International College of Xi'an Siyuan University.

教育　修身研究

谈谈大学生的爱国意识

张海鹏[*]

摘要：当代大学生、研究生从中学历史和思想政治教科书上，从大学的思政课上，对中华人民共和国的历史虽然有所了解，但对中国共产党创建的中华人民共和国是怎么来的，对新时代中国特色社会主义是怎么形成的，还缺乏深入了解。笔者结合自己考进大学以来61年的人生经历，强调不管遇到什么曲折，都不能忘记爱国主义，不能忘记社会主义祖国。

关键词：大学生；爱国意识；社会主义

党的十八大以来，以习近平同志为核心的党中央高度重视思想政治工作，采取了一系列重大举措，切实推进思想政治工作，使中国的意识形态领域发生了全局性、根本性的转变。最近几年来，党中央、国务院、中共中央宣传部、教育部多次下发文件，强调要加强大学生的政治思想教育工作。在庆祝中国共产党成立100周年之际，2021年7月12日，中共中央、国务院印发了《关于新时代加强和改进思想政治工作的意见》（以下简称《意见》）。《意见》指出，思想政治工作是党的优良传统、鲜明特色和突出政治优势，是一切工作的生命线。加强和改进思想政治工作，事关党的前途命运，事关国家长治久安，事关民族凝聚力和向心力。在此情况下，加强当代大学生的思想政治教育非常必要。

---

[*] 作者简介：张海鹏，湖北省孝感市人。中国社会科学院学部委员，国务院历史学科评议组召集人，中国社会科学院研究生院教授、博士生导师，山东大学特聘一级教授。曾任中国史学会会长等。研究方向为中国近现代史等。

我离开大学已经56年了，对今天的大学生了解不多。从一个历史学者的身份出发，我认为有必要加强大学生的爱国意识，就此提一点看法，为当代大学生的成长提供一点参考。

目前大学生、研究生应该是出生于21世纪初（即2000年）以后的青年。他们的年龄和新时代中国特色社会主义一样风华正茂。他们从中学历史和政治思想教科书上，从大学的思政课上，虽然已经了解了一些关于共产党和社会主义的历史，但他们对中国共产党创建的中华人民共和国是怎么来的，对新时代中国特色社会主义是怎么形成的，还缺乏深入了解。他们或许以为就应该是这样。其实不然。这些知识很重要，但是一般比较抽象，有时可能不好透彻理解。下面，我就结合自己的人生经历，谈一谈对中华人民共和国的感受，供大学生、研究生们参考。

据新闻报道，2021年一年的大学毕业生有909万。四年前他们考入大学时应该超过这个数字。据相关部门公布的数字，2015年全国在校大学生超过了3700万人。现在全国具有大学文化水平的公民可能有1.5亿人。这是全世界一支最为了不起的具有创造精神和创造渴望的劳动者大军。就是这支劳动大军，和其他劳动者一起，在党中央的领导下，创造了国内生产总值（GDP）稳居世界第二的位置，超过第三位的日本两倍多。

以上情况，是今天的大学生面对的中国现实。如果往前推到1959年，即中华人民共和国成立10周年的时候，我考入大学时，全国升入大学的只有20万人，那年全国在校大学生不过81万人。1959年升入大学的人数还是1949年以来最多的一年。再往前推到1949年，全国在校大学生不过区区11万人，每年招生人数不到3万人。要知道，1949年的时候，全国人口的80%以上都是文盲。1949年前大学生就更少了。我的家乡在汉口以西50千米左右，1959年我考上大学，在那个数百人的村庄里只有我一人。1951年我小学毕业，班里只有几个学生，考上初中的包括我在内只有2人。我的许多小学同学上到初小四年级就辍学回家帮助父母干农活了。1949年前，农村女孩是很少上学识字的。广大劳动妇女几乎都是文盲，男人识字的也不多。这是旧中国留给我们的遗产。

谈谈大学生的爱国意识

我是出生于民国时期的人，1949年中华人民共和国成立时我刚过了10周岁。我亲眼目睹了1949年前国家战乱，社会混乱，民生凋敝的状况。我的父母是农民，他们每天愁眉苦脸，为生活发愁，难得看到他们的笑容。我看到了乡村恶霸欺压农民；我看到了兵匪的抢劫；我看到了抓壮丁的惨剧；我看到了国民党驻军的纪律败坏；我看到了老百姓视国民党兵若寇仇，对待解放军如同亲人。中华人民共和国成立前夕，我随着人流逃难，看到炮弹飞过、人们一步一回头的情景。2014年我在《中国社会科学报》发表过一篇《忆儿时过年》的文章，2015年还在该报发表过《民国十年生活杂感》的连载文，讲述了我在民国年间的感受。人民为生活发愁，哪里还能想到送孩子上大学呢？我对民国的感受是很不好的。

1949年5月，我的家乡解放了。父老乡亲的生活依然贫困，但精神解放了。我看到父母脸上有了笑容。他们积极拥抱中华人民共和国，欢迎中华人民共和国，拥护中国共产党。他们以从未有过的热情参与中华人民共和国的各种社会活动，包括土地改革、镇压反革命、抗美援朝。抗美援朝时，我在上初中，也响应学校号召，给朝鲜前线的志愿军写慰问信，我手里至今还保留着一位志愿军战士躺在前线的坑道旁的照片。说到抗美援朝，我在这里多说几句。

中华人民共和国成立，为了新生的人民政权的巩固，党和国家做了三件大事：第一件是银圆之战和米棉之战，用市场手段打退了投机资本向新政权的进攻，完全掌握了市场主动权，巩固了金融和经济战线，稳定了市场和民心。第二件是完成了新解放区的土地改革，使3亿多无地和少地的农民获得了土地，农村生产力得到大解放，赢得了广大农民对新政权的信任和支持。第三件是赢得了抗美援朝的胜利，中华人民共和国在世界人民面前坚强地站立了起来。这三件事几乎是同时发生的，我们可以看出中华人民共和国的缔造者用多么大的战略和魄力做完了这三件事。做完了这三件事，中华人民共和国就以崭新的姿态在国际上站立起来，从此不可动摇。

2020年是中国人民志愿军抗美援朝出国作战70周年，国家正以各种形式庆祝这个日子，2020年10月23日，习近平总书记在纪念中国人民志愿军抗美援朝出国作战70周年大会上讲话，总结这一胜利的历史经验和意义。各位注意，当年美国一个国家的钢铁产量就有8700万吨，参加以美国为首的"联合国军"有16个国家。中国只产钢铁60万吨，在装备和实力相差悬殊的情况下，志愿军终于战胜了敌人。我们的先辈是怎样在艰苦卓绝的斗争中赢得胜利的，值得我们后辈永远缅怀，永远感激！有人认为抗美援朝不值得，使得台湾没有解放，这种观点是不妥的。中华人民共和国成立时，东北几乎是国家唯一的重工业基地，钢铁厂都在东北。如果允许美军越过三八线，越过鸭绿江，占领我国东北，将对刚诞生的中华人民共和国产生难以想象的后果。中共中央决定以中国人民志愿军的名义抗美援朝，保家卫国，是一个完全正确的战略决策。

1954年我初中毕业，因为长江大水，江汉平原成为一片泽国，我未能上高中，回家乡当农民，积极参与了互助合作运动。我当了互助组记工员和高级农业社会计。家乡的农民积极拥护合作社，没有经过初级社就直接成立了高级社。与旧中国完全不同，在旧中国，农民与国民党保持很大距离，在中华人民共和国，农民积极跟着共产党走。这是我十分感动的。

在家乡当了两年农民、1956年我又上了高中，1959年我高中毕业，考上了武汉大学历史系。武大历史系党总支书记是参加过红军长征的老战士，他给我们讲长征的亲身体验，学校又邀请红军老战士来给大学生讲红军长征。作为大学生，我们深受感动。我们明了，中国共产党、中国的红军（八路军、解放军）经过了多么艰苦卓绝的斗争、付出了多少鲜血和生命，走过了多少曲折的路程，才赢得了新民主主义革命的胜利，才建立了新中国，才走上了社会主义道路。我们要爱这个国家，爱这个党！

我在大学期间正是国家的三年困难时期。人民和国家在经济生活上面临许多困难。那时候粮食限量供应，党政机关干部每月供应26—27斤主粮。对高中生和大学生每月31—32斤主粮。对大学教授还专门供应鸡蛋、黄豆、饼干等高营养的食品。连毛泽东都不吃肉了，大学食堂里每个月还给大学生打牙祭。1961年，武汉大学邀请湖北省省长张体学来学校作报告。我的日记里记载，"张体学说：三年来，农业生产大受损失，连年减产。去年全国只收了粮食2700亿斤，棉花2600万担。今年灾情比去年严重，但产量可能比去年略高。1958年以前每年出口100亿斤粮食，库存400亿斤。1959年后，每年进口粮食100亿斤。我们明年一二月份可能吃进口大麦。湖北再安排灾区500万人民生活后，城市人口尚缺一亿斤粮食，所以明年五月可能要吃豆饼。工业方面，重工业是煤的问题，轻工业是原料问题。如果天时顺利，二年内我们就可以改变局势。我们必须认清困难，准备以三五年时间渡过灾荒，争取国民经济大好转，人民生活大提高"。张体学指出，困难对青年人是大考验，青年人必须从困难中锻炼自己。他劝大学生好好考虑当前困难，要有充分信心克服困难。想通了，发愤读书，想不通就不要想，自有共产党来安排。我听了省长的报告很感动，感到党和国家在为全国人民想着克服困难的办法，要求大学生的只是认识困难，发愤读书。

1961年10月，中国史学会与湖北省哲学社会科学联合会联合主办的"辛亥革命五十周年学术讨论会"，我有幸作为学生代表前往参加开幕式，看到了主席台上就座的吴玉章、范文澜、吕振羽、吴晗、白寿彝、邵循正、李达等当时国内著名的历史学家和哲学家。武汉大学校长兼湖北省哲学社会科学联合会主任李达致开幕词，对史学界对辛亥革命历史的研究做了评述，他特别指出，湖北学者要加强对湖北辛亥革命历史的研究，要回答为什么辛亥革命要在武昌首义。中国史学会副会长吴玉章代表中国史学会讲话。他首先讲到辛亥革命历史的研究，然后讲到研究历史，首先要鉴别史料，对文字史料固然要审订，对回忆录和访问记也要严加核实。因为历史事件的参加者不是历史家，他们只能叙述历史，不能正确地认识和评价历史。在甄别史料的基础上，要有正确的、马克思主义的观点，要有科学的态度和老老实实的治学作风，只有这样才能写出信史来。吴老讲话后，开始论文报告。

会后，学校邀请了来武汉的历史学家范文澜、吕振羽、吴晗、白寿彝、黎澍先生给学生作报告。范老认为王朝名称是学习历史时很好的符号，何必硬要推翻呢？还谈到了帝王将相与历史上的民族战争问题，指出元朝和清朝历史都必须重新估价。吕振羽主要谈学习和研究历史为什么要以毛泽东思想为指导，说明了毛泽东思想在中国产生的历史背景和必然性。他认为，以这样悠久的历史和文化，以这样丰富的革命斗争和阶级斗争传统，不产生毛泽东思想则是不可理解的。他说：我们有毛泽东思想这样发展为当代的马列主义武器可供你运用，我们有丰富而庞大的历史文献可供你采择，如果你是一尾鱼，那你就如进入了水的世界；如果你是一只鸟，那你就如同进入了无边的苍穹。真是天高任鸟飞，海阔凭鱼跃。你是英雄，就请你显武吧。吴晗报告主要讲历史知识普及问题。历史系指定我和其他两位同学记录吕振羽的报告，由我负责整理成文，送交历史系存档。这些报告和其他著名学者的报告一样，对我们的政治、学术和人生做了很好的陶冶。我们大学生的爱国热情油然而生。

1964年8月我大学毕业，分配到北京的中国科学院近代史研究所工作。1964年10月，我和所内大多数学者一起，响应党中央的号召，到甘肃河西走廊的张掖县农村参加农村社会主义教育运动。坐在火车上，听到了我国第一颗原子弹爆炸成功的新闻报道，车厢里一片欢腾。前些年，央视新闻联播播出了记者采访我的报道，记者问我何谓爱国？我讲了上面的故事。我说听到原子弹爆炸成功的消息人人都十分兴奋，这就是爱国，是爱国主义精神的自然流露。从1842年鸦片战争失败清政府签订《南京条约》以后，几乎世界上所有的帝国主义国家都侵略过、欺凌过、剥削过中国，我们曾经有过国内一片混乱、在国际上毫无地位的时期。今天我们终于有了原子弹，有了打狗棍，怎么不叫人激动万分。我讲到这个爱国故事的时候，不禁流下了泪水。这是激动的泪，是高兴的泪，是因为爱国主义话题而激发出来的热泪。

改革开放以后，我在研究所历任研究室副主任、副所长、所长许多年。我还担任中国史学会副会长、常务副会长和会长十多年，担任中国社会科学院文史哲学部副主任、中国孙中山研究会会长、中国义和团研究会理事长，国务院学位委员会委员兼历史学科审议委员会召集人、第十届全国人民代表大会代表等。

我一方面十分投入研究所建设，努力开展研究所的国内、国际学术交流，一定程度上提升了研究所的国际学术地位。另一方面，我利用一切可以利用的时间从事学术研究活动。我的工作不允许我坐下来从事专题研究，我把眼光放在国内外中国近代史学术研究的状态与评论上，放在中国近代史的学术理论的思考与研究，为中国近代史学科建设贡献我的心力，同时也撰写一些专门的研究论文。二十多年来，已出版的论文集有6部。2007年，我主编了十卷本《中国近代通史》，被学术界认为是集中国近代史研究大成之作。2018年，中国社会科学出版社出版了我和我的学生合著的《简明中国近代史读本》，中央组织部党员教育中心将这本书评定为精品教材。2019年，人民教育出版社为我出版了一本《张海鹏论近代中国历史》的论文集，汇集了四十年来我发表的文章四十来篇，大体上集中了我在中国近代史研究上的代表性作品。学术界的一些朋友在报纸上发表文章给予谬奖。2020年，社会科学文献出版社为我出版了7卷本《张海鹏文集》。我还接受委托，主持了马工程重点教材《中国近代史》。该书是为大学历史系提供的专业教材，今年出版了修订第二版，已为全国300多家大学所采用。我又接受委托主持了统编高中历史教材的编写，该教材现已在全国大多数省份高级中学使用。

在担任中国史学会会长期间，在史学会各位副会长支持下，我积极推动国内外学术交流，尤其是2010年代表中国史学会在阿姆斯特丹的国际历史学代表大会上争得了第22届国际历史科学大会的主办权。2015年8月在济南举办了第22届国际历史科学大会，与会外国学者近千人。国家主席习近平专门给大会发了贺信，国务院副总理刘延东出席了开幕式并宣读了习近平的贺信。习近平主席在贺信中指出："历史研究是一切社会科学的基础，承担着'究天人之际，通古今之变'的使命。世界的今天是从世界的昨天发展而来的。今天世界遇到的很多事情可以在历史上找到影子，历史上发生的很多事情也可以作为今天的镜鉴。重视历史、研究历史、借鉴历史，可以给人类带来很多了解昨天、把握今天、开创明天的智慧。所以说，历史是人类最好的老师。"这句话已经成为名言，为我国学术界所遵循。中国史学会还与俄罗斯历史学会签订合作协议，

2015年5月，我率中国史学会代表团前往莫斯科和科洛姆拉市出席学术讨论会，就探讨第二次世界大战历史、探讨苏联卫国战争和中国抗日战争历史发表了意见。

我从考进大学到现在已经61年了，不管遇到什么曲折，我都不能忘记爱国主义，不能忘记爱社会主义祖国，爱领导社会主义中国的中国共产党。社会主义中国也会有缺点和不足，也有令我们不满的地方，但她的前进方向完全是正确的。中国共产党以为人民服务为第一宗旨，执政为民，以人民的利益为最先考量，这是这个党始终能赢得民心的基本条件。我相信，在战胜新冠肺炎疫情后，中国共产党和人民的心贴得更紧了，中国的国家治理体系更完整了，新时代中国特色社会主义的政治体系和经济体系更健全了。社会主义制度与资本主义制度的竞争中的优劣、高下，更容易看得清楚了。

中国的知识分子历来是懂得爱国、爱社会主义祖国的。"两弹一星"元勋们的事迹大家耳熟能详。今年在战胜新冠肺炎疫情中，医疗战线上涌现的英雄人物层出不穷。不管遇到什么困难，他们心中爱国主义的火是不会熄灭的。

年轻的大学生朋友们，你们生活在今天是极为幸福的，前进道路上的困难等待你们去克服，社会主义祖国更加美好的未来等待你们去创造呢！

2020年12月15日—2021年7月16日　于北京

On The Patriotic Consciousness of College Students

Zhang Haipeng *

Abstract: Although contemporary college students and graduate students have some knowledge of the history of New China from history and ideological and political textbooks in middle schools and ideological and political courses in universities, they still lack a thorough understanding of how the New China led by the Communist Party came to be and how socialism with Chinese characteristics in the new era came to be. Based on his 61 years of life since entering college, the author emphasizes that no matter what twists and turns we encounter, we should never forget our patriotism and socialist motherland.

Keywords: College Students; Patriotism; Socialist

---

* Zhang Haipeng, Chinese Academy of Social Sciences, Institute of Journal of Modern Chinese History.

基于整体性视域的新时代
大学生思想政治教育[*]

姜建成[**]

摘要：重视和加强新时代大学生思想政治教育，是全面建设社会主义现代化国家的一个重大战略课题，也是办好社会主义大学的一项重大战略任务。做好新时代大学生思想政治教育，需要观照整体性视域，将新时代大学生思想政治教育作为一个目标明确、优势彰显、系统集成、充满活力的有机整体来看待，揭示新时代大学生思想政治教育的时代特征、逻辑结构、价值功能与发展规律，探讨新时代大学生思想政治教育面临的新情况、新问题、新对策，构建全方位、多层次、立体化的大学生思想政治教育体系。大力提升新时代大学生思想政治教育质量，要充分发挥思想政治教育的整体育人优势，注重引领性，把握系统性，省察差异性，力求创新性，优化协同性，增强实效性，积极营造新时代大学生思想政治教育"新思政""大思政""强思政"的新格局。

关键词：新时代；大学生思想政治教育；整体性；新格局

重视和加强新时代大学生思想政治教育，事关党和国家事业发展的

---

[*] 基金项目：本文受江苏省"中国特色社会主义理论体系研究基地（苏州大学）"资助。
[**] 作者简介：姜建成，山东海阳人，苏州大学马克思主义学院教授，苏州大学马克思主义研究院副院长，博士生导师，博士；江苏省马克思主义研究会副会长，主要研究方向为马克思主义理论与思想政治教育。

全局之要，事关办好中国特色社会主义大学的战略之举，事关为党育人、为国育才的当务之急。所谓整体性视域，就是强调从事物普遍联系、辩证发展的角度看问题，将新时代大学生思想政治教育作为一个相互联系、不可分割的有机整体来对待；也就是坚持在历史与逻辑、理论与实践、现实与未来、中国与世界的不同结构和复杂关系中审视，从而全面认识、精准把握、系统阐释新时代大学生思想政治教育。所谓新时代大学生思想政治教育，是指在新时代，党和国家有组织、有计划、有目的地向大学生传播反映时代特点和人民要求的思想观念、政治观点、道德规范和法律意识等，培育和提升大学生的思想政治素质，使大学生能够认同社会的主流价值观，以促进大学生德智体美劳全面发展，成为能够担当民族伟大复兴时代新人的实践活动。新时代意味着大学生思想政治教育站到了新的历史起点上，要加强大学生思想政治教育工作的顶层设计，创新大学生思想政治教育理念、内容、方法，发挥大学生思想政治教育的政治优势、组织优势、队伍优势，构建大学生思想政治教育科学体系、运行机制和实践路径，精心做好"新思政"，积极打造"大思政"，奋力实现"强思政"。

一 强化新时代大学生思想政治教育引领性

中国的高校是社会主义的高校，要把新时代大学生思想政治教育放在更加突出的位置。注重新时代大学生思想政治教育引领性，就是要按照实现什么样的目标、为何实现这个目标和怎样实现这个目标，坚持思想、方向、价值相统一的目标引领性。新时代大学生思想政治教育的目标是多元的，既有根本目标、长远目标、群体目标，又有具体目标、短期目标、个体目标，但都必须围绕培育新时代社会主义建设者和接班人这个总目标来进行、来展开。

（一）凸显新时代大学生思想政治教育的思想引领性

马克思主义是立党立国的根本指导思想，是引领新时代大学生思想政治教育的制胜法宝。新时代大学生思想政治教育必须坚持正确的政治方向,最根本的要求就是要坚持不懈用马克思主义中国化最新理论成果——习近平新时代中国特色社会主义思想铸魂育人。我们现在培养的大学生在未来30年,要挑起实现中华民族伟大复兴的历史重担。只有学深悟透践行习近平新时代中国特色社会主义思想,把理想信念建立在对科学理论的理性认同上,建立在对历史规律的正确认识上,大学生才能深刻感悟马克思主义真理力量,树立正确的世界观、人生观、价值观,才能运用马克思主义的立场、观点、方法分析解决改革开放和社会主义现代化建设中的现实问题,坚定不移走中国特色社会主义道路,也才能以积极乐观的人生态度面对生活中的挫折和挑战,为自己一生的发展打下科学的思想基础。

树立坚定的理想信念,是新时代大学生思想政治教育的核心所在,是大学生成长发展的灵魂所在。习近平总书记指出:"要在坚定理想信念上下功夫,教育引导学生树立共产主义远大理想和中国特色社会主义共同理想,增强学生的中国特色社会主义道路自信、理论自信、制度自信、文化自信,立志肩负起民族复兴的时代重任。"[①] 大学生崇高理想信念不会自发产生,既需要加强科学理论教育,使马克思主义理论入耳、入脑、入心,更需要坚持用习近平新时代中国特色社会主义思想指导人生实践。理想信念教育作为新时代大学生思想政治教育的鲜明特色、特殊使命,最重要的是要教育引导大学生树立"四个意识",坚定"四个自信",做到"两个维护"。

(二)凸显新时代大学生思想政治教育的方向引领性

思想政治教育是培养人的事业,方向问题从来都是第一位的。新时代大学生思想政治教育的出发点和归宿就是培养人,社会主义大学的根本任务就是要坚持立德树人,真正解决好培养什么样的人、怎样培养人、

---

① 《习近平在全国教育大会上强调:坚持中国特色社会主义教育发展道路 培养德智体美劳全面发展的社会主义建设者和接班人》,《人民日报》2018年9月11日。

为谁培养人这个根本问题。新时代大学生思想政治教育要牢固确立党在大学生思想政治教育中的领导地位，坚持党对大学生思想政治教育工作全面领导的根本原则，把爱党、爱国、爱社会主义有机统一起来。习近平总书记指出："我们党立志于中华民族千秋伟业，必须培养一代又一代拥护中国共产党领导和我国社会主义制度、立志为中国特色社会主义事业奋斗终身的有用人才。"① 培养德智体美劳全面发展的社会主义建设者和接班人，不仅关乎高等学校的社会主义办学方向，而且关乎中国特色社会主义事业后继有人，这是新时代大学生思想政治教育的责任所系、使命所在。

在当代中国，爱党、爱国、爱社会主义是不可分割的有机整体。习近平总书记指出："要在厚植爱国主义情怀上下功夫，让爱国主义精神在学生心中牢牢扎根，教育引导学生热爱和拥护中国共产党，立志听党话、跟党走，立志扎根人民、奉献国家。"② 新时代大学生思想政治教育的根本目的，就是要立足中国大地培育人才，引导大学生厚植爱国主义情怀，提高民族自尊心、自信心、自豪感，把实现个人价值同党和国家的前途命运紧紧联系在一起，将思想政治教育的基本要求转化为报效祖国、服务人民的自觉行动，满怀豪情地投身于社会主义现代化建设的伟大实践，自觉成为敢于担当、勇于创新、乐于奉献的时代新人。

（三）彰显新时代大学生思想政治教育的价值引领性

要引导大学生树立符合新时代发展要求的核心价值理念，搞清楚做人做事做学问的基本道德规范与人生成长发展的关系，扣好人生成长发展的第一粒扣子。习近平总书记指出："广大青年要坚定理想信念、练就过硬本领，勇于创新创造，矢志艰苦奋斗、锤炼高尚品格，在弘扬和践行社会主义核心价值观中勤学、修德、明辨、笃实、爱国、励志、求真、力行、同人民一起奋斗，同人民一起前进，同人民一起梦想，用一生来

---

① 习近平：《思政课是落实立德树人根本任务的关键课程》，《求是》2020年第17期。
② 《习近平在全国教育大会上强调：坚持中国特色社会主义教育发展道路 培养德智体美劳全面发展的社会主义建设者和接班人》，《人民日报》2018年9月11日。

践行跟党走的理想追求。"① 新时代大学生思想政治教育重在塑造学生的核心价值观，牢记社会主义建设者和接班人的使命担当，立鸿鹄志，做奋斗者，在为新时代伟大祖国建设中贡献青春、智慧和力量。

坚持以社会主义核心价值观为引领，需要教育引导学生不仅要搞清楚社会主义核心价值观的内在含义、基本要求，而且要弄明白社会主义核心价值观与社会主义核心价值体系的逻辑联系和精神实质，更要让社会主义核心价值观内化于心、外化于行、落地生根，真正成为社会主义核心价值观的坚定信仰者、积极传播者、模范践行者。

二 优化新时代大学生思想政治教育的系统性

新时代大学生思想政治教育是一个复杂的系统工程。破解新时代大学生思想政治教育内在结构的复杂联系与本真图景，需要改变以往思想政治教育体系简单化、功能单一化、过程单向化，在系统中理解和把握新时代大学生思想政治教育，建立健全系统化育人长效机制，打通思想政治教育各要素、各层级、各环节、各方面的相互关联、协同配合，大力提升新时代大学生思想政治教育工作质量。

（一）增强新时代大学生思想政治教育育人体系的系统性

新时代大学生思想政治教育作为一项系统性的教育活动，需要从宏观上进行整体规划，制定符合时代要求、反映大学生成长发展实际的思想政治教育育人体系，通过体系化的思想政治教育达到合力育人。

构建系统性的思想政治教育学科体系。学科体系体现着学科建设的根本要求，映现着人才培养的规格水准。思想政治教育学科体系建设，要树立"育人为本、德育为先、能力为重、全面发展"的育人理念，凝练学科方向，坚持问题导向，推动理论创新，打造人才队伍，深化对大

---

① 习近平：《代表广大青年赢得广大青年依靠广大青年 让广大青年敢于有梦勇于追梦勤于圆梦》，《人民日报》2018年7月3日。

学生思想政治教育目标与原则、本质与规律、内容与形式、方法与效果的认识，加强思想政治教育专业体系、理论体系、应用体系、话语体系、评价体系研究，努力构建具有中国特色、内容科学、结构优化、动态开放、世界一流的思想政治教育学科体系。

塑造新时代大学生思想政治教育理论体系。理论体系规定着理论教育的主旨内容，反映着理论研究的历史高度。新时代大学生思想政治教育要以习近平新时代中国特色社会主义思想为指导，构建系统性的思想政治教育知识体系、观念体系、价值体系、目标体系，要不断总结新时代大学生思想政治教育的科学认识和成功经验，用鲜活的实践经验滋养科学理论的创新发展，为新时代大学生思想政治教育守正创新提供科学理论基础。

重视大学生人才培养体系建设。人才培养体系涵盖了党和国家培养人才的目标要求，体现了人才培养的基本方式。"人才培养体系涉及学科体系、教学体系、教材体系、管理体系等，而贯通其中的是思想政治工作体系。加强党的领导和党的建设，加强思想政治工作体系建设，是形成高水平人才培养体系的重要内容。"[①] 进一步深化对大学生思想政治教育育人体系的系统性认识，要构建思想政治教育课程、管理、服务、科研、实践、文化、网络、心理、资助、组织等"十大育人"体系，调动各类育人资源共同参与育人，协同打造各具特色的高质量人才培养体系。

（二）增添新时代大学生思想政治教育育人功能的系统性

新时代大学生思想政治教育活动是一项能动性的教育活动。面对思想政治教育环境日趋复杂多元，需要构建新时代大学生思想政治教育的系统结构，大力开发系统性的思想政治教育功能，有效运用思想政治教育资源，达到育人育才育志的最佳状态。

重视政治保证功能。政治性是大学生思想政治教育的本质属性，必须坚持党对大学生思想政治教育的全面领导，这是新时代大学生思想政

---

① 《习近平在北京大学师生座谈会上的讲话》，《人民日报》2018年5月3日。

治教育最本质的要求。要在党的领导下,开展新时代大学生思想政治教育,确保政治性特征贯穿于大学生思想政治教育实践活动的全过程。要善于从政治上看问题,发挥思想政治教育的意识形态特有功能,强化社会主义意识形态的核心地位,坚持用马克思主义占领学校意识形态阵地,有效抵御和防范国内外敌对势力对大学校园的渗透和侵蚀,不断增强社会主义意识形态的凝聚力、向心力和感染力。

强化思想引导功能。新时代大学生思想政治教育的育人工作要更加突出育情、育志、育心,切实解决目前部分学生中存在的理想信念缺失、价值理念模糊、道德观念迷茫等问题。要发挥思想政治教育主渠道作用,让有信仰的人讲信仰,有道德的人讲道德,以透彻的学理分析回应学生,以彻底的思想理论说服学生,用真理的强大力量引导学生,使思想政治教育的科学内容内化为学生的价值判断、基本遵循和行为习惯。

提振精神凝聚功能。"伟大的时代需要高尚的精神,崇高的事业需要榜样的引领。"[①] 要发挥榜样的教育引领、示范带动作用,将新时代大学生思想政治教育的根本目标内化为大学生鲜活的精神动力,在充实的精神生活中不断提高精神滋养、核心素养。要邀请英雄模范、道德楷模、时代先锋进校园、登讲台,与学生分享感人的故事、光辉的事迹,触动学生心灵,以强大的精神力量去鼓舞、感染和引导更多的学生,更好地弘扬英雄精神、劳模精神、工匠精神,将时代精神和时代要求融汇到大学生榜样激励教育之中。

(三)增进新时代大学生思想政治教育运行过程的系统性

新时代大学生思想政治教育是一项创造性的教育活动,不是一阵子的活动,也不是单纯一条线的工作。要贴近学生的思想、学习、生活、工作实际,调动一切育人因素,开发一切育人资源,运用一切育人力量,促进大学生思想政治教育运行过程贯通性,把思想政治教育工作贯穿于

---

① 陈华洲、张明华:《榜样力量的构成及其转化条件和路径研究》,《思想理论教育导刊》2015 年第 6 期。

大学生成长成才全过程，形成全方位、立体化、系统性的思想政治教育新格局，使大学生思想政治教育过程充满时代气息和生机活力。

形成育人主线。思想政治教育归根结底是做人的工作，大学生思想政治教育不仅要动之以情、晓之以理，而且要导之以行、持之以恒。要切实解决目前大学生中存在的认知误区、思想困惑、价值迷茫、心理脆弱等问题，努力培养大学生掌握适应时代、发展自身、奉献祖国、服务人民的能力。要增强针对性和亲和力，帮助大学生筑梦、追梦、圆梦，成为祖国建设"梦之队"一员，提振大学生文化自信心和文化自豪感，把思想政治教育融入新时代大学生成长发展的各方面，为学生思想引领、政治进步、全面发展提供全方位服务。

提升整体水平。要加强新时代大学生思想政治教育的顶层设计，从育人理念、培养方式、队伍建设、体制机制、条件保障等方面进行综合设计，系统梳理归纳各部门、各群体、各岗位的育人元素，大力培育和充分挖掘育人要素，自觉将大学生思想政治教育作为岗位职责要求和具体考核内容，融入人才培养的整体性制度安排和操作环节，营造治理有方、管理有序、服务有为的育人环境，形成常态化、长效性的育人机制，打造高水平、能转化、可推介的育人模式。

构建网络阵地。要重视"红色网站"建设，掌握网络领导权、掌控权、话语权，培育积极健康、向上向善的网络文化，努力把互联网这个思想政治教育的"最大变量"转化成学生健康成长的"最大增量"。要重视传播网上先进文化，加强学生网络素养教育，积极培养校园好网民。要实时分析研判网络舆情，做好与大学生网上互动交流，开发虚拟仿真实验室，运用网络新媒体对学生开展政治教育、思想引领、学习指导、生活辅导、职业规划、心理咨询等工作，引导学生创作积极健康的网络文化作品，守护好学生网络精神家园。

三　细化新时代大学生思想政治教育的差异性

新时代大学生思想政治教育要坚持以大学生成长发展为中心，善于从学生的角度看问题、找需求，尊重差异，平衡差异，洞察学生前进中的困惑、发展中的问题，制定切实可行的思想政治教育方案，将差异要素贯穿于育人的全过程，使大学生思想政治教育更接地气、更富生气、更有底气。

（一）省察新时代大学生思想政治教育主体的差异性

新时代大学生思想政治教育最重要的主体是学生。学生处于人生发展的特殊阶段。他们不仅是思想政治教育的对象，更是思想政治教育的主动主体。只有积极探究学生需要什么样的思想政治教育，怎样创造条件吸引更多学生参与思想政治教育，才能更好地满足他们对美好生活向往的精神需要，也才能充分调动学生参与思想政治教育的积极性、主动性和创造性。

确立育人的差异性思维。从学生群体看，由于他们的生源地不同、学科专业背景不同、家庭成长环境不同，学生之间的认知差异、表现差异、体验差异是客观存在的，因此，具有差别性的现实个体主体是进行思想政治教育的重要前提。要充分考虑学生的个性特征与个体差异，倾听学生意见、关心学生成长、尊重学生选择，更好地满足学生在成长发展过程中对平等性与尊重感、表现欲与参与感、价值观与成就感等方面的不同心理需求。

坚持分众化教育理念。应遵循学生成长规律，照顾不同层次学生的不同需要，因时制宜、因人而异做学生思想政治教育工作。创新分众化的思想政治教育方式，要制定差异性的教育目标、内容、方法、评价体系，根据学生成长发展的需要给予政治上更多关心、工作上更多理解、学习上更多辅导、成才上更多信任。

发挥学生党员表率作用。学生党员的质量直接关系到新时代大学生思想政治教育的质量。学生党员作为学生的同龄人，是学生中的先进分子。一个党员就是一面旗帜。要发挥学生党员在政治学习、党团活动、思想工作、社团组织、志愿服务中的先锋模范作用，用身边人带动身边人，以"先行者"引领"观望者"。要大力培养入党积极分子和学生干部、用"滚雪球"的办法扩大学生骨干队伍,发挥同辈群体的积极作用,以身边事教育身边人,引导鼓励更多的学生见贤思齐,努力成为别人的榜样。

(二) 体察新时代大学生思想政治教育方式的差异性

要加大对新时代学生的接受特点和认知规律的研究,采用适合大学生认知特点和思维偏好相适应的工作方式,把大学生思想政治教育工作做在日常、做到个人。习近平总书记指出:"思想政治工作从根本上说是做人的工作,必须围绕学生、关照学生、服务学生,不断提高学生思想水平、政治觉悟、道德品质、文化素养,让学生成为德才兼备、全面发展的人才。"① 新时代思想政治教育不能简单采用"一刀切"的灌输教育、"大呼隆"的宣讲教育。对个体在发展过程中的差别性需求的满足,直接关乎思想政治教育的针对性和有效性。

积极开发能用管用方式。把学生看作一个个有情有义、有血有肉的差别性个体,引导他们学会面对个体成长与社会发展中众多复杂化的差异问题,给他们以人生发展的新机遇、新动力,激励学生成就更好的自己。要读懂学生、理解学生、包容学生、塑造学生,在以马克思主义为指导的统一性前提下,尽可能照应学生思想素养、能力层级、发展诉求不同的差异,更多地考虑学生新的用语方式、情感交流方式、思维认知方式、行为选择方式,达到取得尊重学生、关爱学生、服务学生、提升学生的良好效果。

注重构建供需平衡方式。要优化思想政治教育内容供给,重视思想政治教育供给侧改革,从国家思想政治教育政策供给、到学校思想政治教育资源供给、教师教学服务供给都应主动与大学生需求侧对接,不断适应需求侧的变化、满足需求侧的发展需要。要坚持大学生需求与思想政治教育供给调节的适度性原则,开发现实生活中学生对思想政治教育的自我需求度,引导学生从偏爱支离破碎、内容肤浅、娱乐至上的信息

---

① 《习近平谈治国理政》(第2卷),外文出版社2017年版,第377页。

到接受体系完整、思想深刻、追求崇高的知识和智慧,培育高层次需求,开发有效性需求,有针对性地帮助学生处理好思想认识、政治信仰、价值取向、学习生活、择业交友等方面的具体问题,以触动学生的内心世界、丰富学生的精神生活、塑造学生的政治灵魂。

高度重视学生党建工作。大学生党支部是学生思想政治教育的核心优势,要把学生党员组织起来,把团组织、社团和班级活动带动起来,积极做好在大学生中发展党员工作,发挥在大学生思想政治教育中的政治引领力、组织动员力、学生影响力、思想号召力作用。要发挥党建带团建的优势作用,做好优秀团员推荐入党工作,不断增强党组织的新鲜血液。重视发挥校院两级团委、学生会、学生科协等大学生组织作用,积极开展社会实践、校园社团、志愿者服务等活动,最大限度开发学生主体育人力量,形成学生教育学生、同辈感染同辈、先进激励后进的生动局面。

(三)洞察新时代大学生思想政治教育目的的差异性

"高校思想政治工作实际上是一个释疑解惑的过程,宏观上是回答为谁培养人、培养什么样的人、怎样培养人的问题,微观上是为学生解答人生应该在哪里用力、对谁用情、如何用心、做什么样的人的过程,要及时回应学生在学习生活社会实践乃至影视剧作品、社会舆论热议中所遇到的真实困惑。"[①] 在学生心中埋下真善美的火种,需要用差异性的思维和方式做好育人工作,提高新时代大学生思想政治教育工作科学化、精细化水平。

增强学生的认同感。根据学生思想实际,开展立体化、多维度的思想政治教育工作,实现大学生对教育主体、教学内容、教学方法、教育平台、教学效果认同的基础上,加深对中国特色社会主义的思想认同、理论认同、情感认同、价值认同。习近平总书记指出:"一定要平等对待每一个学生,尊重学生的个性,理解学生的情感,包容学生的缺点和不

[①]《习近平首次点评"95后"大学生》,《人民日报》2017年1月3日。

足，善于发现每一个学生的长处和闪光点，让所有学生都成长为有用之才。"① 提升大学生的国家、社会、集体认同感，形成价值观共识，产生成就感共鸣，更好满足大学生思想变化和成长发展的客观需要。

看到自己就是很了不起的力量。在为现代化强国奋斗的前进路上，平凡铸就伟大，英雄来自人民，每个人都很了不起。人的能力有大小，但只要学会肯定自己，勤学苦练，掌握本领，增强报效祖国、服务人民的能力，就值得称道，就很了不起。新时代大学生思想政治教育工作，要从大学生每个个体的现实状况出发，推进由低到高、由浅入深的层级化、渐进式、高质量发展。

树立世界眼光、未来意识。要以建构国际化思想政治教育新格局为导向，无论是在认识视域还是在价值理念上，都要把人类命运共同体思想融入大学生思想政治教育中，让新时代大学生的生命活力在引领世界潮流中奔腾。习近平总书记指出："构建人类命运共同体是一个美好的目标，也是一个需要一代又一代人接力跑才能实现的目标。"② 要立足现实的人文关怀又超越现实的状况来塑造学生，以人类命运共同体的整体性思维引领学生关注世界、把握未来，以中国更好的发展引领未来世界新的发展，为人类的发展作出新的更大贡献。

四 活化新时代大学生思想政治教育的创新性

在新时代，面对最富青春活力、最具创造动力的大学生群体开展思想政治教育，要以学生喜闻乐见的新理念、新方式、新载体开展工作，内容上要多措并举，方式上要协同配合，过程上要贯穿融合。通过教育引导、舆论宣传、文化熏陶、实践养成、制度保障，做足育人大文章，唱响育人最强音，增强学生的价值判断、选择、塑造能力，引领学生健康成长、全面发展。

---

① 习近平：《做党和人民满意的好老师——同北京师范大学师生代表座谈时的讲话》，人民出版社2014年版，第11页。
② 《习近平谈治国理政》（第2卷），外文出版社2017年版，第548页。

(一) 激发新时代大学生思想政治教育理念的创新性

理念体现着教育的格局与情怀。学生时代是人一生最美好的时光，在这一特殊时期做大学生思想政治教育工作特别有价值，可谓是对大学生的未来发展具有决定性影响和意义的神圣事业。"思想政治教育理念是由一定时代人们理解和开展思想政治教育的本质认识、思维范式、现实指向、理想原则等理性精神凝练建构而成的观念总体。"[1] 要以改革创新精神构建新理念，让新时代大学生思想政治教育成为有深度、有高度的教育。

坚持守正与创新相统一。要把过去在实践中形成的好理念、好传统、好做法，与新时代大学生思想政治教育具体实践的创造性转化、创新性发展结合起来，使之适应新时代大学生思想政治教育的实际需要。现阶段特别要教育引导大学生科学认识"两个大局"——当今世界面临百年未有之大变局和中华民族伟大复兴战略全局，系统把握新发展阶段，全面深入贯彻新发展理念，积极推进高质量发展，努力构建新发展格局，真正实现思想政治教育内容的与时俱进。

注重培养大学生的创新思维和创造能力。要引导学生立德成人、立志成才，就要深入推进党史、新中国史、改革开放史、社会主义发展史专题教育，讲清楚中国共产党为什么能、马克思主义为什么行、中国特色社会主义为什么好，培养大学生心里装着祖国和人民，在新时代伟大实践中关注百姓、关注社会，汲取养分、丰富思想。要重视红色文化建设，开发红色资源，传承红色基因，弘扬优良传统，将红色文化作为学生成长成才发展的核心内容，以真理说服学生，以事理引导学生，以情理感化学生，切实解决大学生所思、所疑、所盼问题，帮助学生筑梦、追梦、圆梦，"让一代又一代年轻人都成为实现我们民族梦想的正能量"[2]。

---

[1] 钟启东：《思想政治教育理念内涵论析》，《思想教育研究》2015年第12期。
[2] 习近平：《做党和人民满意的好老师——同北京师范大学师生代表座谈时的讲话（2014年9月9日）》，《人民日报》2014年9月10日。

向改革创新要活力。要推进大学生思想政治工作体制机制的改革创新，引导大学生树立正确观察、认识和把握当今世界、当代中国的立场、观点、方法，探索科学理论"入耳、入脑、入心"创新机制，赋能大学生思想政治教育创新活力。要尊重大学生身心发展规律，鼓励学生自主进入思想政治教育教学各环节，引导学生在学习科学理论知识过程中，将自己摆进去，有效培养学生合理化处理个人与他人、个人与社会关系的能力，在不断否定自我、超越自我的螺旋式上升过程中实现全面发展。

（二）激活新时代大学生思想政治教育方法的创新性

思想政治教育要融入时代元素，创新工作方法，因事而化、因时而进、因势而新，既要沿用有用顶用的好办法，又要改进曾经起过作用的老办法，更要在实践中探索有效管用的新办法，着力在生动鲜活、具体形象、入脑入心、见诸行动上下功夫。

课堂理论教学法。发挥思政课主渠道作用，积极采用案例式教学、探究式教学、体验式教学等，把深奥、抽象的政治理论讲明白、讲生动、讲透彻。创新思政课程、课程思政、网络思政，邀请"领导干部上讲台""院士校友进校园""英模劳模作报告"，搭建校外各行各业优秀人才参与思想政治教育的"立交桥"，提高教育的吸引力和感染力，使新时代大学生思想政治教育"强起来"。

社会实践锻炼法。社会实践是学生成长成才的必由之路，是学生增强历史使命感和社会责任感的关键环节。通过建立社会实践、红色文化教育、志愿者服务基地，依托校内校外两种资源、两类教员、两本教材，形式多样开展社会实践活动，打造实践教育的"实体课堂""空中课堂""行走的课堂"，让大学生在实践中受教育、增才干、作贡献，充分发挥知行合一的育人作用，使新时代大学生思想政治教育"实起来"。

校园文化熏陶法。注重以文化人、以文育人，广泛开展文明校园创建，组织形式多样、健康向上、格调高雅的校园文化活动。注重弘扬中华优秀传统文化，实施"校园文化传承创新发展行动计划"，推进"高雅艺术进校园"，开展"青春告白祖国"活动，打造"奋斗的我，最美的国"等一批高质量、有品位的品牌活动。加强学生社团建设，设立理论学习型、科技创新型、学术研究型、公益服务型等社团组织，提振学生参与度、接受度和喜爱度，使新时代大学生思想政治教育"活起来"。

网络媒体引导法。运用人工智能手段建设大学生智慧课堂、云中课堂，充分利用学习强国、中青校园、智慧团建等网络平台，推进大学生指尖上的"微"学习和"微"教育，让党的要求成为大学生网络空间的最强音。推动思想政治工作传统优势同信息技术高度融合，搭建开放式、互动式、对话式网络平台，采用慕课、微课、融课的"大思政"育人模式，用新媒体新内容吸引、感染学生，增强网络参与吸引力，增强网络开发成就感，让新时代大学生思想政治教育"火起来"。

（三）激励新时代大学生思想政治教育载体的创新性

创新"互联网+大学生思政"载体。要统筹规划建设各类主题网站，重点建设思想理论、校园文化、学生工作等网站，突出对大学生人生引导、思想疏导、行为训导、就业指导、心理辅导。要打造"互联网+大学生思政"良性互动模式，有效运用网络案例展示、网上辩论交流、网络创意设置、网络意见领袖培育等形式，让学生选择他们所关注的热点问题开展学习和研究，创造学生自我表达的机会，真正实现"我参与、我尽力、我选择、我有为"的自我展示的平台。

构建教育大数据模式。充分发挥数字化校园思想政治教育作用，通过大数据技术对教育者、教育对象、教育载体进行数据统计、分析，开发大学生思想政治教育要素、功能、机制的数据化系统，构建大数据学生思想政治教育体系。采用大数据研判学生思想动态，预测学生思想演进，制订有针对性的指导方案，为大学生提供更有个性化特征和针对性的指导与服务，使大学生思想政治教育更符合客观规律、更具亲和力、更富实效性。

拓展教育公共空间。聚力打造思想政治理论课第一课堂、第二课堂（党团、社团、班级等课外实践教育活动）、第三课堂（学习强国、易班、智慧树在线大学等网络教育），开发多元育人场域。要以新时代文明实践中心为载体，以志愿服务为抓手，让新时代文明之风"到村、进户、见人、走心"，让大学生在亲身参与公益性服务中认识基本国情、了解社会生活、亲近人民群众，真正学会理论与实践相结合。

五 统筹新时代大学生思想政治教育的协同性

新时代大学生思想政治教育不是单纯单线的工作，而应该是全方位的，需要统筹协调、团结协作、上下联动、整体配合、共同发力、形成合力。要把新时代大学生思想政治教育纳入学校发展的总体规划，从"条块分割"转向"协同配合"，着力打通教育中存在的堵点、盲点、断点，大力推进育人主体、机制、格局方面的协同创新，发挥协同育人整体优势，打造协同育人"大格局"。

（一）整合新时代大学生思想政治教育育人主体的协同性

做好新时代大学生思想政治教育工作，没有旁观者，也没有局外人。构建"大思政"格局要落实协同育人主体责任，大力开发育人主体资源，践行"人人都是育人主体、事事都是育人平台、时时都是育人契机、处处都是育人环境"[①]的协同育人理念，充分发挥大学生思想政治教育协同育人的合力作用。

打造专业化、职业化大学生思想政治教育工作队伍。要重视队伍的职业培训，建立各层级培训和研修基地，进行岗前培训、日常培训和骨干培训，全力提高队伍的素质、能力和水平，精心培养和组织一支专职为主、专兼结合、数量充足、素质优良、坚强有力的思想政治教育工作队伍。在此基础上，整体推进高校党政干部和共青团干部、思想政治理论课教师和哲学社会科学课教师、辅导员班主任和心理咨询教师的协同育人，更好地带动广大师生共同来做大学生思想政治教育工作。

---

① 王洪波：《坚持主导性和主体性相统一是思政课改革创新发展的关键》，《中国高等教育》2019 年第 11 期。

抓好教师队伍建设。要加强师德师风建设，重视教师育德信仰、育德情操、育德能力的培养。习近平总书记指出："教师不能只做传授书本知识的教书匠，而要成为塑造学生品格、品行、品位的'大先生'。教师教给学生的知识，多年以后可能会过时，可能会遗忘，但教给学生为人处世的道理是学生一生的财富，会让他们终生难忘。"[①] 各门课程的教师都要以德立身、以德立学、以德施教，用自身良好的道德形象影响学生，用优良的思想作风带动学生，用高尚的人格力量感染学生，给学生以真理启迪、做人智慧、发展能量。

重视学校行政、教辅、后勤队伍建设。要积极发挥学校相关行政人员、教学管理人员、后勤服务人员等管理主体、辅助主体、服务主体在大学生思想政治教育工作中的不同作用，根据不同职能联合开展合作育人，提升新时代大学生思想政治教育科学化、规范化、制度化水平，增强立德树人协同效应。

（二）聚合新时代大学生思想政治教育育人机制的协同性

要注重制度创新，增加制度供给，完善制度配套，形成上下联动、同频共振、齐抓共管的大学生思想政治教育合力。要构建新时代大学生思想政治教育新的评价标准，形成机制转换，优化评价激励，强化实施保障，构建富有时代活力、创新价值、深受学生欢迎的新时代大学生思想政治教育制度体系。

打造思政课程与课程思政相统一的协同机制。要建立思政课程与课程思政育人联动机制，发挥思政课立德树人主渠道作用，构建思政课课程体系、教材体系、教学体系、认知体系、信仰体系，深入挖掘各门专业课、基础课、通识课中所蕴含的思想政治教育元素，所承载的思想政治教育功能，将思想政治教育融入课堂教学各环节，发挥思政课程与课程思政同向同行、通力合作的育人作用。

构建课上课下、线上线下协同机制。打好大学生思想政治教育组合

---

① 《习近平首次点评"95后"大学生》，《人民日报》2017年1月3日。

拳，拓展教育渠道，推动第一课堂、第二课堂、第三课堂交叉融合，重视和加强大学生大学适应教育、人生价值教育、网络安全教育、职业规划教育、心理健康教育、劳动教育、美育教育等，将正向激励教育贯穿于大学生思想政治教育全过程。

创新大中小学思想政治理论课一体化机制。推进大中小学思想政治理论课一体化建设，实现不同学段思想政治教育的纵向衔接、横向贯通、循序渐进、螺旋上升，加强大中小学思想政治教育工作者的经验交流、信息互通、平台共建、资源共享，鼓励大学生利用社会实践、专业实习等机会走出校园，完善校本资源，打造地域特色，构建全社会关心支持大中小学思想政治教育协同育人的新格局。

完善学校与社会协同育人机制。要把思想政治教育"小课堂"与"社会大课堂"联系起来，在加强校地合作、校企合作、校校合作基础上，共建大学生社会实践、志愿服务、文化素养、素质拓展等育人基地。要推进校内校外思想政治教育联动建设，发挥思想政治教育溢出效应，积极搭建大学生思想政治教育工作者参与区域化党建、地方社会治理、社区文明建设平台，为地方经济社会发展资政育人作出贡献。

（三）融合新时代大学生思想政治教育育人格局的协同性

要建立健全党委统一领导、党政群齐抓共管、有关部门各负其责、全社会大力支持的领导体制和工作机制，形成全党全社会共同关心支持大学生思想政治教育的强大合力。习近平总书记指出："思想政治工作是学校各项工作的生命线，各级党委、各级教育主管部门、学校党组织都必须紧紧抓在手上。"[①] 新时代大学生思想政治教育需要系统、深入的顶层设计和制度安排，打通各项工作之间的内在联系，建立大学生思想政治教育共同体，真正打造新时代大学生思想政治教育"强格局"。

加强组织建设。要坚持党对大学生思想政治教育的全面领导，落实领

---

① 《习近平在全国教育大会上强调：坚持中国特色社会主义教育发展道路 培养德智体美劳全面发展的社会主义建设者和接班人》，《人民日报》2018年9月11日。

导责任和主体责任,建立党委统一领导、部门分工负责、各方协同参与的组织体系。习近平总书记指出:"各级党委要把高校思想政治工作摆在重要位置,加强领导和指导,形成党委统一领导、各部门各方面齐抓共管的工作格局。"① 各级组织、宣传、教育等部门要各负其责、履职尽责,切实增强提高大学生思想政治教育质量的政治责任感、历史使命感、现实紧迫感,消除大学生思想政治教育工作中的弱点、堵点、盲点,为新时代大学生思想政治教育提供坚强有力的组织保障。

加强队伍建设。要看到,目前大学生思想政治教育工作队伍还比较薄弱,既包括人员配备相对不足,又表现在思想素质、工作能力、业务水平上亟待提升。要把队伍建设摆上重要日程,主动关心大学生思想政治工作队伍成长,"使他们工作有条件、干事有平台、待遇有保障、发展有空间,最大限度调动他们的积极性、主动性、创造性"②。要加快落实大学生思想政治教育工作队伍各项政策待遇和保障机制,大力提高大学生思想政治教育工作者的政治、社会和职业地位,千方百计把优秀人才吸引到这支队伍中来。

打造"三全育人共同体"。要大力促进思想政治教育全员全程全方位育人协同,实现思想政治教育协同配合、科学规范、高效执行,形成党政工团齐抓共管、思政课教师、专业课教师、辅导员、班主任多管齐下、学校家庭社会同向发力的强大合力,真正形成学校、家庭和社会一体化的协同育人大格局。

六 深化新时代大学生思想政治教育的实效性

大学生思想政治教育的实效性直接决定着大学生思想政治素质的高低,决定着大学生能否承担起社会主义事业建设者和接班人的重任。新

---

① 习近平:《把思想政治工作贯穿教育教学全过程 开创我国高等教育事业发展新局面》,《人民日报》2016年12月9日。
② 本书编写组:《习近平总书记教育重要论述讲义》,高等教育出版社2020年版,第33页。

时代大学生思想政治教育实际效果的检验，要突出针对性与有效性，以科学评价提升大学生思想政治教育的育人实效性。要重视大学生思想政治教育的制度设计、机制运行、质量评价，以大学生思想政治教育质量、特色、规律作为评价大学生思想政治教育实效性的"指挥棒"和评价标准。

（一）展示新时代大学生思想政治教育质量的实效性

大学生思想政治教育效果的体现是一个动态过程，要进一步完善新时代思想政治教育评价体系和考核体系，建立一套科学管理规范高效、教育目标闭环运作的质量评价指标体系。应建立"清单制+责任制"考核模式，将大学生思想政治教育的质量要求细化分解到职能部门、党团组织、思政课教师、辅导员、班主任等，层层传导压力，压实责任，形成一个多层次、系统化的闭环评价体系，使大学生思想政治教育质量看得见、摸得着，可量化、可测评。

构建大学生思想政治教育质量评价体系。对新时代大学生思想政治教育定期进行质量考核，可通过自我评价、上级考核和第三方评估等方式以推动大学生思想政治教育整体质量的有效落实。要设定新时代大学生思想政治教育评价指标，兼顾动态与静态、定性与定量、全面与重点等衡量指标，确保评价指标可衡量、可参照、好评价。通过目标制定、执行、评价和调整等环节来客观评价大学生思想政治教育质量的实际效果。要以领导体制、师资队伍、思政课程、课程思政、投入条件和育人环境为主要评价要素，一级抓一级，层层抓落实，确保大学生思想政治教育工作测评体系、标准规范的贯彻落实。

完善"三全育人"的综合评价。除了可量化的大学生思想政治教育评价体系，要把好人才培养"方向关""质量关""效益关"，重视大学生思想政治教育整体性的综合评价。"三全育人"的育人格局更能调动学生学习成才的积极性、主动性和创造性，其思想政治教育的实际效果也最为明显，要将客观量化评价与主观效度检验结合起来，增加参与大学生思想政治教育的教学人员、行政人员、管理人员、服务人员的话语权、评价权。

（二）展示新时代大学生思想政治教育特色的实效性

新时代大学生思想政治教育将党和国家的思想、目标、价值传递给学生，使之学习、领会、接受和内化，发挥人才培养作用，需要形成适合育人特色的评价标准和支撑体系，发挥育人最大化功效，推动新时代大学生思想政治教育展现新气象、彰显新作为。

利用重大契机进行专项考核。要利用抗击新冠肺炎疫情伟大斗争、全面建成小康社会、建党100周年、"十四五"规划开局起步等重要时间节点，对学生思想政治教育实际效果进行专项性考核。要结合大学生最近发展的现实表现，根据大学生在各种教育活动中的价值偏好，将其与是否符合人才培养目标要求作为特色考核内容。这种及时反映学生成长成才情况的特色化考核，更能真实体现大学生思想政治教育的实际效果。

提升学生获得感。学生获得感直接反映着他们对思想政治教育的主观积极心理体验和客观心理需要，是提升思想政治教育实效性的关键所在。对于新时代的大学生而言，在实现中国梦的生动实践中放飞青春梦想，在为人民利益的不懈奋斗中书写人生华章，比什么都重要。"大学生思想政治教育的深层次获得感是指向未来的，是与人的终极价值实现相联系的，也只有如此才能彰显大学生获得感研究的深层次意义。"[①]

（三）展现新时代大学生思想政治教育规律的实效性

大学生的成长进步是一个过程，思想政治教育实效性也有一个不断积累、不断创新的过程。离开了新时代的发展要求、党和人民的殷切期待、广大学生的实际需要，就谈不上思想政治教育实效性。只有遵循思

[①] 赵静：《大学生思想政治教育获得感的内涵与结构》，《思想教育研究》2020年第3期。

想政治工作规律、教书育人规律和学生成长规律,才能不断提高大学生思想政治教育工作能力和实际水平。

遵循思想政治教育工作规律。要加强新时代大学生思想政治教育理论研究,拓展理论研究的开放意识和国际视野,提升新时代大学生思想政治教育的理论研究质量和实践应用价值;要推进思想政治教育与知识体系教育的有机结合,更好引领学生锤炼品格、学习知识、创新思维、奉献祖国;要打造大学生思想政治教育新平台,拉近教育对象距离,反映学生思想诉求,将大学生培养成为有远大理想、爱国情怀、责任担当、奋斗精神、品德修为的新时代大学生。

严格思想政治教育工作督察。习近平总书记指出,思想政治教育"要强化基础、抓住重点、建立规范、落实责任,真正做到'虚'功'实'做,把'软指标'变为'硬约束'"[1]。要按照党中央的要求,切实加强新时代大学生思想政治教育工作,坚持责权相称、精干高效、运转灵活、协调一致的原则,严肃推进教育督察。要进行新时代大学生思想政治教育"超前化部署,实施清单化管理,着力机制化推进,推动绩效化评估,强化学理化支撑,开展品牌化营造,加强督导化检查"[2],建立和完善多主体、多层级、多方面的评价机制,扬优势、补短板、强弱项,充分整合各方力量齐抓共管,健全制度体系,强化评价激励,提升育人实效,合力培养能够担当中华民族伟大复兴大任的时代新人。

结　　语

从整体性视域出发,重视和加强新时代大学生思想政治教育,就是要坚持党对大学生思想政治教育工作的全面领导,坚持以马克思主义为

---

[1] 《习近平在中国政法大学考察时强调:立德树人德法兼修抓好法治人才培养　励志勤学刻苦磨炼促进青年成长进步》,《人民日报》2017年5月4日第1版。
[2] 本报评论员:《"精准施工"做好新时代高校思政工作》,《中国教育报》2017年12月8日第1版。

根本指导思想，坚持把立德树人作为中心环节，把立德树人融入大学生思想道德教育、文化知识教育、社会实践教育、心理健康教育等各环节，作为检验学校一切工作成效的根本标准。大学生思想政治教育工作者应不忘初心，牢记使命，与时俱进，在坚持中加强，在改革中创新大学生思想政治教育，切实担负起新时代赋予的历史重任和庄严使命。要针对目前大学生群体思想呈现多元化、差异性的新特点，有针对性地开展学生喜闻乐见的思想政治教育活动，主动化解学生思想政治教育中的新矛盾、新问题，提高大学生思想政治教育科学化、规范化、制度化水平。要把大学生思想政治工作贯穿于学校教育教学全过程，实现全员全程全方位育人，做优做大做好新时代大学生思想政治教育工作，大力提升新时代大学生思想政治教育的引领力、公信力、影响力，努力开创新时代大学生思想政治教育工作新局面。

Research on Ideological and Political Education of College Students in the New Era from Integrity Perspective

Jiang Jiancheng[*]

Abstract: We must attach importance to and strengthen ideological and political education of college students in the new era, which is not only a major strategic task of building socialist modern country in an all-round way, but also a major strategic task of running socialist university well. To do ideological and political education of college students in the new era well, we need to uphold integrity perspective, and treat ideological and political education of college students in the new era as an organic whole with clear objectives, obvious advantages, systematic integration and full of vitality. The purpose of research that is to reveal characteristics, internal relations, and development rules of ideological and political education of college students in the new era, to explore new situation, new problems and new countermeasures faced by ideological and political education of college students in the new era, and to build all-round, multi-level and three-dimensional ideological and political education system for college students. To promote quality of ideological and political education of college students in the new era vigorously, we should give full play to overall educational advantages of ideological and political education, should pay attention to guidance, grasp system, examine differences, strive for innovation, optimize coordination, enhance effectiveness, and should create actively new pattern of "new ideological and political education", "big ideological and political education" and "strong ideological and political education" in the new era.

Keywords: New Era; Ideological and Political Education of College Students; Integrity; New Pattern

---

[*] Jiang Jiancheng, School of Marxism, Soochow University.

从胡适参与"壬戌学制"的制定看其"再造文明"的实践*

吴克峰**

摘要：1922 年的"壬戌学制"完成了中国学制从传统走向现代的转型。胡适在该学制的酝酿、起草、制定过程中,顺应时代潮流,积极参与调和折中,发挥了重要作用。胡适之于"壬戌学制",是其"再造文明"的志业在教育领域的一个成功实践。胡适是"壬戌学制"重要的"建设者"。

关键词：胡适;"壬戌学制";"再造文明"

1922 年由中华民国政府颁布实施的"壬戌学制",是中国教育史上公认的中国学制从传统向现代转型完成的标志。现有的研究取得了较多成果,但是,对这一学制出台的背景、过程不甚清晰,对胡适在该学制酝酿、起草、制定过程中所起到作用的评价,尤其存在较大分歧。有积极肯定的,称"该学制能顺利通过,反映了胡适审时度势、折冲樽俎的才干"[1];有的称赞胡适发挥了"重要"或"十分重要"的作用,或"决定性作用""关键性作用";有的认为胡适"扮演了重要角色"[2],也

---

* 基金项目：2018 年教育部人文社会科学研究专项任务项目"新时代中国特色政党制度研究"（项目编号：18JD710057）。

** 作者简介：吴克峰,山东济南人,南开大学马克思主义学院副教授,博士。主要研究方向为党史党建、教育史。

[1] 周棉：《留学生群体与民国时期新式教育体制的建立》,《浙江学刊》2012 年第 5 期。

[2] 李雪燕：《胡适对 1922 年新学制创建的贡献》,《安庆师范学院学报》（哲社版）2003 年第 3 期。

从胡适参与"壬戌学制"的制定看其"再造文明"的实践

有认为上述评价是放大了"胡适调和功劳","言过其实",甚至批评胡适"压制了反对的声音,他着力将自己的提案推向公共议程,降低了其他提案被采纳的可能性"[①]。几种流行的胡适传记作品对于胡适的这一事功,甚至提都没有提到。本文拟通过对"壬戌学制"制定的背景、过程的还原与分析,客观评价胡适在"壬戌学制"制定过程中的作用,揭示胡适不仅是"再造文明"[②]的鼓吹者,也是"再造文明"的一个行动主义者。

一 "壬戌学制"的出台背景

民国建立后,蔡元培主政教育部时,曾于1912—1913年颁布施行新的学制,因1912年、1913年分别是壬子、癸丑年,因此一般把该学制叫作"壬子癸丑学制"。这是民国的第一个学制。酝酿、起草、制定该学制的,多半是具有留日经历或是在学习日本的氛围中成长起来的人,因此,该学制对当时的日本学制多有借鉴。在经历新文化运动以后,这一学制不适应业已发展的中国教育实际的弊端越来越突出。而此时大量留美学生学成归国,相对于当年的留日学生,这批留美生学历层次更高,视野更开阔。他们中有相当多的人选择了教育事业,并将当时世界上先进的美国教育思想带回国内,在教育界获得了越来越多的话语权。[③] 特别是1919年、1921年美国教育家杜威、孟禄相继访华,对中国教育界的学制改革更是起到了巨大的推动作用。于是,仿效美国学制,改革现存学制,渐成潮流。

成立于1915年的全国教育会联合会(以下简称教联会),是中国近

---

① 李兴韵:《胡适与第八届教育会联合会》,《历史教学》2009年第5期。
② 胡适:《新思潮的意义》,刊于1919年12月《新青年》7卷1号,又见于《胡适全集》(第一卷),安徽教育出版社2003年版,第699—700页。
③ 据统计:1909—1922年清华学校赴美留学归国者共516人,回国后在学校任教职者178人,约占34.5%。其中,在高等学校任教职人155人,占30%,在中等学校任教职者23人,占4.46%。见曹欣欣《试论清末民初的留美运动》(下),《徐州师范大学学报》(哲社版)2004年第5期。

现代教育史上重要的教育学术团体之一。它团结全国的教育家和教育工作者，以"体察国内教育状况，并应世界趋势，讨论全国教育事宜，共同进行"①为宗旨，通过举办年会的形式来回应国内教育热点、难点，广有影响。在1921年广州召开的第七届年会上，该会在审查了十余省提交的学制草案后，以广东提案为根据，通过了一个关于学制问题的"学制系统草案"（以下简称"广州草案"），并于会后函寄各教育机构与报章杂志，寻求支持，征求意见。

该草案与"壬子癸丑学制"相比，以杜威的实用主义教育思想为指导，以他的平民教育、生活教育作为教育变革的目标，又以当时在美国也是刚刚兴起的中小学"六三三"制作为蓝本。其在学制标准中明确提出"谋个性之发展；多留各地方伸缩余地"等原则，替代了"壬子癸丑学制"所谓的教育宗旨，也即摒弃了把人当工具、把教育工具化的旧思想，突出体现了对儿童差异和地方差异的认知与尊重。在具体学制上，该草案于初、中等教育的变动为最大。小学阶段从过去的七年改为六年，中学阶段则从一级四年制变为初级、高级中学的两级六年制，并改变了过去的单科制中学，允许在一所中学内分设普通科、师范科、职业科，于各科在规定的必修科目外可开设选修科目，表现出一定弹性。

教联会广州会议后的一年间，改革旧学制、颁行新学制逐渐成为教育界讨论的一个热门话题，有的地方甚至开始实验新学制。教育部为回应这一潮流，回应教联会提出的"广州草案"，于1922年9月20日在北京召开"学制会议"。会议邀请各省区教育会、教育厅代表各一人，国立高专以上校长及部派、部聘者约80人参加，历经10天，最后通过了"学制系统改革案"。

该"学制系统改革案"，在基本精神上承继了教联会广州会议"学制系统草案"，在具体学制设计上，也只有数处不同（详见下文）。

---

① 顾明远主编：《教育大辞典》（增订合卷本），上海教育出版社1998年版。

从胡适参与"壬戌学制"的制定看其"再造文明"的实践

二 第八届教联会开幕式上的分歧

1922年10月11日下午两点,全国教育会联合会第八届年会在济南举行。参加会议开幕式的除各省代表外,尚有教育部特派员陈容、胡家凤,时任山东督军田中玉、山东教育厅厅长谢学霖。会议的主要议题即是讨论新学制问题。胡适、姚金绅作为北京教联会代表参会。

教育部特派员陈容、胡家凤向大会带来了教育部学制会议的"学制系统改革案"和教育总长提交学制会议的"壬子癸丑学制"原案各100本,并在会前由会议主席非正式地分发给各省代表。教育部提交学制会议的原案有一个引子,谓:"查现行学校系统,系民国元年临时教育会议议决,经本部采择公布施行以来,已历十载。兹以时势变迁,不无应行修改之处,爰依次列标准拟定学校系统改革案。"① 这个引子,只字未提教联会1921年广州年会的"广州草案",而只提及民国元年的教育会议,好像教育部的学制会议与教联会的广州会议无关一样。这引起了许多与会代表的不满。

在开幕式上,教育部代表在山东督军致辞后,宣读了教育总长汤尔和的书面致辞。这个致辞在提到学制会议时,说该会议:

> 为事浃旬,所得亦颇可观。惟教育事案,关系綦钜;省区状况,因应万殊;故调查宜求确切,探讨不厌精详。本部为教育行政中枢,自应秉甘白之虚衷,策措施之至当。尚希贵会诸君子悉心讨论,无隐无遗。②

这几句话明白地表示了教育部的立场:尽管认为教育部学制会议所形成的议案"颇可观",但仍旧希望与会者"悉心讨论"这一议案。但遗憾

---

① 《教育部公布学校系统改革案》,中国第二历史档案馆编《中华民国史档案资料汇编》(第3辑教育),江苏古籍出版社1991年版,第84页。
② 季羡林主编:《胡适全集》(第29卷),安徽教育出版社2004年版,第792页。

的是，这篇文言致辞，事前并未印刷出来，宣读它的人又是江苏口音，故与会代表多半没听明白。而会前，教育部特派员又找到几个省的代表，表示教育部的学制系统改革案最好不作变动，致使当日参会的部分代表以为教育部一心要维护的是学制会议所通过的"学制系统改革案"。

在教育部代表发言后，江苏代表袁希涛发言。他在提到学制问题时说："此次对于学制，应根据去年（教联会）议决案，从事讨论，编定课程，以期美满。"随后胡适出场。胡适是在10月9日与教育部特派员同车来到济南的。在车上，他们即谈及学制问题。胡适知道教育部致辞中虽有希望教联会"悉心讨论"这样的话，但总希望教联会维持学制会议的原案，至少不要做大的变动。① 10月11日上午，即开幕式召开前的当日上午，陈容、胡家凤二人访问几个省的代表时，即持这一意见。

胡适审时度势，以为教育部学制会议案和教联会广州会议草案，在精神实质上并无太大分歧，遂劝勉与会教联会代表不要意气用事，要根据第七届教联会商定的广州草案，以部案为参考，制定出第三草案。他说：

> 教育部召集学制会议时，完全打官话，全不提及广东的学制草案，好像他们竟不知道有第七届联合会议决新学制的一回事！教育部既打官话，不睬联合会，联合会本也可以打官话，装作不知道有学制会议的一回事。教育部十一年度的学制会议既可以直接到元年度的教育会议，我们第八届的联合会也可以直接到第七届的联合会。但这样彼此打官话，究竟终不成事体。我们为的是要给中华民国制定一个最适宜的学制，不是彼此闹意气。所以我希望联合会的同人千万不要再打官话了；还是老老实实地根据广州的议案，用学制会议的决议案来参考比较，择善而从，定出一个第三草案来，把学制问题做一个结束，呈请教育部颁布施行。②

---

① 季羡林主编：《胡适全集》（第29卷），安徽教育出版社2004年版，第793页。
② 季羡林主编：《胡适全集》（第29卷），安徽教育出版社2004年版，第793页。

从胡适参与"壬戌学制"的制定看其"再造文明"的实践

第三个发言的浙江代表经亨颐,支持江苏代表的立场。他说:"去年联合会议决之学制草案,效力甚大,引起全国教育家之注意,教育部不予承认,而另开学制会议,殊不赞成。鄙意对于讨论学制,应以全国教育改进为主,从长细心研究,较为允当。"①

浙江代表许倬云是在开幕大会上最后一个发言的。他竭力主张不理睬教育部:"因教育部之学制会,多系半官僚式之部员,草草将新学制规定,与以前之旧学制无异,并非开学制会议,实向我们教育联合会开心取笑而已。"② 有意思的是,这位许先生还大骂了教育部、教育部总长汤尔和与次长马叙伦一番,而被胡适称为当日大会的"一个大笑话"③:

> 教育部是什么东西?配召学制会议?学制会议是一班什么东西?配定新学制?你们请看这本学制会议的新学制,那里有革新的意味,全是保存旧制。什么学制会议?明明是和我们教育会联合会开玩笑。现在的教育总长、次长是什么东西?汤尔和、马叙伦都是我们浙江人,我现在兴之所至,且把他们的丑历史报告诸位听听……"他主张:"完全不睬学制会议,只认去年的广州原案和本年各省提出的修案。④

许倬云偏离会议主题的这通大骂,使得会议的气氛陡然紧张。它对于会议所产生的一个积极后果是迫使教育部代表改变立场。

三 教育部与教联会在学制问题上的分歧

从以上年会开幕式的发言情况可以看出,关于学制问题出现了教育

---

① 《教育联合会开幕记》,《民国日报》(上海)1922 年 10 月 15 日第 6 版。
② 《第八届全国教育联合会开幕志盛》,《平民日报》1922 年 10 月 22 日。据曹伯言整理《胡适日记全集》第 3 卷,台北:联经出版事业公司 2004 年版,第 854 页。胡适旁注"尚无大误"。
③ 曹伯言整理:《胡适日记全集》第 3 卷,台北:联经出版事业公司 2004 年版,第 853 页。
④ 曹伯言整理:《胡适日记全集》第 3 卷,台北:联经出版事业公司 2004 年版,第 857 页。

部与教联会的分歧。教育部主张学制会议通过的学制改革案，教联会主张广州会议议决的"广州草案"。而如何解决这一分歧，是关系到年会能否达成预期成果的关键。胡适站在折中立场上，建议以教联会第七届年会议决"广州草案"为根据，以教育部学制会议案为参考，制定第三案。胡适的这一建议得到大会多数人的支持。

后人可能感到困惑的是以下三个问题：一是教育部作为全国主管教育行政工作的中枢机关，调集全国力量，历时十余天，搞出"学制系统改革案"后，何以还要将它提交给教联会济南会议"悉心讨论"？二是既然提交给济南会议"悉心讨论"，为什么教育部特派员又向大会表示教育部"学制系统改革案"至少不能做大的改变？三是"学制系统改革案"与教联会"广州草案"究竟有何不同？

对于第一个问题，即教育部何以将自己的"学制系统改革案"提交给教联会讨论，我们一方面可以将教育部的这一做法理解成它在学制问题上比较审慎，如汤尔和部长在书面致辞中所说教育是大事，所以"调查宜求确切，探讨不厌精详"；另一方面我们也可以理解成当时的教育部对于教育并没有足够的权威。这一点，教育部 10 年中换过 22 位教育总长的事实可以作为旁证。[1] 因此，它希望获得当时甚有影响的教联会的支持，获得更广泛的民意作为支撑，是情理之中的事。

对于第二个问题，则有一个重要的背景需要交代。在当时北京教育界一直存在着大学派和高专派的矛盾。民国后仿效日本兴起的各专门学校和高等师范学校（统称高专），是应维持原状还是提高程度，是当时学界讨论的又一热门话题。如果提高高专的程度，是并入已有的大学成为一个科系还是将自身提升为大学；如果提升为大学，是升为单科大学还是发展成综合性大学等问题，都直接关系到高等教育的发展方向和许多当事者的切身利益。以汤尔和、蔡元培、胡适为代表的大学派，拟仿效美国学制以建立综合性大学为目标。但与其他各省合并各专门学校创设综合性大学不同。在北京，因为北京大学的地位和影响，必然是北大

---

[1] 《民国历任教育首长》，http://history.moe.gov.tw/minister_list.asp?type=1。

从胡适参与"壬戌学制"的制定看其"再造文明"的实践

吞并各国立专门学校,而这势必会影响到既有高专院校的人事任免与教职员前途。这是大学派与高专派的矛盾由来。由此,我们应该认识到,在大学派与高专派之间,不仅有理念之争,还有利益之争、饭碗之争。教育部学制会议是1922年9月20日召开,而汤尔和是9月19日才接任王宠惠为教育总长的。因此会议召开时,实际对学制会议有掌控权的是代理教育次长的部中参事邓萃英。邓曾任北京高等师范学校校长,是高专派的重要人物。在学制会议上,高专派占优势,因此通过的这一学制案比较多地体现了高专派的意愿。汤尔和作为大学派中人,对这一学制案则多有不满。

据10月14日济南会议期间胡适收到的蒋梦麟的信中的说法,① 在济南会议之前,汤尔和即主张将此案作为教育部提案提交给会议。但教育部同人多数认为,这样做似乎对不住参加学制会议的诸位先生。"他们远道而来,如通过之案为无效,岂非与他们开玩笑吗?"其时,邓萃英竭力反对。经汤尔和力争,才决定将此案交教联会山东会议做参考。而即是做参考,则"或修改,或全文推翻,均山东会议权限内事"。蒋梦麟在信中明确说,陈容所谓"希望联合会不再翻此案"系误解了教育部的意思。而胡家凤是主张不把提案交给山东会议的邓派人物,汤尔和之所以派他参会,是想让他于会场上"吸点外间空气"。蒋向胡适传达了蔡元培、汤尔和及他本人的主张:"把学制会议之议决案,作为研究和讨论的提案",而不必理会教育部代表的意思,也不管他们是否向教联会提交提案。

由此可知,作为教育部代表的陈容是误会了教育部的意思,汤尔和的本意,也许是想借教联会来否决部学制会议的议决案。当然,这一点,在10月14日胡适收到蒋梦麟的回信前,并不知晓。他在10月12日的日记里,还持教育部是"希望我们(即指教联会——引者注)不更动学

---

① 1922年10月11日开幕式结束当天,胡适给蔡元培写了封2000多字的长信,报告开幕式详细情况。胡适10月14日收到蒋梦麟的信。蒋梦麟说,胡适给蔡元培的信,他在汤尔和家里与汤尔和、马叙伦、蔡元培诸人一起读过了,他们对胡适调和的意见均表示赞同。他代表他们四人写此信给胡适,并希望把信给黄炎培、袁希涛"诸公一读"。本段所引,即出自蒋梦麟给胡适的信。见曹伯言整理《胡适日记全集》(第3卷),台北:联经出版事业公司2004年版,第865页。

制会议的议决案"① 的记录，可以证明这一点。因此，当会场上出现了教育部特派员与教联会的分歧时，胡适采取的折中立场，是胡适独立判断的结果，尽管胡适支持教联会的学制草案。

　　胡适这样做，是恰当的，也是可以理解的。胡适自1917年回国后，即与教育部保持着密切的关系，与时任教育部部长的汤尔和及次长马叙伦私交亦甚好。而教育部作为教育行政主管部门，并有两名代表在场，将书面的学制案、原案分发给与会代表，你总得给他们点面子，而不能把他们弃之一旁，全不理睬。毕竟，学制的最终颁布实施需要总统和教育总长签署才能成为行政法规。但这次会议又毕竟是教联会的第八次大会，而不是教育部的会议。会议的话语权掌握在大会一方，而不是教育部一方。以教育部案为参考，并不是以教育部案为底本，这并不妨碍在第三草案中全面、透彻表达教联会的主张。与教育部案相同的，尽可不变，就当是你教育部的；而与教育部案不同的，我自有主张。

　　那么，第三个问题，教育部学制系统改革案和教联会广州草案究竟如何？

　　我们考察两案，虽然得不出许倬云在发言中所说"那里有革新的意味，全是保存旧制"② 的判断，教育部学制改革案和广州草案也确有部分继承关系，但是两者所不同的却不是一般的问题，而是关键的学制年限等，主要有以下三处：一是教育部学制改革案将广州草案中被视为最有特色的中等教育段三三制作为例外，而以四二制为原则。二是关于大学与高专问题，教育部学制改革案决定，高专之程度，下接"四二"制之四年初级中学，其有提高程度改收高级中学毕业生者，得改为单科大学或师范大学。师范学校改为六年制，而下接六年小学。这与广州草案有异。三是高级中学仍设师范科。至于义务教育、职业教育，则与广州草案基本相同。这为胡适因势利导、促成"壬戌学制"的最终通过奠定了基础。

---

① 季羡林主编：《胡适全集》（第29卷），安徽教育出版社2004年版，第780页。
② 季羡林主编：《胡适全集》（第29卷），安徽教育出版社2004年版，第794页。

四　胡适起草"审查底案"

面对会场上的这一形势，教育部代表陈容、胡家凤不得不改变立场，寻求妥协。1922年10月12日上午大会休会，下午2点开第一次全体会，将与会代表分成甲、乙两组，审查议案。凡关于学制、课程、地方教育行政制度的提案，归甲组；凡关于这三项以外的事情，归乙组。胡适在甲组。3点30分，甲组开第一次会，浙江代表许倬云因前一日教育部代表曾向其解释误会而改变立场，愿意把学制会议的决议案作为一种参考，各省代表均无异议，而使这个意思成为审查会的一个原则。

会议5点结束后，陈容、胡家凤到胡适、姚金绅入住的津浦宾馆——这是济南当时最好的宾馆——访问胡、姚。他们此时"已承认学制会议的原案是不能不改动的了，但他们总希望改动越少越好"①，于是希望由胡适出面拟订一个《拟修正学制系统草案》。胡适考虑到总得有这样一个书面的底本供代表们讨论用，且是教育部两位特派员发起，于是答应下来。从10月12日下午5点，由胡、姚执笔，根据广州草案，参酌教育学制系统改革案及江苏省教育会之修正案，逐条皆与两位部员讨论商酌，到次日凌晨1点，起草完毕，形成"拟修正学制系统草案"。次日早晨7点胡适起床后，将草案抄写誊清，每条下皆注明采用或参考的原案，如采用教联会广州草案第五条则注明"广五"，参用学制会议的第五条则注"制五"，参用江苏修正案第五条则注"苏五"。次日付印后，作为大会讨论的底本，称"审查底案"。这个底案，胡适称，"精神上大部分用广州，而词句上多采用学制会议案"②。

至10月14日下午5点，甲组开会凡5次，逐条讨论该案。讨论可谓充分。讨论既毕，会议又公推袁希涛、胡适、许倬云三人根据讨论的结果，修正胡氏拟的底案并提交给大会通过，最后形成"学校系统草

---

① 季羡林主编：《胡适全集》（第29卷），安徽教育出版社2004年版，第794页。
② 季羡林主编：《胡适全集》（第29卷），安徽教育出版社2004年版，第795页。

案",上报给教育部。这是在全国教育会联合会上,关于学制方案起草、制定的全部过程。

纵观第八届教联会的召开过程,我们会发现,从大会开始的发言到承担起草学制草案,再到甲组审查会的讨论,再到定稿,胡适全程积极参与。他实际是本次学制制定过程中最活跃的人物。

作为五四新文化运动的风云人物,名闻全国的北京大学教授,胡适何以对一个非官方机构的学制会议这样重视?他10月9日到会,10日因到会人数不满足开会规定而耽搁一天,11日下午开幕,直到19日离开济南。他在济南整整待了10天。在此期间,他审时度势,折中调和,并不辞劳苦担负起起草审查底案的烦琐工作,在凡5次审查讨论会上,既能据理力争,又能委曲调和,全心全意促成这一新学制出台。胡适劳心劳力,所为者何?

想来这其中的原因大概有两个。一是胡适本人是一个实用主义者,不是一个纯粹书斋式学人。二是当时的全国教育会联合会是全国最有影响的民间教育团体之一。胡适正是看中了该会的影响力,才费心费神,全力推动。而胡适的立场、言谈与谦谦君子风范,的确给参与会议的部派官员、各省代表留下深刻印象。也正是因为胡适的这种态度和作为,使他事实上成为这次会议的灵魂人物,对这次会议的圆满闭幕起到了不可替代的作用。最终,教育部基本上全盘接受了教联会在这次会议上通过的由胡适主持拟定的《学校系统案》,即第八届全国教育会议决案。

1922年11月1日,大总统黎元洪签署,国务总理王宠惠、教育总长汤尔和副署,以大总统令向全国颁行了《学校系统改革案》,史称"壬戌学制"。胡适说:"今天总统以教令正式公布新学制。除小更动外,全是依济南大会的。这一次我们把学制案告一结束,总算一件快意的事。"[①]

[①] 曹伯言整理:《胡适日记全集》第3卷,台北:联经出版事业公司2004年版,第913页。

从胡适参与"壬戌学制"的制定看其"再造文明"的实践

五 新旧学制的区别

考察"壬戌学制"（新）与"壬子癸丑学制"（旧），它们最重要的差异有两点。

一是新学制废除了旧学制关于教育宗旨的提法，而代之以 7 项标准。"壬子癸丑学制"，是中国由传统学制向现代学制转变的开始，是中国教育史上里程碑式的学制。这一点毫无疑义。主持制定与颁布这一学制的蔡元培先生，不仅是中国教育史上将中国大学现代化的代表人物，更是中国教育史上将中小学教育现代化的代表人物。蔡元培亲手埋葬了在中国这块土地上绵延两千余年的"以忠孝为本，以中国经史之学为基"[①] 的臣民教育，并经"壬子癸丑学制"，向公民教育迈进。但这一学制于仓促间制定并颁布，其局限亦相当明显。比如，它规定了教育的宗旨是"注重道德教育，以实利教育、军国民教育辅之，更以美感教育完成其道德"[②]。而新学制不再提教育宗旨，而代之以七项标准：一是适应社会进化之需要；二是发挥平民教育精神；三是谋个性之发展；四是注意国民经济力；五是注意生活教育；六是使教育易于普及；七是多留各地方伸缩余地。

从上述对比中，我们能清楚地看到，旧学制的宗旨受德、日军国主义的影响，刻写着"军国民教育"这样的原则，这在胡适等受美国实用主义教育思想影响或接受实用主义教育思想的人看来，办学确立宗旨，为了某一特定目的而从事教育，是把人等同于工具。这样的教育是工具化的教育。而人本身即是目的，是不能工具化的。工具化的教育与人的幸福无关，与

[①] 清末"癸卯学制"描述的教育宗旨："无论何等学堂，均以忠孝为本，以中国经史之学为基，俾学生心术壹归于纯正，而后以西学瀹其智识，练其艺能，务期他日成才，各适实用，以仰副国家造就通才，慎防流弊之意"，见陈元晖主编《中国近代教育史资料汇编》，《学制演变》，上海教育出版社1991年版，第289页。1906年又颁布上谕："兹据该部（学部）所陈忠君、尊孔与尚公、尚武、尚实五端，尚为扼要。"陈元晖主编：《中国近代教育史资料汇编》，《学制演变》，上海教育出版社1991年版，第539页。

[②] 王炳照、阎国华：《中国教育思想通史》（第六卷），湖南教育出版社1994年版，第29页。

人类的幸福无关。它违背教育的本义。因此，从全国教联会1919年第五次年会开始，就确定"新教育之真义"是研究"人应如何教"，而不是"如何教人"的问题，反对按照任何外在目的把儿童训练铸造成某一特定人格的做法，主张以儿童本位为出发点，因势利导，因材施教，使儿童个性得到充分发展，使受教育者潜质得到最大限度的激发以利社会之发展。这完全是杜威的教育思想。① 新学制即主张教育不应该确立某种宗旨。而新学制的七项标准，则是杜威"教育无目的论"的中国化和具体化，体现了杜威把教育民主化和生活化的教育理念。这在当时是先进的教育理论。它们之写入学制，表明了中国教育工作者在1912年到1922年的十年间在教育思想上新的认识和对教育本质认识上的发展。我们也应注意到，在该七项标准中，有四项与杜威的教育思想有直接关系。这四项是：一是适应社会进化之需要；二是发挥平民教育精神；三是谋个性之发展；四是注意生活教育。而这全部七项标准，不仅对中国教育界来说是新的，把它们放到世界范围，它们也是新的。可以说，这一教育思想的确立，标志着中国的教育思想与认识层面站在了当时世界的前沿。

二是在学制上的变化。"壬子癸丑学制"的学程，纵向看，分3段4级，总计18年。即一为初等教育段，分初等小学4年、高等小学3年2级，共计7年，其中初小四年为义务教育；二为中等教育段，1级，4年；三为高等教育段，亦只1级，分预科3年、本科4年，共计7年。此外，小学之下设蒙养园，大学之上设大学院，不计年限。横向看，则分为三系。一为直系各学校，由小学而中学而大学或专门学校；二为师范教育，分师范学校及高等师范学校二级；三为实业学校，分甲、乙二种。此外，还有补习科、专修科及小学教员养成所，皆是此三系中的各种特别或附设的教科，是旁支。②

"壬子癸丑学制"这一学校体制的设计，从初小、高小、中学、大

---

① 杜威的新教育理论，可以归纳为：须养成智能的个性；须养成共同活动的观念和习惯。见葛懋春、李兴芝编辑《胡适哲学思想资料选》（上册），华东师范大学出版社1981年版，第89页。

② 朱有瓛：《中国近代学制史料》（第三辑），华东师范大学出版社1992年版，第28—29页。

从胡适参与"壬戌学制"的制定看其"再造文明"的实践

学,划分清晰;义务教育、普通教育、师范教育、职业教育一应俱全。对此,新学制几乎全部沿用。相对于旧学制,新学制的变化主要体现在以下几个方面:小学中学改为六三三制,即改小学 7 年为 6 年,分为初小 4 年,高小 2 年;中学变为初中 3 年 1 级、高中 3 年 2 级。初级中学得设职业科。高级中学分普通、农、工商、师范、家事等科。师范学校则由 5 年改为 6 年。北京高等师范学校改为北京师范大学。以职业教育系统代替事业教育系统。高等教育部分,大学设数科或一科均可,采用选科制。大学 4—6 年,取消预科。

学制的变化,恰如胡适所言,乃是"形式的变化"。其精神则在于以学生为主体,以学生的个性发展为目标。为此,新学制充分考虑和尊重受教育者个体和地区差异,表现出恰当的弹性,如"选科制",如"升级制",如规定"小学课程得于较高年级斟酌地方情形,增置职业准备之教育","对年长失学者宜设补习学校"①,以及大学学长 4—6 年的弹性设计。此外,《学校系统改革案》还有两条附则,是旧学制没有的:"注意天才教育,得变通年期及教程,使优异之智能尽量发展。""对于精神上或身体上有缺陷者应施以相当之特种教育。"②

新学制的这种弹性,是胡适一直主张的。胡适在 1922 年曾针对教联会广东会议的"广州草案",写过一篇《对于新学制的感想》,他特别提道:"新学制的特别长处,在于它的弹性。"他说:

> 这个弹性制是很需要的。现在死板板的小学对于天才儿童实在不公道,对于受过很好的家庭教育的儿童也不公道。我记得十七年前,我在上海梅溪学堂的时候,曾在十二日之中升了四级。后来在澄衷学校,一年之后,也升了两级。我在上海住了五年多,换了四个学校,都不等到毕业就跑了。那里学制还没有正式实行,故学校

---

① 曹伯言整理:《胡适日记全集》第 3 卷,台北:联经出版事业公司 2004 年版,第 881 页。
② 曹伯言整理:《胡适日记全集》第 3 卷,台北:联经出版事业公司 2004 年版,第 881 页。

里的升级与转学都极自由，都是弹性制的。现在我回想那个时代，觉得我在那五年之中不曾受转学的损失，也不曾受编级的压抑。①

胡适又说："中国这样广大的区域，这样种种不同的地方情形，这样种种不同的生活状态，只有五花八门的学制是适用的。"他还说："但这个'五花八门'正是补救现在形式上统一制的相当药剂。"②

六 关于胡适在此次学制会议上作用的评价

如前所述，在提到胡适在此次学制会议上的作用时，学术界的看法并不完全一致。公平地说，如果胡适不参加此次会议，学制问题也不会走到歧路上去。因为旧学制的弊端有目共睹，而新学制的出台已经是呼之欲出。胡适以外，蔡元培、汤尔和、马叙伦、黄炎培、蒋梦麟、陶行知等都是鼓吹学制改革的中坚力量。但就此次会议上胡适的表现而言，胡适又确实可以算是这次会议的灵魂人物，对会议圆满达成学制草案起到了重要作用。

因此，可以认为，在讨论"壬戌学制"的制定与出台过程时，对胡适的作用一笔带过，是不公正的。③ 仅仅说胡适"改革旧学制，参与制定该学制"④，也不足以客观评价胡适的贡献。因为与会的所有代表都可以说是参与了该学制的制定，但与胡适相比，其他人对于新学制的作用之轻微则是不言而喻的事实。更有论者，如本文开始时所述，不仅认为胡适的作用不仅没有那么大，而且"降低了其他提案被采纳的可能性"等观点，则不能算是实事求是的说法。

但不止如此。我们要问的是，何以在群贤毕至、少长咸集的教联会上，胡适会有那么大的话语权？论年纪，他只有32岁；论职务职称，他

---

① 季羡林主编：《胡适全集》（第20卷），安徽教育出版社2004年版，第78页。
② 季羡林主编：《胡适全集》（第20卷），安徽教育出版社2004年版，第78页。
③ 李兴韵：《胡适与第八届教育会联合会》，《历史教学》（高校版）2009年第5期。
④ 黄书光：《胡适教育思想研究》，辽宁教育出版社1994年版，第62页。

从胡适参与"壬戌学制"的制定看其"再造文明"的实践

没有任何职务而只有一个北京大学教授的头衔。他说话,怎么就有人听了呢?要分析胡适对于"壬戌学制"、对于中国现代教育的作用,必须回答这个问题。而对这个问题的回答,本文认为才是客观评价胡适的作用的关键。

客观地说,"壬戌学制"的制定与颁行,实在是形势使然。

中国要改变落后的面貌,实现教育的现代化是必由之路的。这一点,在民国初年蔡元培就任教育总长时,就已经被包括蔡元培在内的一批政治家、教育家所认同,因此,也才有了"壬子癸丑学制"的出台。而"壬戌学制"与"壬子癸丑学制"相比较,无疑又是朝着教育的现代化迈出了一大步。这既是当时朝野的共识,也是时至今日学术界的共识。胡适在"壬戌学制"的起草、制定过程中的作用,如果我们将其放到更广阔的历史背景中去,才会看得更清楚,对胡适所起作用的评价也才会更恰当、更公正。

胡适那一代国人,深受中国传统儒家穷独达兼的浸润与影响,在国家内忧外患的形势面前,许多人都有一种很深的家国情怀。胡适作为庚款留学生留美七年,在其留学美国期间,就萌生了一个"再造文明"的梦想,逐渐建立起教育救国、学术救国的理想,以为要改变中国的落后面貌,唯有教育。虽然迂远迂阔,但却是务本之策。因此,胡适在规划自己的未来职业时,毫不犹豫地选择回国,选择做教师,选择到北京大学做教师,并对自己和同辈留学生期许甚高:"我们已经回来,世界将从此不同。"[1]

回国后,胡适以北大为阵地,高举新文化运动"民主与科学"的旗帜,在新文化运动以后,掀起文学革命。在这场轰轰烈烈的启蒙运动中,

---

[1] 1917年3月8日,胡适归国前夕,在日记中抄下了一句英语诗歌:"You shall know the difference now that we are back again."他写道:"英国前世纪之'牛津运动'未起时,其未来之领袖牛曼、傅鲁得、客白儿诸人久以改良宗教相期许。三人写其所作宗教的诗歌成一集。牛曼取荷马诗中语题其上,即上所记语也。其意若曰:如今我们已经回来,你们请看分晓吧。其气象可想。此亦可作吾辈留学生之先锋旗也。"笔者根据语义,翻译成:"我们已经回来,世界将从此不同。"见曹伯言整理《胡适日记全集》第2册,台北:联经出版事业公司2004年版,第486页。

他一直是自觉的。这已经是众所周知的事实。胡适在哲学上深受杜威实用主义的影响，而杜威实用主义哲学，即是行动主义哲学。它强调立足现实生活，把确实信念作为出发点，把采取行动当作主要手段，把获得效果当作最高目的，强调生活、实践和行动。所以胡适本质上是一个行动主义者，而不是只知坐而论道的一介书生。作为实用主义者，也就是行动主义者的胡适，绝不会将自己的行为局限在书斋中、课堂上，而是一有机会，就以百倍万倍的热忱投入具体而微的实践中去。例如，在他所服务的北大，他提出改年级制为选科制、建立教授会、建设研究院等改革措施，协助蔡元培推动北大向现代大学的转变都是明证。在北大之外，在教育领域，胡适更是一手促成了杜威的访华，并在杜威访华的两年多时间里，全程担任杜威的翻译，不遗余力地宣传杜威的实用哲学与教育思想，竭尽所能地帮助出版杜威的讲演与著作，积极参加全国教育会联合会的活动，与主管全国教育行政的教育部，与站在教育最前沿的一线教育工作者都保持着紧密的联系。

促成新学制的制定，正是胡适教育思想法律化、政策化的最佳方式。或者换句话说，将自己的教育理想转化成制度与法规，正是实用主义者的胡适所孜孜以求的。因此，当历史给了他参与制定"壬戌学制"这样一个机会的时候，胡适当仁不让，抓住了这个机会，并在济南会议这一历史节点上，不辞劳苦从北平到济南参会。而且在10天的时间里，以其既往在教育界的影响，以新文化运动领袖的身份，以自己对于当时先进的杜威教育思想的权威把握，对世界教育走向的远见卓识，把自己将教育思想化作具体政策的行动力，团结与协调教育部特部派官员与性格各异、思想也并不全部一致的代表，努力将自己的教育理想经此会议而尽可能转化成国家层面的教育政策，从而实现自己"再造文明"的抱负。也因此，在学制起草与讨论中，胡适勇于承担，勇于任事，不急不躁，亦不急不厉，不偏不倚，有据理力争，也有折冲樽俎与妥协退让，一切以通过新的学制为目标并最终达成了目标。胡适这样做，绝不是为了讨好谁，而是其"再造文明"的文化自觉的使命使然。

因此，本文认为，"壬戌学制"之远因可以追溯到庚款留美与新文

从胡适参与"壬戌学制"的制定看其"再造文明"的实践

化运动,而其近因则是杜威、孟禄来华讲学与五四运动。作为庚款留美的受益者,杜威、孟禄来华系统阐述其教育思想的始作俑者,胡适积极鼓吹和参与五四运动,是新文化运动以来这股潮流、这一形势的弄潮儿,是造势者。而"壬戌学制",是这一潮流、这一形势在教育领域里一个顺理成章、水到渠成的果实。在这一过程中,胡适诚然不是一个人在战斗,但他既是造势者、启蒙者,也是因势利导最终并收获了新教育制度的果实者。

今人讲到五四新文化运动中时,第一印象多为激进的"破坏"。的确,胡适及其同辈新文化学人,也多以"破坏者"自居。甚至到 1936 年胡适还说,"打破枷锁,吐弃国渣",当然是他的"最大功绩,所惜者打破的尚不够,吐弃的尚不够耳"[①]。但从"壬戌学制"制定的过程,我们又见到以"再造文明"为其终身志业的胡适乐于"建设"的一面。胡适之于"壬戌学制",无疑是他"再造文明"的志趣在教育领域的一次成功实践。胡适是"壬戌学制"得以通过的重要的"建设者"。

---

① 季羡林主编:《胡适全集》(第 24 卷),安徽教育出版社 2004 年版,第 266 页。

On Hushi's Practice of "Rebuilding Civilization" from His Participation in the Formulation of the "Renxu Schooling System"

Wu Kefeng*

Abstract: The "Renxu Schooling System" in 1922 completed the transformation of China's schooling system from tradition to modernity. Hu Shi played an important role in the brewing, drafting, and formulation of the schooling system, conforming to the trend of the times, actively participating, and reconciling compromises. Hu Shi's "Renxu schooling system" is a successful practice of his vocation of "rebuilding civilization" in the field of education. Hu Shi is the most important "builder" of the "Renxu Schooling System".

Keywords: Hu Shi; "Renxu Schooling System"; "Rebuilding Civilization"

---

* Wu Kefeng, School of Marxism, Nankai University.

文艺学　美学研究

论鲁迅的文化磨合与创新
——纪念鲁迅诞辰140周年

李继凯[*]

摘要：学术界和社会上有不少人仅仅认为鲁迅是典型的破坏型、批判型人物，没有什么正面的建树。其实，鲁迅本名就是"周树人"，他的人生与文化理想就是要"立人立家立象"，即使致力于批判和剖析，也是为了树人树己、立人立国，并通过文化磨合建构了"后古代"的"大现代文化观"。鲁迅是伫立在"后古代"中国"大现代"文化场域中的文化巨人，是"现代中华民族魂"。他在"后古代"的历史转换期，通过古今中外的文化磨合，创化并形成了"大现代"文化观，从而昭示着他所代表的"中华民族新文化的方向"。对于鲁迅这样一个思想文化个体而言，他接受和创化了他所接触的古今中外文化思想资源，并经过创造性的磨合、整合，形成了自己的文化思想。单一文化资源不能成就鲁迅，以线性思维或对立思维理解鲁迅必然会产生偏差。恰是多元多样文化的相遇与磨合成全了鲁迅，从而也为"中国鲁迅"走向世界提供了可能。

关键词：鲁迅；文化磨合；文化创新；"大现代" 文化观

鲁迅是一位文化名人，是古今中外文化交汇化育亦即"文化磨合"而成的"文化鲁迅"，由此成就了作为现代中国文人代表人物之一的鲁

---

[*] 作者简介：李继凯，江苏宿迁人，陕西师范大学人文社会科学高等研究院院长、研究员；教授，二级，博士生导师；中国鲁迅研究会前副会长。

迅。他的出现也体现了现代中国"新文化"的建构格局与发展方向：他的双向乃至多维的"拿来主义"并不是单一的民族主义或西方主义，他的那些看上去激进激烈的文化批判话语，大多带上了"文化策略""文化修辞"的意味，体现了文化磨合的进程及规律，且依然会与时俱进地给人们带来各种启示。而那些持续研究鲁迅所创化的"鲁学"及各种社会化的言说，也包括对鲁迅的各种误读误解以及江湖上、网络上的各种传奇传说，都属于因"文化鲁迅"而生发、衍生的"鲁迅文化"[①]，同样是动态的、磨合的，也具有开放性和复杂性。显然，无论是"文化鲁迅"还是"鲁迅文化"，其实都是现代中国文化中的一个丰富而又复杂的文化存在，都具有复合性及多面相的特征。从这种"宽容"的文化磨合视域来观照鲁迅，也就能够发现一个看上去常常"文化偏至"，实际却"文化兼容"的"文化鲁迅"，进而领略其通过文化磨合而来的"大现代"文化观。

一 拿来与磨合：鲁迅"大现代"文化观的生成

中国文化源远流长，博大精深，影响广远。这种影响也体现在鲁迅身上。如众所知，中国有古代与现代之别，既有一个辉煌灿烂也丰富复杂的"大古代"，也有一个艰难求索、奋斗不息的"大现代"。这个"大现代"也就是"后古代"的所有时段的整合及命名。通常所言说的近代、现代、当代在"大现代"视域中得以整合、磨合，体现了中华民族对现代化中国及其文化的持续追求。所谓中国"大现代"文化，就是"古今中外化成现代"的集成文化、多样文化，其中有对古代文化的继承和弘扬，有对世界文化的接受和消纳，也有逐渐增强的国际化传播。

学术界之所以有"说不尽的鲁迅"之说，恰是因为在中国建构"大现代"的艰难进程中，有一个经常能够唤起人们回忆和思考的文化巨人"鲁迅"。他是真实的文人，他有许多自己命名的名字（包括笔名）和他人口

[①] 参见葛涛《鲁迅文化史》，东方出版社2007年版。

中的名号（如文学家、思想家、革命家、教育家、美术家等），其生活体验和笔墨书写可以说都非常丰富乃至相当复杂。人们经常言说他的丰富，其实他的复杂显示着更加真实的自己，也"外化"为他笔耕一生所造就的复杂万端的"书写文化"（所有文本及手稿）。更奇妙的是，他的丰富乃至复杂的真实自我和书写文化能够经常出人意料地"复活"，并在各种各样的关注和言说中复活，生发出各种各样的意义。由此衍生或次生的"鲁迅文化"（包括各种各样的研究、改编及媒体传播等）也非常丰富和复杂。这种基于丰富乃至复杂而能复活的文化巨人，在中国"大现代"时空中并不多见，值得从很多层面或维度上进行深入细致的探究。

　　这样一位丰富乃至复杂且能不断复活的文化巨人是如何生成的？作为个体的文化人，是在古今中外文化磨合中逐渐形成的；作为伟大的文学家和思想家，其人文世界也是在古今中外文化磨合中逐渐"化成"的；作为日常生活与社会活动中的求索者、践行者，也离不开文化磨合带来的睿智、坚韧及遗憾。其间不仅有文化磨合而来的独具匠心的文化创造，也有因文化磨合障碍带来的各种矛盾与不足甚至误判。鲁迅的知识谱系是在古今中外文化知识积累中建构而成的，其思想文化/文学的构成就得益于古今中外文化观念或学说的磨合及启迪，既有传统文化儒道释墨精神文化，包括立人立国、魏晋风骨、家国情怀、非攻理水等影响的影迹，也有外国思想文化、文学艺术包括达尔文、尼采、托尔斯泰及外国小说、木刻、电影等影响的印记，更有极为复杂而又严酷的日常生活与现实文化带给他的丰富体验、强烈刺激及无穷暗示……鲁迅试图将这一切磨合而成一种文化力量，切实推动立人立国、启蒙救亡的现代进程。他的"文化偏至论""摩罗诗力说""启蒙文艺论""立人立国说""吃人文化说""拿来主义论""反抗绝望说""救救孩子说"和"民族脊梁说"等，都是在古今中外文化磨合语境中生成的话语体系，也带有与具体语境相契合的文化修辞特征。比如他的"拿来主义"实际就是典型的主张"文化磨合"的学说。他在其名文《拿来主义》中，强调不能采取被动的"闭关主义"，在彼时也不宜采取主动却卑微的"送去主义"，而应坚定地采取双向的"拿来主义"："我们要运用脑髓，放出眼光,自己来拿!""我们要拿来。我们要或使用,或存放,或毁灭。那么,主人是新主人,宅子也就会成为新宅子。然而首先要这人沉着,勇猛,有辨别,不自私。没有拿来的,人不能自成为新人,没有拿来的,文艺不能自成为新文艺。"① 很显然,鲁迅视野中可资"拿来"的文化资源是中外皆有、古今已存的,那就像有形无形的宅子,主人更换,文化重构,即会有"新宅子":新文化、新文艺。其实,鲁迅主张拿来主义的文化磨合观念,早在其"弃医从文"后写出的多篇文言论文(《人之历史》《摩罗诗力说》《科学史教篇》《文化偏至论》《破恶声论》)中,就表达得相当鲜明了。如他在《文化偏至论》中说:"此所为明哲之士,必洞达世界之大势,权衡较量,去其偏颇,得其神明,施之国中,翕合无间。外之既不后于世界之思潮,内之乃弗失固有之血脉,取今复古,别立新宗,人生意义,致之深邃,则国人之自觉至,个性张,沙聚之邦,由是转为人国。人国即建,乃始雄厉无前,屹然独见于天下,更何有于肤浅凡庸之事物哉?"② 鲁迅在这里强调的明哲之士所应持守的文化思想,就是古今中外化成磨合而来的"大现代"的文化思想,以世界思潮、拿来主义为先导和基础,经过权衡较量、反复磨合,力求适宜适配,翕合无间,从而取今复古、通变入世,创造现代内涵丰富且不失内外文化泉源的新文化,这也就是经过磨合、重构的"别立新宗",体现出了磨合古今中外文化的博大胸怀和创立新文化流派的非凡气魄。彼时年轻的鲁迅就有这样的文化视野和抱负,实属难能可贵。笔者曾撰文指出:

  一方面要求"拿来"者具有比较文化的眼光、优良的主体素质,同时,另一方面,没有"拿来"及创造性的转化,又不能形成宽广的文化视野,优秀的文化主体。这是一种文化悖论。解决这一文化悖论靠的是不断的勇敢的"拿来"、辩证的比较、文化的实践。在鲁迅看来,"拿来"者的主体素质既可以从本民族文化潜能中获

---

① 《鲁迅全集》第6卷,人民文学出版社1981年版,第40页。
② 《鲁迅全集》第1卷,人民文学出版社1981年版,第56页。

得，发扬"将彼俘来"的汉唐文化精神，又可以从外国先进文化的启悟中获得——学习普罗米修斯式的献身精神以及"摩罗"的创造精神。鲁迅本人作为一个出色的"拿来"者，就主要是通过这样深刻的继承与借鉴的途径，获得了"拿来"能力及丰硕的文化成果的。鲁迅早在《文化偏至论》中，就曾表达了他关于文化比较方法的思想："首在审己，亦必知人，比较既周，爱生自觉"，既需反对"近不知中国之情"，又需反对"远复不察欧美之实"，这样，才能确立新文化的范型："外之既不后于世界之思潮，内之仍弗失固有之血脉"。这种思想，具有重要的文化方法论意义，并不仅仅是适用于一国一时的。①

值得注意的是，及至鲁迅后期创作了《故事新编》并撰写《中国人失掉自信力了吗?》等文章，我们更有理由认为，鲁迅本人就是诸多文化思潮和文化元素积极磨合的一个杰出代表，单纯用一个"主义"（如个人主义或集体主义）或"理论"（如进化论或阶级论）来看待鲁迅往往难以自圆其说。因为在他的笔下，无论其论辩文章还是创作文本，都彰显了"文化磨合"的文化主张，鲁迅一生的文化思想是一个思想世界或丛林，与"后古代"涌起的"文化磨合思潮"②翕合无间。进而我们也有理由强调，以鲁迅为代表的"五四"新文化运动的先锋们，实际并不是对本国传统文化的全盘否定，更非对外来文化的无情拒斥。他们实际是在探求文化磨合之道，寻求重建具有现代性、世界性的富有活力的文化生态体系。

二 思想与方法：鲁迅"大现代"文化观的构成

鲁迅在"后古代"的时空中逐渐建构了自己的"大现代"文化观，

---

① 李继凯：《文化的巨人，方法的典范——论鲁迅的文化研究方法论思想》，《鲁迅研究月刊》1992 年第 6 期。
② 李继凯：《"文化磨合思潮"与大现代中国文学》，《中国高校社会科学》2019 年第 4 期。

这个"大",除了其文化思想有通古今之变、通中外之广和通人类之情而来的"大"(即通变化而大、通世界而大和通大爱而大,这也是鲁迅"大现代文化观"的三大特征),还由于其文化思想内容在动态建构中能够逐步扩大与阔大:由近及远、中外皆备。他由近及远、由中及外,反复磨合,遂能化成文魂,由此才能"文心雕龙",铁肩担道义,妙手著文章。青少年时期的鲁迅,主要接受和吸收的是家乡绍兴越地文化(江南文化),随后由近及远,走异路、逃异地,在南京接近进化论和科技文化教育,在日本留学期间,接受了多元多样现代文化包括日本文化、俄罗斯文化的影响。由此建构了较为完整的以进化论为主导的思想文化观。在此也表明,"留学"即是"文化习语",留学生群体即是促进中国文化与社会转型的重要力量,发挥了巨大作用。[①] 作为留学生的鲁迅形成了持续关注和接受外国先进文化的习惯,使他在留学之后仍处在"学无止境"状态之中。及至定居上海,其丰富而又复杂的思想体系,亦即"更大"的大现代文化观业已形成,对此学界论述甚多,笔者不再赘述,在此仅就鲁迅丰富而又复杂的文化观念体系所体现的三个主要文化思想取向及与之适配的思维方式方法,加以简要的论述,从思想与方法的角度,揭示鲁迅大现代文化观构成的突出特色。

其一是基于大现代文化观对于封建文化的批判。

通常人们认为鲁迅是"西化派"的代表人物,擅长简单地套用西方文化概念批判历史悠久的中国文化,所以其批判愈是尖锐则问题愈大。其实,鲁迅用来批判封建文化的思想武器是其建构、磨合而成的"大现代文化观",有其综合创新而来的威力和爆发力。我们知道,鲁迅在五四文化界崛起的时候,年龄已经相当大,尤其是与"五四"一代"新青年"比较的时候,他已经是接近40岁且经历许多坎坷的人了。他的"大现代"文化观积累和建构也达到了相当成熟的层面。基于此,他对积弊甚多、误国害民的封建文化已经有了极为深刻的观察和思考,所以才有了一批批判性的小说和文

[①] 参见周棉《留学生群体与民国的社会发展》,中国社会科学出版社2017年版,第2、453页。

章喷薄而出，成为对封建文化进行彻底批判的代表性作者或新文化旗手。

毛泽东曾在《新民主主义论》这部经典著作中高度评价鲁迅，认定他是五四文化新军的"最伟大和最英勇的旗手"，还肯定"鲁迅是中国文化革命的主将，他不但是伟大的文学家，而且是伟大的思想家和伟大的革命家。鲁迅的骨头是最硬的，他没有丝毫的奴颜和媚骨，这是殖民地半殖民地人民最可宝贵的性格。鲁迅是在文化战线上，代表全民族的大多数，向着敌人冲锋陷阵的最正确、最勇敢、最坚决、最忠实、最热忱的空前的民族英雄。鲁迅的方向，就是中华民族新文化的方向"[1]。从文化视野来看待鲁迅，毛泽东也堪称鲁迅的一个旷世知音。他赞肯鲁迅，并非妄言鲁迅。正是鉴于鲁迅有"三大家"的综合实力，毛泽东才会认定他是五四文化新军的旗手，并代表中华民族的新文化的发展方向。

中国新文化即大现代中国文化，大现代中国文化亦即后古代中国文化，是古今中外文化资源交汇、磨合而来的中国现代文化。从19世纪到20世纪，人类社会的现代化浪潮已经从欧洲局部向全世界扩展，对于20世纪的中国来说，其现代化过程最为显著地表现为现代文化思潮的兴起和政治革命的此伏彼起。在当时，文化中国与政治中国都处于探路修路阶段。鲁迅力求通过思想启蒙尤其是对国民劣根性的批判来彰显对长期奴役民众的封建文化的批判。他将积淀甚久、弊端严重的封建文化视为一种奴役民众、销蚀灵魂的"吃人文化"，并用文学修辞将其形象化并凸显其"吃人的记录"："大小无数的人肉筵宴，自从有文明以来，一直排列到现在。"[2] 众多民众处在一间"绝无窗户而万难毁灭"的"铁屋子"里而不自觉自己的悲剧命运。"中国的百姓，却就默默地生长，萎黄，枯死了，像压在大石底下的草样。"[3] 鲁迅在《热风·随感录三十八》中还说："我们一举一动，虽以自主，其实多受死鬼的牵制。"[4] 在这种情况下，宗族、宗法、宗祖式的文化思维惯性导致国人思想的落伍

---

[1] 《毛泽东选集》第2卷，人民出版社1991年版，第698页。
[2] 《鲁迅全集》第1卷，人民文学出版社1981年版，第217页。
[3] 《鲁迅全集》第7卷，人民文学出版社1981年版，第82页。
[4] 《鲁迅全集》第1卷，人民文学出版社1981年版，第313页。

和僵化，封建封闭封锁导致封国封口封心，导致广大民众在行为、习惯、价值、观念等方面都不能与时俱进，进入不了"后古代"的现代文化时空。个体自我意识的麻木、愚昧，国家集体意识的弱化、模糊，造成了日常习焉不察的吃人悲剧和连篇累牍的屈辱条约。

鲁迅笔下的众多小说，如《狂人日记》《孔乙己》《药》《明天》《头发的故事》《故乡》《阿Q正传》《白光》等，都深刻揭示了封建文化对国人灵魂的奴役及控制，其笔下生动的人物形象（如阿Q、华老栓、爱姑、祥林嫂、闰土等）也都通过各自的人生悲剧，昭示了封建文化何以"残酷而又优雅地吃人"的现实。显然，鲁迅最擅长于文化批判，倡导文化剖析包括剖析自我，由此才能有现代文化自觉并摆脱封建礼教专制文化及"精神胜利法"的困扰，从而获得基于"大现代文化"而来的文化理性。鲁迅的文化理性、文化自信实质是积极的反思和重建，并不是一味的断裂和毁灭。

其二是基于大现代文化观对于多源文化的承传。

鲁迅固然最用力于反思和剖析封建性质的思想文化及社会文化，在这个意义上他是典型的"文化剖析派"的杰出代表。但他对中国传统文化尤其是优秀的传统文化实际上也有承传甚至是弘扬。比如，鲁迅对传统文化中的入世精神、家国情怀、励志精神、实干精神等皆有积极的承传和弘扬，对地域文化包括江南文化及越地文化的传承、对影响深远的儒家文化及墨家文化等的承传等都可谓卓有成效。如鲁迅对古代优秀文化的承传确实非常值得发掘。众所周知，中国古代文化虽然非常悠久，但"后古代"文化却并不悠久，在鲁迅有生之年，这种"后古代"文化亦即新文化或现代文化甚至还在初创阶段。为了创造新文化，鲁迅那代人比较多地借鉴了外国文化尤其是外国现代文化资源。这种情况亦如前述，是非常关键和必要的。然而，要有效地解决中国问题，也确实需要通过文化磨合进行适度适配的"中国化"。其实，鲁迅与中国古代优秀传统文化渊源很深。中国有强大的文人文化传统，文化人一直抱有家国情怀，心忧天下苍生。鲁迅对魏晋文人文艺自觉的体味细致入微，就表明在他身上有对他影响深刻的历史传承和积淀。传统中的儒道释墨等思想文化都影响了鲁迅，即使是孔孟开创的儒家文化传统也如盐入水，从少年时节就浸润了鲁迅的灵魂。儒家经典《大学》为读书人确立的人生目标修身齐家治国平天下，古往今来的影响都至为深远。这是民族文化律令，也是民族文化自觉。无论历史有多么曲折，依稀都有承传之声绵延不断。如"居庙堂之高则忧其民，处江湖之远则忧其君"（范仲淹），"为天下立心，为生民立命，为往圣继绝学，为万世开太平"（张载），"铁肩担道义，妙手著文章"（李大钊），等等，铿锵有声，不绝如缕。这种绵延的志士仁人精神传统也会形成文化氛围，鼓舞像鲁迅这样的现代文人"不惮于前驱"，"我以我血荐轩辕"，坚毅地承担起自己的历史使命。

笔者还注意到，近年来中国学术界很重视现当代文学与传统文化及地域文化的关系，也将鲁迅视为一个研究重心。即使在新冠肺炎疫情持续期间，相关研究也在进行中。比如"鲁迅与江南文化"学术研讨会如期于2020年10月24—25日在上海师范大学人文学院举行。该会议集中彰显了"鲁迅与江南文化"的关系。事实上，作为浙江绍兴人的鲁迅，他早在赴日本留学前都是生活在江南并深受江南文化濡染的，他的生活体验和文化认知都深深打上了江南的烙印。不过，江南文化本身也是发展变化的，也有从古代向现代转型的历史轨迹。鲁迅从国外返回后也曾在浙江、上海等地生活与工作，他也通过自己的言行尤其是文艺工作，包括他的文学创作、美术倡导、电影观赏以及文化批评等，切实为江南文化的现代化作出了贡献。在这个过程中，鲁迅自己的江南文化资源积累和相关思想认知，也伴随着一个文化积淀和文化磨合的过程。比如，积淀深厚的江南文化可以化为其作品中的日常生活场景、人物精神特征，在《孔乙己》《药》《祝福》《故乡》《阿Q正传》《社戏》等作品中，读者都可以领略到江南人的日常生活及文化面貌。值得特别强调的是，鲁迅并不是以全盘赞赏肯定的态度来书写江南文化的，尤其是对江南人精神文化品格中存在的落后、愚昧等的描写，渗透了他的文化剖析和批判。即使他晚年对大上海流行的"海派文化"，也有深刻的反思和批判，从中彰显了他的现代文化观，并对江南文化现代化健康发展起到了促进作用。如前所述，文化接纳和磨合恰恰需要跨越时空和国别局限，仅仅在传统的"江南文化"圈里是不能创建中国大现代文化的，仅仅固守于传统儒家文化也不行。所以在现代时空中非常需要译介、评说乃至争论。

  在文化传播与再造方面，鲁迅堪称具有国际性和前驱型的"文化大使"。他确实有意识地译介了不少外国文学著作，更自觉地借鉴过不少外国作家，但他并没有走外国作家走过的现成之路，他总会多方借鉴、化用且独出心裁。即使书写乡村和城市这些常见题材，他关注的焦点也总有他独到的发现，由此与外国作家及他同代的作家文人就有了明显的区别。从文化多元影响的意义上讲，鲁迅恰是在"古今中外化成现代"方面创造了自己的文化世界、文学天地。他的文化观和文学观中，既有来自欧美、日本的影响，也有来自俄罗斯文化、文学的影响，当然还有来自中国文化、文学的影响（这本身就可以有东南西北中多方面的复杂影响）。鲁迅的文化世界和文学天地是广阔的，这明显得益于他在《文化偏至论》等文本中展示的磨合古今中外文化的"大现代文化"建构的理性思路。比如，学术界很多学者都热衷于讨论鲁迅《狂人日记》与果戈理《狂人日记》的关系，将影响研究和平行研究都发挥到很高水平。但在笔者看来，鲁迅与果戈理的比较研究足可以揭示：这是一个中俄文化/文学交流、磨合的典型范例。而对俄罗斯文学与鲁迅的整体研究和个案分析，也都可以构成严肃而有价值的学术课题。正如于文秀指出的那样："据统计，鲁迅或翻译或评述、译述过的俄苏作家达 37 人之多，俄苏作家在他译述过的外国作家中居于首位。在对中外文化遗产的接受与吸收中，鲁迅始终保持清醒的头脑和独立的分析，以'拿来主义'为立场出发，不仅显示了与中国古典文学艺术的一脉相承，同时充分汲取俄罗斯批判现实主义作家的创作经验，显示出鲁迅文学思想的开放性与超前性，表现出一位伟大作家可贵的精神追求与探索，为后世作家昭示了成功的奥秘，也提供了可资仿效的经典范例。"[①]

---

  ① 于文秀：《鲁迅与俄罗斯文学》，《光明日报》2019 年 9 月 5 日。鲁迅曾潜心翻译了《死魂灵》《毁灭》等优秀作品，积极进行中俄文化交流，毛泽东、习近平等党和国家领导人曾予以关注和颂扬。

论鲁迅的文化磨合与创新

其三是基于"大现代"文化观对于新文化的创造。

通过文化批判、文化承传亦即有效的文化磨合，实现双向的拿来主义，尤其是通过对传统文化的创造性转化，确立了文化创新的新文化方向。在五四时代，新文化运动的发生和发展，也伴随着外来文化和传统文化的"运动"，没有外来文化持续的引进和创化，没有传统文化持续的坚守和激活，其实也就没有新文化运动的动态生长和成熟。从鲁迅的作品中，我们就可以看出鲁迅是中国文化的反思者、批判者，也是中国文化的守夜人、传承人，他是"古今中外文化"磨合而成的丰富而又复杂的"文化巨人"。即使就其承载的"三家"说（文学家、思想家和革命家）中多有争议的"革命家"而言，笔者认为称鲁迅是特殊意义上的"革命家"是成立的，其主要意涵是指鲁迅不仅有不少鲁迅式的革命行为，而且有鲁迅独特的革命文化观。在他看来，革命是利于国家和民众的事业，是让人活的，也是有具体针对性和实效性的，不能总是一味的"革命"。他有段著名的关于革命、反革命、不革命的绕口令式随感，对简单的暴力循环式的革命提出了警示，这种警示就隐含在这段随感的结束句子里："革命，革革命，革革革命，革革……"① 鲁迅还曾说"唯新兴的无产者才有将来"，这被有些人确认鲁迅是"阶级论"者的实证。实际上在鲁迅逐渐形成的"大现代文化"观念中，有启蒙也有革命，有无产者也有创业者，充盈着具体问题具体分析的睿智之见。

笔者认为鲁迅所理解的"无产者"不是真的一无所有者和依恋暴力者，而是创造物质文化、精神文化和制度文化的主力军，并与"共产者"相通，认同和践行本质为"共享主义"的"共产主义"学说。因为真正具有高远理想的"无产者"并不是"阿Q"式的"我要什么就是什么，我喜欢谁就是谁"的投机者或窃取者。当今世界，对"无产者"、"共产者"、"革命者"以及"共产主义"的误解可谓太多了。笔者在此要进一步确认的是，被毛泽东称为"中国文化革命的伟人"②的鲁迅，

---

① 鲁迅：《而已集·小杂感》，《鲁迅全集》第3卷，人民文学出版社2005年版，第556页。
② 《毛泽东选集》第2卷，人民出版社1991年版，第702页。

讲究的是对于革命文化的积极倡导和适度把握，其间充分体现了鲁迅对于文化磨合"适配适度适合"原则的考量。在复杂的"民国"历史演进过程中，能够有这样的"清醒现实主义"的考量也是非常难能可贵的，至今看来尤其是如此。这也就是说，鲁迅作为革命家主要不是"政治革命家"而是"文化革命家"，他在文化战线上可以冲锋陷阵，韧性战斗，冲破种种文化围剿，从而彰显出"匕首"与"投枪"的威力。在这个过程中，鲁迅实际也对中国现代的"革命文化"作出了重要的贡献。在学术界和社会上，也有些人承认、肯定鲁迅对于旧文化旧中国的批判乃至"破坏"之功，但就是看不到鲁迅"立"起来的业绩。关于鲁迅的现代文化、文学业绩，笔者曾在《全人视境中的观照》和《20世纪中国文学的文化创造》等著作中论述过，而关于鲁迅是当之无愧的"现代中华民族魂"、鲁迅建构了影响深远的"新三立"现代人生范式、鲁迅是现代文人书写劳动的模范等，笔者也进行过一系列阐述，于此不再赘述。[①]

三 策略与修辞：鲁迅"大现代"文化观的表达

认真思考鲁迅的文化策略与文化修辞，是相当紧要的课题。每个人活着都会身处特定的时代环境和具体语境，如何应对时代急迫的现实需要并发出自己的声音，是"现实主义者"鲁迅最关切且最需要明智面对的问题。如何才能"我以我血荐轩辕"？持久的"弃医从文"则是其非常关键的文化选择。那么，如何"从文"？从什么样的"文"？这就要特别关注鲁迅的文化策略与文化修辞。显然，要改变国家积弊已久的落后面貌，要启蒙深陷文化蒙昧状态的民众，要在很多方面做很多工作。鲁迅当年能够做的工作可以有多种，但他认定"从文"更为重要，因此他连续"弃医从文""弃政从文""弃教从文"，期待着主要通过"从文"

[①] 参见李继凯《全人视境中的观照》，中国社会科学出版社2006年版；《20世纪中国文学的文化创造》，中国社会科学出版社2009年版；《鲁迅：现代中华民族魂》，《鲁迅研究月刊》2018年第3期；《略论鲁迅的"新三立"和"不朽"》，《鲁迅研究月刊》2013年第9期；《论鲁迅与中国书法文化》，《华中师范大学学报》2010年第3期；等等。

来达成自己改进社会与人生的目的。他曾谈及自己的创作动机，说："我便觉得医学并非一件紧要事，凡是愚弱的国民，即使体格如何健全，如何茁壮，也只能做毫无意义的示众的材料和看客，病死多少是不必以为不幸的。所以我们的第一要著，是在改变他们的精神，而善于改变精神的是，我那时以为当然要推文艺，于是想提倡文艺运动了。"① 鲁迅由此将主要精力投入文艺运动及创作上，尤其在五四时期、左联时期，鲁迅从崛起于文坛到引导左翼文艺，推出了一系列沉甸甸的小说和犀利无比的杂文，为中国现代文学树起了极有标志性的文学丰碑。

文化修辞实际上就是寓意深厚的文化话语，其修辞效果或实际影响比较大，其中的文化意蕴比较复杂甚至会引起争议，但文化修辞是再生性的，可以不断衍生，有说不尽的意味在里边。文化修辞也会产生纯语言的文学表达效果，形象生动，令人难以忘怀。它实际上可以是一个人物，也可以是一个意象，更是一个符号世界，是一个让人可以再生想象的文化话语。身处"大现代"进程中的鲁迅是现代中国文学大师，作品内容深广，思想博大精深，艺术风格多样，尤其长于寄意遥深的文化修辞。他是修辞巨匠，平凡的话语出自他的笔下，往往也会别有意趣，另有洞天，隽永含蓄，诙谐峭拔，为读者展现了丰富多彩的文化修辞。

鲁迅作为现代时空中的一个杰出作家，自然很擅长进行现代汉语修辞，这种语言修辞恰是其"文化修辞"的基础。笔者这里所说的"文化修辞"是特指运用独特的概念或形象来表达"文化策略"和"文化批判"，在强化语言表达效果的同时提高文化传播效果。这也就是说，所谓文学中的"文化修辞"，不是指作品中通常运用的比喻、夸张、排比、对偶、设问、反问、衬托、顶真、对比、反复、反语等，而是指与"文化主题"紧密相关的特定意象，意涵丰富且意味深长，其修辞效果很大，比如鲁迅笔下的"吃人""人血馒头""铁屋子""过客""阿Q""精神胜利法""假洋鬼子""落水狗""长明灯""拿来""脊梁"等，鲁迅精心构思的这些"概念"或"符号"，都是与文化主题密切相关的修辞表

---

① 鲁迅：《呐喊·自序》，《鲁迅全集》，人民文学出版社1981年版，第417页。

达,是"故意为之"的,其间渗透了文化策略方面的运思。包括他的偏激也是如此。无论是当年还是现在,都会有人经常说起鲁迅的"偏激",包括当时他本人有时也会说到自己的尖刻。他是在文化自觉中有意为之地选择"激进"或"偏激"吗?具体分析中,确实有人经常脱离历史时空和特定语境,指摘鲁迅当年语言表达上的种种问题,甚至也有人在新的时代和语境中刻意学习鲁迅的话语方式,却不恰当地"攻击"一些其所看不惯的现象,仿佛"他"成了鲁迅的"化身"或"传人"。而这类拙劣的"模仿者"不仅不能提升"鲁迅文化"的传播水平,维护鲁迅作为现代中华民族魂的形象,而且其言行偏激的"不合时宜"恰恰有损鲁迅形象,且会在社会层面产生一些误导作用。

其实,鲁迅的犀利甚至所谓"偏激",恰恰体现了他贴近当时的时代需要、达成其文化目的而采取的适配的文化策略和文化修辞。充分体现了其激进、激烈却智慧应对的文化策略。这也就是说,要理解当年的历史情境和鲁迅的策略选择,也要尽量设身处地、回归历史语境,甚至也要有个"度"的把握问题。比如,鲁迅的诸多"过激""决绝""尖刻"的表达都是在特定时代、具体语境中的符号化,原本是文化策略运思的产物,体现为策略性很强的话语及巧妙的修辞。最为著名和典型的例子是其对"吃人文化"的批判和"在铁屋子中的呐喊"。对此学术界和社会上聚讼纷纭,争论甚多。事实上鲁迅无论是在杂文中还是小说中,都是在揭露封建文化的某些负面的文化功能,指认其为"封杀"人性、个性及女性的文化。尤其在《狂人日记》《祝福》《孔乙己》《药》《伤逝》《离婚》等小说中,通过象征、比喻、讽刺等修辞方式,将封建文化中"存天理、灭人欲"等专制型、暴力型的文化概括为"吃人文化",在五四时代无疑非常需要,即使"骇人听闻",也与时代发展进步的需求极相适应。而欲"摧毁这铁屋子"的呐喊以及"救救孩子""救救女子""救救士子(知识分子)"的诉求,显然也都是时代赋予的"文化使命"。鲁迅便是承担这类时代命题和文化使命的"文化战士"之一。他的许多言论都是彼时"文化战士"角色性的表达。

由此,我们可以特别关注被称颂和诋毁的激进时代与鲁迅的话语修辞，也要体察在文化磨合过程中的鲁迅式话语生成及修辞效果，也要深入探析和把握时代语境变迁与鲁迅话语的多重意涵。比如，笔者和学术同人曾提出"言说不尽的鲁迅与五四"这个命题，还召开全国学术会议加以深入讨论并出版了会议论文集。① 其中便论及鲁迅与五四及其文化关联的众多方面。通常人们所说的"五四精神"的核心内容是爱国、进步、民主、科学等，这些在鲁迅身上都有鲜明的体现，且都有标志性的"话语"体现及其"修辞"表达，其表达效果与当年语境息息相关。如果离开时代的语境和话语特指，以情绪化或对立思维支配的批判话语来对待"五四"和鲁迅，则必然会导致不绝如缕的误读误判，无论如何激烈和决绝也经不住认真的推敲。

我们应该回到五四前后的历史语境，悉心体味"五四"人的话语及其表达方式。笔者曾从文化策略视角观照"大现代中国文学"，特别强调了文化策略的重要性和必要性，指出："就是每当历史大变局，'文化策略'思想的正确或谬误就会显现出来，对民族命运和文化发展都会产生极其重大的影响。"② 鉴于鲁迅的文化地位及影响力，他的文化策略尤其是文化批判策略就有了非同寻常的意义。鲁迅的文化批判对象主要是封建文化、半殖民文化及其现实中的各类代表人物，往往是专制者、权威者及拥有话语权的人，批判这些当道的现实文化及人物不仅需要见识和策略，还需要有足够的勇气和韧性。所幸的是，鲁迅的策略性选择使他发明了种种"战法"，其中的"壕堑战"就尤为著名。他说："在青年，须是有不平而不悲观，常抗战亦自卫，倘荆棘非践不可，固然不得不践，但若无须必践，即不必随便去践，这就是我之所以主张'壕堑战'的原因，其实也无非想多留下几个战士，以得更多的战绩。"③ 这也正是鲁迅自己作为战士积累的经验，转而用来引导年轻人去进行壕堑战，如何在有效保护自己的同时谋求人生社会的生存与发展策略。这也很容

---

① 李继凯、赵京华等主编：《言说不尽的鲁迅与五四（鲁迅与五四新文化运动学术研讨会论文集）》，中国社会科学出版社 2011 年版。
② 李继凯：《从文化策略视角看"大现代中国文学"》，《文艺争鸣》2019 年第 4 期。
③ 鲁迅：《两地书》，《鲁迅全集》第 11 卷，人民文学出版社 2005 年版，第 21 页。

易使人想起他"一要生存,二要温饱,三要发展"的著名论断,其中显然也有类似的人生设计与现实对策的考量。

鲁迅当年大发感慨,主要针对的是当时兴起的一股"保古"思潮,业已危及国家命运、百姓生存,所以鲁迅更看重的是国人生存权及国家安全的维护,他强调的是"当务之急"和"权宜之计",他说:"我们目下的当务之急,是一要生存,二要温饱,三要发展。苟有阻碍这前途者,无论是古是今,是人是鬼,是《三坟》、《五典》,百宋千元,天球河图,金人玉佛,祖传丸散,秘制膏丹,全都踏倒他。"[1] 如果根据这段话就笼统说鲁迅是彻底反传统文化甚至是毁灭传统文化的人,似乎也言之凿凿,却脱离了当年特定的时代环境和"保古"不"保人"的语境,也就很容易把鲁迅的这段精彩的言论,亦即文化修辞误解为简单鲁莽的偏激之论,更难体会到鲁迅爱国爱民、热爱生命的拳拳之心及其文化策略、文化修辞方面的考量。客观而言,鲁迅所处时代是中国近代史以来最困难最迷茫最纷乱的时期,即使在五四时期很多原来的觉醒者也如涓生、子君们一样陷入"醒后无路可走"的境地。在这种情况下,尤其需要鲁迅式的坚韧和"反抗绝望"的精神,也非常需要鲁迅那种冷峻、清醒、激烈、痛快、决绝、坚韧的现实主义的文化姿态及话语表达。事实上,鲁迅以清醒的现实主义精神、积极进取的人生态度为其特点的反抗绝望的人生哲学,是鲁迅哲学的核心,同时也是20世纪的中国所留下来的非常重要的精神遗产。[2] 由此才能见证鲁迅是真正的文坛"硬汉"以及"鲁迅骨头是最硬的"等说法的合理性。

就鲁迅作为文学家而言,他对作品的发表是非常重视的,对其传播包括读者接受情况其实也很重视。这里就有个如何充分利用和发挥媒体力量的策略考量。鲁迅一生都与现代纸媒文化关系至为密切。他的文学与纸媒同在。事实上,纸媒可以说就是鲁迅那一代文人不能摆脱的家园。即使在他并没亲临的地方,纸媒可以使他"在场"并发挥重要的作用。

---

[1] 鲁迅:《华盖集》,《鲁迅全集》第3卷,人民文学出版社1981年版,第45页。
[2] 钱理群:《我们为什么需要鲁迅?》,《时代人物》2016年第10期。

比如我们就可以从符号化与媒介化的角度看待"鲁迅在延安""鲁迅在俄罗斯"等文化传播现象。鲁迅生前的很多时间都是用来编辑期刊或与出版机构打交道的。他还采用了很多笔名来从事写作,这是当时文人最常运用的一种"寄托"和"自卫"策略,目的主要是可以通过期刊审查并力争顺利发表。为了更好地发挥启蒙文化作用,鲁迅还巧妙地运用了民间民俗事象作为文化修辞。比如在《祝福》中,鲁迅运用"捐门槛"和"除夕祭祖"这两个民间文化修辞,极为深刻地揭示了封建文化"润物细无声",确是"野径云俱黑",愚民文化就在民间日常生活中,销蚀农村女性生命活力于民间民俗信仰中,这里真正透露了鲁迅的"忧愤深广"。

潜心研究鲁迅的人们从他创造的文化结晶中,发现了非常宏富的文化思想与精神,情不自禁地誉之为"百科全书",并将相应的研究视为"鲁学"[①]。"鲁学"的兴盛与中国人民对"大现代文化"的追求息息相关。对于鲁迅这样一个思想文化个体而言,他接受和创化了他接触的古今中外文化思想资源,并经过创造性的磨合、整合形成了自己的文化思想。单一文化资源不能成就鲁迅,以线性思维或对立思维理解鲁迅必然会产生偏差。恰是多元多样文化的相遇与磨合成全了鲁迅,从而也为"中国鲁迅"走向世界提供了可能。很明显,鲁迅的文化视域非常广阔,在其笔下尤其是杂文论域,中与外、大与小、古与今、男与女、美与丑、好与坏、老与少等都有所涉论。他思维灵活,分析犀利,论及万象,思接千载。将鲁迅视为"后古代"即"大现代"文化/文学(不限于"五四式"新文化/文学)的先驱者、创造者无疑是实事求是的看法。鲁迅作为"大现代"文化人,我们可以称他为"大鲁迅""大先生"。

本文认为,从"大现代"文化视域看待鲁迅,应当允许表达各种观点,那些丰富复杂的文化名人,争议恰恰很多,由此也才会形成文化热点及重点。鲁迅研究及"鲁迅文化"就是这样的热点及重点。近期在中

[①] 参见李文兵《〈鲁迅大辞典〉——一部学研鲁迅的"百科全书"》,《瞭望周刊》1985年第5期。

国又新成立了若干鲁迅研究机构，如绍兴文理学院的"鲁迅研究院"、北京语言大学的"鲁迅与世界文化研究院"、北京师范大学的"鲁迅研究中心"等，就表明了这一点。鲁迅在《故乡》中说："其实地上本没有路，走的人多了，也便成了路。"在笔者看来，鲁迅就是最勤勉的为了大现代文化建设的探路、铺路者，他不仅探路、铺路，还沿路而行，努力种树，不仅树人立人，而且树文立象，在传统文人"三立"的基础上，建构了"新三立"的现代文人的人生世界[①]，也在并非长寿的生命过程中，达到了很高的人生境界。近期有参与国家2016—2020年《中文学科发展报告》撰稿的学者谈及，从内心最想见到的作家应该是鲁迅。她发现学术界很多人都不约而同地说起鲁迅，学术研究的热点之一就是鲁迅研究："总有人在以不同的方式言说鲁迅，鲁迅给了我们这个时代特殊的视角，提供了最为丰富的阐释人生的资源，确实应该感谢他、关注他。我觉得我们越来越渴望接近鲁迅，鲁迅日益以一个'烟火漫卷'的姿态介入我们的人生，成为一种话语方式。这样的鲁迅才能构成一种真实的力量。如何理解鲁迅，可能依然是一个时代性的命题。"[②]

如何在世界范围传播鲁迅，显然更是一个时代性的命题。这个命题是与国家宏大课题相一致的："如何让世界更好认识中国、了解中国，需要深入理解中华文明，从历史和现实、理论和实践相结合的角度深入阐释如何更好坚持中国道路、弘扬中国精神、凝聚中国力量。"[③]鲁迅作为大现代或"后古代"文人的杰出代表，他的拿来与磨合、思想与方法、策略与修辞以及鲁迅研究界的持续努力，对积极推动中华优秀传统文化创造性转化、创新性发展，无疑也会起到重要的促进作用。

---

① 参见李继凯《略论鲁迅的"新三立"和"不朽"》，《鲁迅研究月刊》2013年第9期。
② 杜桂萍：《杜桂萍谈枕边书》，《中华读书报》2021年5月11日。
③ 习近平：《习近平给〈文史哲〉编辑部全体编辑人员的回信》，新华网，http://www.xinhuanet.com/2021-05/10/c_1127428330.htm。

On Lu Xun's Cultural Break-in and Innovation
—To Mark the 140th Anniversary of Lu Xun's Birth

Li Jikai[*]

Absrtact: There are many people in academia and society who just think that Lu Xun is a typical destructive and critical figure, without any positive achievements. In fact, Lu Xun's real name is "Zhou Shu-ren" and his life and cultural ideal is " To build a real people, home and an image". even if he devotes himself to criticism and analysis, it is also in order to establish himself and the country, and through the cultural break-in to construct the "Post-ancient", "Great modern cultural concept". This paper holds that Lu Xun is a cultural giant standing in the field of "Post-ancient", and is "The soul of modern Chinese nation". In the period of historical transformation of "Post-ancient times", he created and formed the cultural view of "Great modern" through the combination of ancient and modern Chinese and foreign cultures, thus revealing the direction of the new culture of the Chinese nation he represented. For Lu Xun, as an individual of thought and culture, he accepted and created the ancient and modern cultural and ideological resources he came into contacting with, and formed his own cultural thoughts through creative blending and integration. A single cultural resource can not make Lu Xun, and a linear or antagonistic understanding of Lu Xun is bound to be skewed. It is the meeting and integration of diverse cultures that made Lu Xun possible, and thus made it possible for "Lu Xun of China" to go to the world.

Keywords: Lu Xun; Cultural Break-in to Construct; Cultural Innovation; "Great Modern" Cultural Concept

---

[*] Li Jikai, Shaanxi Normal University.

美学基本问题的现代转换

赵惠霞[*]

摘要：美学基本问题决定着美学学科的发展方向。传统美学的基本问题是柏拉图提出的"美是什么"，这个问题被后人奉为"美本质问题"，它将传统美学研究引入死胡同。美学的现代转型，重要的是转换思维方式。从现实思维方式出发重新审视审美现象，"美的事物为什么能够依靠形式引起人的美感"就成为现代美学研究的基本问题。现代美学研究需要向两个方面拓展：一方面是运用审美现象发生的机理分析各种类型的审美现象，总结和归纳审美现象发生和变化的一般规律，形成现代美学的基本理论；另一方面是运用审美现象发生的机理和一般规律研究艺术、教育、传播、建筑等领域的审美现象，总结出其中的规律，形成不同的部门美学理论。美学基本理论和部门美学的研究成果，将共同建构起现代美学的理论体系，使美学成为具有系统理论的现代学科。

关键词：美学；基本问题；现代转换；审美现象；机理

每一门学科都有其基本问题，对基本问题的研究构成学科的基本理论，决定着学科的发展方向。美学基本问题在传统美学中是明确的，但这个本体思维方式的产物却是一道无解的伪命题，把传统美学研究引入

---

[*] 作者简介：赵惠霞：西安思源学院副校长、二级教授，陕西省中文教指委委员；原西安石油大学人文学院教授、美学美育研究中心主任。主要研究领域为美学美育理论、高等教育理论和文化传播理论。

了死胡同。从18世纪开始，西方美学研究开始探索新的发展道路，开启了美学的现代转型。美学现代转型至今难以完成的重要原因，是没有完成基本问题的转换。心理美学作为美学现代转型的先锋，转换了研究对象和方法，却没有转换基本问题，仍然在努力解答传统美学的基本问题，最终难免重蹈传统美学的覆辙，虽然留下各种名称的理论，却没有一个理论可以解决具体的审美问题。然而这些先行者的探索却给后人留下了宝贵的启示和借鉴，使我们能够在新的起点上，完成美学基本问题的现代转换与解答。

一　传统美学基本问题形成的原因和弊端

人欣赏美的事物产生美感，在古今中外都是非常普遍的现象。面对这种现象人类在很长时间一直习以为常，没有人感觉到有什么奇怪之处。公元前5世纪，柏拉图以"什么是美"的一声喝问，引发了人们对这种现象的思考，"什么是美"由此成为传统美学研究的基本问题。

人类生活中的快感，一般起源于功利需求的满足。如饥得食、渴得饮、热得凉、寒得暖等。人欣赏美的事物没有功利的满足却同样会获得愉悦的感觉，这是审美现象令人感到迷惑的地方。柏拉图的提问虽然起于审美现象，却不是分析审美现象的发现，而是他的思维方式的产物。

古希腊人的思维方法，哲学上称为形而上学，或者本体思维方式。这种在古代西方文化中占据主流地位的思维方法，相信世界上存在一个最初的、孤立的、不变的"本体"，把寻找这种"本体"作为研究追求的最高目标。用亚里士多德的话说，就是要"寻求各种最初的根源和最高的东西"。[1] 古希腊哲学家普遍认为，世界由某种原质构成。泰勒斯说"万物是由水做成的"，克西美尼说"基质是气"，色诺芬尼"相信万物是由土和水构成的"，赫拉克利特认为"万物都是由火而生成的"[2]……

---

[1]《古希腊罗马哲学》，北京大学哲学系外国哲学史教研室编译，商务印书馆1982年版，第234页。

[2] 赵敦华：《西方哲学简史》，北京大学出版社2012年版，第12—14页。

这种把具体事物作为世界起源的观点，在现实中往往难以自圆其说，于是哲学家转而从抽象的事物中寻找出路，毕达哥拉斯学派的"数"，神学家的"上帝"，都是这种思维方式的产物。

按照本体思维方式，柏拉图自然而然地把美的事物之所以美的原因认定为事物中存在一种元素，这种元素使事物成为美的事物。柏拉图把这种元素称为"美"或者"美本身"，认为"这美本身，加到任何一种事物上面，就使那件事物成其为美，不管它是一块石头，一块木头，一个人，一个神，一个动作，还是一门学问"①。这样一来，美学研究的目的就是寻找这种"美"，"什么是美"就被后人称为美的本质问题，成为传统美学的基本问题。

分析"什么是美"这个问题，理论上可以从三个层面理解：其一，什么是美的事物？即美的事物区别于其他事物的共同特征。其二，什么是美的事物成其为美的事物的原因？也就是人们为什么称其为美的事物。其三，什么是美的事物成为美的事物的"元素"？也就是柏拉图寻找的"美"或"美本身"。按照正常的思维逻辑，解决"什么是美"这个问题，首先必须解决第一个层面的问题，在此基础上研究第二个问题，如果在第二个层面确认美的事物之所以美的原因在于其中的某种元素，第三个问题才能够成立。柏拉图没有回答第一个和第二个问题便直奔第三个问题，不是因为他在审美现象中发现了"美本身"的存在，而是他的哲学理念告诉他应该有这么一种元素存在。所以传统美学寻找的美，不是来自考察现实审美活动的发现，而是柏拉图思维方式的产物。

从现代学术研究的要求看，柏拉图认为美的事物中存在"美"的元素的观点需要有一定的事实依据，否则就令人难以接受，更不用说花费精力去研究。然而在两千多年前的西方哲学界，人们认为思辨的东西比现实生活中的事物还要真实。罗素在《西方哲学史》中指出，因为数学"提供了日常经验的知识所无能为力的理想。人们根据数学便设想思想是

---

① ［古希腊］柏拉图：《柏拉图文艺对话集》，朱光潜译，人民文学出版社1983年版，第188页。

高于感官的，直觉是高于观察的"。"很自然地可以再进一步论证说，思想要比感觉更高贵而思想的对象要比感官知觉的对象更真实"①。

所以，不仅柏拉图深信不疑事物中的"美"或者"美本身"是美的事物之所以美的原因，后人也毫不怀疑地接受了他的观点，努力去解答他所提出的问题。

然而现实中不存在的事物，再怎么努力也是无法找到的。两千多年无数人的辛勤探索，始终没有发现事物中"美"的元素影子，这种现状使得许多研究者灰心丧气，同时也对美的存在产生了怀疑。弗朗西斯·科瓦尔在《美的哲学》中提出："古希腊和中世纪的哲学美学家如柏拉图、亚里士多德、普罗提诺、奥古斯丁、托马斯·阿奎那等所有人都相信他们的感觉和理性，并对美的存在深信不疑，并不想到要为美的存在去提供任何证明，而这种态度在现代思想家那里突然消失了。"②

怀疑"美"的存在的认识，起初只是零星出现的星星之火，但是一经出现便与越来越多的人达成共识，很快成为美学界一种普遍的思潮。对"美"的存在的怀疑，本质上属于感觉层面，所以不管持这种认识的人有多少，对传统美学的影响还很有限。20世纪分析美学从理论上对"美"的存在的证伪，则对传统美学基本问题形成毁灭性的打击，成为压垮骆驼的最后一根稻草。传统美学基本问题被证伪，也就摧毁了传统美学赖以存在的基础。曾经有人提出，美本质问题被证伪，美学就失去了存在的基础。这种说法有点极端，美本质问题被证伪，否定的是传统美学存在的基础，并非美学存在的基础。

二 美学基本问题的现代转型

在美学研究中有一种观点，认为18世纪是美学发展的分水岭，之前

---

① [英]罗素：《西方哲学史》，何兆武、李约瑟译，商务印书馆1982年版，第61、64页。

② 思羽：《现代西方关于美的本质问题的不同看法》，《美学》1982年第3期，上海文艺出版社，第120页。

称为古代美学或传统美学，之后称为近代或现代美学。有人把这种划分仅仅理解为时间概念，实际上深层的含义在于，从18世纪美学开始了现代转型，这个转型过程迄今为止尚未完成。这也就是说，在18世纪之后的美学中存在两种不同性质的理论：一种属于传统美学，另一种属于现代美学。

在18世纪，美学发生了两件大事：一件是鲍姆加通为美学命名，把美学的研究对象确定为人的感性认识，把美学的研究目的确定为感性认识的完善。另一件是以夏夫兹博里、哈奇生为代表的英国经验主义美学，开始用心理学的方法研究美学。这两个事件有一个共同的特点，就是改变了柏拉图开辟的传统美学的研究方向。柏拉图认为美是美的事物中的一种元素，所以传统美学只能在美的事物中寻找美。鲍姆加通和英国经验主义美学把美学研究引向主体心理，主体心理中自然不可能有美的元素，这就在一定意义上改变了传统美学的研究目的和研究方向。美学研究的这种转变由于缺乏明确的理论指导，虽然改变了研究对象和方法，理论上具有改变传统美学研究目的性质，但实际上研究者仍然在努力回答传统美学的基本问题。从思维方式的角度看，转型中的心理美学没有改变传统美学的思维方式。如果说传统美学从美的事物中寻找美是希望从父亲身上找到孩子产生的原因，那么心理美学把主体心理作为研究对象则是希望从母亲身上找到孩子产生的原因，两种做法表现形式相异，思维方法却是相同的，都属于本体思维方式的产物。心理美学由于没有跳脱传统美学基本问题的窠臼，虽然热闹一时，留下众多不同名称的理论，却没有一种理论可以解决现实生活中的审美问题。

心理美学是美学现代转型的先锋，探索虽然失利，但探索过程和成果却为后来者提供了有益的启示。李斯托威尔在《近代美学史评述》的序言中指出："整个近代的思想界，不管它有多少派别，多少分歧，却至少有一点是共同的。这一点也使得近代的思想界鲜明地不同于它在上一个世纪的先驱。这一点，就是近代思想所采用的方法。因为这种方法不是从关于存在的最后本性那种模糊的臆测出发，不是从形而上学的那种脆弱而又争论不休的某些假设出发，不是从任何种类的先天信仰出发，而是从人类实际的美感经验出发的。"① 他所描述的现代美学不同于传统美学的特点，实质上就是思维方式的变换。美学现代转型不是一个孤立的偶然事件，而是整个社会现代转型大潮中的一朵浪花。罗素认为："通常谓之'近代'的这段时期，人的思想见解和中古时期的思想见解有许多不同。其中有两点最重要，即教会的威信衰落下去，科学的威信逐步上升。"② 这两种社会事件体现了社会现代转型的实质，这就是人的思维方式的转变。

思维方式是大脑处理信息的基本模式，生理上表现为大脑皮层不同的神经联系通道，意识上表现为不同的处理信息方式。思维方式可以从不同角度进行划分，根据处理信息依据的不同，分为本体思维方式和现实思维方式。前者认为世界有一个永恒不变的本体，万事万物皆由本体演化而来。后者认为世界是一个不断变化的过程，不存在永恒不变的事物，思维必须以具体的现实情况为依据。在西方文化中，本体思维方式一直处于主导地位，直到马克思主义的产生才终结了本体思维方式对西方文化的统治。较之西方传统哲学，马克思主义把对世界本质的认识，从追求先验的、不变的、孤立的本体的思维方式中解放出来，代之以从具体的、变化的、普遍联系的人类实践的角度去理解，从主客观的结合中去理解。马克思主义不是把世界的本质看作一种具体的东西，从而去寻求这种东西，而是把人类社会看作一个不断发展的过程，通过揭示发展过程的规律来说明世界。传统美学基本问题是本体思维方式的产物，现代美学要摆脱传统美学的束缚，开辟新的发展道路，就需要把思维方式从本体思维方式转变到现实思维方式。

按照现实思维方式，美学基本问题不能凭空想象，而要考察具体的审美活动。人欣赏美的事物产生美感，或者说美的事物引起人的美感，这种现象是美学产生和存在的基础。在现实生活中，美的事物千姿百态，变化无穷，它们有没有一个共同的特性，或者说能否为它们下一个确切

---

① [英]李斯托威尔：《近代美学史评述》，蒋孔阳译，上海译文出版社1980年版，第1—2页。

② [英]罗素：《西方哲学史》（下卷），何兆武、李约瑟译，商务印书馆1982年版，第3页。

的定义呢？按照分析美学的观点，答案是否定的。分析美学为什么会得出这样的结论，在于其寻找和归纳美的事物的共同特征时，仅仅把目光放在审美对象上，即审美活动的一种因素上。美的事物之所以成为审美对象，不仅在于事物本身，而且在于其与审美主体的联系。审美主体、审美对象和美感，是构成审美现象不可或缺的三个要素。因此寻找美的事物的共同特征，或者说为美的事物下定义，就不能仅仅在审美对象自身寻找，而必须从审美对象与审美主体的联系中寻找，从审美活动的整体过程中寻找。

从审美对象的角度考察审美活动，千姿百态、变化纷呈的审美对象有一个共同特征，就是依靠形式引起人的愉悦感。从审美主体的角度考察审美活动，能够依靠形式引起人美感的事物才称得上美的事物。审美对象的形象性和审美主体的愉悦性构成审美活动的两大因素，缺一不能成为审美活动。依靠形式引起人的愉悦感是美的事物的共同特征，也是其区别于其他事物的标志。因此，对于美的事物就可以形成这样的定义：美的事物就是能够依靠形式引起人愉悦感的事物。柏拉图的本体思维方式使他相信是事物内部的"美"元素使事物变美，所以提出"什么是美"这个传统美学的基本问题。从美的事物的共同特征是依靠形式引起人的愉悦感这个定义出发，关于美物之所以美的原因的探讨，自然而然就转变为美的事物为什么能够依靠形式引起人的愉悦感，也就构成现代美学的基本问题。

如何才能说明美的事物为什么能够依靠形式引起人的愉悦感呢？按照现实思维方式认识世界的方法，就是揭示事物发展的过程和规律。移情说、距离说、积淀说等心理美学的研究成果，在一定程度上已经表现出这样的倾向。这些美学理论尽管对美的事物之所以美的原因的解说不同，但与传统美学的研究结果相比，它们有一个共同的特点，就是不再追求一个最终的具体的东西——不管是具体的事物还是抽象的概念——用这个东西来解释美的事物之所以美的原因。这些理论所追求和最终形成的解释是一种过程，通过审美现象发生的过程来解答美学的基本问题。

三 现代美学基本问题的解答

现实生活中美的事物千姿百态，引起美感的原因也各不相同。在现代美学研究中，哈奇生、伏尔泰、狄德罗和康德都曾经对美的事物进行分类，分类的一个重要标准，就是功利作用在美的事物引起美感过程中的表现形态。康德把美的事物分为"自由美和附庸美"，认为前者"是无条件的、纯粹的"，后者"是有条件的、不纯粹的"，[①] 所依据的就是功利作用在美的事物引起美感中的不同表现形态。李泽厚指出："所谓社会美，一般是从形式里能看到内容，显出社会的目的性。在合目的性和合规律性的统一中，更多表现了一种实现了的目的性，功利内容直接或间接地显现出来。其实也就是康德所讲的依存美。但还有大量看不出什么社会内容的形式美、自然美，也就是康德讲的纯粹美。"[②] 这些研究成果说明，审美对象根据功利作用表现形态分为两种类型：一类称为显功利审美对象，在这类审美对象的欣赏过程中可以或多或少地发现功利的作用；另一类称为隐功利审美对象，在审美过程中看不出或很难看出功利作用。两种类型审美对象具有不同的特点，说明各自引起的美感的原因存在差异，因此研究审美现象发生过程需要把两类审美对象相关的审美现象分别予以研究。

（一）显功利审美现象的发生过程与机理

审美主体欣赏显功利审美对象引起的美感称为显功利审美现象。在显功利审美现象中，审美对象是怎样依靠形式引起人的美感呢？对以往美学研究成果的分析，有助于对这个问题的认识。

1. 哲学美学的"美起源于功利说"

在古希腊时期，人们就普遍认为，美与善同一，事物之所以引起人

[①] ［德］康德：《判断力批判》（上卷），宗白华译，商务印书馆1965年版，第67页。
[②] 李泽厚：《美学的对象与范围》，《美学》1981年第3期，上海文艺出版社，第17页。

的美感在于事物的功利作用。苏格拉底认为:"凡是我们用的东西如果被认为是美的和善的,那就是从同一观点——它们的功用去看的。"① 亚里士多德认为:"美是一种善,其所以引起快感正因为它是善。"②

随着美学研究的深入,人们逐渐认识到美与善毕竟不是一回事。柏拉图首先提出:"美不是有用,不是善。"③ 哈奇生进一步提出:"所得到的快感并不起于对有关对象的原则、原因或效用的知识,而是立刻就在我们心中唤起美的观念。"④ 狄德罗断言:"假如有用是美的唯一基础,那么浮雕、暗纹、花盆,总而言之,一切装饰都变成可笑而多余的了。"⑤

康德对美与善的区别做出深刻的研究:"美的欣赏的愉快是唯一无利害关系的和自由的愉快;因为既没有官能方面的利害感,也没有理性方面的利害感来强迫我们去赞许。"⑥ 不涉及功利的事物为什么能够引起人的快感,康德认为在于"对象的表象里的合目的性而无任何目的"。这就是说,人们审美虽然没有功利目的,事物形式也不具有功利作用,但它在冥冥之中却符合了某种目的性,因而引起人的快感。这样的解释实际上为审美中的功利作用留下了空间,结合康德对两种类型美的描述来看,康德实际上是对两种不同观点的综合:准确的说法应该是美的事物有的没有功利性,有的却有一定的功利性。

分析两种观点的争论,会发现两者实际上讲的是两个不同层面的问题。坚持审美与功利有关的人,着眼于审美现象发生的历史,认为美的

---

① 北京大学哲学系美学教研室编:《西方美学家论美和美感》,商务印书馆1982年版,第18页。
② 北京大学哲学系美学教研室编:《西方美学家论美和美感》,商务印书馆1982年版,第41页。
③ 北京大学哲学系美学教研室编:《西方美学家论美和美感》,商务印书馆1982年版,第27页。
④ 北京大学哲学系美学教研室编:《西方美学家论美和美感》,商务印书馆1982年版,第99页。
⑤ 北京大学哲学系美学教研室编:《西方美学家论美和美感》,商务印书馆1982年版,第136页。
⑥ [德]康德:《判断力批判》(上卷),宗白华译,商务印书馆1964年版,第4页。

事物之所以成其为美的事物在于事物的功利作用。坚持审美与功利无关的人，着眼于审美现象发生的具体过程，强调美感瞬间产生、主体毫无意识的特点。在审美实践中，两种观点都不乏事实依据。既然审美起源于功利，审美过程又不涉及功利，那么事物的功利作用是怎样通过形式体现出来，或者说事物的形式何以能引起类似于功利作用引起的快感，就成为显功利审美现象发生过程研究的焦点。

2. 普列汉诺夫研究原始狩猎胜利品的发现

普列汉诺夫研究原始狩猎胜利品成为审美对象的过程发现："猎人最初打死飞鸟，正如打死其他野禽一样，是为了吃它们的肉。被打死的动物的许多部分——鸟的羽毛、野兽的皮肤、脊骨、牙齿和脚爪等等——是不能吃的，或是不能用来满足其他需要的，但是这些部分可以作为他的力量、勇气或灵巧的证明和标记。因此，他开始以兽皮遮掩自己的身体，把兽角加在自己的头上，把兽爪和兽牙挂在自己的颈项上，甚至把羽毛插入自己的嘴唇、耳朵和鼻中隔。"①

普列汉诺夫认为，这个阶段的狩猎胜利品是作为功利象征物为人们所欣赏，但是随着欣赏活动的不断重复，人们逐渐忘却了狩猎胜利品原有的象征意义，而仅仅把它当作美的装饰品。"当狩猎的胜利品开始以它的样子引起愉快的感觉，而不管是否有意识地想到它所装饰的那个猎人的力量和灵巧的时候，它就成为审美快感的对象，于是它的颜色和形式也就具有巨大而独立的意义了。"②

然而，起初依靠功利象征作用引起人快感的对象，为什么后来依靠形式便可以引起原本由功利作用引起的愉快感觉呢？考察狩猎胜利品的发展过程可以发现，除了会变脏、变旧、破损外没有发生其他变化，这些变化显然不能产生使它成为美的事物的作用。那么，在这个过程中是什么因素导致了这种变化呢？显然只能从审美主体的角度去寻找。

---

① [俄]普列汉诺夫：《普列汉诺夫美学论文集》第1册，曹葆华译，人民出版社1983年版，第419页。

② [俄]普列汉诺夫：《普列汉诺夫美学论文集》第1册，曹葆华译，人民出版社1983年版，第420页。

3. 心理美学的"回忆说"

立普斯（Theodor Lipps，1851—1914）在谈到希腊建筑中道芮式石柱何以引起观赏者情感时指出："这个道芮式石柱的凝成整体和耸立上腾的充满力量的姿态，对于我是可喜的，正如我所回忆起的自己或旁人在类似情况下的类似姿态对于我是可喜的一样。我对这个道芮式石柱的这种镇定自持或发挥一种内在生气的模样起同情，因为我在这种模样里再认识到自己的一种符合自然的使我愉快的仪表。"[①]

《近代美学史评述》在介绍洛慈关于移情论的描述时说："作者告诉我们，这一过程是建立在观念多样化的联想或回忆上面的。没有人会完全否认，对象的审美效果，不仅依赖于它们实际上是什么，而且也依赖于它们的外观唤起了我们什么。每一种个别的形式对我们所起的作用，都是由于在我们的心中唤起了动作的回忆，唤起了过去这种身体的动作所表现的、浸染着快乐或痛苦的回忆。因此，我们周围的人与事之所以变得是充满了感情的，是因为它们以其外貌和形象唤起了我们自己身体上的某些特殊的状态。这些状态是伴随着过去的某些特殊的感情的。"[②]

狄德罗分析影响造成审美判断分歧的根源时列举了一种现象："由于偶然，不愉快的观念也会联系到最美的对象上去。……这个前厅总是瑰丽的，但是我的朋友却在那里丧失了生命。这座剧院并未失其为美，但是自从我在那得了倒彩之后，我就不能看到它耳中不响着倒彩的噪音。我在这个前厅，只看见我那濒于气绝的朋友，我就不再感到它的美。"[③]

这些研究表现出一个共同倾向，就是审美中的情感与审美主体以往的经历有关，是对以往经历过的情感的回忆。回忆是一种意识活动，需要通过思维活动完成。美感的产生则完全是一种直觉，看见审美对象就会油然而生，根本没有意识活动的发生。所以这种观点的启示意义就在于，研究审美现象发生过程需要弄清楚审美活动中回忆感受与美感瞬间

---

① 朱光潜：《西方美学史》（下卷），人民文学出版社1982年版，第607页。
② [英]李斯托威尔：《近代美学史评述》，蒋孔阳译，上海译文出版社1980年版，第41页。
③ 北京大学哲学系美学教研室编：《西方美学家论美和美感》，商务印书馆1982年版，第140页。

产生这两种现象如何同时存在。

4. 心理美学的"象征说"

黑格尔提出:"自然美还由于感发心情和契合心情而得到一种特性。……这里的意蕴并不属于对象本身,而是在于所唤醒的心情。我们甚至于说动物美,如果它们现出某一种灵魂的表现,和人的特性有一种契合,例如勇敢、强壮、敏捷、和蔼之类。从一方面看,这种表现固然是对象所固有的,见出动物生活的一方面,而从另一方面看,这种表现却联系到人的观念和人特有的心情。"① 黑格尔没有用"象征"的概念,不过他描述的现象,类似于中国文化中对松、梅、竹、菊的欣赏,明显具有象征的特点。

费舍尔(F. T. Vischer, 1807—1887)认为:"象征活动是把一个形象和一个隐藏的意蕴,通过比喻的方法把二者联系在一起。……在神话和通俗宗教中,人们对象征物的欣赏过程是不自觉的、无意识的,相信象征物及其所象征的意蕴是同一个东西;在寓言和日常生活中,人们对象征物的欣赏却是自觉地、清清楚楚意识到的,象征物的意义在于它和它所代表的观念相似。美学上的象征主义,大致介于二者之间。它是不自觉的,然而在某种程度上,却又是自觉的,它是无意识的,然而在某种程度上,却又是有意识的。"②

象征作用怎样引起人的美感,黑格尔倾向于唤起,认为对象唤起了审美主体心中的某种情感。费舍尔认为:"审美活动不仅只是主观的感受,而是把真正的心灵的感情投射到我们的眼睛所感知到的人物和事情中去。"③ "唤起"的说法需要说明事物的意蕴如何存在于事物形象之中并引起人的快感,"投射"的说法需要说明人的感情是怎样产生、储存并投射到事物。两种说法侧重点不同,但都涉及到审美主体内在的情感活动方式。

---

① [德]黑格尔:《美学》(第1卷),朱光潜译,商务印书馆1979年版,第170页。
② [英]李斯托威尔:《近代美学史评述》,蒋孔阳译,上海译文出版社1980年版,第42页。
③ [英]李斯托威尔:《近代美学史评述》,蒋孔阳译,上海译文出版社1980年版,第43页。

5. 心理美学的"积淀说"

弗洛伊德（Sigmund Freud，1856—1939）发现了无意识或潜意识的存在，他的信徒荣格（Carl Gastav Jung，1875—1961）认为，真正的无意识概念是史前的产物，"无意识产生于人类没有文字记载情况下没有被写下来的历史之中"①。荣格把无意识分为"个人无意识"和"集体无意识"，认为集体无意识并不是由个人所获得，而是由遗传保存下来的一种普遍性精神，是艺术创作和欣赏的强大动力。

李泽厚在此基础上提出："美感就是内在自然的人化，它包含着两重性，一方面是感性的、直观的、非功利的；另一方面又是超感性的、理性的、具有功利性的。……我造了'积淀'这个词，就是指社会的、理性的、历史的东西积累沉淀成了一种个体的、感性的、直观的东西，它是通过'自然的人化'的过程来实现的。"②

事物的内容通过什么样的路径积淀到形式中，在审美活动中又是怎样引起人的美感？李泽厚认为："这个复杂的审美结构是未来的心理学需要解决的课题，现在解决不了。所以我讲，不要把美学工作想得太乐观，至少得五十年，甚至一百年，心理学发达以后才能取得真正的科学形态。"③

6. 神经生理学对显功利审美现象发生过程的解释

上述研究成果从不同角度说明，审美活动中美感的产生与审美主体以往的生活经验有关，以往生活经验对现实审美活动的影响是通过审美主体的心理活动完成。以往的生活经验如何在人的神经系统中保留下来，又是如何在审美活动中发挥作用，哲学、社会学和心理学的研究方法已经无能为力，需要借助神经生理学的研究成果。

现代生理学研究认为，人的神经活动是以"反射"的方式进行的，分为"无条件反射"和"条件反射"两种类型。前者如吃葡萄感觉到酸，是人先天的本能；后者如看到葡萄感觉到酸，是在前者的基础上后

---

① 朱狄：《当代西方美学》，人民出版社1984年版，第30页。
② 李泽厚：《美学四讲》，生活·读书·新知三联书店1999年版，第104—105页。
③ 李泽厚：《美学四讲》，生活·读书·新知三联书店1999年版，第124页。

天形成的。巴甫洛夫（Ivan Pavlov，1849—1936）指出："我们一切的培育、学习和训练，一切可能的习惯都是很长系列的条件反射。"①

神经生理学研究发现，人的各种活动主要是由大脑皮层指挥的。大脑皮层分为50—100个脑区，各自承担不同的功能。当外部信号在某个功能区形成兴奋中心，同时进入大脑皮层的其他信号，就会从所在的功能区向兴奋中心所在的区域集中，从而在原本没有联系的功能区之间开辟出新的联系通道，使得原本不相干的信号引起另一种信号的反应。比如，葡萄的样子与酸的感觉之间原本没有任何联系，由于吃葡萄时酸的感觉在大脑皮层主管味觉的区域形成兴奋中心，同时进入大脑皮层的葡萄样子的信号，就从所在的视觉区向味觉区集中，这种活动多次重复，就会在大脑皮层视觉区与味觉区之间建立起新的神经联系通道。当这种新的神经联系通道建立以后，葡萄样子信号就能够直接到达味觉区，引起原本由葡萄味道引起的酸的感觉。当原本无关的两个脑区之间新建立的联系通道稳定下来的时候，就标志着相关条件反射的形成。

在对功利物的欣赏过程中，功利物的功利作用在大脑皮层主管快感的区域形成兴奋中心，同时进入大脑皮层的功利物样子的视觉信号，就从所在的视觉区向兴奋中心集中，在视觉区与快感区之间开辟出一条新的神经联系通道。当这种新的神经联系通道稳定下来之后，功利物样子的信号就可以直接到达主管快感的脑区，引起原本由功利作用引起的快感。这时候事物的样子便成为审美对象，引起的快感便成为美感，功利欣赏活动便成为审美活动。

（二）隐功利审美现象发生过程与机理

审美主体欣赏隐功利审美对象称为隐功利审美现象。隐功利审美现象的典型表现是对自然景物的欣赏，因而现代美学关于欣赏自然景物的研究成果，提供了研究隐功利审美现象发生的突破口。

---

① ［俄］伊凡·巴甫洛夫：《大脑两半球机能讲义》（下册），戈绍龙译，上海医学出版社1955年版，第318页。

1. 马尔斯顿的发现

康德在《判断力批判》中讲述了一个审美案例:"马尔斯顿在他关于苏门答腊的描绘曾指出,在那里大自然的自由的美处处包围了观者,而因此对他不再具有多少吸引力;与此相反,一个胡椒园,藤萝蔓绕的枝干在其中构成两条平行的林荫路,当他在森林中忽然碰见这胡椒园时,这对于他便具有很多的魅力。他由此得出结论:野生的、在现象上看是不规则的美,只对于看饱了合规则性的美的人以其变化而引起愉快感。"① 对于马尔斯顿这种认识,康德很不以为然,他要马尔斯顿做一个实验,"一整天停留在他的胡椒园里",这样就会重新认识大自然的美。

康德的建议从实践的角度看的确会达到他所讲的效果,但是这样的实验不仅不能说明自然景物始终是美的对象,反而进一步证明了马尔斯顿的观点:事物以其变化引起人的愉悦感。

马尔斯顿的发现指出了这样一个事实:自然景物不是一成不变的美的事物,而是会随着人欣赏时间的变化而变化。这样的事实意味着自然景物的美与不美与审美主体有关。

2. 普列汉诺夫对自然景物引起美感原因的解释

普列汉诺夫在研究中也遇到了马尔斯顿发现的现象,但是,"在19世纪,情况急剧地改变了,人们开始为风景而珍视风景"②。普列汉诺夫发现这种现象产生的原因在于,"对于17世纪的人们,再没有什么比真正的山更不美的了。它在他们心里唤起了许多不愉快的观念。刚刚经历了内战和半野蛮状态时代的人们,只要一看见这种风景,就想起挨饿,想起在雨中或雪地骑着马做长途的跋涉,想起在满是寄生虫的肮脏的客店里给他们吃的那些掺着一半糠皮的非常不好的黑面包"③。19世纪的欧

---

① [德]康德:《判断力批判》(上卷),宗白华译,商务印书馆1965年版,第82页。
② [俄]普列汉诺夫:《普列汉诺夫美学论文集》(第1册),曹葆华译,人民出版社1983年版,第333页。
③ [俄]普列汉诺夫:《普列汉诺夫美学论文集》(第1册),曹葆华译,人民出版社1983年版,第331页。

洲人之所以喜爱自然景物，因为"荒野的景色由于同我们所厌倦的城市风光相反，而使我们喜欢。城市风光和经过修饰的园林由于同荒野地区相反，所以使 17 世纪的人们喜欢"①。

在普列汉诺夫看来，17 世纪的欧洲人常年生活在山野风光中，由于厌倦山野风光，转而喜爱城市风光；19 世纪的欧洲人常年生活在城市里，由于厌倦城市风光，转而喜爱山野风光。为什么同生活环境相反的东西会受到人们的喜爱？普列汉诺夫认为在于人心理结构中的"对立原理"："人的心理本性使人能够有审美的概念，达尔文的对立的原理（黑格尔的'矛盾'）在这些概念的结构中起着非常重要的、至今还未给予足够估价的作用。但是，为什么一定社会的人正好有着这些而非其他的趣味，为什么他正好喜欢这些而非其他的对象，这就决定于周围的条件。"②

在普列汉诺夫看来，自然景物并非始终属于审美对象，而只是对于一定时期的人——厌倦了城市生活的人，才成为审美对象。普列汉诺夫不是从自然景物中寻找这种现象产生的原因，而是从审美主体的角度分析这种现象产生的原因。普列汉诺夫指出了"人的心理本性"和人的审美"趣味"在自然景物欣赏中的作用，但没有对此进一步加以研究。这样一来，他就不能够说明为什么人们会厌倦对自己无害甚至有益的事物，如赖以生存的城市或乡村的生活环境。虽然如此，普列汉诺夫把对自然景物的研究从对审美对象的关注引向审美主体，对隐功利审美现象研究仍然具有非常重要的意义。

3. 巴甫洛夫的好奇本能理论

对于审美现象的研究发现，马尔斯顿和普列汉诺夫的发现是一种普遍的审美现象。原始人生活在漫山遍野的花丛中，却不用花草装饰自己，原始绘画中基本没有花草的位置。城市人喜欢养花种草，以欣赏自然山

----

① ［俄］普列汉诺夫：《普列汉诺夫美学论文集》（第 1 册），曹葆华译，人民出版社 1983 年版，第 331 页。
② ［俄］普列汉诺夫：《普列汉诺夫美学论文集》（第 1 册），曹葆华译，人民出版社 1983 年版，第 332 页。

水为乐,农村人却更喜欢车水马龙的都市风光。人们旅游总是选择没有去过的地方、远离居住地的地方、与生活环境差异大的地方;内陆人喜欢看海,平原人喜欢游山,去欧美观光对于中国人来说比到东南亚更有吸引力。

这些现象表现出这样一种倾向:隐功利审美对象似乎与显功利审美对象的形成过程恰恰相反。在显功利审美对象的形成过程中,美的事物的形成与人们对功利物的欣赏次数成正比例关系。然而在自然景物之类的隐功利审美对象的欣赏过程中,人们随着对欣赏对象熟悉程度的增加,对其情感则趋于淡漠、厌倦乃至反感,反而喜爱与之相反的事物。在社会生活中,人们往往用"喜新厌旧"表述这样的现象。

为什么会出现这样的现象呢?现代神经生理学认为与人的生理本性有关。巴甫洛夫在研究中发现,当环境中出现新的动因时——如陌生人、音响、环境的变化等——生物会立即将注意力集中在这个新动因上,从而在神经系统产生新的兴奋现象。巴甫洛夫认为,这是生物的一种无条件反射,并将其称为"探索反射""好奇本能",[①] 日常生活中人们则称之为"好奇心"。

好奇本能通常表现为迅速的关注行为和强烈的探究愿望,当这种本能得到满足的时候,人的神经系统就会产生愉悦感。相反,当好奇本能受到压抑,比如反复地观看同一个对象,或者反复地重复同一种活动,人对这个对象或这种活动在情感上就会渐趋淡漠乃至厌倦。好奇本能从神经生理学的角度,解释了审美活动中的喜新厌旧现象产生的原因,将隐功利审美现象的发生与人的生理本能联系在一起。

4. 格式塔美学的完形理论

格式塔美学又称完形心理学美学,是西方心理学美学的重要流派。格式塔是德文"Gestalt"的音译,意思是"形式"或"形状"。

1890年,奥地利心理学家埃伦菲尔斯(C. Von Ehrenfels)首先提出

[①] [俄]伊凡·巴甫洛夫:《大脑两半球机能讲义》(上册),戈绍龙译,上海医学出版社1953年版,第13—14页。

"格式塔特质"的概念。1912年，韦特墨（Max Wertheimer, 1880—1943）通过实验得出结论：在暗室中如果两条光线先后出现的时间仅仅相隔十分之一秒的话，那么我们就会看到是一根线在运动。他把这种现象称为"似动现象"，认为它本身就是一种完形，是大脑生来就具有的一种组织能力。格式塔美学由此认为，音乐绝非曲调音响的总和，绘画也不是线条和色彩的组合，而是包含一种特别的东西，即"格式塔特质"。音乐、绘画、诗歌之所以引起人的美感，就在于这种格式塔特质。

格式塔美学发现的"完形"或者"格式塔特质"，从生理学的角度讲，实际上是视觉感官的一种活动方式。在韦特海默之后，人们发现了这种视觉活动的规律：当人观看的物体消失后，所看到的影像仍能在视觉系统保留0.1—0.4秒，这种现象被称为视觉后像现象或视觉暂留现象。如果把连续出现的静态图像的时距保持在视觉暂留的范围之内，人就会产生运动的感觉，电影、电视由此而产生。

格式塔美学理论由于比较符合人们艺术欣赏中的某些感受，因而在西方艺术欣赏中产生了很大影响。从现代美学基本问题研究的角度看，格式塔美学的意义在于把隐功利审美对象引起人美感的原因，与人体感觉器官的活动方式联系在了一起。

5. 潜意识理论与隐功利审美现象的发生机理

马尔斯顿和普列汉诺夫的发现把隐功利审美现象发生的原因引向审美主体，巴甫洛夫与格式塔美学的研究进一步把这种原因指向人的先天本能和感觉器官的活动方式。人的先天本能和感觉器官活动方式如何促成隐功利审美现象的发生，弗洛伊德的潜意识理论提供了绝佳的观察视角。

潜意识理论在传统心理学的研究对象——意识之外，发现了影响人类行为更为重要的因素，即潜意识。弗洛伊德认为："人类最深刻的本质在于初级的、自发的本能动力，这些动力对所有人来说都是同样的，它指向一定先天需要的满足。"[①] 费希纳认为，人的心理类似于水中的冰

---

① ［奥］弗洛伊德：《弗洛伊德文集》，王嘉陵等译，东方出版社1997年版，第331页。

山，它的相当大的一部分是隐藏于水面以下的；潜意识心理具有极端的心理能量，意识的运动就是由潜意识推动的。①

根据潜意识理论，人的先天本能和感觉器官的活动方式在神经系统中形成各种潜意识的需求，需求得到满足人就会产生愉悦的感觉。当这些潜意识的需求以事物的形式为满足对象，人欣赏这些事物的形式就会产生需求得到满足的愉快感觉。由于这种需求的满足是潜意识的，在意识层面无法察觉，所以人得到快感却不知道快感产生的原因。对实物形式需求的满足过程就构成隐功利审美现象，如性本能与欣赏异性形象、生命本能与欣赏植物发芽开花，眼睛接受适宜的光波、耳朵接受适宜的声波、身体接受适宜的温度和心脏接受适宜的频率引起快感，等等。隐功利审美现象发生的过程和机理，就是审美对象满足了审美主体对事物形式潜意识的功利需求，从而引起审美主体愉悦的感觉。

四 结 论

传统美学基本问题是柏拉图本体思维方式的产物，将传统美学研究引入死胡同。美学基本问题的现代转换，重要的是转换思维方式。从现实思维方式出发重新审视审美现象，美的事物为什么能够依靠形式引起人的美感就成为现代美学研究的基本问题。

在现实生活中，美的事物依据功利作用在引起人美感过程中的表现形态，分为显功利审美对象和隐功利审美对象两种类型，构成两种不同类型的审美现象。解答现代美学的基本问题，需要分别揭示两种类型审美现象发生的过程和机理。

显功利审美现象发生的过程和机理，在于人欣赏功利物的过程中，事物的样子在人的大脑皮层视觉区与快感区之间建立了新的稳定的联系通道，从而引起原本由功利作用引起的快感。隐功利审美现象发生的过

---

① ［奥］弗洛伊德：《弗洛伊德文集》，王嘉陵等译，东方出版社1997年版，第331页。

程和机理，在于事物的样子满足了人神经系统中对事物形式的潜意识需求，从而引起人的快感。事物的样子在人的大脑皮层视觉区与快感区之间的联系通道和人神经系统中对事物形式的潜意识需求，共同构成审美主体的审美心理。美的事物之所以能够依靠形式引起人的美感，就在于事物的形式符合了人的审美心理，从而引起美感的产生。

美学基本问题的现代转换和解答，为建构现代美学理论体系奠定了科学的基础。在此基础上，现代美学研究需要向两个方面拓展：一方面是运用审美现象发生的机理分析各种类型的审美现象，总结和揭示审美现象发生和变化的一般规律，形成现代美学的基本理论；另一方面是运用审美现象发生的机理和一般规律研究艺术、教育、传播、建筑等领域的审美现象，总结其中的规律，形成不同的部门美学理论。基本理论和部门美学的研究成果，将共同建构起现代美学的理论体系，使美学成为具有系统理论的现代学科。

Modern Transformation of Aesthetic Fundamental Issues

Zhao Huixia*

Abstract: The basic problems of aesthetics determine the development direction of the aesthetic discipline. The basic question of traditional aesthetics is "what is beauty?" proposed by Plato, which is regarded as "the essence of beauty" by later generations, which introduces the study of traditional aesthetics to dead ends. The modern transformation of aesthetics is important to change the way of thinking. From the perspective of examining aesthetic phenomenon from the realistic way of thinking, "why beautiful things can rely on form to cause people's beauty" has become the basic problem of modern aesthetic research. Modern aesthetic research needs to be expanded to two aspects: On the one hand, analyze the mechanism of aesthetic phenomena, summarize and summarize the general laws of aesthetic phenomenon occurrence and change, to form the basic theory of modern aesthetics; On the other hand, use the mechanism of aesthetic phenomena to study the aesthetic phenomena of art, education, communication, architecture and other fields to summarize the rules and form different departmental aesthetic theories. The research results of basic aesthetic theory and departmental aesthetics will jointly construct the theoretical system of modern aesthetics, and make aesthetics become a modern discipline with systematic theory.

Keywords: Aesthetic; Basic Problems; Modern Transformation; Aesthetic Phenomena; Mechanism

---

* Zhao Huixia, Xi'an Siyuan University.

微地理景观里的中国原
——从白鹿原到《白鹿原》的双向文化建构[*]

刘 宁[**]

摘要：白鹿原是陕西关中平原向秦岭过渡的一座黄土台塬，其上及周边地区历史古迹遍布，由于历代文人的吟咏，曾经产生了灞桥柳、灞桥雪等一系列经典古典文学意象，从而形成了古原丰赡的人文内涵。然而，白鹿原作为一个独立文学意象，是直到1993年当代中国著名作家陈忠实的长篇小说《白鹿原》问世后才形成。这一文学意象甫一诞生，便成功地唤醒了千年古原深厚的历史文化记忆，并凝聚为乡土中国一个巨大的文化符号，不仅蕴含了中华民族传统生活和文化，而且催生了白鹿仓、白鹿书院等一系列人文地理景观。从自然景观白鹿原到作家主体精神创造的文学意象，再到现实的人文景观的双向文化建构，白鹿原这一微地理景观是我们解读文学地理学中文地关系的典型个案。

关键词：微地理；白鹿原；地理景观；文学文本

一 自然地理白鹿原及其历史遗迹

中国的黄土高原是世界上最大的黄土堆积区，主要分布在黄河中游一带，地理范围指今天的秦岭与关中平原以北，鄂尔多斯高原和阴山山

---

[*] 基金项目：2021年陕西省社科基金项目"地理景观与近现代关中文学研究"（项目编号：2021H003）阶段性成果。
[**] 作者简介：刘宁，陕西咸阳人，女，陕西省社会科学院文学艺术研究所副所长，研究员，博士，主要研究方向为中国现当代文学，黄河文化、城市文化与文学地理学等。

脉以南，洮河及乌鞘岭以东，太行山以西，包括甘肃省东部、宁夏回族自治区大部分、山西全省和河南省西北部、陕西省北部，面积约30万平方千米，因东部和南边分别俯瞰华北平原和黄河谷地，地势高昂，故被命名为高原。原，则是一种常见的地形，专指地势较高，其上平坦的地貌。原的名称大约出现在西周春秋时期，《诗经·小雅·谷风之什·信南山》《小雅·鱼藻之什·黍苗》里均有描写，黄土高原上名原众多，董志原、洛川原、周原皆声名远播，《诗经》中对周原描绘较多。

关中平原位于陕西省中部，介于陕北高原和秦巴山地之间，北接北山，南凭南山，西起宝鸡，东至潼关，东西长约360千米，东宽西窄，最宽处80千米。关中平原上同样古原遍布，周原位于其西部，东西纵横70余千米，南北宽达20余千米，是周文化发祥的重要地域。今天的西安城内与城外也有不少古原。隋唐时修筑的长安城位于龙首原与少陵原之间，其上分布着六条高坡与六片洼地。隋时宇文恺以此地形运用《周易》中"六爻"理论修筑了隋唐长安城，他在九二处置宫城，九三之上置皇宫，立百司，九五之上置寺庙道观，赋予现实地形一种人文精神，充分彰显城市地形的特殊功能，从而实现了都城布局既理想化又具神秘感的效果。从西安城南的大雁塔向南延展，至秦岭山地间分布着白鹿原（包括炮里原、狄寨原）、铜人原（内含芷阳原、洪庆原）、奉政原、咸阳原（分为五陵原、始平原）、鳌原、马坞原、毕原（又名细柳原）、高阳原与神禾原等一系列原坡，构成了关中平原向秦岭山地的过渡地带。

白鹿原是灞水与浐水之间的一座黄土台塬，大约长25千米，宽6—9千米，面积约263平方千米，是西安境内最大的一座古原，跨西安市的长安区、灞桥区和蓝田县两区一县行政区域。境内的鲸鱼沟将其分割为南、北两原，南原名为炮里原，原面平缓；北原人称狄寨原，原坡起伏较大，因北宋名将狄青曾在此安营扎寨而得名。白鹿原东与箕山相接，西至西安城区，南依秦岭，浐水、灞水在其两侧流过，海拔在700—770米，高出西安平均海拔290—360米，整个白鹿原地势高昂而平展，便于驻军，因此是拱卫西安重要的军事屏障。《类编长安志》里载："'白鹿原'在浐水东，灞水南，东西六十里，南北五十里。《三秦记》里载：

'周平王东迁，有白鹿游于此，以是得名。'旧说：'在咸宁县东南二十里，自蓝田县界至浐水川，盖东西一十五里，南接终南，北至霸川，盖南北一十里，以谓之霸上。'"①《三秦记辑注 关中记辑注》也有类似叙述："县西有白鹿原，周平王时白鹿出。周平王东迁，有白鹿游于此苑，以是得名，盖秦运之象。其原接南山，西北入万年县界，抵浐水。骊山西有白鹿原，原上有狗枷堡。秦襄公时有天狗来，下有贼，则狗吠之，故一堡无患。"②古人多以白鹿为祥瑞，白鹿游于原上，被认为是秦运生的迹象。在秦的文物中，发现大量文物上镌刻着鹿纹纹样，当是秦人对鹿甚为重视的依据。今白鹿原西，浐河东岸，有鹿坊村，大概与白鹿传说有关。白鹿原东侧有渭河重要支流灞水流过。"霸水，古滋水也。出雍州蓝田谷北入渭"③。灞水源出蓝田县以东的秦岭北麓，西南流入蓝水，经西安市东，向北流入渭河。秦穆公时为彰显霸功，改名为霸水。公元前206年，刘邦在霸桥轵道上受降秦王子婴，遂将"霸"字改为"灞"。灞河是一条文化底蕴深厚的河流，在长达109千米的河流上分布着蓝田猿人和传说中的伏羲与女娲之母华胥氏陵寝。沿着灞河顺流而下，"浐水出京兆蓝田谷"，此乃灞水之支流也。距今6000—5000年，半坡人在浐河边驯化粟黍等旱作谷物，制作尖底陶瓶和人面鱼纹网盆，文明的曙光辉映在浐灞这片古老的土地上。

　　白鹿原历史悠久，其上及其周边的文物古迹遍布，除咸阳原外，这里还是西汉帝陵比较集中的区域。景帝阳陵、高祖长陵、惠帝安陵、哀帝义陵、平帝康陵、元帝渭陵、成帝延陵、昭帝平陵、武帝茂陵皆陈列在渭水以北的咸阳原，渭水以南的白鹿原上则为文帝霸陵。《三辅黄图校注》里载："水经渭水注云：霸水历白鹿原东，即霸川之西，'汉文帝葬其上，谓之霸陵。上有四出道以泻水，在长安东南三十里。'"霸陵位于西安东郊白鹿原东北隅，灞河西岸，即今灞桥区毛西乡毛窑院北凤凰山，

---

① 何清谷校注：《三辅黄图校注》，三秦出版社2006年版，第194页。
② 刘庆柱辑注：《三秦记辑注 关中记辑注》，三秦出版社2006年版，第97页。
③ 刘庆柱辑注：《三秦记辑注 关中记辑注》，三秦出版社2006年版，第91页。

· 177 ·

群众称为'凤凰嘴'。"① 此乃旧说，其实在原上江村。因汉文帝葬在白鹿原，故白鹿原又名霸陵原。文帝母薄太后陵寝位于霸陵南，人称南陵，文帝妻窦皇后陵位于霸陵之西，霸陵以西的少陵原上则为宣帝的杜陵。

白鹿原的东南部是陕西省蓝田县，蓝田之名据《三秦记辑注 关中记辑注》里载："有川，方三十里，其水北流。出玉、铜、铁、石。玉之类者曰求，其次曰蓝，盖以县出美玉，故名蓝田。"② 在县南六千米之处，青山连绵，奇峰突兀，中有流水环凑而泻出于两峰之间，世人谓之辋口。辋口南有川，此乃辋川，是盛唐诗人王维隐居之处。王维曾在绵延近20里的川道及山坡上，建造了华子冈、茱萸沜、鹿柴等20个景区，写下了著名的《辋川集》，留下了诸多脍炙人口的诗篇和著名的《辋川图》。

蓝田乃东出长安至武关的重要交通要道，即武关道。商於古道从陕西商州至河南内乡县柒於镇，是仅次于长安至开封道路（大驿路）的次驿路，古时许多商贾到南方经商需行此道。唐宋以来，李白、杜甫、韩愈、王禹偁等文人皆走过此道，留下大量可观的文人吟咏和碑刻。白居易《登商山最高山顶》云："下有一条路，通达秦与楚。"③ 王贞白《商山》曰："商山名利路，夜亦有人行。"④ 李商隐也曾有"六百商於路，崎岖古共闻"⑤ 的诗句。自蓝田县城关经古蓝关下商洛，入蓝田的辋川谷后，再逆流而上辋水东南行，过古蓝关、蓝桥驿，便可至陕南商山。这条经由白鹿原上的蓝田县的商於古道在沟通中国南北文化上具有重要地位。

蓝田还是关学文化发展兴隆之地。北宋大儒张载在陕西眉县横渠镇创立关学，蓝田的吕大忠、吕大防、吕大均兄弟均为张载亲炙弟子，熙宁九年他们在蓝田制定，并推演出中国第一部成文的民约《吕氏乡约》。这是中国士绅阶层以"知识—权力"结构模式实行的民间自治思想的体现，凝结着儒教文化礼乐刑罚并重的集体意识，秉承关学重礼好义精神。

---

① 何清谷校注：《三辅黄图校注》，三秦出版社2006年版，第430—431页。
② 刘庆柱辑注：《三秦记辑注 关中记辑注》，三秦出版社2006年版，第105页。
③ 彭定求等编：《全唐诗》卷431，中华书局2018年版，第4767页。
④ 彭定求等编：《全唐诗》卷701，中华书局2018年版，第8137页。
⑤ 彭定求等编：《全唐诗》卷540，中华书局2018年版，第6266页。

清末民初，蓝田出现关学最后一位大儒牛兆濂，民间称牛才子，曾拜当时著名的理学家三原的贺瑞麟为师，历任关中书院、鲁斋书院、芸阁书院、存古学堂、爱日堂主讲，一生躬行礼教、尊礼贵教。陈忠实从幼年时就耳濡目染牛兆濂的故事，在其身上透显着强烈的关学笃实践行、崇尚气节的精神。由此看来，关学道脉在白鹿原也是绵延千年。

二　诗词中的灞水与白鹿原（霸陵原）

如果从文学角度审视白鹿原，在古诗文里出现较多的是灞水、灞桥等意象。据不完全统计，在《全唐诗》《全宋词》中共有灞桥诗60首，灞水诗49首。前文已述灞水是渭河重要支流，灞桥横跨于灞水之上，初建于秦代，汉、隋、唐、明代皆有增修，《三辅黄图校注》曰："灞桥来历很古，然而何时初建，尚无文证。王莽地皇三年，即公元二二年发生了灞桥火灾，所以可以肯定西汉时就有灞桥。"[1] 灞水两岸曾筑堤五里，遍植柳树，唐人送友至灞桥时折柳相赠，感悟人生契阔，抒发离别情怀，因此吟咏灞桥和灞桥柳的诗文当时相当丰硕。许浑诗云："瘦马频嘶灞水寒，灞南高处望长安。"[2] 骆宾王诗曰："遨游灞水曲，风月洛城端。"[3] 岑参云："山开灞水北，雨过杜陵西。"[4]

至晚唐时，宰相郑綮的"诗思在灞桥风雪中驴子背上"的诗句，使灞桥文学景观谱系中又出现孟浩然骑驴形象与灞桥风雪景观融合的新元素。这一经典文学意象营造出一种清寒孤寂的诗境，并产生以此诗境为题的绘画作品。王维的《孟浩然马上吟诗图》是"灞桥风雪"题材较早的画作，南宋夏圭的《灞桥诗思图》为立轴绢本，淡墨设色，乾隆三十四年正月御题诗："驴背风花冷打人，远山忽耸玉嶙峋。谁知了了疏疏

---

[1]　何清谷校注：《三辅黄图校注》，三秦出版社2004年版，第419—420页。
[2]　彭定求等编：《全唐诗》卷534，中华书局2018年版，第190页。
[3]　彭定求等编：《全唐诗》卷77，中华书局2018年版，第6552页。
[4]　彭定求等编：《全唐诗》卷200，中华书局2018年版，第2068页。

笔，郑相诗情正得神。"① 乾隆的诗仍然落在孟浩然灞桥风雪驴子背的画境上。以"灞桥风雪驴子背"诗境而产生的绘画作品，有在风雪中骑驴老者兴之所至、寻诗觅句的行为，更有一种超越凡尘俗世和功名利禄、淡泊从容的姿态。

至两宋、金元时期，这一诗歌意境越来越丰富，审美境界也不断得到提升和表现，秦观的《灞桥雪》诗云："驴背吟诗清到骨，人间别是闲勋业。云台烟阁久销沉，千载人图灞桥雪。"② 金人李纯甫的《灞陵风雪》"蹇驴驼着尽诗仙，短策长鞭似有缘。政在灞陵风雪里，管是襄阳孟浩然"③，表现出文人卓然高洁的精神风范。苏轼词曰："君不见潞洲别驾眼如电，左手挂弓横捻箭，又不见雪中骑驴梦好烦，皱眉吟诗肩耸山。"④"惟有使君游不归，五更马上愁敛眉。君不是淮西李侍中，夜入蔡州缚取吴元济；又不是襄阳孟浩然，长安道上骑驴吟雪诗。"⑤ 显然，灞桥风雪与骑驴孟浩然得梅花撩拨，得俊雅之气，形成飘然超拔的精神境界。

唐诗中最初以白鹿原为题咏对象的诗作较少，而以霸陵原为名的吟咏居多。韩琮诗云"霸陵原上多离别，少有长条拂地垂"⑥。权德舆诗曰："雁沼寒波咽，鸾旌夕吹翻。唯余西靡树，千古霸陵原。"⑦ 李白的"箫声咽，秦娥梦断秦楼月。秦楼月，年年柳色，灞陵伤别"⑧。韦庄词云"芳草灞陵春岸，柳烟深，满楼弦管，一曲离声肠寸断"⑨。皆是以霸陵（原）写古人的离情别绪。而到李白的《别韦少府》："西出苍龙门，南登白鹿原。欲寻商山浩，犹恋汉皇恩。"⑩ 以及白居易的《城东闲游》

---

① 庞元济：《虚斋名画录》卷 7，《中国书画全书》第 12 册，上海书画出版社 1998 年版，第 472 页。
② 徐培均校注：《淮海居士长短句》，上海古籍出版社 1985 年版，第 179 页。
③ 王文诰辑注，孔凡礼点校：《苏轼诗集》，中华书局 1982 年版，第 715 页。
④ 王文诰辑注，孔凡礼点校：《苏轼诗集》，中华书局 1982 年版，第 587 页。
⑤ 王文诰辑注，孔凡礼点校：《苏轼诗集》，中华书局 1982 年版，第 715 页。
⑥ 彭定求等编：《全唐诗》卷 565，中华书局 2018 年版，第 6552 页。
⑦ 彭定求等编：《全唐诗》卷 327，中华书局 2018 年版，第 6 页。
⑧ 王琦注：《李太白全集》卷 5，中华书局 1977 年版，第 322 页。
⑨ 彭定求等编：《全唐诗》卷 892，中华书局 2018 年版，第 10073 页。
⑩ 彭定求等编：《全唐诗》卷 174，中华书局 2018 年版，第 1786 页。

里出现"宠辱忧欢不到情,任他朝市自营营。独寻秋景城东去,白鹿原头信马行"①的诗句,就意味着唐人眼中白鹿原环境的变化。"执象宗玄祖,贻谋启孝孙。文高柏梁殿,礼薄霸陵原"②,在白居易的另一首诗中又回到对霸陵原上的霸陵之主汉文帝的礼赞。晚唐杜牧诗云:"丰貂长组金张辈,驷马文衣许史家。白鹿原头回猎骑,紫云楼下醉江花。九重树影连清汉,万寿山光学翠华。"③ 唐时白鹿原是贵族游猎之地,与曲江池畔的紫云楼沉醉江花对比,表现出唐人纵马赏花、潇洒自然的生活情致,而当诗中吟咏为霸陵原时呈现的则是汉文帝薄葬、崇尚俭朴的风范。

直至民国时,灞桥仍是文人吟咏的对象。1934 年 5 月,张恨水前往西北考察民生疾苦,创作了《燕归来》《小西天》两部章回体小说和《西游小记》一部类似于旅游手册的记游散文。他在《西游小记》里写道:"桥两岸,略有树林,杨柳占半数,在春夏之交,杨柳飞花,人行桥上,回想着古代的风味,这景致是有些意思了。"④ 在《燕归来》里描写:"偏西的太阳,由牌坊上斜照过来,对这道长桥,两行疏柳,更是动人的情感。那半空里的柳花,近看是雪,远看是白影子,飞得更起劲。有些落在无声的水面上看了去,真个是水化无痕,这又可以增加一种趣味。"⑤ 两部作品相互映衬,描绘出民国时灞桥萧条的景观。

1935 年侯鸿鉴过灞桥,两首题灞桥的诗可见近代文人过灞桥时的心境:

> 铁辙辚辚过灞桥,水流曲折望迢迢。红坊两岸离人泪,碧柳千丝送客桡。沙白渚清鸿爪印,酒魂剑胆马蹄骄。须知自古征途远,日近长安意气消。

---

① 彭定求等编:《全唐诗》卷 436,中华书局 2018 年版,第 4829 页。
② 彭定求等编:《全唐诗》卷 441,中华书局 2018 年版,第 4927 页。
③ 彭定求等编:《全唐诗》卷 521,中华书局 2018 年版,第 5950 页。
④ 张恨水、李孤帆:《西游小记·西行杂记》,甘肃人民出版社 2003 年版,第 45 页。
⑤ 张恨水:《燕归来》,国际文化出版公司,2013 年,第 179 页。

数千里外漫游客,况自江南独往来。陇路停车斜日黯,柳堤系马晚风隤。水分浐灞出蓝谷,迹溯隋唐已劫灰。何待雪花点驴背,欹窗诗思暗相催。[1]

这两首诗,第一首咏灞桥既有眼前所见实景,也有对历史的追思。第二首写诗人从江南而来,所见灞桥柳堤,并写浐、灞二水出蓝谷,隋唐历史遗迹早已湮灭,不由想起"诗思在灞桥风雪中驴子背上"的典故来,于是诗兴大发,吟诗以记怀。

从上述灞桥系列及白鹿原的文学书写中,我们看到这座横亘在长安城东部的白鹿原(霸陵原),经过千年完成了其文学性内涵的建构,只是此时的白鹿原尚未作为一个完整的文学意象出现,尚且在古典诗文的灞桥文学谱系里循环徘徊。

三 小说文本《白鹿原》

1993年当代著名作家陈忠实创作的《白鹿原》问世后,白鹿原迎来了它文化建构的高光时期。是年,同在北京出版社出版的其他陕西作家作品,还有贾平凹的《废都》、高建群的《最后一个匈奴》、程海的《热爱生命》、京夫的《八里情仇》,这便是"陕军东征"事件。事实上,在这5部作品里影响最大的是陈忠实的《白鹿原》与贾平凹的《废都》。此处不去探讨当年这两部作品为什么能产生强烈的社会轰动效应,我们所关注的是自然地理白鹿原究竟是如何转化为文学文本《白鹿原》的。

事实上,在陈忠实的写作中,由自然地理白鹿原向文本《白鹿原》转变有一个较长的创作过程。在陈忠实早期小说里白鹿原只是故事发生的地理背景,或是人物活动的舞台。在《最后一次收获》中作者开篇这样描写白鹿原:

---

[1] 侯鸿鉴、马鹤天:《西北漫游记·青海考察记》,甘肃人民出版社2003年版,第13页。

一条条沟壑，把塬坡分割成七零八碎的条块。一条主沟的上下两岸，都统进好几条大大小小的支沟。远远望去，那一条条主沟和支沟，恰如一个老汉赤裸着的胸脯上的暴突筋络。被主沟和支沟分类开来的南塬塬坡，就呈现出奇形怪状的浮雕似的构图，有的像脱缰的奔马，有的像展翅疾飞的苍鹰，有的像静卧的老牛，有的像平滑的鸽子，有的像凶残暴戾的鳄鱼，有的像笨拙温顺的母鸡……莽莽苍苍的南塬塬坡，像一条无可比拟的美术画廊，展示出现代派艺术巨匠们的一幅幅变态的造型……沟壑里陡峭的断层上，是黄色的、红色的、白色的、褐色的土壤层次；缓坡上和沟底里，是绿色的杂草、苇丛，稀稀拉拉地冒出一棵或几棵山杨或臭椿树。沟壑之间的坡地上，一台台条田，被黄熟的麦子覆盖着。现在，无论你把眼光投向东部或西部，只能看见两种颜色，大片大片地包裹着坡面的麦子的黄色，夹在大片黄色之间的沟壑里的野草的绿色。黄色是主宰，绿色变成点缀了；似乎这山野世界在一夜之间进行过自然界的翻天覆地的革命，把永恒地主宰着山野世界的绿色推翻了，变成了象征着富足的金灿灿的黄色的一统天下，绿色被挤压到狭窄的沟缝间去了。①

这段描写展现了白鹿原这片土地丰富的地形和多样的植被生态，及至《三九的雨》里作家再一次对自己生活的白鹿原打量："这是我村与邻村之间一片不大的空旷的台地。只有一畛地宽的平台南头开始起坡，就是白鹿原北坡根的基础了。"② 如果说长篇小说《白鹿原》展现的是白鹿原上以农耕生产、生活方式为基础而形成的儒教文化受到现代化的种种冲击，引起原上人们的心理和精神裂变，那么在《原下的日子》作家则表达了最真切的在乡村生活的感受：

---

① 陈忠实：《陈忠实文集》第3卷，广州出版社2004年版，第3—4页。
② 陈忠实：《原下的日子》，北京十月文艺出版社2008年版，第57页。

村庄背靠白鹿原北坡。遍布原坡的大大小小的沟梁奇形怪状。在一条阴沟里该是最后一坨尚未化释的残雪下，有三两株露头的绿色，淡淡的绿，嫩嫩的黄，那是茵陈，长高了就是蒿草，或俗称臭蒿子。嫩黄淡绿的茵陈，不在乎那坨既残又脏经年未化的雪，宣示了春天的气象。……五月是最好的时月，这当然是指景致。整个河川和原坡都被麦子的深绿装扮起来，几乎看不到巴掌大一块裸露的土地。……直到某一日大雪降至，原坡和河川都变成一抹银白的时候，我抑止不住某种神秘的诱惑，在黎明的浅淡光色里走出门去，在连一只兽蹄鸟爪的痕迹也难觅踪迹的雪野里，踏出一行脚印，听脚下的好雪发出铮铮铮"的脆响。①

陈忠实出生在西安市灞桥区白鹿原上的西蒋村，20世纪80年代调至陕西省作协工作，白鹿原上的祖屋是他常回乡居住的地方。从1982年至1992年陈忠实有十年时间归园田居，沉静的乡下生活使他再次贴近自己熟悉的故土，从中感悟生活的种种细节。1985年创作中篇小说《蓝袍先生》时，当他的笔刚刚触及蓝袍先生生活的南原，笔尖撞开徐家镂刻着"耕读传家"的青砖门楼下的两扇黑漆木门之际，作家生活记忆的大门被打开，这使他再次审视自己面前的白鹿原："我临窗而坐，第一次以一种连自己也说不准干什么的眼光瞅住了白鹿原的北坡。坡地上的杂树已披上绿叶。麦苗正呈现出抽穗前的旺势。间杂着一坨一坨一溜一溜金黄的油菜花。荒坡上的野草正从枯干灰黑的蒙盖着呈现出勃勃的绿色。历经风雨剥蚀，这座古原的北坡被冲刷成大沟小沟。大沟和大沟之间的台地和沟梁，毫无遮蔽地展示在我的眼前，任我观瞻任我阅览。"② 在后来的小说《白鹿原》中，作家反复揣摩的自然地理白鹿原呈现出千姿百态的形态：

---

① 陈忠实：《原下的日子》，北京十月文艺出版社2008年版，第155—156页。
② 陈忠实：《寻找属于自己的句子：〈白鹿原〉创作手记》，上海文艺出版社2009年版，第6页。

微地理景观里的中国原

  一座座峁梁千姿百态奇形怪状，有的像静卧倒嚼的老牛；有的酷似巍巍独立的雄狮，有的恰如一只匍伏着的疥蛙……它们其实更像是嵌镶在原坡表层的一副副动物标本，只有皮毛只具形态而失丢了生命活力。峁梁上隐约可见田堰层叠的庄稼地。沟壑里有一株株一丛丛不成气候的灌木，点缀出一抹绿色，渲染着一缕珍贵的生机。这儿那儿坐落着一个个很小的村庄，稠密的树木的绿盖无一例外地成为村庄的标志。①

  大自然中的地形地貌以及土地上的植被不以人的喜好而存在，然而当人们观赏它们时却会滋生出多样的情感，形成地理环境感知。这种感知最初以景观形式存在于作家意念之中，之后经过作家反复渲染，便成为小说的环境描写，或是人物活动的背景舞台。在作家的环境感知中与周边事物构成一个生态体系，白鹿原周边是"沉落到西原坡顶的蛋黄似的太阳绵软无力。对岸成片的白杨树林，在蒙蒙灰雾里依然不失其肃然和庄重。河水清澈到令人忍不住用手撩拨。一只雪白的鹭鸶，从下游悠悠然飘落在我眼前的浅水边"②。作家观察到的灞河边弥漫着田园生活的静谧，而此时距离灞河不远的西安城内则繁华绚烂，与宁静的乡村形成鲜明对比，作家愈发感受到白鹿原上乡村生活的本真。"我曾经挑着从生产队菜园里趸来的黄瓜、西红柿、大葱、韭菜等蔬菜，沿着上原的斜坡小路走上去，到原上的集市或村庄里叫卖，每次大约可以赚来一块钱，到开学时就装着攒够的学费到城里中学报名了。我曾经跟着父亲到原上的村庄看社火，或秦腔。我曾经和社员一起在原坡上翻地、割麦子。我曾经走过的熟悉的小路和田块都模糊了。我刚刚写完以这道原为载体的长篇小说。这道真实的熟悉到司空见惯的原，以及我给这原上虚构的一群男女人物，盘踞在脑子里也盘踞在心上整整 6 年时间，现在都倾注在

---

  ① 陈忠实：《白鹿原》，北京十月文艺出版社 2008 年版，第 347 页。
  ② 陈忠实：《原下的日子》，北京十月文艺出版社 2008 年版，第 154 页。

一页一页稿纸上,身和心完全掏空的轻松竟然让我一时难以适应。"① 不言而喻,陈忠实用 6 年时间将自然地理白鹿原转化为纸上文本《白鹿原》,这次全新的创造,作家搭建起了一座文学大厦。至此,自然地理白鹿原完成了它极其重要的转变,作为一部中国当代文学中重量级文本的存在,长篇小说《白鹿原》蕴含了极其丰富的文化意蕴。

第一,小说中的白鹿原是一个独立的文学地理单元。它由原坡、川道、河滩、河流、农田、树木、宅院以及形形色色的白鹿原上人物,构成一个微地理景观。在这幅微地理景观图里呈现的是文学的风景画、民俗图,其上自然蕴含着民族的心性与精神,彰显着他们的传统生活和生活方式。

第二,白鹿原是一个各种势力不断争夺的大鏊子,即革命斗争的大舞台。小说《白鹿原》在叙述原上村庄与人物的命运之际,展示了国共两党、土匪三家势力在白鹿原上的角逐,最终以共产党夺取胜利而宣告争夺的终结。对于这些政治斗争,陈忠实在散文里常以"原上的革命"来形容。鏊子是小说中的人物,朱先生面对白鹿原上"农民运动"被残酷镇压时提出的一个形象比喻,象征着革命斗争中各种力量不断的变化和消长。

第三,白鹿原是小说中主人公白嘉轩的一个比喻。陈忠实写道:"白鹿原和原上的白嘉轩。抑或是,白嘉轩和他的白鹿原。"② 这部分内容作者以"从追寻到转折,再到删简"为题,讲述了自己从寻找自然地理的原,到以人物隐喻古原的创作心理嬗变过程。从自然地理的白鹿原到以小说主人公白嘉轩象征一座原,陈忠实经历了创作时苦心孤诣的构思阶段和巨大的心理转变过程。他从白鹿原所处的地理位置谈起,讲到白鹿原隔浐河可望的神禾原、少陵原、凤栖原;隔灞河可看到的铜人原。神禾原是当代著名作家柳青生活十四年、创作史诗性

---

① 陈忠实:《寻找属于自己的句子:〈白鹿原〉创作手记》,上海文艺出版社 2009 年版,第 144 页。
② 陈忠实:《寻找属于自己的句子:〈白鹿原〉创作手记》,上海文艺出版社 2009 年版,第 80 页。

小说《创业史》的地方，铜人原是秦始皇焚书坑儒的原。而当陈忠实第一次将目光投向白鹿原；他查县志、寻找白鹿原上第一个党支部建立的粮店，就已深切感受到穿透这道原的软弱和平庸。为此，他大量搜集资料，积累素材，接下来对这些资料进行删简，最终将白鹿原删简到白嘉轩这个具象人物身上。他认为自己所要表述的《白鹿原》里的最后一位族长，以其坚守的《乡约》所构建的心理结构和人物性格，面临着来自多种势力的挑战。"这样，我才获得了本文开头的那种删简结果——白嘉轩就是白鹿原。一个人撑着一道原。白鹿原就是白嘉轩。一道原具象为一个人"①。

第四，白鹿原是传统乡土中国的一个象征或缩影。以白鹿原为缩影的这个传统农耕文明支撑起来的乡村社会，由耕织、宗族、儒家文化组成，耕织是生产，宗族是人与人之间的关系，儒家文化是奠定在农耕基础之上的一种精神理念，《乡约》是控制乡村思想的核心力量。然而这样的乡村社会在近现代中国遭遇现代化之际，也走向了分崩离析。故此，《白鹿原》所描绘的是"乡土中国"的缩影，揭示的是民族的秘史。

无疑，在中国近现代百余年，地理要素变动不大，重要的是社会和技术的要素转变引起社会转型，社会的要素是人和人的关系，技术的要素是人和自然的关系中人的一方面。小说《白鹿原》展现的是近现代百年时间，中国乡村社会日渐崩溃，传统儒家文化逐渐丧失统治地位。陈忠实在《白鹿原》中删繁留简，他深邃的文化追寻使《白鹿原》获得更多意蕴阐释的可能性。就此，作家完成了他从自然地理白鹿原到小说文本《白鹿原》的伟大创造。

四 小说与它的微地理景观

首都师范大学陶礼天教授在2021年中国文学地理学会第十一届年会

---

① 陈忠实：《寻找属于自己的句子：〈白鹿原〉创作手记》，上海文艺出版社2009年版，第88—89页。

上提出"微地理"概念，指的是一个相对具体而微小的"地理场"。包括三个概念，并指示三个方面的研究而形成整体的文学微地理研究，这三个概念分别是场地（有时也用"场所"这个概念）、场景与场合。场地（场所）是具体微小的地理空间，具有地域性；场景是具体微小的地理场地或场所景观——所有景观的复杂内涵都包含在内，场合包含了特定的场所之人际关系构成的社会人文空间。微地理既是作者的具体创作情境，也是表现在作品中的所谓"文学地理"，而作品中的这种"微地理"书写，同时也是一种艺术空间书写，是文学微地理研究的对象、中心与出发点。①"微地理"概念是文学地理学的空间研究的一个重要创新点。在笔者看来，古典文学中早已形成桃花源、潇湘、灞桥等一系列文学微地理景观。其中包含着该地域主要地理元素，以及由周围景观构成的一个景观群落。《白鹿原》中的"白鹿原"是中国当代文学成功建构起的一个微地理景观，在这个小地理单元中，包含着本地理单元固有的地理元素，又涉及周边的地理元素和文化因子。

"塬"本是黄土高原特有的地形地貌，不同于华北平原上一望无际的田野，高昂的地形特点已有山地意味。在陈忠实之前，唐诗中关于"原"的诗歌意象是广泛存在的。如白居易的"离离原上草，一岁一枯荣"。李商隐的"向来意不适，驱车登古原"。西北黄土高原上的古原景观与江南景观相比，多了几分悲壮与苍凉色彩。戴伟华在《〈状江南〉的艺术创新及其诗史意义——兼论敦煌〈咏廿四气诗〉的性质与写作时间》一文中描述江南的景观是：江南的春天，东风送暖，水资源丰沛，大地一片生意盎然，显然大不同于北方色彩浓厚的《月令》知识体系。②大批专咏南方风物的唐代诗词里有"江南仲春天，细雨色如烟。丝为武昌柳，布作石门泉。""江南孟冬天，荻蕙软如绵。绿绢芭蕉裂，黄金橘柚悬"的诗句。唐诗词中江南的春与冬和陈忠实笔下的白鹿原不同，后

---

① 详见陶礼天《微地理与文学微地理及文学空间若干问题新思考》，《中国文学地理学会第十一届年会论文集》下，2021 年 7 月版，稍有修改。
② 戴伟华：《〈状江南〉的艺术创新及其诗史意义——兼论敦煌〈咏廿四气诗〉的性质与写作时间》，《文学评论》2020 年第 3 期。

者呈现的是裸露的土地与春色相见，宁静的雪地覆盖着诗意。

首先，长篇小说《白鹿原》实现了中国当代文学对原坡景观成功塑造的先例。历来，历史地理学利用小说作为区域地理的资料，构建起一个地方景观与特征信息库的长期传统。小说家最初是利用景观作为自己作品的背景，即人物活动舞台，赋予景观内涵与意义，使景观具有主动性。"景观首先由其所在地点（即由其自身位置）所确定，其特征有别于其周边景观的特征；景观有自然范畴与文化范畴，并因此能够用地图来再现，也能够用绘画来再现。而且，对于意识主体的观察者、制图者与绘画者来说，在这些再现景观的地图与绘画中，大地本身成了客观实体。"[1] 作家笔下的微地理景观是自然地理与周边环境构成的一个独特的地理单元，有它独特的气候、土壤、植被、建筑、人物，以及人物的精神气质。

《白鹿原》作为当代中国文坛上第一部描写古原的小说，与西方文学中的荒野意象形成鲜明的对比，与艾略特的《荒原》不同，因为"《荒原》的作者有一半时间活在当代伦敦的真实世界，另一半时间活在中世纪传说里那着魔的荒野之中"[2]。荒原、荒野意象是从19世纪美国文化中衍生出来的，美国乡土文学把荒野当作自然与精神意义的地方来写，具有浪漫主义及其崇高的象征，美国在荒野上建立的第一个国家公园黄石公园体现的就是一种自然主义精神。而在笔者看来，白鹿原的文学意象是西北土地的一个典型象征。

其次，《白鹿原》的现代象征意义使其突破传统白鹿原的人文内涵。《白鹿原》更重要的价值在于文化层面上，陈忠实强烈的"最后"意识，即对中国农耕文明深深的眷恋之情，使其在传统农耕文明遭遇现代化侵袭之后，便产生出不可化解的挽歌心理和文化意识。《白鹿原》创作于20世纪80年代，那正是当代中国文坛寻根文学滥觞之际，"最后一个"

---

[1] [英] R. 阿兰、H. 贝克：《地理学与历史学——跨越楚河汉界》，阙维民译，商务印书馆2013年版，第112页。
[2] [美] 埃德蒙·威尔逊：《阿克瑟尔的城堡：1870年至1930年的想象文学研究》，黄念欣译，江苏教育出版社2006年版，第81页。

的挽歌意识普遍存在于中国当代文学里，张伟的《古船》、李杭育的《最后一个渔佬儿》、邓刚《迷人的海》等都表达了当田园牧歌生活已逝，乡村可用来表达流逝黄金岁月的遗憾。陈忠实的《白鹿原》从这个时代中脱颖而出，使白鹿原成为一个巨大的文化符号，一个乡土中国的象征。

陈忠实对白鹿原的文学创作经历了从小说背景的地理环境描写，到中国乡村的一个重要坐标的隐喻，再到美好和吉祥的比喻，正义和高洁精神的象征。"象征主义是19世纪自然主义的解药，正如浪漫主义是17—18世纪新古典主义的反悖：象征主义之于浪漫主义，则事实上是发展而非对立。可是，当浪漫主义者为经验本身而寻找经验——爱、游历、政治——尝试所有生命的可能性；象征主义者却只在文学的范畴里实验，只在思想与想象里探险与发掘可能性，纵使他们讨厌公式，摒弃惯例，而且本质上也算是冒险者。"[1] 象征最大的用处就是用具体的事物替代抽象的概念，寓理于象。白鹿原是近现代乡土中国的一个象征，最终凝聚并上升为一个巨大的中国文化符号，即儒家文化。它在近现代遭遇现代化侵袭之后，伴随着传统乡村社会结构，这种文化也受到极大的冲击。《白鹿原》以现代文明的视野看待传统农耕文明及其在这种生活方式上形成的文化裂变，抑或是转型。有意思的是，作者还将这个裂变的乡村社会与当代革命改造的社会场景也展示出来，在不同时间序列中呈现白鹿原。

最后，《白鹿原》是地理与人文精神相互建构的典范。自然地理空间与人类的情感有着密切关系，所有民族皆对山野林泉有神往之情，借助文学、绘画，或者园林艺术得以积淀和传承。大多数作家对自己生活过的土地、地理环境有深切感受，由于他们对所处地理环境的直接接触，以及对其文化历史的探索，或者出于对国家地位而产生的情感，从而形成对地理环境的感知。《白鹿原》表现出对区域文化深切的感知和深刻

---

[1] [美]埃德蒙·威尔逊：《阿克瑟尔的城堡：1870年至1930年的想象文学研究》，黄念欣译，江苏教育出版社2006年版，第190页。

理解、反思，小说经过地理、意义、隐喻、象征发展过程，从而达到对精神世界的展示。无论是对人物的文化心理结构裂变呈现，还是对整体白鹿原作为一个巨大文化符号的象征，精神世界的描摹和展现是小说最高的写作追求。在精神世界里，贯穿始终的是，关学思想和精神实质。

关中是关学发祥地，自北宋张载创立以来，"代不乏人，综其本末，惟蓝为盛，自伏羲肇牁华胥，进伯、微仲、和叔、与叔诸先生继起，而少墟之编，丰川之续，独以羲圣、秦关为终始"①。白鹿原上深厚的关学文化对于生于兹的陈忠实具有很大的影响，他深刻意识到：关中的崛起与衰落，在某种意义上，是中国乃至中国文化的崛起与衰落。鉴于此，中华民族文化之谜恐怕是与"关中之谜"的解答相联系的，这也就是《白鹿原》作为一部地域文化作品所凝聚的民族文化的意义。与此同时，《白鹿原》的问世更与20世纪最后20年中国社会现状有密切关系。20世纪末期，一系列业已僵硬的理论预设遭到深刻的质疑，持续不断的阶级斗争图景逐渐撤出历史叙事。革命的激进和摧毁产生了令人惊骇的副作用之后，传统文化及时出面，劝诫人们退守到一个安宁和谐、"天人合一"的境界。这就是《白鹿原》诞生最为重要的时代背景，而就在此时，李泽厚的"文化心理结构"学说为陈忠实创作《白鹿原》提供了哲学和创作方法的理论资源。李泽厚的"文化心理结构"学说的主要内容是指：儒教文化以血缘为根基，重视实用理性，强调人的内在精神超越。直到今天，这样一个稳定的民族"文化心理结构"，尽管其赖以产生的社会经济基础消失了，但它却在人们的心灵深处延存下来。陈忠实接受了李泽厚的观点，在《白鹿原》中以朱先生作为儒教文化的象征人物，其核心思想在于：虽然普通老百姓并不熟悉甚至不知道孔子，但孔夫子开创的那一套长期通行的宗法制度，从长幼尊卑的秩序到"天地君亲师"的牌位，却早已浸透在他们遵循的生活方式、风俗习惯、观念意识、情感之中。作者"看到蒙裹在爱和性这个敏感词汇上的封建文化封建道

---

① 张元勋：《牛蓝川先生行状》，蓝田县地方志编纂委员会编：《蓝田县志》，陕西人民出版社1994年版，第802页。

德,在那个时段的原上各色人物的心理结构形态中,都是一个不可忽视的支撑性物件,而揭示这道原的'秘史'里裹缠得最神秘的性形态,封建文化封建道德里最腐朽也最无法面对现代文明的一页,就是《贞妇烈女卷》"[①]。

《白鹿原》在揭示传统文化吃人、腐朽一面时,也建构起当代现实生活中的新人文景观。白鹿原是西安现代大都市生活中一个令人向往的郊区空间,这里将城市和乡村生活较好地结合起来。正是由于小说《白鹿原》的文化创建,白鹿原上创建了白鹿仓民俗基地和白鹿原影视城。白鹿仓是依据《白鹿原》而形成的乡村旅游小镇,每到节假日,周边的人们便来此享受传统的乡村风俗民情,品味关中风味小吃,感受白鹿原的自然风光。白鹿仓成为现代都市生活的一大补充。白鹿书院是陈忠实在世时创建的一所现代书院,坐落在西安思源学院,专门用于藏书、从事学术研究、文化传播,当代著名文艺评论家邢小利现任白鹿书院山长,十多年来他编辑出版《秦岭》杂志,编写大量特色地方文献资料。

毋庸置疑,从一座古原到折射当代中国人文精神思想的文学文本,小说《白鹿原》是地理与人文精神相互建构的典型个案,体现着人类主体精神在客观自然界间的折射。以诗化形式去描述中国大地、提炼精神意义,《白鹿原》堪称文学与地理相结合的典范之作。

---

① 陈忠实:《寻找属于自己的句子:〈白鹿原〉手记》,上海文艺出版社2009年版,第78—79页。

The Chinese Plain in the Microgeographic Landscape
—Bidirectional Cultural Construction from Bailuyuan to *White Deer Plain*

Liu Ning*

Abstract: White Deer Plain, the surrounding area is full of historical sites, is one of loess plateau in the transition from Guanzhong plain to Qinling mountains in Shaanxi province. The chant of the literati of the past dynasties produced a series of classic impression of classical literature, laying a foundation of abundant humanistic connotations. However, White Deer Plain as an inpendent literary image was not formed until 1993, when the novel White Deer Plain was published by Chen zhongshi, a famous contemporary Chinese writer. White Deer Plain awoke profound historical memory of thousand-year-old ancient plain, which has become a huge cultural symbol of rural China. It contains the traditional national life and cultural history. At the same time, it has created a series of cultural landscapes such as White Deer Darn and White Deer Academy. From the natural landscape of white deer Plain to the literary image created by wirter's subjective spirit, and to the two-way interacive cultural construction of realistic humanistic landscapes, the micro-geographical landscape of white Deer Plain is a typical case of us to interpret the relationship between geography in literary geography.

Keywords: Microgeographic; *White Deer Plain*; Geographic Landscape; Literature Text

---

* Liu Ning, Shaanxi Academy of Social Sciences.

地理空间与延安文艺的相互建构释探[*]

杜 睿[**]

摘要：在20世纪中国文学史上，延安文艺作为一个重要文学思潮一直被重构，不断纷争的背后是延安文艺多元化解构的过程。这看似回到最初的"历史语境"中进行其内在文学价值的分析，实则还是在文学与政治的框架内解构，而文学作为一个复杂的存在，其成因必然是多元的。作为建构民族国家的一种"民间"文艺形态，延安文艺不同于"五四"的新文艺，其复杂的成因除了时代和政治因素，还与其特殊的地理环境有着千丝万缕的联系。在特殊的空间场域内，"共时性"存在的文学形态与"在地性"的自然和人文地理环境联系在一起，召唤各地文人奔赴延安，在一种文学想象的共同体中，形成了面向"工农兵"受众的大众文艺形态的"集体狂欢"。延安文艺最终在想象空间（地理）—客观（自有）空间—创作空间—接受空间中形成一种面向民间、建构民族并与延安道路相一致的文艺形态。

关键词：文学地理；延安文艺；创作空间；接受空间

---

[*] 基金项目：本文为国家社科基金重大项目"延安文艺与二十世纪中国"（项目编号：18JDA028）、陕西省社科基金项目"文学地理视域下的延安文艺"（项目编号：2019J017）的阶段性成果。

[**] 作者简介：杜睿，陕西咸阳人，陕西省社会科学院助理研究员，博士，研究方向为20世纪中国作家作品研究。

地理空间与延安文艺的相互建构释探

本文所研究的"延安文艺"是以延安为核心的区域文艺,从文学空间而言,它涵盖了陕甘宁边区和中国共产党领导统摄的其他敌后抗日根据地:一方面是"在地性"的延安和陕甘宁边区,另一方面是"流动性"的敌后抗日根据地(本文所指延安文艺主要涵盖的空间是邻近的晋察冀和太行山区一带)①,其文艺的影响力实际上和延安属于同一空间。这里所谓的"空间"是一种三维空间状态,既包括自有空间,即实际存在的自然空间、人文空间和社会空间,又包括文学家创造出的文学空间,即作品描述、建构出来的空间以及接受空间,即受众对文本解读时想象出的空间②。在一个文学空间中"通过考察不同的自然地理环境和人文地理环境,对文学家的气质、心理、知识结构,价值观念等构成的影响,以及通过文学家这个中介,对文学的体裁、形式、语言、题材、意象等构成的影响"③,实现作家创作的价值内化,并在接受主体的检验中完成延安这一空间的文本建构和传播。

就延安文艺的命名而言,内含以陕北"延安"为中心的文艺思潮,身处陕北黄土高原腹地,黄土高原上所具有的所有自然景观和人文样态,一方面为延安文人提供了天然叙事场域,另一方面延安文艺所呈现的雄宏之美、崇高之感、壮志豪情,构成了"在地性"的文学。在战时文学地理大环境改变下,地理(空间)起到了一种纽带作用,它把延安道路(从政治层面所理解的道路)与人民群众紧密连接在了一起。文学则借用地理要素实现了自己价值内化。不言而喻,延安文艺经过文学家的创作最终成为适应时代(政治)和空间(地理)的产物。

---

① 笔者在对延安文艺研究中发现,晋察冀边区对大众文艺的实践甚至更积极主动,从晋察冀边区机关报《晋察冀日报》(《抗敌报》)可见,群众对文艺的参与度更高,而这种参与度和延安相比更大程度来源于群众与知识分子(文艺工作者)之间的互动。比如集体性征文、街头诗运动和秧歌剧的创作与演绎,都是以群众为主角的文艺活动。一方面是他们没有经历延安的"集体",而直接进入工农兵环境;另一方面是他们在核心之外的空间中,既是流动的,又是统一的。

② 在延安这一空间内还有另一层空间,即在自有客观空间之外的想象空间,知识分子是通过对延安自我解读达到内心的想象,从而有了奔赴延安的冲动。

③ 曾大兴:《文学地理学研究》,商务印书馆2012年版,第2页。

一 从想象到现实：空间位移的价值内化

从大的文学地理环境考虑，20世纪30—40年代是中国文学中心从东南沿海向西部位移后形成的，因政治原因，被划分为解放区、沦陷区和国统区三大部分，从一个侧面反映了当时战争环境下的文学区域分野。"1937年抗日战争的爆发打破了中国现代文学固有的格局和自然发展的态势……现代文学和中国军民一样不得不完成一次空间大转移。"① 这次迁徙有多重复杂原因，有战争因素带来的文学被迫地理空间转移，个人理想、信念的转变。正如美国学者费正清所讲："二次世界大战期间，延安是一个人人想去的、充满阳光的、愉快和蔼的地方。那里的革命士气和热情非常令人感动，正如斯诺和其他美国记者向世界报道的那样。"② 延安的生存土壤是农村，为什么中国共产党能够最终在这片苦寒寂寥的土地上创造奇迹，取得胜利，文学能够从"五四"西方话语的现代性转而为民族化、本土化？在于"虽然它（延安）很小，经济也很不发达，远比不上北平、上海、重庆这样一些传统或新兴的大都市，但它在文化方面逐渐发展起来的重要性，实际上已经超过了那些大城市——原因是，这偏居西北一隅的不起眼的小地方，正在培育和形成未来在中国居领导地位的新文化"③。在被作为乌托邦的想象和冲动下，延安有消解精英、面向工农兵的革命要求，延安能够形成新的文化中心，必然要经历想象空间—自有空间—创作空间—接受空间的过程，其中第一层空间是想象空间到自有空间，大量知识分子奔赴延安，在延安的自然地理中感受空间位移带来的变化，从而内化生成一种创作动力。

从大自然的地貌、气候、水文、形态来分析，以延安为中心的陕北

---

① 张武军：《北京、上海文学中心的陷落与重庆文学中心的形成——略论抗战对中国现代文学格局的影响》，《现代中国文化与文学》2005年第2期。
② ［美］费正清：《伟大的中国革命（1800—1985年）》，刘尊棋译，世界知识出版社2000年版，第294页。
③ 李洁非：《"叙事"的学术价值——〈整风前后〉有感》，《西南民族大学学报》2006年第7期。

地区,确切地说是指包括延安、榆林两个地区的黄土高原区域。它北连毛乌素大沙漠,南接渭北旱原,西越子午岭与陇东相望,东隔黄河与山西为邻。地质上的地壳运动以及历史上的滥垦滥伐,造成黄土高原上表层地形破碎、沟壑纵横的景象;同时干旱无雨、植被绝少,使得延安的生存条件极为恶劣。延安是个几乎被大山包裹着的区域,与现代文明隔绝。亚历山大·潘佐夫曾描述过自己对延安的感受:

> 延安地处一个狭长的山谷中,位于宽阔的延河南岸,河水不深且水中沙石很多。小城的四周都是黄土崩。巨大的、起着堡垒作用的城墙几乎把整个城市都围了起来。城市的西边和西南边没有城门。在这两个方向,堡垒似的城墙沿着山脊蜿蜒伸展,保护着这座城市免受任何不速之客的侵袭。①

在潘佐夫的描述中我们不难看出,延安的地理位置是处于一个狭长的山谷之中,城墙沿着山脊伸展开来,起到了一个天然的屏障作用,延安这座被包裹着的城市就形成了易守难攻的军事战略优势。同时这也造成了交通极为不便的缺陷。"一个人如果不顺道路走,许多黄土地区就是不可穿越的,……由于持续的水土流失,一些路或小径变成了真正的峡谷,宽度仅够一辆车通过,几乎像矗立的墙,高耸达 40 英尺以上。"② 而和延安紧邻的陕甘宁其他地方与太行山边区,都有着极为相似的地理环境。封闭和落后的自然空间形成了相对安稳的环境,具有了天然的排他性。故此,大城市的知识分子们在从未到过的场域内,首先面对的是想象中的延安。和其他空间相异性在于,奔赴延安的知识分子首先存在着一个想象的空间。当年,在其他现代化都不具备的情况下,想要去延安并非易事,这种封闭的地理空间给外界提供了一个建立社会想象共同体的客观条件。当然关于这一社会想象共同体的建立也并非空穴来风,

---

① [俄] 亚历山大·潘佐夫:《毛泽东传》,中国人民大学出版社 2015 年版,第 35 页。
② 转引自 [美] 马克·塞尔登《革命中的中国:延安道路》,魏晓明、冯秉义译,社会科学文献出版社 2002 年版,第 11 页。

· 197 ·

而是在率先来到延安并做出自己认知和判断的中外媒介建立起来的,渴望去延安的知识分子在心中,以此为依据,早就建构起一个想象的"圣地"形象。著名的《西行漫记》是埃德加·斯诺作为外国记者最早奔赴延安采访,以第一手资料创作的纪实性文本。它为对延安一无所知的知识分子提供了在场想象的依据,特别是延安稳定的社会环境和自由的精神场域,对于战乱中的知识分子来说更是非常渴望的。斯诺写道:"对吴起镇这些工人来说,不论他们的生活是多么原始简单,但至少这是一种健康的生活,有运动、新鲜的山间空气,自由、尊严、希望,这一切都有充分发展的余地,他们知道没有人在靠他们发财,我觉得他们是意识到他们是在为自己和为中国做工,而且他们说他们是革命者!"① 这里除了延安是一个精神场域,到处充斥着革命的语境,也使处于迷茫的知识分子认为自己寻找到了一条革命之路。这对当时饱受战乱之苦的知识分子来讲是非常向往的。"40年代作为流亡者的作家,越是出入于战争的'地狱',越是神往于一个至善至美的精神'圣地',以作为自己心灵的'归宿'。"②

在他们看来,他们向往一个革命的且有着精神自由的"圣地",来安放他们的灵魂,同时也能够让他们得到一点衣食无忧的安稳。这个想象中的圣地延安,不仅吸引了大批文人,也让延安"解放区"迅速成为文学中心地带之一,成为大批文人追逐的圣地。据《延安自然科学院史料》记载:"1938年夏秋之间奔向延安的有志之士可以说是摩肩接踵,络绎不绝的。每天都有百八十人到达延安。"③ 当知识分子踏上奔赴陕北之路时,想象的空间转变为真实的地理空间,他们在从南到北、从城市到乡村、从沿海到内陆的地理空间转移中感知到了空间位移带来的内心冲击,并逐渐内化为创作的冲动。

---

① [美]埃德加·斯诺:《西行漫记》,董乐山译,生活·读书·新知三联书店1979年版,第258页。
② 钱理群:《"流亡者文学"的心理旨归》,王晓明《批评空间的开创》,东方出版中心1998年版,第255页。
③ 《延安自然科学院史料》编辑委员会编:《延安自然科学院史料》,中共党史资料出版社、北京工业学院出版社1986年版,第384页。

按照布尔迪厄关于文化与权力的说法，当资源成为一种斗争的对象并发挥社会权力关系作用的时候，它就变成了一种资本的形式。场域斗争围绕的是特定资本的争夺，文化资本是知识分子场域内最重要的财富，这一场域内的文化生产都是围绕着特定资源展开的。在抗战烽火燃遍东南中国，中国的知识阶层从国家中心城市纷纷往西北、西南边缘地带转移，文化资源也相应发生了变化，并且这一变化是随着文化场域的变化发生。在红色圣地延安的感召下，知识分子来到延安之后，不仅资源发生了变化，生存状态也发生改变，文化生产方式同时在改变。

奔赴延安的知识青年中有很多来自南方，从"亭子间"到"土窑洞"的转变过程中，事实空间与想象空间重叠、融合，西北的黄土窑洞和苍茫辽阔的自然景观，对文学青年的心理冲击是可想而知的。油画家王式廓从武汉到西安后，被八路军驻西安办事处编入一个十几人的队伍，步行奔赴延安。这群年轻人穿着布鞋，带着草鞋，每天天刚亮就启程，一直走到天黑。刚开始每天走几十里路就能找到旅馆，后来要走100多里路才能找到住所。就这样，在黄土高原的沟壑中走了12天，才到达延安。作家陈荒煤搭上了一辆前往延安送棉花包的卡车，卡车在黄土高原上走走停停，路上去延安的人越来越多，许多年轻人背着背包，徒步行走，浑身上下甚至连眉毛上都沾满了黄土。他们这辆卡车上爬上来的人也越来越多，大家挤在一起，在颠簸着，但情绪却随着目的地临近而愈加兴奋，最后大家索性扯开嗓子唱起歌来。及至1941年"皖南事变"之后，想要到达延安难上加难，不仅因为交通不便、环境恶劣，还在于国民党的封锁和盘查。音乐家贺绿汀的夫人伪装成八路军的家属前往延安，而两年后贺绿汀才到达延安。同贺绿汀有着同样经历的青年不在少数，许多青年都十分动情，一过边界，罗烽用鼻子闻、用嘴亲吻延安的黄土地，甚至躺在黄土地上打滚。强烈的地理环境与民俗差异对青年们的内心冲击，让他们对自然景观产生了强烈的感官刺激。严辰和爱人逯斐与艾青、罗烽一起奔赴边区，逯斐在20世纪80年代回忆当时场景时，仍十分激动，他们一行人一路穿过国民党的关卡，从洛川朝着边区的方向步行,"再往北,虽也是那么沉寂,但在两边连绵不断的山头上,不再是碉堡、岗楼,而是拿了红缨枪站岗的妇女儿童。……突然,从山梁梁上飘来嘹亮的歌声,啊,那是民歌《信天游》,张仃忍不住敞开嗓门,也歌唱起来,忽然他的歌声像开了闸的江水,不断地冲泄而出,唱完《信天游》,又唱《走江州》……"① 当然这不是个例,那时无论是文人,还是青年学生都经历了空间上的巨大变化,黄土、风沙和沟壑山岭都对他们是一次重要考验。大家眼中所见"所有的东西都是黄土……一切东西都是黄色的,山丘、道路、田野、河流与小溪的水是黄色的,房子是黄土造的,植物上覆盖着黄色尘土,甚至空气也免不了黄色朦雾"②。他们"心中如燃着夏天火热的太阳"③ 奔赴延安。等他们到延安之后,则不再是城市的高楼大厦,迎接他们的是土窑洞、延河水和宝塔山下的杨家岭、桥儿沟,生活方式也随之发生了改变,开始衣食住行分配制度,进入了一种全新的自然和生活环境。

二 创作空间:人—地环境的诉求与规训

延安文艺的形成离不开延安文人的创作,而创作离不开所共在的地理空间。对于延安的文人而言,以延安整风运动为分界,分为前后两个时期。前期,自然地理的"环境"冲击、影响了他们的写作内容;后期,社会空间的嬗变又限制了他们的写作理念。这两个方面共同影响了延安的文学书写,又反作用于延安的接受空间。从想象空间到现实空间(自然空间与社会空间),再到创作空间(作者对现实空间的一种文学反映),最后是读者的接受空间(接受群体对创作的再加工)形成了一个

---

① 任文主编:《红色延安口述史·我要去延安》,陕西师范大学出版社 2015 年版,第 232 页。

② [美] 马克·塞尔登:《革命中的中国:延安道路》,魏晓明、冯秉义译,社会科学文献出版社 2002 年版,第 11 页。

③ 曹葆华:《雪道上——去延安途中》,《延安文艺丛书》编委会编:《延安文艺丛书·诗歌卷》,湖南人民出版社 1984 年版,第 510 页。

相互作用的四维空间。① 刚到延安的知识分子，最初往往受到自然环境的影响较大。这一时期自然环境占据主导，在从事实空间到创作空间的转换中，"风景"书写是最为常见的。

以延河水、土窑洞、宝塔山、乡村图景的自然"风景"② 书写以及革命、土地、青春的意象，成为初延安作家创作的主要内容。丁玲在长诗《七月的延安》里写道："七月的风，温柔的//敲窗的雨，清凉细腻//被撩起的青春的心，在热忱里失眠了，有抑制不住的快乐//听呵，这是什么声响？//洛川的河流琅琅，延水锵锵带来了，民间欢唱。"③ 莫耶怀着对宝塔山的崇敬写出《延安颂》："夕阳辉耀着山头的塔影//月色映照着河边的流萤//春风吹遍了坦平的原野//群山结成了坚固的围屏……"何其芳在到达延安之后，直抒胸臆地写出《我歌唱延安》："这简短的只有两个字音的名字究竟包括着什么呢？包括着三个山：西山，清凉山，宝塔山。包括着两条河：延水，南河。包括着三个山的中间，在两条河的岸上，一个古老的城和它的人民……"④ 著名音乐家马可在其创作的《你妈妈打你》一文中深情地歌唱："在陕北，当你走在山川中的蜿蜒小路上，当你经过农人们劳作的山坡，或是走进任何荒僻的农村，无论到什么地方，你总可以听到老乡们这样唱着他们自己的歌，歌声是那么辽阔悠远，像是山川里永远流不尽的河水。"萧军在《延安日记》中多次提到延安的自然环境和生活状态，"这是罕见的大风，天地像燃烧了，黄色还有点发红，对面不见人，山上的蒿草吹得像海浪似的叫着"⑤。显然，上述作品是长期挣扎在城市中

---

① 美国当代社会学家在《绝对的地方》一书中提出文学上的三个空间概念：第一空间：客观存在的自然和人文空间；第二空间：文学家自己建构的，客观存在的自然和人文地理空间为基础，同时又融入了自己的想象、联想与创造的文学地理空间；第三空间：文学读者根据文学家创造的文学地理空间（参见曾大兴《文学地理学概论》，商务印书馆2017年版）。但是在延安这一特殊空间内，人们在没来之前已经在心中建构起自己心中的延安形象，即想象的空间。

② 这里的"风景"既指特定的景观（延河、宝塔山、窑洞等），也指自然意象，包括气候、地貌等。

③ 丁玲：《七月在延安》，《丁玲全集·第3卷》，河北人民出版社2001年版，第548页。

④ 何其芳：《我歌唱延安》，《星火集》，君益出版社1949年版，第66页。

⑤ 萧军：《延安日记》，牛津大学出版社2003年版，第453页。

的文人所未曾感受到的,农村的单纯、宁静与农民的朴实、美好,高原的凛冽与民俗的奇特,革命的高昂、热烈则构成了作家对延安的初始印象的基本内核,从而从这种地理空间感知中升华,并得到创作的灵感和内容。

  值得关注的是,空间转变不仅对长期驻留在延安的文人产生影响,对途经延安的知识分子同样产生潜移默化的作用,许多知识分子是途经延安或短暂停留而后返回大后方的(包括返回大后方以后),但在其创作中延安"风景"的渗入却呈现出一种无意识、自觉的状态。卞之琳在延安停留仅一年时间(1938.8—1939.8),其创作之风迥然相异,不仅写出了《第七七二团在太行山一带》,还有著名的《慰劳信集》。卞之琳作为新月派诗人,其创作一直以细腻忧伤的抒情诗作著称,而在延安的一年行程中,他对前线的战争、子弹、革命和乡村图景有着非常深刻的文学感知,"当年我一接触到与'大后方'截然不同以至像另一个世界的地方,稍晚一接触到前方的抗战实际,异乎寻常,反映很快,笔头也很快,尽管条件艰苦,尽管也不免粗制滥造,写出的文艺节奏也松快,有时还兴趣盎然。"①《慰劳信集》中大量充斥着子弹(给随便哪一位神枪手)描写:"在你放射出一颗子弹以后,你看的见的,如果你回过头来//在你放射出一颗子弹以前,你看的见的,用不着回过头来……;农民(给实行空舍清野的农民):没有什么,是骚骡子乱叫,夜深深难怪你们要心惊,山底下敌人听了更心悸;工人(给山西某一处煤窑的工人):是一条黑线引了我去的,我想起,绕线绕缠到了热和力的来源——煤窑……"这些意象都是新月派诗人卞之琳过去未曾感知过的。在卞之琳停留的一年时间内,环境对他的影响是巨大的,特别是前线战士和处于底层的工农,与他之前的生活中所接触的人是完全不同的。故以《断章》著称的卞之琳迅速转变风格创作出了《慰劳信集》,不难想象,如果不是环境的变迁带来的文学风格的转变,恐怕卞之琳很难有这种创作的转变。

---

  ① 卞之琳:《"卞之琳.客请"——文艺整风前延安生活琐忆》,《光明日报》1991年7月16日。

文人初到延安，受自然空间影响较大，这是自然空间位移之后产生的心理冲击，但是随着自然空间的冲击逐渐淡化和日久习惯，社会空间的影响则逐渐加深，革命语境的急转变化成为当时延安文艺前后分化的分水岭，延安的地理环境为革命语境与文艺的结合提供了一个范本，这可以从《在延安文艺座谈会上的讲话》中看出。从初期的自然空间对文人的视觉和心理冲击，到后期的社会空间对文人心态"有机化"形成[①]，实际上是延安空间本身发生了改变。经济封锁带来的隔绝、党群矛盾与革命形势的需求、文人和工农大众都需要在接受、改变、调整中适应这一社会空间，从而创造出一种新民间话语体系来满足边区"革命＋环境"的双重需求。正如布尔迪厄所讲，即使在相对自主的文化生产的场域——在这个场域中，特殊价值与市场价值之间的差异常常在时间的过程中消失——这个原理也同样具有支配性。[②] 显然作家不再是一个单纯写作的人，"同时还要是一个工人、一个农夫或一个战士，……一个作家除开他会运用笔杆以外，他还应该运用步枪、手榴弹、锄头或木做的锯斧。"[③] 作家身份的变化和他所处的环境息息相关，从1937年到1942年文学在社会环境中同样经历了一次大变动，可以说是救亡与革命背景下的文学必然转向，具体包括当时社会生态的各个方面：

第一，社会空间中的集体感官与文学形态。

延安的社会工作、生活无不在集体中，"集体"不仅成为一种工作和生活状态，也是一种文学形态。"集体"成为当时知识分子生活工作状态的最大社会空间，那时的知识分子不再是靠个人稿费生存的市场人，而是处于分配状态的集体人。当时来延安的知识分子在生活上是供给制，且生活水平甚至高于机关领导干部。而当大后方的文人们生活困窘、举

[①] 袁盛勇：《抗战与延安文学现代性》，中国社会科学出版社2019年版，第131页。
[②] ［法］布尔迪厄：《文化与权力——布尔迪厄的社会学》，陶东风译，上海译文出版社2012年版，第104页。
[③] 孙犁：《现实主义文学论》，唐小兵主编《再解读：大众文艺与意识形态》，北京大学出版社2007年版，第7页。

步维艰时①,延安的文人至少能保证衣食无忧。艾青是1941年年初"皖南事变"发生后最后一批从重庆到延安的知识分子,被安排在"文抗"从事专业创作,"同年8月,总共有40余位驻会作家、艺术家从杨家岭后沟集体搬迁到兰家坪山坡上的几十孔窑洞新址。四排窑洞错落分布,每个窑洞门前都留有一片宽敞的土坪,边上栽着杨柳,种着花草和蔬菜"②。显然,他们生活的地方虽然艰苦,但有保障,住处、家具、伙食、衣服甚至笔墨纸砚都由边区供应。韦婪晚年回忆道:"我感到生活真是有了保障,虽然一切都是简陋的、粗糙的,但心情是愉快的。"③ 所以艾青初到延安时就创作了《古松》一诗来表达自己经历漂泊之后的心情。1941年萧军计划离开延安,曾经向张闻天借钱1万元作为路费,而之后中央文化工作委员会成立时经费才1万元。可以想见,当时延安的知识分子享受的待遇是极高的。在边艺(陕甘宁边区艺术干部学校)的陆地也曾谈到部队对待他们知识分子的优厚待遇。④ 他们不愁吃穿,即使是在最艰难的时期,也至少能保障温饱。

生活上的"集体"待遇,同样在文学创作上也逐渐出现向集体靠近的倾向。特别是在战时环境下,文艺的产出与需求无法成正比,而急需大量文艺为革命服务时,"集体"便成为一种强有力的工具。延安时期的集体创作,从最初"苏区的一日""五月在延安"的集体征文到多人合作撰写的戏剧,直至知识分子与民间艺人的全面合作,集体成为新民间话语的必要手段。以在20世纪40年代的秧歌剧存目来看,集体署名的秧歌剧本就超过半数(超过150个);歌剧剧本集体创作重要的也有20多个,歌剧自《农村曲》之后还有《军民进行曲》《周子山》《无敌

---

① 后方的文人在20世纪40年代经济陷入困顿,通货膨胀加剧了他们的生活困难,洪深自杀、老舍身患疟疾。

② 朱鸿召:《延安缔造》,陕西人民出版社2013年版,第223页。

③ 韦婪:《延安作家生活纪实》,程远主编《延安作家》,陕西人民教育出版社1992年版,第502页。

④ 陆地回忆道:"部队对待我们这批知识分子的新干部倍加优厚:鲁艺的专家教员,每月生活津贴每位12元,我们部艺教员则是6元,比在鲁艺当研究员的3元多了一倍,而且每月每人另外还有五斤面粉、两斤猪肉的技术津贴,一人独居一孔窑洞,生活在当时可算是够优越的了。"《延安部艺生活点滴》,《新文学史料》1995年第2期。

民兵》《拴不住》《两个战场》等 14 部的作品，直至 1944 年《白毛女》达到鼎盛；历史剧集体创作在 1943 年之后逐渐成为主流，代表作《逼上梁山》《三打祝家庄》等，而且历史剧创作不仅是编剧的集体性，还出现了导演的集体化，即多人合作导演。民间的剧团也在与知识分子的融合中出现了一种多人参与的现象，从搜集素材、讨论剧本、开研讨会直至剧本创作、导演、排演等过程，都是在多人合作中完成，在边区流行的《白毛女》和晋察冀边区创作的《穷人乐》即是"集体"（这里的集体已经不单指知识分子内部合作，而是实现了知识分子与民间艺人合作的新民间话语）合力的结果。在集体创作之风下，延安后期在新民间话语创作上呈现出空前繁盛景象。集体也成为社会空间下创作的一个重要话语。

第二，人文环境下的革命主题与生产变革。

革命与救亡的主题在 20 世纪 40 年代的中国具有普遍性，文学与革命、文学与大生产运动的关系，不是简单的反映与被反映的关系，也不是经济或者政治风向对文学简单的引导与"规约"，而是一种互相融合与影响的关系。自 1940 年国共摩擦加剧，1941 年皖南事变之后，解放区的经济完全被封锁，连一张纸都带不进去，1940—1942 年边区又发生了严重的自然灾害，伍兰花事件在边区已经不是个例，农民生活无力维持。当时的边区"没衣穿、没油吃、没有纸、没有菜、战士没有鞋袜、工作人员没有被盖……"，革命处于紧张中，日军对华北的"三光"政策让部队人数骤减，开支加大而支援断绝，经济成为最重要且最亟须解决的问题。毛泽东在 1942 年年底曾明确说："就目前边区条件，就大多数同志说来，确确实实的就是经济工作与教育工作，其他工作都是围绕这两项工作而有意义"[1]。在极度危险和困难的情况下，毛泽东号召大家：自己动手，丰衣足食。"我们现在有三个办法，第一饿死、第二解散、第三不饿死也不解散就得要生产"。试想，如果不是

---

[1] 毛泽东：《经济问题与财政问题（节选）》，《毛泽东文集》（第二卷），人民出版社 1993 年版，第 465 页。

封闭阻隔且荒山较多、可以耕种的环境，很难有大生产的可能，也不会最终创建出一条延安道路。全面大生产的参与者不仅包括工农兵，也包括所有知识分子和机关干部，大生产对坐在书斋里的文人，特别是从未接触过劳动的青年，其文学性格的改变和创作空间的拓展是前所未有的。范文澜在"讲话"之后曾自我检讨道："只知道吃救国公粮的像我们这样的文化人，对于自己应负的责任，实在太惭愧了。"陈学昭在《工作着是美丽的》中，充分阐释了知识分子在经历生产运动洗礼之后的身心变化，"珊裳在思想上也慢慢起了变化：自己活了几十年，没有织成过一寸布，没有种出过一粒米，却已穿过不知多少丈的布，吃过数不清的米了！她为自己这一新的思想而惊奇，由惊奇而感到羞惭，由羞惭而感到负疚，感到对不起劳动人民！"[①] 这种改变不仅是对之前的自己的悔悟，还有对现在的自己的心态调整，师田手的《劳动日记》中一个知识分子对开荒的态度从负面到正面的转变，恰是知识分子从身体到心理上接受劳动的开始。应该说，中国知识分子的羞愧感是身体规训所产生的最直接的心理，也标志着他们思想情感的初步转变。而这一初步转变正是他们与农民生活接触的最初反映。随之而来的是以开荒、生产、纺织等生产运动为主题的叙事，以及由此衍生而来的劳动英模书写，像艾青的叙事长诗《吴满有》，丁玲、育涵的报告文学《田保霖》和《新中国的女儿诞生了——妇女劳动英雄马杏儿》，谭虎的小说《四斤半》，杨朔的小说《模范班》，古元的木刻《向吴满有看齐》，等等。

第三，创作空间与接受空间的调整适应。

与社会空间的大生产运动紧密关联的是精神领域的一次整顿。整风运动以及随后的"讲话"看似是一次政治性的运动，实则与当时的时局和环境有着深刻联系，初期经济形式缓和下，文学的自由之风逐渐被当时的社会空间氛围所取代，革命局势紧张、经济封锁、党群矛盾增多与灾荒不断。于是，文学的功能被强化，干部作为知识分子对

---

① 陈学昭：《陈学昭文集·第五卷》，浙江文艺出版社1998年版，第144页。

工农兵的意义凸显出来，暴露出他们的个人主义和关门提高的演大戏状态，与当时环境显然已经格格不入了。鲁艺曾在晋西北前线上演一部话剧《中秋》（鲁艺创作的剧本，作者刘因），贺龙带领前线战士前来观看，戏还没演完，台下的观众已经寥寥无几。贺龙对剧作负责人说："我们现在要打仗，要打日本救中国，争取抗战胜利，你们演的那个戏，能提高抗战信心吗？能鼓舞士气吗？"[①] 很多战士听不懂、看不懂。这种看不懂、听不懂的现象，在边区当时是很普遍的，往往是知识分子创作的东西工农兵接受不了，而工农兵真正能够接受的，知识分子又不擅长。之后，随着经济封锁的加剧，战事吃紧，国共摩擦加剧，老百姓的负担加重，矛盾日益凸显，工农兵对知识分子的不满也浮出水面，而长期处于"亭子间"的文人不可能再继续以前期的姿态充当"公家人"，当他们的身体接受开荒生产的劳动之后，创作思想上也要完全与受众接轨，即"讲话"中所提到的"为什么人"和"如何为"的问题。作为空间地理的延安及边区，受众一定是要回归到工农兵大众，从而让文学有适应的土壤，而一旦受众（"为什么人"）确定下来之后，"如何为"的问题就迎刃而解了，在接受空间与创作空间逐渐趋于一致时，延安道路才能实现。

三 接受空间：通向延安道路的民间符号

于是，当"下乡"成为20世纪40年代的边区能指符号时，空间指向在文学中就从客观的自然空间到创作空间，再到接受空间转向作为文化中心的延安，在广袤的黄土地之上，不仅是一种反抗、革命、工农兵等政治符号，更是一种文人自觉接受的民间符号。陕北，作为一个"空间"本身所呈现出来的文学地理特性与红色语境之间的微妙关联，充满地域特色的陕北方言与民间曲艺的结合，在某种程度上刺激了文人的创作激情，或者说是对另外一种新的文学地理环境的重新认知。列斐伏尔

---

① 王培元：《抗战时期的延安鲁艺》，广西师范大学出版社1999年版，第272页。

曾经将空间作为最基本的模式加以阐扬,他提出"空间的生产"来取代"空间中的生产",此"空间"意指地理空间。① "空间"作为延安文艺的一个能指符号,不仅包含了环境因素,也蕴含了民间概念。民间是接受空间中最重要的一环,整风以后知识分子纷纷"下乡",在这接受空间中,民间符号成为与大众连接的桥梁,并最终通向延安道路。

  延安整风运动前,到乡下演出宣传一直进行着,从工农剧社的下乡宣传到柯仲平等人组织的民众剧团下乡,演出从未间断。西北战地服务团成立后,田间等人在太行山一带利用墙头诗/岩壁诗深入工农群众宣传革命,但是前期以革命宣传为目的的深入民间依然是以知识分子为启蒙者的一种宣传和鼓动,所采用的仍然是知识分子固有的话语方式。延安初期工农剧社的许多学生演员到乡下演出,虽然装扮上无异议,但是没有生活经历,说的都是"字儿话"(学生腔),不懂农民的语言。陕北公学在关中郁邑看花宫成立分校……经过三个月的准备和排练,排出了一些独幕话剧和活报剧,如《游击队长》《在敌人的牢狱中》《国际商店》《十月革命大活报》等,虽然力求反映工农兵斗争生活,但是演员多是来自大城市的知识青年,身穿工农衣,却缺乏工农劳动者的气质,依然是一派洋学生腔,群众看了不满意。在下乡初期,创作主体和接受主体并不在一个层面,虽然下乡活动一直进行着,但是这种"下乡"活动仍然是创作主体的主观感知,而非接受主体(工农兵)的客观需求。

  整风运动之后,解决了文艺工作者的立场问题、态度问题、工作对象问题、工作问题和学习问题。在"为什么人"这一根本问题上,文艺实际转向了接受空间这一层面,即"谁是接受群体?"。事实上,这一接受群体中90%以上是文盲半文盲,那么如何进行服务,即"是普及还是提高"的问题实际上已经不言自明了。当接受主体发生改变之后,前后

---

① 列斐伏尔在《空间的生产》中指出:"空间不是独立于人之外的空间,而是人生活在其中的空间,因而空间必然包含着人们日常生活中的矛盾和冲突,社会空间作为生产关系和社会关系再生产的空间,也必然反映了生产的不平等和社会的分化。"([法]列斐伏尔:《空间的生产》,刘怀玉等译,商务印书馆2021年版。)

时期下乡问题也发生了根本变化。同样是在乡下进行宣传，同样的自然风景和人文环境，同样的老乡家里，土窑洞、黄土地，他们的身份发生了根本改变。当知识分子不再以"暴露黑暗"的姿态看待工农兵，"下乡"之后的文人要在民间找寻契合的接受空间，被民间接受的传统文艺又成为创作空间中被充分利用的资源。

在接受空间中，民间资源成为群众对作品的认知与创作者原本的创作诉求相契合的手段。秧歌、信天游、道情、说书、快板等民间文艺形式很快就成为创作的资源。但问题是：知识分子深入民间之后，如何在短时间内转变自己的思想，学习地方语言、民俗与民间艺术，了解更多的故事，其实是一件十分棘手的事情。他们思想上根深蒂固的创作习惯，很难在短时间内摒弃，并迅速适应民间，那么合作，便是最好、最快的解决途径。"集体"的力量一旦发挥出来，民间的团体与"下乡"的知识分子迅速抱团，在搜集故事、艺术加工、呈现给观众的一系列过程中，知识分子不再是启蒙、指导的角色，而是转变为不断学习和思想改造的对象。在学习和改造的过程中，新的文艺群体——民间艺人进入主流意识。民间艺人登上大雅之堂，被写入文艺史，是鲜有的，特别是作为一个群体的民间艺人成为当时被挖掘、放大、利用的对象，并在报刊中频繁出现，是延安文艺民间性的一个力证。知识分子创作上要做到"为工农兵"服务，就要创作出工农兵的文艺，而工农兵的文艺不去深入工农兵，很难写出真正的工农兵文艺。延安文艺能够对"五四"文学的西方化反其道而行之，在特定的空间内让农民成为文艺群体中的重要一员，把民间艺人放置在与知识分子同样重要的位置。可见，民间性在延安后期不仅是面向农民的一种必要手段和意识形态要求，也是延安本土化的必然走向。知识分子话语，在延安时期一直是割裂的，缺乏社会语境的，"延安作家缺乏一种基于乡村群体经验并以之作为文化媒介的阶级共同体想象"[①]，而延安民间

---

① 贺桂梅：《赵树理文学的现代性问题》，唐小兵主编《再解读：大众文艺与意识形态》，北京大学出版社2007年版，第99页。

艺人又缺乏一种对革命时局的预判和更新，被吸收和利用的民间艺术，与知识分子话语体系同样都纳入新革命话语，杂糅着原有的民间资源又被改造成新民间话语，知识分子和民间艺人都在乡村这一空间的想象中走向歌颂光明的新民间文艺。1944年陕甘宁边区召开文教工作者代表大会，毛泽东在会上说，要同旧秧歌戏"做朋友"。这次边区文教大会通过了《关于发展群众艺术的决议》，"群众艺术无论新旧，戏剧都是主体，而各种形式的歌剧尤易为群众所欢迎。应该一面在部队、工厂、学校、机关及市镇农村中发展群众中的话剧和新秧歌、新秦腔等活动，一面改造旧秧歌、社火及各种旧戏。……发展边区群众艺术运动，基本上就是发展与改造农民艺术"①。因此民间艺人韩起祥、李卜、刘志仁、老苗等人进入创作主体行列并接受了改造，王亚平在《改造民间艺人和民间艺术的几点意见》时说：改造民间艺人和民间艺术，在今天，应该是我们文艺工作者中心工作之一。因为，民间艺术是汲取不尽的文学源泉，民间艺人的数目很多，他们的力量还大部分地支配着农村文化。他给出了改造的意见，主要从以下几个方面展开：一是从生活上、工作上和他们接近，常常往来；二是改造他们的思想，要翻身首先一定要从思想上翻身做起；三是他们一定要学习描写有现实意义的新书，他们一定要学唱新词、新调，学演现实戏、歌舞戏；四是由普遍的团结他们，改造他们，再进一步提高他们；五是文艺工作者要亲近民间艺人、走近民间艺人，建立艺人组织。②而与民间联系紧密的赵树理，同时成为边区文艺的方向性人物。"赵树理方向性"就是政治上起作用，老百姓喜欢看，即在于这种方向既有知识分子话语，又十分体现农民思想，用接受主体农民的语言去表达"革命＋翻身"的主题，赵树理认为"我既是个农民出身而又上过学校的人，自然是既不得不与农民说话，又不得不与知识分子说话……以后即使向他们介绍知识分子的话，也要翻译成他们的话来说"③。"新酒"（新内容）

---

① 《解放日报》1945年1月12日第4版。
② 陈荒煤编：《农村新文艺运动的发展》，武汉人民艺术出版社1945年版，第14页。
③ 赵树理：《也算经验》，《人民日报》1949年5月26日。

激发了受众的革命想象与翻身诉求,引起了广泛的共鸣,在《白毛女》这样一个民间话语经过知识分子再加工之后的作品里达到狂欢。

毋庸置疑,知识分子和工农兵同时接受了思想改造,形成了一种新民间话语体系。这一话语体系是建立在农民知识水平基础上,并用不完全是农民自己的话语,而是一种利于革命与救亡又不失文学现代性的"在地性"话语,即新民间话语。知识分子和工农兵之间的角色互换,恰恰是文学地理中的延安在接受主体下的鲜明特色。民间艺人既是受众又作为创作者,有着双重角色,接受空间在此才达到了一种与创作空间的统一和认同,在革命与救亡的主题中被改造,形成新民间话语体系。这其中有知识分子的精神阵痛和思想蜕变,最终实现了自我异化,达到了与受众的统一。当贺敬之创作的《翻身道情》在没有署名前,甚至被人误认为是民间艺人所为之际,我们就可见延安文艺创作已经达到了接受主体的事实。陈明在说唱艺术中写的《平妖记》,李季根据信天游写的《王贵与李香香》以及作为地道的广东人的阮章竞,把自己的作品完全放置在太行山区人民的接受中,创作的《赤叶河》已经不再是一种模仿和靠近,而是完全达到了民间艺术的水准。民间艺人则不再表演旧戏的内容和唱词,而是融入了接受空间与真正意义上的边区地理中,即受众在此时是边区的工农兵,而非内部的知识分子。接受主体不仅解读和重构了延安文人的创作,而且参与到了创作空间中,形成新的创作主体,反过来作用于接受空间。这样知识分子与工农兵的隔阂在接受主体进入创作空间之后被打破,知识分子和民间的艺人双双再造,成为延安道路中的重要部分。

结　　语

延安文艺能够成为影响巨大的中国文艺思潮,其存在的价值和意义自有其特殊性。延安文艺的特殊性是从延安时期民间形式和民族形式的建构开始的。而民间性和民族性的建构与延安为核心的边区息息相关,没有空间的自然和人文环境和特殊战时空间下的社会环境,无法形成独特的延安文艺。延安文艺实际上是从战时文学的大迁徙和文化中心的位移开始的，在初期，自然地理吸引了来自四面八方的文人和青年，作为一种想象的共同体而存在的"圣地"成为自由之城。在这一维空间中，延安真实的空间并非不存在，而是作为一种被重塑和想象的空间。当文人在被自然环境的变迁冲击时，创作空间中"风景"成为前期普遍的写作话语，风景意象正说明环境变迁对文人创作的直观影响。随着经济、政治、革命、人文的社会空间逐渐凸显和矛盾加剧时，接受空间成为主体，在想象空间—真实空间（人—地环境）—创作空间—接受空间的转变时，接受主体与延安道路必然需要架起一座桥梁，而这一纽带便是文艺。所以在延安，"文武双全"不是作为口号存在的，而是作为符号存在的。

当四万多名知识分子和青年学生拥入延安之后，自然环境和人文空间改变了他们的生活环境，同时也影响了他们的创作理念，城市工业文明与商业文明在乡村世界中的"水土不服"现象显现，这也是迫使社会空间对文人做出适当调整和规训的必然因素。在经济、政治、文化、自然、人文、革命等多重因素构成的延安道路中，文艺实际上已经被放置在这一空间之下被检验和约束，在民间性和民族性基础上形成了延安文艺的特殊价值，这是延安道路中文艺的重要属性。

Literary Geography and Yan 'an Literature and Art Reinterpretation

Du Rui[*]

Abstract: In the history of 20th century Chinese literature, Yan'an literature and art have a hot start, as in the history of Chinese literature in the 20th century, after the Yan'an literature and art as an important literary trend has been reconstructed, in Yan'an literature and art is our constant disputes behind the diversification process of deconstruction, from the initial interpretation political consciousness, the "historical context" return to its literary and aesthetic value of mining, or with a theoretical analysis of western literature and art, but in any case, Yan'an literature and art with political association is the unavoidable existence, seemingly back to the original in the historical context of the intrinsic value of literature analysis, In fact, it is deconstructed within the framework of literature and politics. Therefore, in the return to the "historical context", we should be more immersive, through the perspective of literary geography Yan'an literature and art, from the writer.

Keywords: Literary Geography; Literary Theory in Yan'an; Space of Writer's Activity; Readers Accept Space

---

[*] Du Rui, Shaanxi Academy of Social Sciences.

大数据对当代大众文艺创作审美性的影响[*]

王敬艳　侯露露[**]

摘要：当前人类正在迈入一个大规模生产、分享、应用数据的"大数据时代"，大众文艺创作在大数据技术作用下正经历着深刻的变革：一方面大数据能科学预测用户审美需求，助力大众文艺一定程度上实现"定制化创作"，且能够与人工智能相结合，赋能更多好作品，实现科技与文艺的深度融合。另一方面在大数据技术作用下，文艺创作呈现出模式化、同质化的倾向，技术依赖显著增强。大数据尽管在某种程度上能够成功预判受众的"期待视野"，成为推动文艺创作的重要辅助，但也会严重桎梏创作者的思路灵感，削减文艺创作本身的审美属性。

关键词：大数据；文艺创作；审美性；模式化

随着移动互联网、人工智能、VR、云计算、5G 通信技术的发展，大数据技术逐渐开始应用于人类生活的方方面面。它不仅以其强大的数据分析能力推动着金融股市、智能科技、商贸物流、交通工程等领域的变革，还深刻影响着当代大众文艺创作、传播、接受等环节。互联网时

---

[*] 基金项目：西安石油大学研究生科研训练项目"互联网大数据对大众文艺审美活动的影响研究"（项目编号：YCS20213218）阶段性研究成果。

[**] 作者简介：王敬艳，女，河南开封人，西安石油大学中文副教授，博士。研究方向为文艺美学、美育、汉语国际教育；侯露露，女，河南许昌人，西安石油大学汉语国际教育方向硕士研究生。

大数据对当代大众文艺创作审美性的影响

代的大众文艺本身就是文化产业的重要组成部分,它直接面向市场,面向文化消费者,依靠资本运作,其创作与大数据息息相关。以网络文学为例,大数据提供的详细分析结果,一开始就影响着作者对作品的题材选择,因为在网络文学平台上,如果"对众多用户数据进行数据挖掘之后,就会产生很多关键词,这样就可以指导作者该写什么,不该写什么"[①]。另外,在创作过程中,读者和作者不断交互,读者的评价、点击率等信息反馈,也影响着作者后续的创作。以网络文学创作为例,起点中文网的创始人之一、阅文集团副总裁罗立曾言,受大数据同步反馈影响,"作者写了一两个月,发现读者不喜欢,他可以马上不写了,给出一个结尾,或者干脆不写了,重新写一部新的作品,这样一年可以尝试六次"[②]。再以影视剧创作为例,当前相当一部分的影视剧都是改编自网络文学IP和经典文学作品的,而这些文学IP不是编辑或者专家挑出来的,而是依靠大数据技术之上的"概率论";影视剧"选角"也是如此,影视剧的主要角色应由哪个演员出演,也是大数据"算"出来的。再以音频作品创作为例,喜马拉雅等音频App作为伴随性媒体,更需要大数据赋能实现精准定制,从而在"眼球经济"主宰时代为"耳朵经济"谋得一席之地。由此看来,大数据技术以其强大的数据分析运算能力推动着大众文艺创作模式的革新,那么,大数据究竟是如何影响大众文艺创作的?这将为大众文艺创作的审美性带来怎样的影响呢?

一 大数据科学预测受众审美需求的内在机制

当前,互联网大数据技术正通过数据挖掘、数据分析、建立关联、精准用户画像、科学预测受众审美需求等一系列技术操作,深刻影响着大众文艺创作。

[①] 臧继贤:《香港书展谈网络文学和大数据:大IP靠"概率"》,https://www.sohu.com/a/107061400_119874. 2016-7-22/2021-9-26。

[②] 臧继贤:《香港书展谈网络文学和大数据:大IP靠"概率"》,https://www.sohu.com/a/107061400_119874. 2016-7-22/2021-9-26。

· 215 ·

首先，大数据爬虫技术能实现对一定范围内网络用户活动轨迹的全记录和全挖掘。如迈尔·舍恩伯格和库克耶在《大数据时代——生活、工作与思维的大变革》一书中所言："大数据要求我们分析与事物相关的所有数据，而不只是依靠分析少量的数据样本。"[①] 海量的数据信息是有效开展大数据分析运算的前提，因此，全面搜集用户身份信息和审美偏好就成为大数据作用于大众文艺创作的第一步。以爱奇艺为例，该平台自2010年就开展了大数据分析业务，后成立爱奇艺数据研究院。该研究院通过爬虫搜集网站上不同类型用户的身份信息、喜好倾向；搜集不同用户对各类内容的点击频率、点击时段、点击时长、浏览速度；了解不同水平用户的阅读习惯、接受程度、反馈与评价等。这些内容组建起庞大的用户数据库，使爱奇艺平台能够对网络用户的信息了如指掌，精准把握不同用户群体的审美需求，从而更高效地实现内容创新及定制化推送。大数据爬虫技术对网络用户行为的全挖掘相较于传统的数据采集有显著的优势，不仅数据来源更加广泛、类型更加丰富，而且数据采集量足够庞大、全面，更能够反映用户的真实诉求，也更具数据权威性。

其次，大数据深度分析用户网络行为，与受众的审美需求建立有效关联。大数据依托网络技术对信息数据中所蕴含的价值进行深入挖掘，更加关注事物之间的相关关系，而不再探求因果关系。因此，大数据总能在数据之间找到人类思维难以企及的内在关联，并就其展开相关关系算法的分析，从而挖掘数据背后的巨大价值。针对每一个网络用户，大数据能够实时采集该个体全网社交媒体（微信公众号、微信朋友圈、微博、抖音、小红书、哔哩哔哩、豆瓣网等各类社交媒体）活动过程中产生的数据，并且支持多种数据采集，且能做到定期采集、实时监控。在分析网络用户行为时，经常浏览校园言情小说的读者可能正处在青春期或恋爱期，他们可能喜欢JK制服、动漫综艺；经常追家庭伦理肥皂剧的观众可能是没有工作的家庭主妇，可能更需要育儿、厨艺类的内容推荐；

---

① ［英］维克托·迈尔－舍恩伯格、肯尼思·库克耶：《大数据时代——生活、工作与思维的大变革》，盛杨燕、周涛译，浙江人民出版社2013年版，第47—48页。

每日上网游戏时长超过10小时的用户可能是专业的电竞工作者，可能更关注网游、电子竞技等内容。我们可以通过用户的操作行为来判定其身份特征和工作性质，继而推测他们所需要的内容。对网络文艺内容的量化分析同样如此，收视率高的综艺节目可能会被放在更热门的播送时段；评论量大的作品说明有更多的观众能对此产生共鸣；评分较高的影视剧作可能更符合未来影视市场投资方向；等等，所有的数据都可以建立起相关的联系，对于具体数据的分析也能够帮助我们更好地把握市场上受众对文艺产品不同的审美需求。

再次，通过科学建模来精准用户画像，实现受众细分和个性化推荐。通过对海量数据的采集与分析，市场用户的需求倾向显而易见，大数据利用算法数据将搜集到的用户信息分类整理，并贴上标签。每一类别的用户喜欢什么样的作品都能被清楚地刻画出来，而且实现了足够数量的全样本分析，一改传统由少量样本分析而得来的宏观笼统画像，这就为创作者或内容生产者了解受众审美需求提供了极大的帮助，使之能够更有针对性地服务广大受众。例如，综合电商类的淘宝猜你喜欢、Amazon产品推荐、社区电商小红书的笔记推荐、音频类网易云音乐的个性推荐、私人FM、抖音、快手短视频的定向推荐、长视频YouTube、Netflix的个性推荐等。另外，包括各种综合资讯类的知乎、今日头条、国外Medium，都会有个性化推荐引擎。打开私人FM，歌曲可以一直播放；点开YouTube的播放键，不加任何人为控制，laptop接上电源，视频可以一直播放。这些让人沉浸其中的流动的世界，都得益于个性化推荐引擎，只不过不同平台推荐信息的呈现方式不一样，文字、图片、音频、短视频、长视频、商品等。这些推荐正是基于大数据精准刻画了用户画像，大数据将用户数据整合，并进一步挖掘其深层价值，服务于文艺行业发展需要，助力内容生产。

最后，科学预测，并将大数据应用于大众文艺创作。建立在相关关系分析法基础上的预测是大数据的核心，它可以将收集到的各种数据和事物联系起来，通过数据的挖掘整合分析建立起数据之间的深度关联，并利用数据建模等方法预测事物未来的发展趋势及市场定位。这一作用在电影票房的预估上表现得尤为显著，例如大数据可以采集影片导演、知名演员的数据信息来进行相关性分析，计算出哪些导演、演员的组合能够形成更好的票房成绩，或者运用电影第一周上映的票房成绩进行回归分析，对后期的票房描绘出预测曲线，再或者可以利用电影宣传片的播放量和点击率来分析观众的观影期待值，根据网络上电影文章的评论数量和观后感来预测电影评分等。大数据对于电影票房的预测不仅能够为制作人把握受众审美需求提供可行的参照，还能够科学预测未来影视剧的创作方向和发展空间，带动影视行业及其他相关产业的发展，助力文化产业的繁荣。

总之，大数据作用于文艺创作的内在机制自采集广大受众的阅读喜好数据开始，当数据达到一定的容量时对其进行分类加工，挖掘其中的有效信息，刻画精准的用户画像，利用相关关系分析出用户的审美取向及需求，辅助创作者创作出迎合市场需求的文艺产品，并在此基础上对行业未来的发展做出预测，最大化地实现数据的商业价值。

二　大数据对大众文艺创作审美性的积极影响

大数据参与文艺创作使文艺领域呈现出更加多元化的繁荣局面，不同于以往我们所认知的网络文艺，当下的网络文艺是一个极其包容与开放的总体，不仅包含以文字为中心的网络文学，静态视觉的CG绘画和漫画，动态视觉的影视、视频、综艺和动画，诉诸听觉的听书、音乐，实时互动的直播、游戏，作为批评元素的弹幕、评论社区（网站）、评分制度，还有给传统写作乃至学术文章带来新传播契机的订阅号内容等。[①] 这些新的文艺形式无一不是科技与文艺的深层结合，充分说明大数据为当代大众网络文艺创作增添了强大的推动力。

首先，大数据技术能够助推贴近大众审美需求的作品脱颖而出，实现文艺的平民化。在大数据时代，文艺创作者会更主动关注平民大众的

---

① 夏烈：《网络文艺的主流化与发展观》，《中国艺术报》2019年1月1日第3版。

审美需求和审美趣味，其作品中的审美理想、审美情感和审美意象会更具有平民化的倾向和特征。

其次，有助于文艺创作者了解受众审美需求，使具体的文艺作品实现"定制化创作"。大数据应用能够为作品的 IP 化改编提供数据参考，有助于创作主体更好地确定目标受众，有助于受众审美需求获得同步反馈，使大众文艺真正实现"定制化创作"。以当下火爆的网文 IP 改编作品《赘婿》为例，它的走红就与大数据的专业化生产模式密不可分。在最初的 IP 筛选阶段，腾讯影业及阅文集团对《赘婿》原著进行了一系列专业的评估，从用户微信读书数据、文本故事情节、价值内核等多维度确定其改编价值。IP 评估完成后，又通过对《赘婿》原著用户的大数据洞察和内容偏好了解，为影视剧改编规划了系列开发，敲定了第一季 40 集左右的内容体量。在此基础上，根据 IP 定位下的大数据分析，寻找到最合适的优质导演邓科和以制片人刘闻洋为首的创作团队来共同转化精品内容，精心打造出这样一部爆款网文 IP 改编剧，在此后的播出期间，平台又根据观众的影评弹幕和观看时长来适时调整剧情走向和播放频次，真正契合市场观众的观看需求，获得一致好评。在大数据的参与下，《赘婿》一经播出就成为爱奇艺史上热度最快破万的剧集，全网短视频平台相关话题播放量超过 106 亿。

再次，能更好地把握不同受众群的审美喜好和需求，为文化行业的内容生产提供预测分析。大数据能够帮助文化产业挖掘更深的文化价值，更好地观测行业未来的发展趋势。在大数据的洪流中，互联网与传统文化产业的融合成为新的市场契机，尤其体现在当下流行的网络短视频、动漫网游、文化创意、广播影视等文化行业。这类产业集创意性、知识性、娱乐性、综合性于一身，对资源、人才及开放和多元包容具有高度依赖性，这正与互联网和大数据的基因不谋而合，再加之大数据技术的不断突破，对网络用户画像的刻画更加精准，使互联网可全面感知、互联互通，真正实现智慧服务。以爱奇艺视频为例，爱奇艺早在 2013 年就开始构建自身的大数据平台，采集用户数据信息，精准刻画用户画像，基于用户需求研发相应的媒介产品，并推送给有观看需求的特定人群。

在历经专业化、规模化、生态化三个阶段后，爱奇艺自身的大数据应用也愈加成熟，形成了"爱奇艺指数""大剧探针""TA 精算"等数据评分机制，并且针对付费会员开启"后裔"（一项针对会员的精准营销系统）、"电影探针"VIP 服务，在广告投放方面也有专门的"众里寻 TA""一搜百映"等大数据应用。这些应用帮助爱奇艺平台把握大众的审美喜好与观影需求，从而更好地创制相应的产品服务与营销策略。爱奇艺大数据应用成就了它在当下中国视频行业的领军地位，也充分体现出大数据在影视行业发展上的助力，能更好地观测业态的发展趋势，推动文化产业化的发展。

最后，与人工智能相辅相成，赋能大众文艺创作。大数据技术的进步使人工智能在文艺领域的创作成为可能，实现了科技与文艺的深度结合。大数据利用神经网络算法和存储的数据信息进行训练，识别已有文艺作品中集中的规律与模式，并且根据 AI 所理解的规律输出内容。目前已有不少人工智能在文艺创作方面的成功实践：人工智能小说家 Goodwin 利用一次公路旅行中摄像头拍摄到的图像、GPS 定位的地点、麦克风中听到的声音，以及计算机内部的时钟等多种信息合成了首部 AI 小说；微软人工智能小冰根据数据库中一亿多用户教给它的人类情感创作出首部 AI 诗集《阳光失了玻璃窗》；日本人工智能创作出的小说《电脑写小说的那一天》参加了日本"新星一奖"比赛；谷歌人工智能研究项目"Magenta"将人工智能与音乐、绘画等视觉艺术领域相结合，创制出了 90 秒的人工智能钢琴音乐，并设计出了一款专门针对 VR 开发的绘画软件"Tilt Brush"，就一些特殊的数据进行可视化的艺术创作。这些作品为我们打开了艺术与科技结合的新视野，利用大数据与人工智能进行文艺创作也正在不断被探索创新。

三 大数据对大众文艺创作审美性的消极影响

尽管大数据给文艺创作带来了一定的便利，可以在文艺创作生产的各个环节提供有益参考，但它也带来了很多负面的影响，不得不让我们对大数据在文艺领域的运用进行更严肃的审视。

首先，大众文艺创作成为主流，传统文艺创作的权威性被削弱。大数据时代，创作主体的平民化导致文艺创作的媚俗化、快餐化，许多创作者放弃了许多有关创作的经典观念，不再去追求"独上高楼，望尽天涯路"的广阔视野和"厚积薄发，铢累寸积"的艰辛历程，而仅仅依靠数据预测和受众分析就能够直接有针对性地进行创作。这一现象使文艺创作的权威性被打破，正如费瑟斯通在《消费文化与后现代主义》一书中所言："人们沉溺于折中主义与符码混合之繁杂风格之中，赝品、东拼西凑的大杂烩、反讽、戏谑充斥于市，对文化表面的'无深度'感到欢欣鼓舞，艺术走向通俗化，走向情感宣泄的狂欢，因而只能是'快餐化'，很难有经典的产生。"[①] 由于真正具备较高学识和艺术修养的创作者较少，大众文艺创作的动机更倾向于自我情感的肆意宣泄，追求"娱情"，而不再是对艺术性和经典性的膜拜，创作出的内容也是良莠不齐。这样备受大众左右的文艺创作必然走向庸俗化，缺少了传统精英文学创作的思想深度，长此以往，文艺领域中真正优秀的作品会越发减少，文艺创作也仅仅变成文化产业链条中营造商业利润的手段。

其次，文艺创作过程批量生产，呈现出明显的"数据依赖"，这势必会导致文艺创作的异化。大数据参与下的文艺创作表现出明显的技术化倾向，为了吸引更多的读者，增加点击量，创作者不得不依据各项数据指标来进行创作，充分挖掘读者的需求喜好来确定文艺作品的题材类型、情节发展、人物形象、语言修辞等内容，因而很大程度上市场导向与商业利益成了网络文艺创作的内驱力。为了追求所谓的"粉丝效益"，那些技术型创作者与运营商更多将目光集中在点击率上，资本利益的推动使文艺创作的"技术依赖"显著增强，创作者依托网络技术手段创造超文本，依靠大数据分析法实现程式化写作，这在很大程度上忽略了作家本身的情感体验与专业素养，数据的量化引导使文艺创作成为批量化

---

① ［英］迈克·费瑟斯通：《消费文化与后现代主义》，刘精明译，译林出版社2000年版，第11页。

机械复制的流水线操作。但量化数字，点击率，却不能真正准确地评估用户趣味以及受众的阅读成效，甚至可能导致更加严重的"数据崇拜"，这将给文艺创作带来严重异化。因为数据背后的逻辑离不开注意力经济，"艺术加工如果以注意力为目的，就必然产生包装设计理念，追求形式魅力，以快速吸引眼球，这样内涵建设就成了第二位的问题"①。经典的艺术因其思想的高度，欣赏的难度，在互联网环境下反而遭到了冷遇。大数据能反映出大众的浏览量，却无法反映作品的审美价值。

最后，大数据过度影响文艺创作，违背了文艺创作的一般规律，会导致文艺创作呈现严重的类型化、同质化现象。文艺创作的流水线操作使文艺作品变成可任意复制粘贴的商品，必然导致作品的同质化和千篇一律。文艺创作的源头本应来自生动的现实生活以及创作者丰富的情感体验，正如《文心雕龙》中所言："人禀七情，应物斯感，感物吟志，莫非自然"。托尔斯泰也曾在《艺术论》中写道："在自己心里唤起曾经一度体验过的感情，并且在唤起这种感情之后，用动作、线条、色彩以及言词所表达的形象来传达出这种感情，使别人也能体验到同样的感情，——这就是艺术活动。"② 艺术家创作文艺作品不似水龙头一般能够随时开关，伟大的艺术和伟大的艺术家大都遵循这样的创作规律：艺术家产生了艺术情感后，不一定会马上产生创作冲动并投入创作，事实上，这些情感常常是反复沉淀，在潜伏中积蓄力量，经过一段时间，在合适的时机，才会被艺术家成熟地表现出来。艺术情感经过艺术家的改造和形式化，最终目的是使个人情感通达至人类普遍的情感。而大数据的过度参与使文艺创作的源头导向了市场大众的审美喜好，故事情节也往往有固定的模式套路。以网络小说的写作为例，目前网络小说市场上较为热门的有玄幻、武侠、言情、穿越、盗墓、同人等几大类，题材类型化倾向十分明显，每一类型的作品在情节设置和主题表现上都有一套既定的模式。比如玄幻、武侠类小说主人公往往是年轻英俊、心地善良、充

---

① 徐宏力：《网络文化与审美文化》，《文艺研究》2006年第8期。
② ［俄］托尔斯泰：《艺术论》，张昕畅等译，中国人民大学出版社2005年版，第20页。

满正义感和责任感的英雄，他们驾着云彩、驶着机甲，或是在魔法盛行、风雨飘摇的江湖里与邪恶斗争，或是在僵尸横行、怪兽出没的末世中拯救大众，最终的结局往往都是真情感动上苍，正义战胜邪恶。在言情、都市类的小说中，男主人公都是"高富帅"的商业精英，在激烈残酷的商战斗争中总是立于不败之地，擅长绝地反击，同时备受朋友和异性青睐，最终和女主收获王子公主式的完美爱情等。[①] 再如好莱坞电影票房的黄金法则离不开"魔幻、科幻、超级英雄、特工"这四大题材；经典三段式情节"铺陈—对抗—解决"；标准的角色模板；管弦乐配乐融入剧情[②]；等等。这些模式化的套路之所以广为流传，一方面在于迎合了市场大众的阅读习惯，另一方面也是资本利益推动的结果，作者为了追求作品的点击率，不得不关注读者的需求喜好，不按套路设置情节作品就可能不被大众接受，甚至有的当红网络作家被读者天天催更，即便有一些创新思路也很难在短时间内创作出来，不得不按照既有套路写作。这其实是对作家创作个性的泯灭，也是当前网络小说产量惊人但同质化现象十分严重的原因。

总之，大数据是一把双刃剑，虽然能够为文艺创作提供有益引导，助力文化产业的发展，但在数据决定论的引导下，文艺创作极易陷入模式化的套路，形成数据依赖。一旦文艺作品像物质产品那样批量生产，那么文艺创作也就失去了它的本真与意义，难以再现经典。

四 关于大数据影响大众文艺创作的几点思考

基于大数据背景下的大众文艺创作的新变革，为我们带来了三个方面的思考：一是大数据时代到来是否已经深刻影响了文艺创作的发展模式？该如何看待这种改变？二是如何避免网络文艺创作中过度的"数据崇拜"，平衡技术与艺术的关系？三是在文学艺术产业化的今天，我们该

[①] 李海平：《网络小说的创作模式》，《甘肃高师学报》2015年第1期。
[②] 曾胜：《大数据电影的制作范式与审美体验》，《视听界》2020年第3期。

如何运用好大数据来助益文艺创作，推动文化产业的繁荣发展？

首先，大数据在文艺创作领域的运用，使我们能够更好地了解市场大众的审美需求，引导着文艺创作的方向、内容及形式，一些基于数据分析的人工智能创作甚至已经取代了部分传统的创作模式，不得不说大数据提供了极大的创作便利，但以数据为尊的机器创作永远也无法取代有思维情感的文艺创作。因为文艺创作的源头本就是生动的现实生活以及创作者基于现实的丰富的情感体验，而非读者的需求数据分析。大数据对于受众的需求分析只能将公众的喜好呈现出来，却无法分辨好坏，艺术家在创作时必须对公众意见进行甄别与过滤，才能使其以合乎艺术创作规律的姿态引入艺术创作过程，否则就会严重影响作品的质量。在创作过程中，艺术家应严格遵循文艺创作本身的规律：角色设置要贴合人物特征，故事情节要符合发展逻辑，语言表达要讲究辞法规范，等等，否则创作出来的作品就毫无艺术价值可言。

其次，如何避免文艺创作中盲目的数据崇拜？大数据影响文学艺术领域的发展是时代进步之趋势，科学技术的飞速发展为文学艺术提供了新的物质条件，美学与科学的相互渗透必将深刻影响文学艺术的创新与发展。我们不可否认大数据对文艺创作产生的积极作用，却也不得不面对数据化引导下文艺创作活力大为削弱的现实。那么该如何避免文艺创作中盲目的数据崇拜？把握好数据运用的尺度和范围是关键，创作者可以利用大数据反馈的读者需求为依据，在创作的某个阶段调整创作的内容和风格，形成一种艺术家与公众之间的意见平衡机制。这样既能够增加读者感兴趣的情节，又不会完全丧失艺术的创作标准。此外，艺术家还应耐得住寂寞与艰辛，真正投入大量的时间与精力去创作有价值的文艺作品，哪怕暂时不被市场所接受，也要坚持文艺创作的审美追求，因为艺术家的创作对大众的审美还起着引导和提升作用。在电视时代和互联网时代到来之前，艺术欣赏作为大众行为，其水平与创作之间有一定落差。大众若想要理解欣赏到艺术的博大精深，需要深厚的学识和审美积淀，欣赏的过程既是对欣赏难度的克服过程，更是审美能力的提高过程。当欣赏者的审美能力提高后，对艺术创作就有了更高的期许，反过来推动艺术家的创作更进一步。在这一过程中，社会审美的总体质量得以缓慢发展。艺术创作与欣赏之间适度审美张力的存在，为社会审美的发展提供了良好的前提。① 然而在互联网时代，一旦文艺创作陷入数据崇拜的陷阱，盲目俯就大众的审美趣味，艺术创作就将失去它本身所具有的意义，艺术家也难以再获得更高的创作成就感，作品只是变成赚取商业利益的工具。

最后，文化产业的飞速发展是技术与文艺发展的必然结果，二者的融合不仅可以更好地创造出符合大众文化需求的产品，促进文化的繁荣发展，还有助于文化产业顺应时代的发展趋势，我们应当辩证地看待大数据技术在文艺领域的应用价值，利用大数据为文艺创作提供有益的数据资源，促进文化生产与消费之间的精准对接，但在这一过程中也要避免数据决定论，否则就会陷入类型化和技术化的牢笼，削减文艺作品真正的价值。

互联网大数据在文艺领域的应用实现了数据与艺术的有机结合，不仅推动着文艺创作模式的更新和创作效率的提高，还深刻影响着大众的审美接受与选择。未来大数据技术在文艺领域的影响会愈加深刻，我们乐于接受大数据所带来的机遇和挑战，但也要时刻保留批判性的反思，看到大数据运用的优势与不足，尤其对一些已经出现的负面影响要及时作出合理的应对，不可将大众的审美趣味作为文艺创作的标准，更不能完全以大众的眼光来评判文艺作品本身。这些都不利于文学艺术实现长远发展，只有合理运用大数据，将科技之便利与人文艺术之魅力深度结合，才能创制出更多真正具有审美价值的文艺作品，推动我国文化产业的健康发展。

---

① 徐宏力：《网络文化与审美文化》，《文艺研究》2006 年第 8 期。

On The Impact of Big Data on The Aesthetics of Contemporary Popular Literary and Artistic Creation

Wang Jingyan[*] Hou Lulu

Abstract: At present, mankind is entering a "big data era". In this era, the date can be large-scale producted, shared and applied. The popular literature and art creation is undergoing profound changes under the action of big data technology: on the one hand, the big data can scientifically predict the users' aesthetic needs and help popular literature and art creator to realize "customized creation" to a certain extent; It can be combined with artificial intelligence to enable more good works, and realize the deep integration of technology and literature and art. On the other hand, under the influence of big data technology, literary and artistic creation shows a tendency of modularization and homogenization, and the dependence on technology is significantly enhanced. Although big data can successfully predict the audience's "Horizon of expectation" to some extent and become an important auxiliary to promote literary and artistic creation, it will also seriously shackle the creators' ideas and inspiration and reduce the aesthetic attributes of literary and artistic creation itself.

Keywords: Big Data; Literary and Artistic Creation; Aesthetics; Modularization

---

[*] Wang Jingyan, School of Humanities, Xi'an Shiyou University.

留英画家金诚及中国画学研究会研究述评

周 牧

摘要：由留英画家金城创建的中国画学研究会，1920年成立于北京，对中国的北方画坛产生了长期的影响，并成为20世纪80年代以来美术界比较关注的研究对象。主要涉及到以下问题：其一，中国画学研究会始末；其二，金城、陈师曾的美术理念与中国画学研究会的宗旨；其三，中国画学研究会的刊物；其四，中国画学研究会举办的画展；其五，中国画学研究会与湖社的关系；其六，中国画学研究会的地位和影响。本文认为：以中国画学研究会为代表的民国北京地区画家群体，对于传统绘画的守护和"精研古法"的实践，对20世纪中国美术的发展起到了借古开今、承前继后的作用。其主张"博采新知"或"融化新知"的主张，显示了文化的大度和审美视野的开阔，但在实践上对域外美术的合理部分重视得不够；在画法画技上进行挖掘和延伸，维护了中国的传统绘画，但在革新的追求上未能取得突破性进展。他们面对传统文化欲新又守的态度，充分地显示了在当时中外文化艺术交流的大潮中，对传统文化的真诚和借鉴创新的尝试心态。这为当今提供了一个如何对待传统和在传统的基础创新的范例。

关键词：中国画学研究会；金城；精研古法；博采新知

---

* 基金项目：本文系2015年度国家社会科学基金重大项目"中国第一历史档案馆清代留学档案的整理与研究"（项目编号：15ZDB040）、2021年度教育部人文社会科学基金项目"近代留学群体与中国美术现代性转型研究"（项目编号：21YJS760117）阶段性成果。

** 作者简介：周牧，南京晓庄学院信息学院副教授、南京大学艺术学院博士生。

清末民初以来，"西学东渐"的大潮汹涌澎湃，革新之声日渐高涨，新旧文化冲突也日益加剧，关于中国画的发展方向也成为中国美术界争论的一个热点。康有为等提出"复古代革新论"，吕澂、陈独秀等提出"美术革命论"，蔡元培则提出"美育代宗教说"，还有一些美术家提出了"西画论"。在各种美术思潮的涌起推动下，各种美术社团在中国纷纷出现。在中国北方政治、文化和美术中心的北京，也出现了一批大大小小的美术社团。其中，由留英画家金城任创始会长的中国画学研究会，就是在这种特定的历史条件下应运而生，对中国北方画坛产生了长期的影响，并成为20世纪80年代以来对中国北方画学研究的重要对象。下面即对有关的研究加以综述。

一　中国画学研究会始末

新时期以来，随着艺术批评的深入，对中国画学研究会的研究也逐渐走入人们的视野，如吕鹏的《中国画学研究会和湖社画会》、陈雪婷的《中国画学研究会略论》、陈青青的《二十世纪二三十年代画学研究的一个面向》、马明宸的《中国画学研究会的春秋往事》[①]等。其中前三篇侧重对中国画学研究会的成立背景、经过等进行分析，第四篇则对中国画学研究会成立后在不同时期的发展进行概述。

根据吕鹏的考证，"一九二〇年五月二十九日下午三时，中国画学研究会于南池子大街的石达子庙欧美同学会召开成立大会"[②]。对此，次日的《晨报》还有报道："中国画学研究会于前日（29日）下午三时在石达子庙开成立会。到会者约三十余人。皆有名画家。由野振北君主席。并选定金君为会长。闻该会定于三六九等日开会。会场悬挂名人字画，

---

① 吕鹏：《中国画学研究会和湖社画会》，《荣宝斋》2012年第1期；陈雪婷：《中国画学研究会略论》，《文化视界》2013年第3期；陈青青：《二十世纪二三十年代画学研究的一个面向》，中央美术学院，硕士学位论文，2016年；马明宸：《中国画学研究会的春秋往事》，《中国艺术报》2011年10月19日。

② 吕鹏：《中国画学研究会和湖社画会》，《荣宝斋》2012年第1期。

供大众研究并资参考。"①

从吕鹏上文和陈雪婷的《中国画学研究会略论》来看，中国画学研究会的成立，还与民国初年中日文化交流有关，当时一些中日文化人士有振兴东方文化，以抵制西方文化影响的共识。"当板西利八郎介绍日本画家渡边晨亩等人与中国画家认识，周肇祥、金城等鉴于中国画家散漫而无团体，且不易集会的特点，于是倡议组织中国画学研究会。"②

因此，在徐世昌的支持下③，由民初北京画坛的著名画家金城、周肇祥、贺良朴、陈师曾、陈汉第、萧愻、徐宗浩、徐燕荪、吴镜汀、陶瑢等20余人发起，1920年5月29日下午，中国画学研究会于北京南池子大街的石达子庙欧美同学会正式召开成立大会，推举周肇祥为名誉会长、金城为会长，副会长为陈年、徐宗浩，聘请陈汉第、胡佩衡、溥雪斋、溥心畬、张大千、黄宾虹等为评议。中国画学研究会自成立初期的30余人，一直持续了20多年。会员最多时曾达500余人。其成员大都为民初北京著名的传统派国画家，其中金城、陈师曾、溥心畬等代表性画家和美术理论家都有留学欧洲或日本的背景。他们聚集在一起研讨在西风劲吹下维护和发展中国画，研究会的宗旨是"精研古法，博采新知"，提倡学习宋元及南北各家，但不专宗"四王"，明确了面对外来文化、西方艺术时，对中国画的责任和义务。

中国画学研究会开展了一系列的活动。主要做法有：(1) 招收学员，通过临摹教学的方式，为中国画的创作和鉴赏培养人才；(2) 通过画展传播中国画，扩大中国画的影响力，每年举行一次展览，到1945年画会解散，总共举行25次展览；(3) 编辑出版《艺林》月（旬）刊，从1927年开始出版，刊载传统的中国画作品和画论，以宣扬中国的传统绘画。

1926年，创始会长金城先生去世，周肇祥继任。但以金城之子金开藩为首的弟子们又成立了"湖社画会"，中国画学研究会由此分裂。不

---

① 见《晨报》，1920年5月30日。
② 吕鹏：《中国画学研究会和湖社画会》，《荣宝斋》2012年第1期。
③ 1918年徐世昌继任民国大总统后，把部分日本庚子赔款用于创办中国画学研究会。

过，这两个团体之间并非壁垒分明，不仅原来的宗旨不变，而且一些成员穿插活动于两会之间。因此，湖社画会可视为中国画学研究会的进一步扩展。

北平沦陷以后，中国画学研究会坚持继续活动，新会长周肇祥还创办了《艺林》杂志，并任主编；举办25次展览，其中1942年的第19次成展作者达500人，之后即走向衰落。这个时期中国画学研究会副会长陈半丁自建的"五亩之园"成为京华画坛名流聚会之所，他也成为中国画学研究会在20世纪中后期的关键人物。抗战结束后，国民政府开始扶持民间美术组织，中国画学研究会一些成员陆续进入公私立美术学校任教或同时加入其他美术组织，此时中国画学研究会活动处于低调状态。

中华人民共和国成立后，中国画学研究会没有宣布解散，但是由于环境的变化，特别是周肇祥等重要会员相继离世后，中国画学研究会基本上停止了活动，剩下的一些老会员艺术家，最终成为北京中国画院第一代创作主力。1957年，北京中国画院成立，中国画学研究会骨干成员陈半丁、徐燕荪均出任副院长，北京地区的传统艺术家包括中国画学研究会和湖社画会的许多重要画家，惠孝同、马晋、胡佩衡、徐聪佑、吴镜汀等纷纷进入北京中国画院。随着"新国画研究会""北京中国画会"的成立，中国画学研究会逐渐被新的画学组织取代，自此淡出了历史舞台。

进入新时期后，社会环境宽松，民间社团活跃，1984年金城之孙金鲁瞻联合孙菊生重建"北京中华湖社画会"；20世纪50年代流入东北地区的湖社会员晏少翔联合其他会员遗属冯忠莲（陈少梅妻）、王世襄（金章之子）等人，于1990年再建"辽宁湖社画会"，从而成为中国画学研究会在20世纪末的余波和回响。

二 金城、陈师曾的美术理念与中国画学研究会的宗旨

关于中国画学研究会的宗旨和金城、陈师曾等的美学理念，是新时

期研究中国画学研究会的重点，有关文章较多。因为金城、陈师曾之于中国画学研究会，无论是对该会的发起还是理论的影响，都非同一般，因此，下面先对他们的研究进行综述。

1. 金城其人及其画学主张

中国画学研究会的创始会长金城是一个学贯中西的艺术家和理论家，懂法律，精绘画，善诗词，工山水，间作花鸟。作为留学生出身的画家、美术理论家和中国画学研究会的创始人，金城的画学主张影响甚大，其画学理念也是新时期美术界讨论的一个问题。

（1）金城其人

关于金城的生平贡献，根据与其同时代的晚清进士、著名书画家陈宝琛为其撰写的《清故通议大夫大理院推事金君墓志铭》等，可知大致情况如下：

> 金城（1878—1926），名绍城，一字拱北，号北楼，又号藕湖。浙江归安（吴兴，今湖州）人，与张大千、溥儒、陈少梅号称"民国四家"。金城生于开明的官宦富商家庭，祖父早年在上海做丝竹生意，是会讲"洋泾浜"英语的"丝事通"，父继承家族经商事业，喜爱西洋文化和科学。金城童年接受了传统教育，嗜丹青，偶假古人卷册临摹，颇有乱真之概。维新变法失败后，其父"怵于世变，七子五女，尽遣游学欧美。"① 1902年金城赴英留学，到伦敦铿司大学（King's college）② 学习英语、政法、哲学、历史和政治经济学等课程。"他留英三年期间，正值印象派美术发展达到鼎盛时期，本来就热爱丹青的金城，更为欧洲丰富灿烂的西方艺术资源所感染。他

---

① 陈宝琛：《清故通议大夫大理院推事金君墓志铭》，《湖社月刊》，天津古籍出版社2005年版，第330页。

② 关于金城留英的开始时间，各种资料说法不一，主要有三种：分别为1900、1901或1902年，本文采用的1902年说法，是陆剑在《民初北方画坛领袖金城留洋诸问题考》（《湖州职业技术学院学报》，2006年第1期）一文中的观点，笔者认为最具说服力。同样，他认为铿司大学是"King's College"的音译，所学专业应为"政法"。本文同样采纳这些观点。

曾途经美国、法国，考察法制兼及美术，深入各大美术馆、博物馆观摩，开阔了视野，打下了西方美术、博物馆学的基础。"①

1905年回国之初，金城在上海公共租界任职，后赴北京，被聘为编订法制馆、协修奏补大理院刑科推事，监造法庭工程处会办等。1910年由法部派充美洲万国监狱改良会代表，并赴欧洲考察监狱，共游历了欧美18个国家，包括美、英、法、荷、比、瑞典、挪、丹、德、奥、匈、塞尔维亚、罗、土、瑞士、意、希以及亚洲的新加坡。他留心考察欧洲美术馆、博物馆、文化古迹和教堂皇宫等有西方艺术文化特色的场馆，并写下了《十八国游历日记》，1911年5月回国。民国建立后，金城任众议院议员、国务院秘书等职。1913年，他倡议成立古物陈列所及中华博物院；1916年应聘为英国麦加利银行在京的总经理；1920年5月创办中国画学研究会，参与举办4次中日绘画联展。从此，这个一度醉心于官场的晚清学子，却因一再目睹时局的无奈而潜心艺术，"由一位政府官员变成了课徒教画的画学导师，变成了一位兢兢业业的画会组织者和艺术活动家"②。令人惋惜的是，1926年9月6日，在参加第四次中日绘画联合展览归来后，金城积劳成疾，病逝于上海，年仅49岁。

（2）金城的画学理论

金城既是著名画家，也是著名的美术理论家，著有《藕庐诗草》《北楼论画》《画学讲义》，内容包括他对历代绘画艺术特色的评述与研究，以及其本人的论艺文章等。其画学思想则主要体现在1920年中国画学研究会成立之初他提出的十六字短语："提倡风雅，保存国粹；精研古法，博采（取）新知"，最初为中国画学研究会的宗旨，此后也为湖社所奉行。

所谓"提倡风雅，保存国粹"，包含两层意思，首先，"它提出了一个不可动摇的原则，其要义就是弘扬中国绘画的传统，保存中国传统文

---

① 周牧：《留欧画家金城的画论、实践及启示》，《东南大学学报》（哲学社会科学版）2013年第2期。

② 云雪梅：《金城和中国画学研究会》，《美术观察》1999年第1期。

化尤其是中国画的精髓。由此可见金诚对中国传统文化和中国画的基本态度和坚定立场"①。很显然，金城是针对当时否定中国画的浪潮而言的。其次，在此基础上，他又提出了具体的方法和步骤，这就是"精研古法，博采（取）新知"。也就是说，"首先要对中国画的具体技法进行深入研究，取其精华，同时广泛地借鉴、学习世界上其他地区、国家和民族的美术之长。因此，又体现了一种开放和包容的文化心理"②。

孙瑜研究了北大画法研究会和中国画学研究会这两个绘画团体各自的取向，分析了代表人物的主张③。他认为，在《画学讲义》中，金城提到了取法自然的必要，但他更注重临摹，不仅详细论述了临摹之法，对于临摹的理由，金城的阐述更是发人深省："学画有三要素。一考察天然之物品；二研究古人之成法；三试验一己之心得。盖非考察天然真物类，凭空臆造，如使南人画骆驼，北人画船舰，不特逼真未能，尚恐或至错误。然见是物矣，而不研究古人成法，徒自多费心力，而无能成功。如学文章者，知识字矣，然不于成文中求其程式，则无以组织成篇。能观察物类矣，研究成法矣，若非以一己所得，纫为简练而揣摩之，则徒拾人唾余，终无推陈出新，独出心裁之一日。"④ 金城把观察、临摹及艺术创造三者的关系阐发得生动形象，其中，他对临摹的论述涉及了语言的本质：人类的思维和表达必须由语言完成，熟练的表达需要建立在对语言的熟练掌握和自由运用的基础上，而达到这一步必须经过漫长的语言学习过程，绘画的表达也不例外。

尽管金城也承认中国画近来有衰败之势，西画有可借鉴之处，但这并不意味着他要否定中国画的价值。在他看来，中国画传达的高尚精神，

---

① 周牧：《留欧画家金城的画论、实践及启示》，《东南大学学报》（哲学社会科学版）2013年第2期。

② 周牧：《留欧画家金城的画论、实践及启示》，《东南大学学报》（哲学社会科学版）2013年第2期。

③ 孙瑜：《从北大画法研究会到中国画学研究会——民初画坛致力画学进步的两种取向》，《美术研究》2005年第4期。

④ 金城：《金拱北讲演录》，《绘学杂志》1921年第2期。又见于郎绍君、水天中编：《二十世纪中国美术文选》，上海书画出版社1999年版，第45页。

与西画具有相同的价值,并无高下之分。所以金城在《画学讲义》中提出了他的"新旧论":"世间事物,皆可作新旧之论,独于绘画事业,无新旧之论。……化其旧虽旧亦新,泥其新虽新亦旧。心中存一新旧之念,落笔遂无法度之循。""作者欲求新者,只可新其意,意新故不在笔墨之间,意趣之表现,即个性之灵感也。"① 金城注重传统艺术的价值和意义,在对传统的再发掘中,寻求艺术发展的生命力。所以面对当时对于精研古法的争论,孙瑜总结评论道:"当传统中国画被置于西方标准下决定取舍时,当西方现代艺术被牵强比附于中国文人画的写意传统时,两者都在含混不清中串了颜色。"② 可见,如果以西方绘画作为标准来评价中国画,从中得出的结论,无论是对中国画的肯定还是否定,都存在着误读误解的情况。对此,陆士虎也持相近的观点:"金城认为西方油画的发展趋势与中国传统绘画相近,他积极尝试绘画创作'不古不今,稍出新意',这种尝试也道出其在师古与创新之间寻找新的平衡点。"③

有人在论述金城的画学主张时,提到了金城对崇拜西画而鄙夷中国画者的批判:"吾国数千年之艺术,成绩斐然,世界钦佩,而无知者流,不知国粹之宜保存、宜发扬,反胁颜曰:艺术革命、艺术叛徒,清夜自思,得无愧乎?"④ 此论虽有一定程度的保守,但也清晰地再现了金城维护中国画的坚定立场,回应了对于传统中国画的冲击。他认为中国画学研究会以及后来的湖社成员就是在这一思想的指导下进行绘画创作的,提出了"维持故化,交换新知识"和"保存固有之国粹,发扬艺术之特长"⑤ 的主张。这一理论是金城通过他多年的绘画实践经验所得出的,因此具有一定的实践基础,也应该被重视。在《画学讲义》的上卷,金城开篇即言"古之人品与画品"⑥。在他看来,画之高下与人品有着极大

---

① 顾森、李树声主编:《中国传统美术(1896—1949)》,海天出版社1998年版,第26页。
② 孙瑜:《从北大画法研究会到中国画学研究会——民初画坛致力画学进步的两种取向》,《美术研究》2005年第4期。
③ 陆士虎:《从中国画学研究会创始人金城说起》,《轶闻》2014年第8期,第125页。
④ 顾森、李树声主编:《中国传统美术(1896—1949)》,海天出版社1998年版,第26页。
⑤ 惠孝同:《卷头小语》,《湖社月刊》第50期,第1页。
⑥ 金城:《画学讲义》,载于安澜《画学丛刊》(下),人民美术出版社1960年版。

的关系，开篇这一主旨也正是他个人品质修养、文化积淀的反映。金城提出此论，可见他个人对于画家人品修养的强调。在教学上，金城主张由近及远地临摹清、明、元、宋的名家名作，试图通过对传统画学的重新审视、重新选择，综合南宗与北宗、作家画与文人画，力图开辟一条从传统内部推进中国画发展的道路。因此，有的论者认为："如果说陈师曾是通过梳理分析文人画的价值来证明其进步性，以回驳反传统论的攻击，那么金城的策略则是新旧观的颠覆与重建，瓦解反传统论者的尚新意志，来为国粹主义寻找根据。"[①] 金城的这一主张也影响了中国画学研究会培养出的学员们，他们在20世纪40、50年代构成了京城画坛的中坚。

2. 陈师曾的画学主张

陈师曾（1876—1923），江西义宁人（今修水县）。民国著名的美术家、艺术教育家。出身于书香门第，祖父是清湖南巡抚陈宝箴，父亲是著名诗人陈三立。1902年东渡日本留学，先在东京弘文书院学习，与鲁迅同学，后入东京高等师范学校学习博物学。1909年回国，任江西教育司司长。后曾在通州师范学校、长沙第一师范任教，担任教育部编审员，兼任北京女子高等师范学校、北京高等师范学校、北京美术专门学校教授。善诗文、书法，尤长于绘画、篆刻。著有《陈师曾先生遗墨》《中国绘画史》《中国美术小史》《中国文人画之研究》等。

在中国画学研究会中，陈师曾是一个举足轻重的人物。他提出的文人画价值论，不但影响了民初的北京画坛和文化圈，新时期以来的有关文章对其文人画的主张进行评论也不在少数，这反映了其文人画理念在我国近代美术史上的地位。

关于文人画的主要观点，陈师曾在1921年《绘学杂志》上发表的《文人画的价值》中有较为系统的阐述。他指出："文人画首重精神，不

[①] 于洋：《中国画现代转型理论研究——民国时期中国画论争的文化策略与思想资源》，中央美术学院，博士学位论文，2007，第12页。

贵形式";"文人画不求形似,正是画之进步"。他还认为:"文人画不见赏流俗,正可见其格调之高耳。"又提出了文人画的四要素:"第一人品,第二学问,第三才情,第四思想。具此四者,乃能完善。"[①] 在此,陈师曾对中国文人画的定义、特点、要素作了概述。他还从绘画的精神性和文化性方面,对文人画衰败论和不科学论进行了有力的反驳。他说:"殊不知画之为物,是性灵者也,思想者也,活动者也;非器械者也,非单纯者也。否则直如照相器,千篇一律,人云亦云,何贵乎人邪?何重乎艺术也?所贵乎艺术者,即在陶写性灵,发表个性与其感想。"[②] 对于有人批评文人画过于深奥,世人不易领会之论,他却认为:"文人画之不见于流俗,正可见其格调之高矣。"[③]

尽管金城和陈师曾都强烈主张对传统中国画进行肯定和保护,但他们并非盲目排外性的肯定,也不是对传统中国画的绝对肯定和固守。陈美珍、黄宗贤为此提到了金城与陈师曾的留学背景。事实上,从金城和陈师曾两人的文化背景来看,就可以发现他们并非故步自封的顽固守旧之人[④]。如陈师曾在赴日留学期间,对动物、植物、矿物等学科做过深入研究,并且开始接触西画并表现出浓厚的兴趣,甚至还于1912年在《南通师范校友杂志》上发表译文《欧西画界最近之状况》来介绍当代西画。应该说,他对西画从未采取盲目排斥的态度。金城于1902年赴英学习,在当时著名的King's College学习法律,较早就接触了西方绘画。在1910年受清政府选派去美国和欧洲考察法律时,金城也"莫不兼留心美术,考古求新,精研记载"[⑤],再次对西方绘画进行深入了解。

持上述观点的还有段雨晴等,如其《陈师曾文人画艺术观念研究》认为,陈师曾有着留学日本的经历,因此,日本画坛对陈师曾的艺术观念有着潜移默化的影响。他的绘画观融合了中西绘画,将西方绘画的技

---

① 陈师曾:《中国绘画史 文人画之价值》,上海书画出版社2017年版,第153—154页。
② 陈师曾:《中国绘画史》,中国人民大学出版社2004年版,第137页。
③ 陈师曾:《中国绘画史》,中国人民大学出版社2004年版,第138页。
④ 陈美珍、黄宗贤:《守护与超越——中国画学研究会与中国画的现代转换》,《文艺争鸣》2009年第5期。
⑤ 金荫湖编:《湖社月刊》(影印本)第34册,天津古籍出版社2005年版,第4页。

巧与中国画结合，进行了创新："留日的经历让陈师曾见证了东西文化交流后带来的艺术繁荣，他翻译的文章也意在唤醒国人对于中国画现状的认识，并且希望人们学习西方绘画。"[①] 不仅如此，陈师曾的艺术理论在很大程度上也受到日本学者大村西崖的影响。1921年，大村西崖完成了《文人画之复兴》，并通过演讲大力提倡文人画。同年10月，他来到中国，在金城的介绍下认识了陈师曾，两人对文人画的问题进行了探讨。在此影响下，陈师曾撰写了《文人画之价值》一文，并将大村西崖的文章翻译为文言文，合编于《中国文人画之研究》一书中。

不可否认，金城与陈师曾两人都认识到了中国画在近代以来衰败的趋势和革新的必要。金城曾提道："古之画者，以造化为师，后世以画为师。师造化者，非真山、真水、真人、真物不画。师画则不然，剿袭摹仿，不察其是否确为是山是水是人是物。画之末流，至是极矣。"[②] 陈师曾在《文人画之价值》中也认为："文人画却不免有这种弊病，以画而论，却不能十分考究，也有失却规矩的，也有形体不能正确的。"在《欧西画界最近之状况》译文按语中，陈师曾更明白地写道："东西画界，遥遥相峙，未可轩轾，系统殊异，取法不同……且彼士艺术日新月异，而吾国沉滞不前，于此亦可以借鉴矣。"可见，金城和陈师曾也意识到了中国画在晚清之际的停滞，肯定了西画对于中国画的发展具有借鉴价值。这或许表明："他们从来就不反对、相反却积极吸纳外来文化、艺术的因素来弥补中国艺术传统长期以来的积弊与缺陷，激活传统的惰性，他们从中国画传统中萃取可供创造与转化的资源，力图从传统内部延展与生发出新的中国画。"[③]

通过对中国画学研究会及其代表人物的研究，可以看出：金城和中国画学研究会的画家、收藏家们，在当时西潮澎湃的背景之下，全力维护中国传统绘画艺术的地位和价值，努力抵制出于政治目的而试图以外

---

① 段雨晴：《陈师曾文人画艺术观念研究》，《美术教育研究》2020年第23期。
② 金城：《金拱北讲演录》，《绘学杂志》1921年第2期。
③ 陈美珍、黄宗贤：《守护与超越——中国画学研究会与中国画的现代转换》，《文艺争鸣》2009年第5期。

来文化改造它的要求，这在当时无疑是一种勇敢的选择。中国画学研究会所主张的"精研古法，博采新知"，把对古代绘画的研究与接受新的知识的观念相结合，主张从传统艺术内部寻找自身发展的契机，应该说是正确的。正如吕鹏对以金城、陈师曾等为代表的传统派画家评论道："他们往往有着深厚的中国传统绘画的基础，并能以变通的态度审视传统绘画的现代化进程。"① 这样的立场和选择也对20世纪传统派绘画产生了广泛影响。

由于对中国画传统的深入了解和研究，又有对西方绘画的了解，他们在视野上相对开阔，对中国画的守护具有一定的理性思考。"中国画学研究会在对传统的守护中实质是力图从传统自身内部资源中实现对中国画自身的超越，这种超越昭示了在中国画从传统到现代这个流动不定的过程中所具有的另外一种可能。"② 可以说，正是由于有了金城、陈师曾等的守护，有了中国画学研究会成员对于中国传统绘画的坚持和发扬，有了从中国传统画内部寻求革新的努力，才更好地激励了当时的艺术界。

当然，也应该指出，相较于对传统"古法"的维护，中国画学研究会对"新知"的重视是不够的，尽管金城和陈师曾都有留学背景。不过，这也深刻表明：中国传统文化和美术理念对他们这一辈知识分子的影响之深。

3. 关于中国画学研究会的宗旨

中国画学研究会成立之时，"风行西画，古法浸湮"，面对外来文化、西方艺术对传统中国画的冲击时，中国画学研究会提出了自己的办会宗旨："精研古法，博采新知，先求根本之巩固，然后发展其本能，对于浪漫伧野之习，深拒而严绝之，保国画固有之精神"③，明确了对中国

---

① 吕鹏：《站在历史的转角处——从中国画学研究会到湖社画会》，《中国美术》2017年第3期。
② 陈美珍、黄宗贤：《守护与超越——中国画学研究会与中国画的现代转换》，《文艺争鸣》2009年第5期。
③ 金荫湖编：《湖社月刊》（影印本）第34册，天津古籍出版社2005年版，第4页。

画维护的责任和义务。这一宗旨明确地将传统和新知放在同等重要的位置，但从该会日后的实际操作和发展倾向来看，他们更加侧重于"精研古法"。中国画学研究会的最初成员大都是民国初年北京著名的传统派国画家，对"精研古法"有着切身体会，所以这一宗旨在会员中很快达成共识。在金城等的倡导下，将研究传统的范围从"四王"、娄东以及较为单纯的文人水墨画扩展到整个传统绘画领域，并尤为强调宋元绘画的正宗地位，这是当时整体艺术环境所使然，也是为了对抗西方艺术以改造中国画的潮流所采取的积极态度。

因此，历来多认为中国画学研究会保守，并多有批评。如有人对于中国画学研究会守护传统绘画的立场和"精研古法"的实践评论道：虽然"对20世纪美术发展是起着借古开今、承前继后的作用。但在一定程度上，对于传统的守护仅停留在绘画技巧的层面，在画法画技上进行挖掘和延伸，并没有真正脱离旧的体系，在对于中国画形态的现代性转变方面，依旧处于停滞与待变的态势。"[1] 周牧则把坚持"古法"和吸取"新知"上升到文化的高度："说到底，一个世纪之前的文化、文艺争鸣，其根本问题，还是如何对待以西方为代表的外来文化，又如何对待悠久的传统文化和传统艺术。实际上，一百多年来中国现代化之路的核心问题和文化之争，也就是如何借鉴西方文化，如何继承传统文化。"[2] 为此，她对中国画学研究会的宗旨和具体做法进行了分析，认为在当时时代变迁、西学猛进，传统文化艺术壁垒遭受严重冲击的背景之下，当时的画坛仍然以坚守传统为主流，而这种局面的出现，与中国画学研究会"精研古法，博采新知"的宗旨有着莫大的关系，从而对中国画学研究会的宗旨作了肯定。

实际上也正是这样，中国画学研究会将"精研古法"作为其发展的重要方向，通过把"古法"与"新知"相结合，力求在传统的深入研究

---

[1] 陈青青：《二十世纪二三十年代画学研究的一个面向》，中央美术学院，硕士学位论文，2016年，第39页。

[2] 周牧：《在时代狂飙袭来后的坚守——中国画学研究会和"学衡派"文化保守主义理念比较》，《江苏师范大学学报》（哲学社会科学版）2017年第6期。

中（主要通过临摹），对传统有新的发现，坚持中国画学的传统。因此，中国画学研究会注重对传统的研究和继承，主张以临摹古代名家真迹为主，还相应地在画理、画史、画论等方面进行指导。由此可见，中国画学研究会为保存国粹作出了很大的贡献，对传统国画的进一步发展起到了重要作用。该会一方面招收学员，以临摹作为教学的主要方式，在教学过程中维护中国绘画传统，培养了大批中国画人才。另一方面，中国画学研究会也开始了中国画的传播。研究会自成立后，几乎每年举行一次成绩展览，到1945年画会解散共举行25次成绩展览。通过积极培养绘画人才，利用展览、对外交流和出版刊物，中国画学研究会以多种形式向人们展现了传统中国画所具有的优势，使得中国画在这一时期不至于被西画取代，这也正符合了中国画学研究会发扬传统中国画的原则。

当时的中国画学研究会汇集了周肇祥、陈师曾、胡佩衡、陈汉弟、徐宗浩、马晋、陈半丁等京津地区一批优秀且有地位和名望的中国书画家和收藏家，以达到"希从古人，抗衡异域"①之目的。由此可见，中国画学研究会之所以能获得如此众多的传统画家响应，不仅是因为金城本人在北京画坛具有广泛的影响力，还说明中国画学研究会的宗旨符合当时北京地区一部分画家的审美愿望，引起了广泛的共鸣。"为了延续中国传统绘画，中国画学研究会进行了深入的研究，虽然民国时期的西画浪潮强劲，在一定程度上冲击了中国传统美术的壁垒。但是，中国画学研究会却坚守传统，西画最终未能取代中国画，而是成为中国现代美术的重要组成部分之一。"②

三　中国画学研究会的刊物

1926年，中国画学研究会长金城去世后，继任会长周肇祥为了提高

---

① 金开英等：《先伯北楼公四周年纪念》，《湖社月刊》第34册，天津古籍出版社2005年版，第16页。
② 周牧：《在时代狂飙袭来后的坚守——中国画学研究会和"学衡派"文化保守主义理念比较》，《江苏师范大学学报》（哲学社会科学版）2017年第6期。

会员的艺术修养，创办了《艺林》系列刊物：《艺林旬刊》和《艺林月刊》，并任主编。1928年1月开始出版《艺林旬刊》，1930年1月1日改为《艺林月刊》，主要刊载传统中国画作品和画论，宣扬传统的中国画，是民国时期北京地区出版时间最长的刊物。直至1942年6月停刊，共出《艺林旬刊》72期，《艺林月刊》118期，总共190期。另有《游山专号》一期。现今看来，它们仍有重要的艺术价值。

《艺林旬刊》《艺林月刊》不仅发表中国画学研究会会员的美术作品，还连载名家的金石书画文稿，不胜枚举，其中较为著名的有：况周颐《蕙风簃随笔》、孙毓汶《孙莱山遗札》、周星誉《鸥堂日记》、叶德辉《游艺卮言》、华琳《南宗诀秘》、向焯《景德镇陶业纪事》、汪曾武《外家纪闻》、徐世昌《退园题画诗》等。其中柳得恭《二十一都怀古诗》为朝鲜学者名作，对研究朝鲜的古代历史文化艺术有重要的参考价值。

《艺林旬刊》《艺林月刊》还大量刊登有关古代建筑及历史纪念建筑物、石窟寺、石刻、古遗址、古墓葬、近现代遗迹及古器物、古书画、古文献等图片，内容丰富多彩。对于我国历年流入海外的重要文物以及外国现存的古迹、古物也有所介绍，如《艺林旬刊》第39期所刊载的北凉沮渠安周造像碑图片，原碑在光绪初年于新疆吐鲁番出土，被德国人偷运至柏林博物院。光绪三十一年，端方赴欧美考察时，在柏林手拓一本归国。此碑在第二次世界大战期间被毁，拓本与图片也都成了孤品。《艺林旬刊》第93期所刊载的《古石辟邪》，说明文字中有"锯为三截，偷运出洋，可惜也"的感叹，也体现了编者的爱国思想。

另外，周肇祥的《东游日记》曾在《艺林旬刊》连载。其关于文化艺术的见解，也大多刊登在内。比如《艺林月刊》第65期发表的关于文化与政治、经济关系的论述，析理入微，今日看来，仍有意义。

除了《艺林旬刊》与《艺林月刊》之外，中国画学研究会还编辑出版了《艺林月刊·游山专号》。这是周肇祥与友人傅增湘、徐森玉、江庸、邢端、周学渊、凌文渊诸位先生对祖国名山大川的游历日记和诗文汇编，全书总共10册，分为百花山、盘山、崂山、房山、涞易、灵岩、黄山、云濛山、五台山、嵩山诸卷。《游山专号》虽然是集体撰述，但是在近代以来的旅游书刊中也并不多见，在当时更丰富了祖国的旅游文化生活。

由于《艺林》丰富的艺术性和弘扬传统的坚定性，为研究我国绘画艺术提供了一份图文并茂的资料，具有较高的史料价值及研究和收藏价值，引起了不少业内人士的关注。徐翎评论道："《艺林》的知识视野研究不仅是中国近现代美术史研究的组成部分，也是现代文化史研究的一部分。"[1] 史树青、旭初等对《艺林旬刊》《艺林月刊》的主要内容进行了较为详细的概述，肯定了其为宣传祖国历史文化、推动近代美术事业发展的贡献[2]。李煜田还提到了两本刊物在后期所面临的经济困难[3]。从1939年起，中国画学研究会所主办的杂志《艺林月刊》已无法按时发刊，1939年仅发行3期，1940年、1942年都发行2期，1943年发行最后3期后彻底停刊。

四　中国画学研究会举办的画展

举行画展是中国画学研究会的主要活动。中国画学研究会的展览可分为两个阶段：

第一阶段主要为1920年至1926年间与日本联合举行的四次"中日联合绘画展览会"。张爽分析了中国画学研究会的四次联展及其背景[4]：展览源于日本画家渡边晨亩与北京画家群体的民间交流。1918年，渡边晨亩与金城、周肇祥、颜世清等相识，共同发起联合展览的倡议。1919年，中日联合绘画展览的倡议得到了日本画界正木直彦、小决口音、川合玉堂、小室翠云、竹内栖凤、山元春举等的支持。此外，时任北洋政

---

[1] 徐翎：《〈艺林〉杂志研究》，中国艺术研究院，博士学位论文，2009年，第4页。
[2] 见史树青《周肇祥与中国画学研究会》，《收藏家》1994年第3期；旭初：《〈艺林月刊〉与画家金城》，《工会博览》2001年第4期。
[3] 李煜田：《精研古法砥砺前行——历史中的中国画学研究会》，《流行色》2019年第12期。
[4] 张爽：《中国画学研究会的中日四次联展》，《中华儿女（海外版）·书画名家》2014年第2期。

府总统府顾问的日本人板西利八郎，曾多次与金城、周肇祥、颜世清等交谈，希望促成中日艺术家交流事宜。但当时因"五四"运动爆发，中日关系成为一个十分敏感的话题，以致直到1920年秋才得以举办第一次展览。展览在北京东城南池子欧美同学会举行，后移往天津河北公园商业会议所继续举行。展出作品200余幅。日方参展的画家有：山田敬中、胜田焦琴、中村岳陵、渡边晨亩、荒木十亩等。这次展览是首次之展，参与人数及筹备方面多有不足。但在中日矛盾加剧期间能举办两国的联合展览实属不易，渡边晨亩也提到"排日思想澎湃"，这正是"五四"运动中的浪潮所致。虽然展览越过了政治上升到文化方面，但所受政治思潮的影响在所难免，不过第一次的举办毕竟为其后三次展览的举行开了个好头。

第二次展览于1922年5月在日本东京府厅商工奖励馆举行，此消息《申报》报道："中日联合绘画展览会，自五月一日起，在东京府厅商工奖励馆，开第二次展览大会，中国画学研究会会长金君巩伯，画师陈君师曾，所出精品最多，并选带近今名人吴昌硕、顾鹤逸、俞语霜、王一亭等南北画家之画，约四百余件。赴东参与，中国美术，输入友邦，是为画界放一异彩，日本名画家正木直彦、荒木十亩、竹内栖凤、横山大观、小室翠云、渡边晨亩等，亦皆各出钜制，互相研究，以期两国画学之进步，又有大村西崖，派人前来欢迎，巩伯师曾两君，业于四月十八号，携吴君熙曾一齐东渡矣。"① 关于此次展览，日本方面还印发了宣传单，出版了纪念图录。

第三次展览于1924年4—5月在北京和上海举行，展出了渡边晨亩、荒木十亩、小室翠云、平福百穗等50名日本画家的200余幅作品和中国100名画家的250幅作品，以晨亩、十亩、翠云为首的12名日本画家还访问了中国。从联合展览在中国举办的情况看，展览会可谓盛况空前。《申报》报道："第三次中日联合绘画展览会，今年为我国值会之期，闻已定于四月二十四日至三十日，在北京中央公园开会展览一星期，日本东西京

---

① 原载于《申报》1922年5月6日。

画伯及中国南北名流出品集夥，约有五六百件之多，均为最近极精之作。日本东京画界代表，为画伯小室翠云、荒木十亩、渡边晨亩，西京为玉舍春辉，同来参观者，为永田春水、广濑东亩、荻生天泉、太田秋民、佐藤华岳、宫田司山、福田浩湖、森山香浦，以上诸人，已于本月二十以前，由日本东京启发，抵奉后，即搭京奉通车，直达北京，都……会后，金拱北等即偕同日本画界代表团赴沪，继续开会，并拟游江浙诸名胜。"① 此次展览的时间原定于4月24日至30日，原定7日，因参观者甚多，同时又陆续收到各地来的画件，展览时间不得不连续更改了两次。先是从5月1日延期到5月3日，随后又延至5月5日，"特展期至本日止。并闻闭会在迩，急待结束，已于昨日（四日）截止收件"②。

第四次展览于1926年6月在日本东京府美术馆展出，7月移至大阪公会堂展出。日本方面川合玉堂、横山大观、小室翠云、荒木十亩、竹内栖凤、堂本印象等日本美术学院画家皆有作品展出。中国有金城、周肇祥、金开藩、钱瘦铁等画家赴日参展，携作品数百幅。同时，日本画家还建议成立一个永久性的机构——东方绘画协会，并制定简章及人员配置。但不久之后由于日本侵占济南，发生了屠杀中国军民和外交人员的"济南惨案"，中日关系再次恶化，东方绘画协会也基本解散。在第四次中日绘画联合展览期间，两国画坛名宿纷纷加入，扩大了影响，使得京、津、沪等地特别是北京成了具有地域特色的民族化运动的北方大本营。

展览的第二阶段主要为中国画学研究会定期举办的成绩展览会，从1928年到1947年共举办25次，以此推算几乎每年一次。陈美珍、黄宗贤的《守护与超越——中国画学研究会与中国画的现代转换》③ 指出，每次展览全体会员都会参加。从展出题材上看，山水、花鸟、人物、走兽都有，并且工笔写意各善其胜。相应的《艺林旬刊》也在展览之后，

---

① 原载于《申报》1924年4月25日。
② 原载于《晨报》1924年5月5日。
③ 陈美珍、黄宗贤：《守护与超越——中国画学研究会与中国画的现代转换》，《文艺争鸣》2009年第5期。

会选择部分作品发表，其中以创办人和评助的作品为主，有时也选登普通会员的作品。从展览目的上看，为了展示会员的学习状况，展览基本在中央公园或中山公园这两地举行，主要目的有"既提高画家之身份，复使社会上大家眼光为之转移"①，并且吸引更多的青年画家加入该会。《晨报》画刊有1934年第11次在中山公园的展览详述："水榭全部分为四室，遍陈作品，玻璃装置者则陈诸窗下"，"凡一百二十五人，出品四百零八件，续到三十五人，未列目者九十五件，可为盛也。地下不足以容，分日替换，布置甚属齐整，第一是陈列创办人、评议、助教诸作品多。第二第三第四各室，评诸之画，亦复不少。"从中可大致了解当时展览的状况。当时定期的成绩汇报展览加强了学员、评议之间的交流往来，使得北京画坛较为繁荣，形成北方画坛的整体面貌。

但是，"中日联合绘画展览从开始酝酿、筹划，经历了不少波折，先后历时八年，在当时的北京、天津、上海等地的传统派画坛形成了一定的声势，是20世纪初中日两国传统绘画群体的交流活动，客观上催生了中国画学研究会以及后来湖社画会的形成，具有民间操作、政府支持的性质。历次展览参加人数众多，展览作品数量巨大，且题材与风格多样，两国画家相互借鉴，相互切磋，取长补短。中日联合绘画展览会，其中既有促进中日艺术交流的功用，也有展销画作之经济目的。"②对此，吕鹏还作了具体归纳："第一，中日联合绘画展览是二十世纪初中日两国针对传统风格的较大规模的交流活动，具有民间操作、政府支持的性质。历次展览参加人数众多，展览作品数量巨大，且题材与风格多样，从客观上有效地联合了中日两国画家，促进两国画家相互借鉴、相互切磋、取长补短。第二，中日绘画联合展览是中国以金城、陈师曾为代表的美术民族化运动，运用外部势力加强自身能力的有效尝试。第三，齐白石在陈师曾的帮助下，参加了中日第二次绘画联合展览，得到空前好评，

---

① 镜湖：《中国画学研究会第六次成绩展览纪事》，转引自陈青青的《二十世纪二三十年代画学研究的一个面向》，中央美术学院，硕士学位论文，2016年。
② 吕鹏：《站在历史的转角处——从中国画学研究会到湖社画会》，《中国美术》2017年第3期。

所带作品全部售出，法国人还在东京挑选了陈师曾和齐白石的作品带到法国参加巴黎艺术展览会。日本人也将齐白石、陈师曾的作品和生活状况拍成电影，在东京艺术院放映。由于此时正值齐白石的衰年变法期间，因此他画风的变化得到了艺术界的认可，中日联合绘画展起了积极的催化作用。"①

五 中国画学研究会与湖社画会的关系

湖社画会和中国画学研究会有着密切的关系，其成立的原因可以分为两方面。

首先，无论从当事人的回忆，还是后来相关学者的研究，抑或现存的文献资料都表明，湖社画会的成立是金城的"及门弟子"们出于对先师的怀念与继承先师的遗愿所为。如吕鹏的文章②即持这一看法，认为湖社画会在成立之前经过了反复磋商，并非一时之心血来潮。金城一向提倡作画要以古释今，提出画"无新旧论"，主张以旧笔墨创造新意境，以消除新与旧的对立，达到矛盾中的统一。他希冀以自己"精研古法"这一"文化内省"的方式，探索出一条复兴中国画的道路，从而达到传统承接上的连续性。由此看来，湖社画会在整体审美倾向上，继承了金城这一思想。

但是，湖社画会的成立并非出于单一的原因，也因为金城其子金开藩（1895—1946）与会长周肇祥之间关系的恶化。张涛指出："在第四次中日联合绘画展览会期间，周肇祥与金城父子等人关系非常紧张，这与周肇祥恃才傲物、自以为是的固执性格有着很大的关联。"③在成立"东方绘画协会"的人事安排中，金潜庵被周肇祥挡于干事人选之门外，仅与其他"迭次随同赴日诸人，及青年画家之成绩佳者"，一起被安排

---

① 吕鹏：《中国画学研究会和湖社画会》，《荣宝斋》2012年第1期。
② 吕鹏：《中国画学研究会和湖社画会》，《荣宝斋》2012年第1期。
③ 张涛：《从〈东游日记〉看"中国画学研究会"分裂始末》，《美术研究》2015年第5期。

为"文牍、庶务、交际、编辑四股之内，以资训练"①。这引起金潜庵等的强烈反对，促成了中国画学研究会的最终分裂。陈雪婷的《中国画学研究会略论》②及陆士虎、马俊、陆剑的《书画艺术之"小金山"——从中国画学研究会创始人金城说起》③等文章，也提到了金开藩和会长周肇祥的不和。1926年12月金城病故后，其子金开藩和其父的门生故交胡佩衡、陈少梅、惠孝同等人另立山头，1927年在北京钱粮胡同15号金城故居墨茶阁成立湖社画会。因金城别号"藕湖渔隐"，故会员取"湖"字为名，成员中号称有金城弟子200余人，高峰时期会员曾达三四百人，其中多为原中国画学研究会会员。但是湖社的画学主张一仍其旧，教学、研究、展览与办刊等做法，也承袭中国画学研究会，如招生传授画学，分期分地举办展览等。1927年11月15日，创办《湖社》半月刊，后改为月刊，远销日本、南亚、北美华人社区。1928年1月1日，中国画学研究会创办《艺林旬刊》，周肇祥为主编。民初北京两大国画社团对峙竞争的局面，正式形成。

中国画学研究会和湖社画会都属于民国初年北京地区的中国画坛的传统画派团体。它们并行时间近10年之久，同在北京及北方地区发展，在活动地点和展览方面多有交集。无论中国画学研究会，还是湖社画会，都是当时中国传统派绘画的重镇。在中国画学研究会宗旨的基础上，湖社画会进一步提出："保存固有之国粹，发扬艺术之特长"，"应时事之要求，谋美术之提倡"，"沟通世界美术"。从"精研古法"和"保存固有之国粹"这层意义上讲，两会宗旨没有本质上的区别，都是在传统的范围内，"努力提倡国画"，并以传统作为中国画演进、变革的基础，而非"中西合璧"式或"以西化中"式的中国画改革，态度比较温和。但是作为艺术社团的运作理念，湖社画会更明确地表达了"应时事之要求，谋美术之提倡"的愿望。这是在当时中国的整体艺术环境，特别是北京

---

① 吕鹏：《湖社研究》，文化艺术出版社2010年版，第80页。
② 陈雪婷：《中国画学研究会略论》，《文化视界》2013年第3期。
③ 陆士虎、马俊、陆剑：《书画艺术之"小金山"——从中国画学研究会创始人金城说起》，《收藏》2014年第18期。

的艺术氛围下所产生出来的必然结果,也是金城生前所一直致力开展的事业。从湖社画会日后的具体运作来看,他们的行动很好地体现了这一愿望。从这个层面上讲,湖社画会的办会宗旨更便于操作,更加具体,是一种积极的变通,对于"精研古法,博采新知"也是进一步发展,从而也更加具有积极的一面。

湖社画会的组织形式几乎和中国画学研究会完全相同,不同的仅是个别职务称谓上的变化。"从组织结构上讲,湖社承袭了中国画学研究会的衣钵"[1]。中国画学研究会的领导人称会长、副会长,而在湖社画会则称总干事或社长,下设干事、评议、普通会员和学员。学员学制一般为3年,毕业后优秀的学员留在会中担任分科教师。在总干事下又设有干事4名,除了金潜庵兼任总干事一职外,其余由惠孝同、胡佩衡、刘光城3人担任。干事负责主持湖社画会的日常工作,成为湖社画会的管理层。为了在会中开展活动,湖社画会也像中国画学研究会一样设有评议一职,先后有20人左右。

两个团体主要成员的社会交际极为广泛与复杂,并与这一时期的各种文化论争有着紧密的关系。就两个团体成员的构成看,"中国画学研究会的早期主要成员多来自于传统的士绅阶层,大部分属于官员画家或文人画家类型。除金城外,后来一直担任会长的周肇祥,早期骨干成员陈师曾、汤定之、贺履之、陈汉第、姚茫父、凌文渊等,或受过良好的教育,甚至出国留学,或是曾在北洋政府和民国政府中任职,或多或少参与了当时的政治和社会活动,抑或是社会贤达,不少人和当时的徐世昌、梁启超、蔡元培等人过从甚密。总之,这个群体属于社会的精英阶层,掌握着一定的话语权,他们在中国画变革中都偏于传统的观念,因此在一定程度上影响了相当一部分北方画坛的走向。相比之下,湖社画会除了一些资历比较老的早期会员如金章、方药雨、胡佩衡等,其他大多数骨干会员是金城的学生和子侄,比如金潜庵、惠孝同、陈少梅、陈东湖、

---

[1] 吕鹏:《站在历史的转角处——从中国画学研究会到湖社画会》,《中国美术》2017年第3期。

李上达等。后来几次中日联合绘画展览使得他们在画坛上崭露头角，但是由于年龄和资历的原因，他们不得不想办法增加自己的号召力，以吸引更多的同道者。"① 就此来看，湖社成员的资历渊源逊于中国画学研究会成员，但是他们年轻，更有活力。因此，他们的精神和成就也更可贵。

六 中国画学研究会的地位和影响

中国画学研究会作为民初重要的绘画社团，在民国美术史上有着重要地位。对此，吕鹏、张涛、陈美珍、郑工等都有指出："在民初众多的绘画社团中，无论从画会人数，抑或画会架构、组织形式上，中国画学研究会均为民初中国北方画坛规模最大、制度最为完整的绘画社团。"②"中国画学研究会在民国时期活跃20多年，是民初中国北方画坛规模最大、制度最为完整的绘画社团，对整个北京画坛传统派的凝聚有着重大的贡献"；20世纪二三十年代，"北京画坛的整体活动状态，还是以中国画学研究会为中心"③。

中国画学研究会的影响是多方面的，主要是通过他们所开展的一系列活动产生的。首先，通过画展传播中国画，扩大中国画的影响。每年举行一次展览，到1945年画会解散，共举行25次展览，在诸多展出作品中，部分优秀作品并摄影作品，还刊登于《艺林月刊》中，部分授权摄影者进行制版发售。从1920年至1926年间，还与日本举行了4次"中日联合绘画展览会"。可以说，没有中国画学研究会的努力，就很难看到中日优秀的展览，也难以达成两国绘画的交流。当时中国的画风仍为传统类型，在展览与交流中我们看到了传统绘画的宝贵，并且可以发现中国画家并不排斥日本的新画风。"日本没有固定的传统，从学中国能

---

① 吕鹏：《站在历史的转角处——从中国画学研究会到湖社画会》，《中国美术》2017年第3期。
② 张涛：《中国画学研究会与金城、周肇祥关系考》，《中国美术》2017年第3期。
③ 郑工：《演进与运动：中国美术的现代化（1875—1976）》，广西美术出版社2002年版，第154页。

很快过渡到学西洋。但是在中国画家看来，如果中国随意放弃国粹，中国稳固的根基就没有了，那么富有中国特色的传统绘画有朝一日就会完全消失。日本尚有维护传统的画家，更何况中国呢！"①

其次，在刊物和美术教育方面，编辑出版《艺林》月（旬）刊。从1927年开始出版，除刊载传统的中国画作品和画论，宣扬中国的传统绘画以外，还大量刊登有关古代建筑及历史纪念建筑物、石窟寺、石刻、古遗址、古墓葬、近现代遗迹及古器物、古书画、古文献等图片，丰富多彩，为宣传祖国的历史文化，推动近代美术事业的发展，作出了一定的贡献。中国画学研究会的同人在整个北京的美术界都有着广泛的影响。其中美术教育可以说是一个至关重要的部分。进入20世纪以后，传统的师徒授受的中国画教育模式逐渐被新式学校教育取代，中国画学研究会会员一直致力于中国画的学校教育。诚如《艺林月刊》所言："会员中，学有专长，出任各省市大学、专科学校教授讲师，各学校图画教员，不下数十人。国立北平大学艺术学院国画系教授中也基本是中国画学研究会的成员，如：王梦白、汤定之、萧谦中、陈半丁、周养庵等。直至1936年……在《国立北平艺术专科学校校刊》上可发现国画组教师成员也多为中国画学研究会的成员，如溥心畬、吴镜汀、王雪涛、吴光宇。"此外，当时在北京的美术院校和设有美术系的学校，其中国画教师也基本上由中国画学研究会成员担当，如王悦之1924年创办的私立北京艺术学院，1924年由姚华支持、邱石冥主办的私立京华艺术学校，1931年张恨水创办的北京美术专科学校，以及1929年北平辅仁大学开设的美术专修科。对此，1940年《立言画刊》的一则新闻中也曾记载："北京最大的绘画团体无疑地要推中国画学研究会，至今已有21年的历史。其最显著的贡献有二：第一，该会每年招收许多爱好美术的青年，同时，每年由该会出来许多人才在社会服务。第二，在北方尤其北京，艺术界最知名的作家十分之七八是该会的会员，北京画坛的几位老前辈，差不多都

---

① 张爽：《中国画学研究会的中日四次联展》，《中华儿女（海外版）·书画名家》2014年第2期。

是该会的导师，并有许多会员在各美术学校和中大学充任美术教师。"由此可见，中国画学研究会对北京画坛美术教育的重要贡献。

再次，在培养人才方面。他们招收学员，通过临摹教学的方式，为中国画的创作和鉴赏培养人才，在教学相长的过程中维护中国绘画传统。陈雪婷评论道："中国画学研究会形成了一套独特的评议——研究员的师生制，这是一个通过考核择优升级的培养画家的机制。"[1] 在现代著名画家中出于该会的有萧谦中、张大千、溥儒、黄宾虹、胡佩衡、徐燕荪、王春涛（1903—1982）、刘凌沧、秦中文、王叔晖、汤定之等。由此可见，"中国画学研究会为保存国粹作出了很大的贡献，同时又培育了一支有别于新型学院体制的传统派画家的强大队伍，也是后来画院体制的中流砥柱，对传统国画的进一步发展起到了重要作用。"[2] 有的论者注意到这样一个事实：在展览时，参观之人中颇多有志青年，他们逐幅考量，甚至携碳笔纸板诸物临摹。而周肇祥及画会诸位评议非但没有禁止，反而对其加以指点，对于后生们的请教更是知无不言言无不尽。"可见展览实为造就人才、国画繁荣及美育事业贡献了不可或缺的力量，影响十分巨大，并直接形塑了后来北京画坛的整体形态，以及民国北京第二代画家群体画学思想与绘画风格。"[3]

另外，还值得一提的是，中国画学研究会对齐白石先生的中国画变革产生了重要影响。陈美珍的《精研古法，博采新知——论中国画学研究会对北京画坛的影响》、吕鹏的《站在历史的转角处——从中国画学研究会到湖社画会》都这样认为。齐白石常说："我如没有师曾的提携，我的画名不会有今天。"1917年，齐白石在琉璃厂南纸铺以卖画、刻印为生，此时他的画风以模仿孤冷清傲的八大山人为主，这对于以"四王"为宗、讲求笔笔有来历的北京画坛来说，他的绘画笔墨显得"粗野"，因而被北京画坛视为"野狐禅"。在这期间，陈师曾见了齐白石所刻之印章，大为激赏，于是走访齐白石，劝其自出新意，另创一格。齐

---

[1] 陈雪婷：《中国画学研究会略论》，《文化视界》2013年第3期。
[2] 陈雪婷：《中国画学研究会略论》，《文化视界》2013年第3期。
[3] 李煜田：《精研古法砥砺前行——历史中的中国画学研究会》，《流行色》2019年第12期。

白石接受陈师曾的建议，改变了原来的画风，并将鲜活的民间情趣注入传统的文人画之中，创红花墨叶一格，完成了从文人的大雅之道转变为雅俗共赏的大俗大雅之道，大获成功，成为民国时期文人画向现代转型的重要代表，齐白石也因此成为20世纪中国绘画史上的中国画大家。

最后也是非常重要的一点，中国画学研究会既坚持了中国画的传统，也没有排斥新知。20世纪的中国充满了外侮内患与振奋自强，在西方强势文化的冲击下，不仅改革图强是中国的必由之路，维护民族文化同样是自立于世界的保证。在这样的背景下，中国画学研究会在新文化运动的发祥地北京发出"精研古法，博采新知"的声音，旨在凝聚北京画坛的传统力量，与"西化派"相抗衡，在相当程度上抵制了民族虚无主义的声浪，稳定了传统中国画的阵脚。同时，中国画学研究会积极参与北京画坛的美术教育，在教学相长的过程中，寻求从自身内部的创造性转换。"一方面中国画学研究会对于传统的学习是抱持着一种研究性心态，而非仅仅出于保存之目的；另一方面事实上他们从来就不反对，相反却积极吸纳外来文化、艺术的因素来弥补中国艺术传统长期以来的积弊与缺陷，激活传统的惰性，他们从中国画传统中萃取可供创造与转化的资源，力图从传统内部延展与生发出'新'的中国画。"[1] 因此，"民国时期西画的浪潮虽然强劲，中国传统美术的壁垒也曾遭受严重的冲击。但是，中国画学研究会却砥柱中流，坚守传统，中国画并没有被西化大潮所湮没，西方美术最终也未能取代中国画而独尊画坛，只成为中国现代美术的重要组成部分之一。"[2]

总而言之，以中国画学研究会为代表的民国北京地区画家群体，对于传统绘画的守护立场和'精研古法'的实践，对20世纪中国美术的发展起到了借古开今、承前继后的作用。从表面上看，虽然其主张"博采新知"或"融化新知"，对西方文化似乎并不排斥，显得公允、客观、

---

[1] 陈美珍、黄宗贤：《守护与超越——中国画学研究会与中国画的现代转换》，《艺术评论》2011年第3期。

[2] 周牧：《在时代狂飙袭来后的坚守——中国画学研究会和"学衡派"文化保守主义理念比较》，《江苏师范大学学报》（哲学社会科学版）2017年第6期。

大度，但我们却不能不指出：中国画学研究会对西方文化的合理部分重视得不够，与他们所标榜的宗旨并不完全一致。在一定程度上，他们对于传统的守护仅停留在绘画技巧的层面，在画法画技上进行挖掘和延伸，并没有真正脱离旧的局限；在对待中国画形态的现代性转变方面，依旧处于停滞与待变的态势。不过，虽然中国画学研究会在革新的追求上没有取得突破性进展，但是他们在面对传统的时候，为我们提供了一个如何选择传统以及如何改进传统的范例。

Literature Review on the Chinese Painting Research Association

Zhou Mu[*]

Abstract: The Chinese Painting Research Association was founded in Beijing in 1920 by Jin Cheng, a painter and a returned student from Britain. This association has had a long-term impact on the northern painting circle in China and has been the research object of the art circle since the 1980s. The research on it is mainly involved in the following issues: firstly, the history of the Chinese Painting Research Association; secondly, Jin Cheng and Chen Shizeng' art concepts and the aims of the Chinese Painting Research Association; thirdly, the journal of the Chinese Painting Research Association; fourthly, the painting exhibitions held by the Chinese Painting Research Association; finally, the relationship between the Chinese Painting Research Association and the Hu Sher Art Association; 6. the status and influence of the Chinese Painting Research Association. This paper points out that the Chinese Painting Research Association represented the group of painters in Beijing during the Republic of China. Its protection of traditional paintings and the practice of "intensive study of ancient methods" have played an important role in the development of Chinese arts in the 20th century, in which they served as a link to borrow the past to open the present. Its proposition of "adopting and absorbing new knowledge" showed the cultural ambition and the broad aesthetic vision; yet in practice, less attention was given to the reasonable part of foreign arts. They upheld traditional Chinese painting techniques and did some innovative work at the same time, but failed to make any breakthrough. The

---

[*] Zhou Mu, School of information communication, Nanjing Xiaozhuang University; Art College of Nanjing University, Nanjing

above discussion shows their complex attitude of holding to as well as making innovation of traditional culture. It also reveals their sincerity to traditional culture and the attempt to make foreign things serve China in the tide of cultural exchanges between China and foreign countries at the time. It's hoped that the study can help provoke thinking on how to keep tradition and to realize innovation on the basis of tradition.

Keywords: Chinese Painting Research Association; Jin Cheng; Intensive Study of traditional Painting Methods; Absorbing New Knowledge

文化　历史研究

中华原文化：一种新范式的文化学分析*

刘吉发**

摘要：时间之原、空间之原、逻辑之原和价值之原的四位一体，共同构成了符号之原四维合一的文化表征，代表着人类社会原文化逻辑生成的思维起点，从而标志着人类社会原文化思维的逻辑原点。文化孕育的原初性、文化生成的原生性、文化思维的原典性、文化创造的原本性，共同构成了人类社会原文化四维合一的文化定位，从而共同表征着人类社会文明原生的文化存在。中华原文化是文化时间之维的周礼文化，也是文化空间之维的中原文化，更是文化逻辑之维的儒家文化，同时也是文化价值之维的民本文化。中华原文化作为中国古代农业文明原生形态的文化存在，不仅代表着人类社会认识活动追求本原的理智文化，而且代表着人类社会实践活动富有原则的制度文化，它构成了中华民族传统社会文明原生的文化基因，表征着中华优秀传统文化和合天下的东方智慧。

关键词：原文化；中华原文化；中华优秀传统文化

---

* 基金项目：2020年度国家社会科学基金高校思政课研究专项"新时代高校研究生思政课改革创新研究"（项目编号：20VSZ061）。

** 作者简介：刘吉发，陕西商洛人，西安思源学院马克思主义研究院院长，长安大学马克思主义学院教授，博导，陕西省马克思主义研究会副理事长，主要从事马克思主义政治哲学研究。

习近平总书记在庆祝建党百年"七一"重要讲话中首次提出,"坚持把马克思主义基本原理同中国具体实际相结合、同中华优秀传统文化相结合",从而形成了马克思主义中国化的"两个结合"思想论断。习近平总书记提出的"两个结合"的重要论断,既体现了马克思主义中国化的理论自信,也体现了中华优秀传统文化的文化自信,从而奠定了中华民族政治自信的思想基础,标志着中华文明伟大复兴的时代自觉。"所谓中国优秀传统文化,是指中国传统文化的精华所在、精神所在、气魄所在,是体现民族精神的价值内涵。"[①] 从而代表着中华民族伟大创造的精神财富,象征着中国精神历史传承的文化内核。中华优秀传统文化的优秀基因,根植于中华民族文明发展的文化之源,构成了中华民族创造伟业的精神财富,表征着中华民族伟大复兴的思想智慧。精神文化是人类社会文化体系的核心内容,符号文化是人类社会精神文化的重要载体。精神文化与符号文化的互动共生,构成了人类文明历史生成的文化标识,也标志着人类社会文明体系的上层结构。从中华民族符号文化历史演进的生成逻辑来看,"原"是中华文化符号之源的文化母体,也是中华民族文化之源的文化之根,它孕育了中华优秀传统文化的文化基因,具有中华优秀传统文化传承发展的本原意义。中华传统文化必有其生成源头,中华优秀文化必有其内在基因,中华原文化正是中华优秀传统文化历史生成的文化根基,也是中华优秀传统文化内在基因的文化表达。因此,探讨中华原文化的文化特质,是当代中国文化强国战略实践的探"原"工程,也是中国特色社会主义民族自信的文化自觉。

一 符号之"原"的文化表征

水生世间万物,水也衍生出人类社会的历史存在;水代表着人类社会的生命之根,水也孕育了人类社会的文化体系,从而沉淀为不同民族文化体系的文化基因,孕育出不同民族文化体系的价值取向。人类社会

---

① 李宗桂:《试论中国优秀传统文化的内涵》,《学术研究》2013年第11期。

根植于山水相连的自然生态,人类社会的文化之根也必然是彰显着自然生态的水态文化。东方的山水文化和西方的海洋文化,构成了东西方水态文化的不同特质,也孕育出东西方文化所不同的价值取向,从而构成了东西方社会所不同的文化体系,沉淀为东西方社会不同的文化基因。"从文化哲学的视域看,符号是作为主体的人所创造的、约定俗成的对象指称,是人类文化实践也即人类进行文化创新和文化创造的工具性存在。"[1] 符号代表着人类精神文化创造的工具形态,标识着人类社会思维活动的历史进程,承载着人类社会精神世界的思维智慧。人类精神文化创造活动的历史逻辑,都沉淀于人类社会符号文化的历史演进。人类社会符号文化的发展史,也表征着人类社会文化逻辑的发展史。符号之"原"正是中华山水文化的经典表达,它孕育了中华优秀传统文化的价值基因,贯穿中华民族文明发展的历史长河。

"中华文化之形的基本内涵是物形,即万事万物所具有的客观形状,是自然或道赋予的形,这些形是通过观物取形或象形而得到的"[2],因而象形符号构成了中国符号文化历史生成的主流形态,自然生态构成了符号文化历史生成的物质根基,从而奠定了中华民族符号文化的历史渊源。早在中国古代甲骨文中,"原"的本字则为泉,表示天然石洞出细流,这就直接表征着中华民族远古时代的水态文化,符号之"泉"本身就是古代中国符号文化的最早象形,中华民族符号文化的象形功能得以显现。"原"字作为主流形态的符号文化,则始于西周金文,属于会意古字,由厵(厂)和泉水(泉)会意而成,表示泉水从石头下流出,其本义指水流的起始之处,也是"源泉"之"源"的本字代称,因而万物之"始"构成了符号之原的核心要义。"源"和"塬"则是由古字"原"衍生而成的形声今字,其文字所代也相对具体单一,分别指代着从水、从土的两种具体事物。纵观中国符号文化的发展史,由象形而会意,由会意而形声,本身就代表了中国符号文化不断演进的历史逻辑。而随着

---

[1] 万资姿:《论文化哲学视域中的符号》,《天津社会科学》2020年第6期。
[2] 徐为民、吴剑:《中华文化的形态态和形系谱——兼论中西文化的差异性》,《浙江社会科学》2020年第1期。

"源"和"塬"两种文字特定谓称的历史衍生,"原"字便失去了一些特定指代的具体谓称,更多地具有引申和假借多重复合的文化意蕴,从而使符号之"原"的文化底蕴得以更加厚植,这也进一步体现出中国符号文化不断衍生的文化逻辑,同时也奠定了中华原文化历史生成的文化逻辑。概言之,中华符号之"原"的文化表征,可以从以下四个维度进行文化分析。

其一是人类社会文化生活的时间之原。时间之原是符号之"原"的首要含义,也是符号之"原"文化表征的核心要义,它代表着中华原文化思维逻辑的文化原点。时间是一切运动着物质存在的基本形式,也是人们把握世间物质运动形式的文化视角。人类社会物质生活实践的历史过程,也需要运用时间尺度进行度量,因而时间便成为人们理性思维把握事物的基本方式。从文化时间的维度来看,原由水流之初引申出物质运动的最初、开始、本来之义,进而更为集中地表征着人类社会活动开展的原始、原初、原来的初始状态,也更为广泛地表征着世界万物运动的历史起点。因而,符号之原从一般意义上表征着人类社会活动过程的历史开端,这也正是符号之原所表征的人类社会的文化时间。世界是过程的集合,万物运动必有开始,认识物质运动的开始状态就代表着人类社会认知活动的逻辑探"原"。符号之原本为泉水初流为河川之始,原生态地表征着东方社会山水文化实践活动的历史起点,这就从源流关系上奠定了人类社会文化活动历史过程的时间之原。

其二是人类社会文化生活的空间之原。空间之原是符号之"原"的重要含义,也是符号之"原"文化表征的空间拓展。它代表着中华原文化思维逻辑的文化空间。时空代表着物质运动的两种基本形式,时间表征着物质运动的延续性,而空间表征着物质运动的广延性,时间和空间作为人类社会文化认知形式乃紧密相连,因而除了符号之原的时间表征内涵,空间便成为符号之原文化表征的又一维度。符号之原文化内涵的空间延伸,表征着符号之原从时间之原向空间之原的文化拓展,时空之原本身就代表着人类社会符号之原的时空相连。从人类社会文化创造的空间维度来看,原有广平之义,《尔雅·释地》讲"广平曰原",由此可见，符号之原标志着人类社会生存活动所依赖的宽广而平坦的物理空间，这实质上表征着天然泉水能够普遍滋润的广阔土地，体现了人类社会山水文化所表征的自然生态水土相连，从而奠定了人类古代社会农业文明的历史文脉。我国周代已有中华民族从事农业活动场所的"周原"之说，从而表征了中华先民在农耕社会所依赖的生存条件，也代表着人类社会生存发展所依赖的物理空间。中华文化符号之原的广平之义，指代着人类社会原始初民从事农事活动实践的空间场所，表征着人类古代农业社会最为基本的生态环境，也构成了人类农业文明赖以生存的物质基础，因而它代表着人类社会文化创造实践活动的空间之原。

其三是人类社会文化生活的逻辑之原。逻辑之原是符号之"原"的理性含义，也是符号之"原"文化表征的思维升华，它代表着中华原文化思维逻辑的文化思维。人类社会生活有物质生活和精神生活之别，人类社会从物质生活走向精神生活的历史过程，表征着人类社会文明形态的历史生成，从而形成了人类社会精神生活的特有领域，标志着人类社会的文化创造活动进到了文明形态。文化之原所表征的人类社会精神生活的思维指向，标志着人类社会文化创造活动从物质空间向思维空间的历史跨越，代表着人类社会文化创造活动的精神领域。从人类社会文化逻辑的维度来看，原有探究事物本原之义，这本身就表征着人类社会思维活动的精神能动，代表着人类社会文明形态的核心标识。无论是静态抽象的事物本原，还是动态过程的思维探究，都标志着人类认知活动达到了事物内在本质的思维境界，代表着人类精神生活思维过程与思维结果的有机结合，从而标志着人类社会精神生活进到了理性思维的逻辑层面，从而形成了人类思维活动理性结果的逻辑形态。符号之原具有原因、原本、原理之义，这本身就表征着人类思维活动达到了事物内在本质及其发展规律的学理境界，体现了人类社会精神生活由把握特殊走向把握一般的思维逻辑，从而代表着人类社会理性思维的文化生成，凸显了人类社会精神生活的理性逻辑，标志着人类社会精神生活的反思活动。"精神文化创造活动（精神生产）突出地体现了人类作为自由自觉的创造性存在物的本质，它正越来越成为人类生产活动的重要领域，是人类不懈地、积极地追求的高级的实践活动形态。"① 人类理性是人类社会文化生活的核心内容，也是人类社会精神世界的思维凝结，中华文化符号之原的理性形态，标志着人类社会精神生活理性思维的逻辑生成，从而代表着人类社会文化创造活动的逻辑之原。

其四是人类社会文化生活的价值之原。价值之原是符号之"原"的价值旨归，也是符号之"原"文化表征的人本指向，它代表着中华原文化逻辑思维的文化价值。世间物质运动是过程的集合，过程有客体运动过程和主体活动过程之分，主体活动又分为主体认识活动和主体实践活动，从而体现出人类社会二维互动的文化创造。符号之"原"的人文内涵不仅标志着人类社会文化活动从感性之原走向了理性之原，而且标志着人类社会文化活动从客体之原走向了主体之原。人类社会的价值创造必然以人为本，人类社会的一切价值活动皆源于人，人是价值世界的最高存在，也是价值世界的最高本原。主体之人是人化世界的最高存在，也是符号之"原"文化表征的价值原点，人构成了价值世界的闭合回路。人类社会价值生活以人为本，主体之人是人类社会价值世界的文化本原，从而形成了人类社会价值体系的人本坐标。从人类认识活动所指向的理性之原，走向人类实践活动所指向的主体之原，体现了人类社会文化创造活动的价值回归，主体之原构成了人类社会价值世界的主体坐标。从文化价值的维度来看，符号之原有原本、原点、原则之义，这本身标志着人类社会价值活动具有以人为本的内导属性，从而展示了人类社会实践活动围绕主体坐标这个价值原点，进而通过人类社会活动原则对主体行为进行规范，从而达到了人类社会生活过程的文明有序，这正是人类社会文化创造活动的实践机制，也表征着人类社会价值实践活动的内在逻辑，从而彰显着人类社会实践活动自身拥有的主体目的性特征，价值性构成了人类社会主体性的集中体现。中华文化符号之"原"的人文内涵，根植于人类农业社会山水相连的文化特质，体现了客体世界水流有序走向主体生活社会秩序的文化逻辑，从而代表了人类社会原始初

---

① 赵剑英：《论人类实践形态的当代发展》，《哲学研究》2002年第11期。

民文化创造实践活动的价值之原。

时间之原、空间之原、逻辑之原与价值之原的四位一体,共同表征着中华民族符号之原的文化内涵,同时也表征着人类文化创造活动从有形到无形、从物质到精神、从客体到主体的文化拓展、精神升华和主体回归,从而形成了人类社会文化创造实践活动的闭合回路,同时也表征了符号之原文化内涵自我运动的逻辑循环,立体化奠定了中华原文化历史生成的文化根基,从而建构了中华优秀传统文化传承发展的价值基因,逻辑地形成了人类社会原文化的文明特质。

二 原文化内在的自我规定

"文化基因是文化类型的存在根本,每一种能够成为独立文化类型的文化都深深根源于自己的文化基因特性之中。"[①] 中华原文化孕育了中华优秀传统文化的原始基因,构成了中华优秀传统文化的价值胚胎,从而形成了中华民族传统文化强大的生命活力,代表着中华优秀传统文化生生不息的活水源头。人类社会原文化在人类文化发展史上具有开拓意义,从而奠定了人类社会文化发展的历史根脉,构成了孕育人类社会优秀传统文化的文化母体。人类文明是人类社会文化发展的价值沉淀,人类社会文化发展的文明基因都根植于人类社会的原文化,原文化标志着人类社会文化价值的文明种子。人类社会原文化承载着人类社会文明进步的价值基因,具有人类社会终极价值的文化观照,从而构成了人类社会健康发展的文化力量,表征着人类社会文明智慧的文化源头。要深入剖析人类社会的原文化,必须对人类社会的原文化进行学理分析,进而从四个层面进行整体把握。

首先,从人类社会文化时间的维度来看,原文化具有人类文化历史演进的原初性。任何一种文化体系历史发展的最初形态,都必然孕育着特定文化体系不断演进的价值基因,从而构成了特定文化体系强大生命

[①] 吴秋林:《文化基因新论:文化人类学的一种可能表达路径》,《民族研究》2013年第6期。

力的原始胚胎，进而为特定社会的成长进步提供应有的文化营养。人类社会文化体系历史发展的原初形态，就代表了这种文化体系不断成长的原生特质，从而构成了这种文化体系发育壮大的原始动因，标志着这种文化体系发展演进的文化力量，孕育着这种文化体系不断强大的文化势能。春秋战国时期的诸子之学，西方社会古典时期的希腊文化，分别代表着东西方不同文化体系的原初形态，孕育了东西方社会不同文化体系的价值基因，从而形成了东西方不同人群所特有的文化个性，进而奠定了人类社会东西方原文化的不同特质。人类社会的文化体系是多元生成进而点状发展的，每种文化体系都有其历史发展最初形态的原文化，这代表着不同文化体系历史发展的原始胚胎，从而标志着不同文化体系历史生成的文化标本。因而原文化是人类社会文化孕育的价值基因，也必然具有人类社会文化孕育的原初性，文化孕育的原初性构成了人类社会原文化的首要规定。

其次，从人类社会文化空间的维度来看，原文化具有文化生态根植本土的原生性。自然生态是人类社会文化生成的物质前提，任何一种文化体系的历史生成，必然依赖于文化创造主体自身所依存的生存空间，从而形成了特定人群自身拥有文化血脉的文化生态，这就必然打上不同文化创造主体生存条件、不断内化的生态特质，从而形成了自然生态衍生社会文化的历史逻辑。人类社会文明发展的第一大创造活动是农耕活动，农耕活动必然建立在宜农易耕的土原之地，从而形成了人类社会原始初民以农为生的"原居社会"。原居社会是人类社会农业文明的社会生态，也是人类社会原文化历史生成的社会根基，同时也标志着人类社会原文化历史生成的生态基础。社会存在之原是文化创造之原的生成基础，人群生存条件构成了人类社会文化创造的物质前提，自然生态构成了人类社会文化创造的首要前提。有别于富有流动性的游牧生存方式，农耕社会文化创造主体原居性的生存方式，既表征着人类社会原文化创造活动的主体生态，也构成了人类社会原文化实践生成的社会基础。以农业文化为基本特征的人类原文化，必然生成于农业社会宜农宜耕的"土原之上"，从而形成了原文化自己特有的文化生态，农耕之原构成了人类社会原文化历史生成的物理空间，同时也表征着人类社会原文化历史生成的生态环境。因而原文化是人类社会原居生存方式的文化表征，它必然具有人类社会文化生成的原生性，文化生成的原生性构成了人类社会原文化的基本规定。

再次，从人类社会文化逻辑的维度来看，原文化具有文化思维逻辑表达的原典性。人类社会原文化并非脱离人类理性的原始文化，而是人类社会文化理性孕育而成的理性文化，它超越了人类原始文化的朴素特质，达到了人类文化思维逻辑生成的自觉形态，理性自觉构成了人类社会原文化的应有含义，从而构成了人类社会原文化的逻辑标识。"理性的原初本意是指人类所具有的自觉的、有目的、有意识的主观心理活动，以及人类认识事物本质和规律的逻辑思维能力。"[①] 人类社会文化发展自觉形态的文化逻辑，具有人类社会文化思维的理性特质，它必然表现为人类社会文化生活逻辑表达的理念体系，从而形成了具有自身文化特质的文化经典。《周易》被称为中国文化的原典之作，正是基于其中华民族文化思维的逻辑表达，从而构成了中华优秀传统文化的文化母体。无论是中国春秋战国时期的诸子之学，还是西方社会古典时期的古希腊哲学，都达到了人类社会文化思维的理性高度，分别代表着东西方社会文化生活发展演进的历史经典，从而形成了人类文化逻辑思维的轴心时代。人类轴心时代的文化经典，标志着人类社会文化体系的思维轴心，从而构成了人类社会原文化的经典表达。文化经典是人类社会文化体系逻辑建构的最高层面，也是人类古代社会文化结构的理性升华，从而形成了反映人类社会生活内在规律的学理体系。人类文化也只有升华出自己的逻辑经典，才能脱离其人类社会原始文化的朴素特质，进而达到人类社会理性思维逻辑生成的文化自觉。人类社会原文化是人类理性逻辑表达的文化体系，它必然拥有其文化存在自我表征的文化经典，从而达到人类社会文化表征的理性自觉。因而，原文化是人类社会文化思维的逻辑

[①] 陈军科：《理性思维：文化自觉的本质特征》，《北京师范大学学报》（社会科学版）2003年第5期。

表达，它必然具有人类社会文化思维的原典性，文化思维的原典性构成了人类社会原文化的自我规定。

最后，从人类社会文化价值的维度来看，原文化具有价值取向以人为本的原本性。人类社会文化思维的本体追问，有物本文化与人本文化之别，物本文化是一种存在论的追问方式，而人本文化则是一种价值论的追问方式。人为目的，物为手段，这是人类社会文化创造价值思维的基本原则。人类文化世界是以人为本的意义世界，人是文化世界的最高存在，也是价值世界的终极目的，从而形成了人类社会价值世界的人本坐标。人是物质世界的自为存在，人创造了超越自在的文化世界，人又享有文化世界的文化价值，从而形成了从活动创造到主体享有的价值回归。人类社会原文化的文化思维，并非自在之物的存在论思维，而是一种为我之物的价值论思维，它并非以自然世界为终极性的致思取向，而是以人类生活为终极性的价值目标，其实质是人类社会人本思维的文化表达，也是人类社会自我生存的文化观照。"中国人从实践中产生了对人在文化继替中获得社会性的看法，因而长期以来也成为中国人实践的内核。"① 在人类社会实践活动的价值坐标中，我们既能看到原文化对人类社会生活秩序的原则规范，也能看到原文化对不同社会文化主体行为表达的原谅观照，人类社会原文化构成了人类社会美好生活价值样态的文化标识，从而构建了宇宙万物以人为本的意义世界。可见原文化不是无情无义冰冷世界的物本文化，而是富有温度人性十足的人本文化，主体之人构成了原文化人本坐标的文化原点，也标志着人类社会文化世界的价值主体。因而，原文化是人类社会文化生活以人为本的价值体系，它必然具有人类社会文化创造的原本性，文化创造的原本性构成了人类社会原文化的内在规定。

文化孕育的原初性，文化生成的原生性，文化思维的原典性，文化创造的原本性，共同构成了人类社会原文化四维合一的文化定位，共同表征着人类社会原文化自身独有的文化结构，进而形成了人类社会文化

---

① 费孝通：《对文化的历史性和社会性的思考》，《思想战线》2004年第2期。

发展的原始动因，代表着人类社会文明发展的文化力量，从而标识着人类原始初民贡献给人类社会历史发展的经典智慧。唯其如此，人类社会原文化构成了人类社会文明发展的价值胚胎，表征着人类社会文明原生的文化存在。

三　中华原文化的学理范式

中华原文化是中华优秀传统文化的文化基因，也是中华优秀传统文化的生成母体，它表征着中华优秀传统文化历史生成的原生形态，代表着中华优秀传统文化基因传承的文化特质。从人类社会文明发展的历史坐标来看，中华原文化不仅是中国文化历史发展的文化之源，而且是人类传统社会东方文化历史版图的文化标本，从而构成了中华优秀传统文化辐射东亚的文化原点，孕育了人类东方社会文化发展演进的历史高原。

首先，从人类社会文化时间的维度考察，中华原文化是我国周代文脉显化而成的周礼文化。人类社会文化生成于人类社会的群体生活，奴隶社会是人类社会文化发展的显形时期，从而达到了人类文化文明发展的历史高度，并沉淀为人类社会文化发展的价值体系，内导着人类文明发展的历史轨迹。人类社会原文化是具有人类社会文明特质的文化形态，从而形成了人类社会文化发展的文明表征，代表着人类社会文化发展的价值形态，构成了人类社会优秀文化的价值基因。中华文化经过了夏、商两代的历史孕育，到了周代已显化成维系中华民族社会生活的历史文脉，并沉淀为中华优秀传统文化的文化思维，浓缩为中华优秀传统文化的价值基因。"中华文化的复杂性与丰富性就在于，它不仅以宗教的方式达到了对绝对的觉悟，而且从周代始也以思想的方式，追问与思考绝对者问题。这是一次更大范围的觉醒，也是一次更系统的觉醒。"[①] 中国周代表征着中华文化的历史觉醒，从而沉淀为中华原文化的生成基因，进而形成了中华民族周礼文化的存在形态。《周易》代表着中华民族周礼

---

① 黄裕生:《论华夏文化的本原性及其普遍主义精神》,《探索与争鸣》2016年第1期。

文化的思维表达，《礼记》则记载着周代社会礼制形态的社会秩序，从而表征着中国古代周礼文化的结构体系，标志着中华优秀传统文化的历史生成。周礼文化是维系中华民族社会生活的秩序文化，维系中华民族社会秩序是周礼文化最为基本的功能所在，也是周礼文化表征中华民族文化之原的价值取向。中国古代周礼文化的社会功能，是中华民族不断演进成长壮大的文化动力，也是中华优秀传统文化内在基因的核心内容，从而构成了中华民族传统文化的原生形态。周礼文化是中华优秀传统文化的历史之根，进而内化为中华优秀传统文化的价值基因，构成了中华优秀传统文化的精神特质，从而表征着中华优秀传统文化呈现于时间之维的原文化。

其次，从人类社会文化空间的维度考察，中华原文化是我国中原大地孕育而成的中原文化。中原大地是我国黄河流域的核心板块，中华先祖自古就在中原大地上繁衍生息，从212万年前的上陈人到115万年前的蓝田人，从9000年前的华胥氏族到5000年前的炎黄部落，都勾勒了中华先祖根植于中原大地的文化创造，从而奠定了中华民族文化创造的历史文脉，进而构成了中华民族文化创造的原生之地。中原是中国地理版图的核心之地，也是东亚黄河文化的生成之地，更是中华文明生成的孕育之地，也是中国符号文化的诞生之地，中原更具有中华民族历史生成的标识意义，从而构成了中华民族原居社会的文化版图，代表着中华民族文化生成的历史空间。"中原社会迫于政治需要而采取的对待不同文化、不同宗教的开放态度，以及位于天下之中的天然地理优势，使得这里成为一个文化、思想和意识形态的熔炉，从而培育出中国文化的凝聚力和政治、外交的向心趋势。"[①] 中原大地的原初生民孕育了中华农耕文明的初始形态，构建了中华民族以农为本的生存方式，也形成了中国政治经济发展的历史轴心，从而构成了中华优秀传统文化历史生成的原生之地。中原大地渭水流域的历史孕育，形成了中原大地显性形态的长安

---

① 赵辉：《中国的史前基础——再论以中原为中心的历史趋势》，《文物》2006年第8期。

文化，也孕育了中华优秀传统文化发展演进的历史主轴。中原文化是中华优秀传统文化的基因所在，孕育了中华优秀传统文化的价值形态，构成了中华民族传统社会主流形态的文化个性，从而表征着中华优秀传统文化呈现于空间之维的原文化。

再次，从人类社会文化逻辑的维度考察，中华原文化是我国传统文化逻辑轴心的儒家文化。人是人类社会文化世界的创造主体，群体和谐是人类社会文化发展追求应然的价值取向，人类社会生活秩序始终是人类原文化的思维目标，它表征着人类社会原文化思维指向的终极关怀，构成了人类社会原文化价值体系的人本坐标。有别于西方文化主流价值的自然取向，中国文化价值的主流形态则是社会取向，从而形成了东西方社会文化体系不同的价值旨归。中国古代春秋战国时期所形成的诸子学说，代表着不同学派对人类社会生活规律的不同认知，从而形成了中国古代社会治理的不同方案，构成了中华先民探求社会治理之道的东方智慧。在中国春秋战国时期的诸子百家之中，儒家文化是中华民族群体和谐价值取向的最佳表达，它把中原文化的礼制秩序上升到了文化意识的思维高度，形成了人类轴心时代表征东方社会秩序价值的儒家学说，从而为东方社会历史发展的文化选择提供了儒家方案。人类社会文化选择具有内在的历史必然，我国汉代独尊儒术的文化选择，使儒家文化上升为中华民族传统文化的主导地位，从而内导着中华民族文明发展的历史演进，构成了中华优秀传统文化的历史主轴。儒家文化以其积极入世的进取精神，不仅为中华民族的健康发展提供了强大的文化动力，而且以其强大的示范效应不断向外辐射，历史地建构了具有国际主义博大胸怀的东亚儒家文化圈，从而占据了人类社会东方文化生态体系的核心地位。"从广泛的民族文化视角看，汉民族文化对其他民族文化的强大影响力和吸引力以及统一的中华民族文化巨系统的形成，主要是依赖儒家文化的核心作用。"[①] 儒家文化形成了东亚社会道德教化的伦理思维，表征了中华民族儒家文化和合天下的文化势能，彰显着中华民族古代社会原

[①] 王国炎、汤忠钢：《论中国传统文化的基本特征》，《江西社会科学》2003年第4期。

生形态的文化智慧,从而凸显了东方社会中华民族传统文化的历史早熟。儒家文化是中华优秀传统文化的逻辑主轴,形成了中华文明历史演进的强大势能,构成了中华民族发展进步的精神动力,从而表征着中华优秀传统文化呈现于逻辑之维的原文化。

最后,从人类社会文化价值的维度考察,中华原文化是中华传统文化核心价值的民本文化。人是人类文化价值体系的轴心所在,也是人类社会文化体系的最高价值,从而表征着人类社会价值世界的文化主体,形成了人类社会文化体系的人本坐标。人既是文化存在的创造者,也是文化价值的享有者,从而构建了人类文化以人为本的价值体系。中华民族天人合一的文化理念,不仅孕育出和合天下的文化意识,而且内导着中华民族文化思维聚焦于以和为贵的人伦关系,人伦关系构成了中华优秀传统文化的思维轴心,并沉淀为中华民族优秀传统文化的价值逻辑。在中华文化发展演进的历史过程中,君民关系始终是中华民族伦理关注的核心议题,表征着中华文明对人类社会价值生活的理性关注。中华民族文化意识在对君民关系的理性关注中,占主导地位的始终是中华优秀传统文化的民本思想,民本思想构成了中华优秀传统文化的价值轴心。孟子曰"民为贵,社稷次之,君为轻","民贵君轻"的贵民思想构成了中华民族文化传统的价值信念,代表着中华优秀传统文化对君民关系的正确把握。中华优秀传统文化"民惟邦本"的民本观念,构筑了中华民族以人为本价值体系的民本坐标,沉淀为中华优秀传统文化的价值基因,这与马克思主义历史唯物主义的人民史观一脉相承,"儒家政治学说中的民本思想接近于马克思主义认为人民群众是历史的真正创造者的立场"①,民本思想构成了中国共产党宗旨意识的文化根源,表征着马克思主义与中国传统文化的价值融合。"中国共产党的民本思想是建立在人民主权基础上的执政理念,是社会主义政治文明的重要内容"②,民本思想

---

① 付洪泉:《大同理想:马克思主义与中国文化之亲和性探源》,《马克思主义与现实》2018年第5期。

② 刘彤、张等文:《论中国共产党民本思想对传统民本思想的传承与超越》,《马克思主义研究》2012年第12期。

中华原文化：一种新范式的文化学分析

不仅是中国共产党人的精神财富，而且代表着中华优秀传统文化贡献给人类社会的政治智慧，从而构成了人类社会文明发展的思想精华。因而，民本文化是中华优秀传统文化的优秀基因，形成了中国共产党人传承发展的精神资源，构成了当代中华民族文化传承的精神营养，从而表征着中华优秀传统文化呈现于价值之维的原文化。

文化时间之维的周礼文化，文化空间之维的中原文化，文化逻辑之维的儒家文化，文化价值之维的民本文化，共同构成了中华原文化四维合一的文化结构，表征了中华原文化四维结构的逻辑内涵，从而奠定了中华原文化四维合一的学理定位，也构筑了中华优秀传统文化四维结构的精神具象。唯其如此，中华原文化代表着中华优秀传统文化结构体系的价值胚胎，表征着中国古代农业文明原生形态的文化存在，代表着中华民族贡献给人类社会健康发展的东方智慧，从而标志着人类社会原文化历史生成的经典形态。

自然生态是人类文化历史生成的物质根基，不同的自然生态孕育了不同形态的社会文化。"人类与其生活环境是一个不可分割的网络体，人类创造的文化是与其生存空间的环境及其变化相依相伴。"[1] 西方人长期在海洋上活动劳作，从而形成了西方的海洋文化，海水平面的自然生态孕育了海洋文化以追求平等为价值取向，从而形成了西方自由开放的文化体系。中国人长期在山水相连的陆地上活动劳作，从而形成了中国的内陆文化，内陆的山水生态孕育了内陆文化以追求秩序为价值取向，从而形成了我国和谐内敛的文化体系。中华原文化既是农耕社会水土相连的和谐文化，也是中华先民追求本原的理智文化，不仅是社会生活富有原则的制度文化，而且是人情世界长于原谅的人性文化。因而中华原文化是东方人文文化的精华所在，也是中华优秀文化的文明基因，是成长在中国大地之上原生形态的文化智慧。

中华原文化是中华民族伟大复兴的原生动力，它孕育了中华民族生

---

[1] 邓先瑞：《试论文化生态及其研究意义》，《华中师范大学学报》（人文社会科学版）2003年第1期。

生不息的文化品格，从而构成了我们今天建设中国特色社会主义文化强国的自信根基。中华原文化是中华民族文化血液的文化精髓，也是推动马克思主义中国化的文化资源，是中华先民文化创造实践活动的历史智慧，是人类社会传统文明的精华所在。在构建人类命运共同体的时代征程中，中华原文化和谐万邦的文化基因，为人类文明的时代进步贡献了中国智慧；中华原文化天下大同的文化意识，为东方文明的全球彰显开拓了时代空间。因此，我们要传承好中华原文化的文明基因，全力激活中华原文化的内在活力，充分发挥中华原文化的文化势能，奋力谱写中国特色社会主义文化强国的时代篇章。

Chinese Original Culture: Cultural Analysis of a New Paradigm

Liu Jifa *

Abstract: The four in one of the original time, the original space, the original logic and the original value together constitute the cultural representation of the original four-dimensional unity of symbols, representing the thinking starting point of the generation of the original cultural logic of human society, thus marking the logical origin of the original cultural thinking of human society. The originality of culture, the originality of culture generation, the originality of cultural thinking and the originality of cultural creation together constitute the cultural orientation of the four-dimensional unity of the original culture of human society, so as to jointly represent the original cultural existence of human social civilization. The Chinese original culture is the Zhou ritual culture of the dimension of cultural time, the Central Plains culture of the dimension of cultural space, the Confucian culture of the dimension of cultural logic, and the people-oriented culture of the dimension of cultural value. As the cultural existence of the original form of China's ancient agricultural civilization, Chinese original culture not only represents the rational culture of human social cognitive activities in pursuit of the original, but also represents the principled institutional culture of human social practice. It constitutes the original cultural gene of the traditional social civilization of the Chinese nation and represents the excellent Chinese traditional culture and the Oriental wisdom of the world.

Keywords: Original Culture; Chinese Original Culture; Excellent Traditional Chinese Culture

---

* Liu Jifa, Xi'an Siyuan University.

无锡淮湘昭忠祠的修建与淮军历史遗迹新探

——以无锡及全国 4 所淮军昭忠祠为中心的研究

傅德元[*]

摘要：同治四年（1865），李鸿章经清廷允准后主持修建了第一所淮军昭忠祠无锡惠泉山淮湘昭忠祠。建祠目的是彰显朝廷恤典，祭祀淮军众多阵亡伤故将士，使淮军将士更效忠于清廷。该祠建筑代表了晚清苏南建筑艺术较高水平，对淮军后来修建的 8 所昭忠祠的选址、建筑模式，以及淮军和晚清历史具有重要影响。淮军昭忠祠是值得深入研究的综合性学术领域。

关键词：李鸿章；无锡淮湘昭忠祠；入祀祭祀

同治元年（1862），淮军在安徽组建成军后，曾参与镇压太平天国及东西捻军。李鸿章任直隶总督兼北洋大臣后，淮军主要驻扎于直隶各地及沿海地区，成为拱卫京师、防守海疆的重要军事力量，并参加了几次对外反侵略战争，成为清末具有国家常备军性质的武装力量。在长期征战及守卫海疆中，淮军有大批将士战死沙场或积劳病故。为了褒扬、祭祀亡故将士，李鸿章与淮军在全国各地修建了 9 所昭忠祠[①]，坐落于无锡的淮军昭忠祠也称淮湘昭忠祠，是淮军修建的首座昭忠祠。

---

[*] 作者简介：傅德元，河北香河人。西安思源学院留学生与中国现代化研究中心研究员，博士，研究领域为中国近现代史、中西文化交流史。

[①] 9 所淮军昭忠祠按修建时间顺序是：无锡、武昌、苏州、台湾凤山淮军昭忠祠，台北淮楚昭忠祠，保定淮军昭忠祠公所，汉阳淮军松武军昭忠祠，巢湖及天津淮军昭忠祠。

无锡淮湘昭忠祠的修建与淮军历史遗迹新探

淮军昭忠祠是淮军研究中的薄弱环节，《李鸿章传》《李鸿章评传》等学术著作均未提及。最早关注该领域的是河北大学历史系黎仁凯教授（已故）、保定市直隶总督署博物馆馆长衡志义先生及本文作者。3 位作者在合著的《清代直隶总督与总督署》一书中，对保定淮军昭忠祠公所作了介绍。① 黎仁凯、傅德元并于《近代史资料》刊载了点校的保定《淮军昭忠祠公所善后章程十六条》② 这一重要碑刻史料。2003 年，衡志义、沈志为刊发了《保定淮军公所初探》一文，对保定淮军公所③的修建、建筑布局等进行了探讨。2004 年，顾文璧、钱宗奎刊发了《无锡最大的清代祠堂建筑——淮湘昭忠祠》一文，介绍了无锡淮军昭忠祠的主要建筑。④ 2005 年 2 月 3 日，翁飞博士在《新安晚报》A8 版刊发了《巢湖淮军昭忠祠漫笔》一文，此文后又在《江淮文史》杂志刊发。文章叙述了李鸿章与淮军在安徽修建的巢湖淮军昭忠祠，并述及淮军共修建过苏州、无锡、武昌、保定、浙江镇海、台湾凤山、广西镇南关等 8 所昭忠祠。2006 年后，笔者发表了《李鸿章与淮军昭忠祠》《李鸿章与保定淮军昭忠祠公所》《1874—1875 年淮军援台与台湾凤山淮军昭忠祠》3 篇论文⑤。经考证后确认，淮军先后共修建了无锡、武昌等 9 所昭忠祠，并研究了李鸿章主持修建众多昭忠祠的目的，各个昭忠祠祭祀的淮军将士，以及祭祀管理制度等。其后，合肥学院副教授李玉年《当下合肥淮军昭忠祠入祀人员牌位与价值》⑥ 一文，叙述了修缮后对公众开放的巢湖淮军昭忠祠入祀的 120 名淮系人物。2017 年，安徽建筑大学袁浩浩的硕士学位论文《长江流域淮军昭忠祠建筑研

---

① 黎仁凯、衡志义、傅德元：《清代直隶总督与总督署》，中国文史出版社 1993 年版，第 187—188 页。
② 黎仁凯、傅德元整理：《淮军昭忠祠公所善后章程十六条》，《近代史资料》总 83 号，中国社会科学出版社 1993 年版，第 63—68 页。
③ 保定当地沿用了民国《清苑县志》的错误称呼，将保定淮军昭忠祠公所称为保定淮军公所，此错误称谓一直沿用至今，正确称谓应是"保定淮军昭忠祠公所"。
④ 顾文璧、钱宗奎：《无锡最大的清代祠堂建筑——淮湘昭忠祠》，无锡祠堂文化研究会主办：《祠堂博览》2004 年第 1 期，第 15—19 页。
⑤ 三篇论文分别刊载于：《安徽史学》2006 年第 3 期，《河北师范大学学报》（哲学社会科学版）2006 年第 6 期，《安徽史学》2017 年第 5 期。
⑥ 详见《合肥学院学报》2016 年第 6 期，第 107—112 页。

究》，研究了长江流域 4 所淮军昭忠祠的建筑。2018 年，江南大学汪春劼教授的著作《无锡：一座江南水城的百年回望》①，也对无锡淮军昭忠祠有所叙述。

近 30 年学术界对淮军昭忠祠的研究，总的来说取得了一定成果，基本梳理出各个昭忠祠修建的年代及管理制度等，但仍有如下薄弱环节：一是苏州、武昌、汉阳、台北、天津几所昭忠祠至今仍无专文论述，淮军修建的首座昭忠祠无锡淮湘昭忠祠只有简要介绍，而无深入研究；二是上述研究没有明确指出当今研究淮军昭忠祠的主线和新的历史时代应研究的新问题；三是对淮军昭忠祠的一些深度问题，如疫疠与淮军征战中的病亡、昭忠祠祠田、详细的入祀人员等还有欠缺，且至今尚无真正的学术专著刊印②。在此背景下，本文认为，当今学术界文物界对淮军昭忠祠的研究、保护及开发亟待加强。

一　无锡淮湘昭忠祠的修建

同治三年（1864），太平天国战事基本结束不久，李鸿章即奏请清廷修建无锡淮军昭忠祠，以后又不断在各地修建昭忠祠。李鸿章及淮军热衷于修建昭忠祠的背景及目的，一是从祀典制度来讲，修建淮军昭忠祠遵奉了清廷祭祀亡故将士的定例，实质上是为巩固清王朝统治服务的。昭忠祠制度于雍正二年（1724）由雍正帝首创，修建京师昭忠祠，以祭祀为国捐躯官员将士，其后又允准各地修建府城昭忠祠。这些制度和规定，是李鸿章修建淮军昭忠祠的依据。他在奏折中即表明建祠是为了"以彰恤典而慰忠魂"③，"称朝廷励节褒忠之典"，"慰斯

---

① 汪春劼：《无锡：一座江南水城的百年回望》，同济大学出版社 2018 年版。
② 2013 年，河北大学出版社出版了王胜利、马立军、王丽娟合著的《保定淮军公所》一书，但因该书抄袭了本文作者上述 2006 年刊发的两篇论文内容，2017 年 5 月已被河北省高级人民法院"（2017）冀民终 190 号民事判决书"终审判决构成著作权侵权，停止销售，故不能将其视为该领域学术著作。
③ 李鸿章：《惠山建立昭忠祠片》，吴汝纶编：《李鸿章全集》（1），奏稿卷七，第 262 页，海南出版社 1997 年影印版。

民报功崇德之心"①。即为了祭祀表彰淮军战死将士，为后来者树立楷模，使淮军将士更效忠于清廷。二是咸丰同治年间，湘军及其他昭忠祠的修建，是淮军修建昭忠祠的现实依据和仿效模式。咸丰八年（1858）之后，曾国藩曾奏请清廷，经允准后修建江西湖口石钟山湘军水师昭忠祠、湘军故乡湘乡忠义总祠、湖南平江县忠义祠等。鲍超统领的湘军霆军，也曾在四川、湖北修建霆军昭忠祠。② 这些先例，为李鸿章提供了建祠依据。他认为，淮军在镇压太平天国及捻军战争中阵亡的员弁兵勇，例应于各地建祠"设位致祭"③。三是淮军将领的要求，是促使李鸿章修建昭忠祠的重要原因。中国人的风俗历来重视对死者特别是对战死忠魂的安葬与祭祀。如果条件许可，应尽可能将从征将士或死于异地他乡之人的遗体或遗骨运回故乡安葬，并使其魂灵受到祭祀，不至于成为孤魂野鬼。李鸿章及淮军将领们对此也非常重视。有学者称，李鸿章是念旧之人，淮军在各地征战中，不可能将所有战死将士"马革裹尸"，魂归故土。征战过后，将领们请求在各地修建昭忠祠，李鸿章完全赞同，向朝廷上奏，经允准后修建了各地昭忠祠，此举既遵从了民间风俗习惯，也是李鸿章顺应部将的要求，使为国捐躯者得到祭祀，使生者得到心理平衡与安慰的举措。四是政治上，淮军昭忠祠的修建是为维系淮系集团利益，提高其凝聚力与战斗力，巩固自己政治地位服务的。李鸿章与淮系官员将士是休戚相关的。李鸿章因有淮军这支武装以自重和显荣，淮军将领们也因有李鸿章这位总首领而得到生前的荣誉地位及身后的褒谥祭典。同光年间在朝廷站稳脚跟后，李鸿章利用自己的政治地位，一呼百应，在淮军兴起之地、征战之区和管辖之所修建昭忠祠、义阡享堂、公所、会馆，为部下撰写墓志铭、神道碑等，来加强淮系集团内部的乡土意识及地域情结，使部将对自己更加崇拜和感恩戴德，来扩大发展淮

---

① 张树声与李鸿章会奏：《请建淮军昭忠祠折》，何嗣焜编：《张靖达公奏议》卷一，第5—6页，近代中国史料丛刊23辑，台北：文海出版社1968年版。
② 沈葆桢：《宋国永宣付史馆入祀霆军昭忠祠折》，《沈文肃公政书》卷七，第84—86页，清光绪壬辰（1892）乌石山祠刻本。
③ 顾廷龙、戴逸主编：《李鸿章全集》第1册，安徽教育出版社2008年版，第600页。

系势力。各地淮军昭忠祠的修建，反映出李鸿章与淮军旧部荣损与共的依存关系。

在上述因素支配下，同治四年至光绪二十一年（1865—1895），李鸿章及其他淮军将领先后在淮军征战之地捐资修建了9所淮军昭忠祠，以祭祀淮湘军（楚军）亡故将士。他选择在无锡惠泉山惠山寺基址修建首座淮军昭忠祠，原因有四。其一，淮军于1862—1864年间在苏浙地区与太平军交战时，在常熟、江阴、苏州、无锡、嘉兴、常州、湖州等地伤亡较重。无锡为苏南居中之地，地理上非常适合。其二，按清廷修建昭忠祠惯例，淮军"例应于各府城暨阵亡地方建立昭忠祠，设位致祭。惟分地建祠，经费无措"①。为尽量减少将士们捐款数量，李鸿章决定只选一地，修建一处昭忠祠。其三，从风水、自然等条件来讲，无锡惠山寺遗址是最理想之地。按照中国风水学理论，祭祀型建筑属于虚空的、精神的，具有阴性场气，应选择在山清水秀、清静幽雅，与居民居住区距离较远基址。寺庙也属于祭祀型建筑，常与灵冥祭祷活动相关，属于阴性场气，可以超度亡魂。而昭忠祠既是祭祀场所，又是超度亡魂之地，将其建在寺庙遗址上，有利于超度亡魂。②惠山寺遗址环境清幽，又可超度亡魂，可说占尽风水佳境。其四，惠山古镇有大量祠堂，将淮军昭忠祠建于此地，与附近的名祠（特别是李纲、于谦等忠义祠堂）为邻，既可凸显淮军之忠义，又可享受其人气及香火。同时，惠山寺被毁，正好给了淮军占有其基址之机会。如迁延时日，当地人若提出重修惠山寺，将使他难于处理，失去良机。故此他抢先上奏，在这里修建淮军昭忠祠。

同治三年十月二十五日（1864年11月23日），江苏巡抚李鸿章向清廷上《惠山建立昭忠祠片》，提出"臣部水陆各营统将联衔禀称"，请求为阵亡将士在无锡县城外惠泉山麓天下第二泉之侧修建淮军昭忠祠。奏片称：淮军自组建以来，"迄今两载有余，肃清苏省，兼复浙境，计先后大小数百仗，仰赖朝廷威福，未尝挫衄。"③征战中阵亡员弁兵勇数千人，如分地

---

① 顾廷龙、戴逸主编：《李鸿章全集》第1册，安徽教育出版社2008年版，第598页。
② 亢亮、亢羽编著：《风水与城市》，百花文艺出版社1999年版，第157—158页。
③ 顾廷龙、戴逸主编：《李鸿章全集》第1册，安徽教育出版社2008年版，第598页。

建祠，经费无措。"查无锡县城外惠泉山，介在苏、常之间，上年进剿锡城，与忠、侍大股相持数月，鏖战尤苦，死事尤众。其地素号名胜，自被贼（注：指太平军，以下不另标注）扰，绀宇琳宫，悉成瓦砾，兴复无期"，请求"公议捐助饷银"，修建昭忠祠，"查明历次阵亡员弁兵勇，分别设位，由地方官春秋致祭，以彰恤典，而慰忠魂"①。

李鸿章奏片中提及的上年进剿无锡，与太平军鏖战战况，确实如此。咸丰十年（1860）太平军攻克无锡。据汪春劼教授叙述："经过七年厮杀，太平军终于突破江南大营，于1860年兵临无锡，惠山寺也化为一片废墟。"② 另据李鸿章上述奏片叙述，同治二年（1863）淮军与太平天国忠王李秀成、侍王李世贤部数十万人反复在这里进行数月激战，十一月初二日（12月12日）淮军终于攻占无锡金匮县城，剿灭守城太平军，著名的惠山寺主要建筑毁于战火。《无锡地方资料汇编》也记载："清朝咸丰至同治年间，李鸿章的淮湘军曾与太平军在江南一带激战，惠山的寺院毁于战火，仅存寺门匾额。"③ 根据上述多种说法，惠山寺应是在1860—1863年间被毁的。实际上，整个无锡城遭到的破坏非常严重。据清光绪年间县志记载，淮湘军攻克无锡后，"城中民居十无一二存，盖贼毁其二，土匪毁其一，其五六则兵勇争贼遗物不均，遂付之一炬耳。西、南、北三门一片瓦砾，不辨门巷，后虽流亡渐归，无所栖止，其残破盖较诸他邑尤甚。"④ 被战火荼毒的无锡，又被大肆抢掠城内遗物的"兵勇"（即淮湘军）付之一炬。

---

① 李鸿章：《惠山建立昭忠祠片》，吴汝纶编：《李鸿章全集》（1），奏稿卷七，第262页，海南出版社1997年版。

② 汪春劼：《无锡：一座江南水城的百年回望》，同济大学出版社2018年版，第144页。

③ 无锡地方志编纂委员会办公室、无锡县志编纂委员会办公室编：《无锡地方资料汇编》第二辑，1984年印刷，第56页。上述关于惠山寺被毁的时间，实际上有1860年毁于太平军及毁于1863年淮军与太平军交战两种说法。新版《无锡市志》叙述大同殿也记载："清咸丰十年太平军攻克无锡，同治二年李鸿章率军反攻无锡，二次战火使大同殿全部被毁。"到底是毁于太平军反佛还是毁于战火？本文作者倾向于认同李鸿章的说法，可能毁于太平军，因为他的记载是当时人记载，而《无锡市志》等是百余年后的记载。但对此史实，本文作者还须进一步查找史料，考证后定论。

④ 裴大中修，秦缃业纂：《无锡金匮县志》卷七，"兵事"，第19页，清光绪辛巳（1881）镌版。

李鸿章在奏片中，先称惠泉山附近名胜包括"绀宇琳宫"惠山寺等经太平军及战火已"悉成瓦砾"，变成一片废墟，"兴复无期"，又称"请先于山麓天下第二泉之侧"修建昭忠祠。在他的笔下，他将要选择的建祠基址是"天下第二泉之侧"，与"绀宇琳宫"似乎无关。实际上，惠山寺在战火中大部分被毁，虽不是"悉成瓦砾"，但只残存"寺门匾额"，在整个寺院原来建筑中所占比重已微乎其微；他所说的"天下第二泉之侧"，实际上就是惠山寺基址。"先于"则道出了当地居民经几年的战火大劫难之后，十室九空，经济萧条，生存维艰，官方及绅商民众根本无经济能力也未提出兴复惠山寺。李鸿章则根据淮军经三年征战，数千将士阵亡病故的现实，将领们包括他胞弟李鹤章的请求，以及他作为江苏巡抚、无锡乃他管辖之地的先决条件，向朝廷提出将此"绀宇琳宫"公有风水宝地无偿据为淮军所有，作为建祠基址。待朝廷上谕允准，即难更改。

无锡是苏南最美之地和鱼米之乡。清代置无锡金匮县，无锡县位于西面，金匮县位于东面。无锡县城西五里远有惠山（也称慧山、惠泉山）和锡山，惠山在锡山之西，山麓有著名的天下第二泉、惠山寺等山水自然景观及人文建筑，附近还有竹垆山房等建筑。惠山寺在天下第二泉东侧约30米。在惠山寺内及惠山古镇，还有大量著名的祠堂等建筑，如寺内的过郡马祠（祀宋代郡马过孟玉及他妻子南宋高平徐亲王女逍遥郡主）、张义士祠（祀明代张义士止斋），附近的尊贤祠（祀宋代秦观、元代倪瓒等）、报忠祠（在惠山尊贤祠中附设，入祀历代"直谏靖节者"）、忠节祠（祀殉难于太平天国时期的无锡人道光进士邹鸣鹤、举人李福培）、顾端文公祠（祀明代万历进士顾宪成）、虞薇山先生祠（祀宋末元初人虞薇山）、邵文庄公祠（祀明成化进士邵宝）、顾洞阳先生祠（祀明正德进士顾可久）等。[①]

清廷于十一月二日（11月30日）发布两道谕旨，均允准淮军在惠

---

① 裴大中修，秦缃业纂：《无锡金匮县志》，卷十二，"祠祀"，第4—17页，清光绪辛巳（1881）镌版。

泉山修建昭忠祠，其内阁上谕称："著李鸿章于无锡县城惠泉山建立昭忠祠，查明历次阵亡员弁兵勇，分别设位，由地方官春秋致祭，以彰恤典而慰忠魂。"[①]

清廷允准后，淮军内即开始进行捐款及建祠准备工作。淮军内的捐款，按照李鸿章在奏片中的说法是"公议捐助饷银"，即从各营饷银中适当抽取一定数额。李鸿章撰《惠山昭忠祠碑记》还记载："邦之士大夫闻是举也，相率踊跃趋事，鸠工庀材"[②]，为建祠捐资，招集工匠，准备材料。建祠工程应于同治四年春开始，当年五月建成。据县志记载，建成后的惠山昭忠祠"在惠山寺内，割寺之大雄殿以后至大悲阁止，旁及竹炉山房遗址为之"[③]，即昭忠祠主要建筑建在原惠山寺大雄宝殿后至大悲阁，以及原竹炉山房遗址之上。

二 无锡淮湘昭忠祠的主要建筑

惠山淮军昭忠祠坐西朝东，主要有砖雕门楼、御碑亭、正门、前殿、寝殿、戏台、配殿等建筑。建筑依山取势，布局对称，层次丰富，雕镂精美。据顾文璧等《无锡最大的清代祠堂建筑——淮湘昭忠祠》一文，无锡市锡惠园林文物名胜区文物管理科金石声科长提供给本文作者的材料及照片，以及汪春劼教授在著作中的叙述可知，昭忠祠大门建在两重崇台上，歇山顶，面阔三间，门前抱鼓石雕双狮戏珠图案。祠堂正门是李鸿章亲题"昭忠祠"匾额（现在匾额为近年集字而成，原始匾额在1949年后被毁）。据互联网《中华楹联欣赏·祠堂楹联》叙述，李鸿章三弟、亲自指挥淮军攻下无锡的李鹤章为昭忠祠题写了楹联：

[①] 李鸿章：《惠山建立昭忠祠片》，顾廷龙、戴逸主编：《李鸿章全集》（1），奏议一，安徽教育出版社2008年版，第598页。另外，此上谕全文即现在昭忠祠御碑亭内李鸿章手书之碑文。

[②] 此碑现存无锡惠山淮军昭忠祠内，碑文由无锡市锡惠园林文物名胜区文物管理科金石声科长提供给本文作者并授权使用。

[③] 裴大中修，秦缃业纂：《无锡金匮县志》，卷十二，"祠祀"，第8页，清光绪辛巳（1881）镌版。

死事会诸君，尚落得一席名山千秋俎豆；
封侯岂我辈，倒不如杖游南岳钓隐西湖。

楹联上联写入祀于该祠的阵亡将士在此名山会合，享受后人祭祀。"俎豆"，原指古代祭祀、宴飨时盛食物用的礼器，此处引申为祭祀。下联写未战死人员如不为了功名利禄和封侯，倒不如解甲归田，享受人生乐趣。后来李鸿章亲信幕僚周馥还写有七律一首《游惠山谒淮军昭忠祠》①。

进入二门即仪门之后，大雄宝殿前为一坐西朝东碑亭，木石结构，歇山顶，碑亭中矗立《敕建惠山昭忠祠碑》，碑高2.2米。正面刻李鸿章书丹②同治三年十一月初二日清廷允建昭忠祠碑文，碑阴镌刻五龙戏珠图案。碑亭后为大殿旧址，遗存青石素覆盆柱础。再往上的中部正门面阔三间，进深二架。

第二进大殿（即前殿）面阔三间，进深七架，硬山顶。南北两侧墙上，有两通李鸿章、李鹤章撰写的修建该祠碑刻。南侧（也称南次间）墙上，是同治四年八月出自"三赐进士出身"，即太子太保协办大学士两江总督曾国藩篆额③，江苏巡抚署理两江总督李鸿章撰文，江苏布政使护理江苏巡抚刘郇膏书丹的《惠山昭忠祠碑记》。这三位进士当时地位显赫。其后，淮军虽不断修建昭忠祠，但笔者未见李鸿章撰文的碑刻，可知此碑及这所昭忠祠地位之重要。碑文称：同治元年他率军东下，两年大战太平军，部下阵亡数千人，水陆各营将领请建合祠于无锡惠山之

---

① 周馥：《玉山诗集》，卷二，周学熙等编校：《周悫慎公全集》（二），第1233页，台北：文海出版社1966年版。

② 书丹，古代制作墓碑或石碑，为了镌刻准确，碑面美观，雕刻前，先要由工于书法人士用毛笔蘸朱砂直接在碑石或器物上书写碑文，以备工匠雕刻。朱砂有很好的稳定性，在光滑的石面上不容易流动，且其红色与石面颜色形成鲜明对照，便于镌刻。书丹之后，一般在碑石上涂上一层薄蜡，刻工即可镌刻。见卢蓉《中国墓碑研究》，社会科学文献出版社2015年版，第154—155页。

③ "篆额"即"额题"，也称碑额，指中国古代墓碑、石碑右侧第一行标题性文字，一般字数较少，用篆书或隶书、楷书题额。见卢蓉《中国墓碑研究》，社会科学文献出版社2015年版，第202页。

麓，"凡先后死事者皆列祀。"无锡为苏常中处之境，"其地山水清淑，昔人名迹之所在，咸于祠宜"。他还称淮湘军与太平军转战吴越间，"暴骨风沙，血膏原草，寡妻孤子，哭望天涯。吊祭不时，精魂靡托，春露秋霜，能无怨恫？此古者所以有国殇之礼，而圣朝褒恤忠义之典，尤为仁至而义尽者也"①。该碑文既写出了淮军将士与太平军激战的场景，也写出了他们战死后故乡眷属的悲戚境遇，并称颂清廷准建昭忠祠以祭祀战死将士之举，反映了李鸿章建祠立碑、忠于清王朝的立场。

北面墙（也称北次间）上，镌刻着李鹤章同治四年八月亲撰并书丹的《敕建惠山昭忠祠记》。碑文称：同治二年，李鸿章分军两路，他率北路淮湘军进攻无锡等地，"西北绵亘三四百里，为援贼必由之路，余率水陆七军任之。论者皆以地广兵单为余危虑，不知兵法有置死后生之说。爰乃周览形胜，熟审机宜，激励将士，喋血鏖战"。当李秀成率太平军数十万从金陵回援时，"一路连营而入，锋锐直不可当"，两军昼夜苦战 90 日，"卒败走之，苏城复而锡、金亦继克也"。他回忆当时战况："余谬膺统领之任，回忆每夺一隘，克一城，淮、湘将士之殁于行阵者甚众，而以苏、锡间之战为最恶，死者多而尤烈。""余因倡捐集赀，约同人请诸中丞，② 以惠山寺旧基，奏建昭忠祠，以祀水陆各军之战亡者"。他称该祠占尽人间胜境，"登斯祠也远而望之，长江大海环绕于东南，太湖奥区澄泓于西北，洞庭秦望诸山拱揖，隐见于几席之下。近则寒泉泻碧，一喷一醒，瘦石盘云，不磷不蚀。时而夕阳掩映，禽鸟和鸣，凉月在天，光明如昼。信乎极人间之胜境，亦足畅泉下之幽情"。阵亡将士奉祀于此，"此又余请建是祠而感慨系之者"③。由碑文可知，淮军与太平军争夺苏州、无锡的战况是非常惨烈的，他所率北路淮军处

---

① 此碑文及拓片由无锡市锡惠公园管理处文物管理科金石声科长提供给本文作者并授权使用。
② 中丞，官名。汉代御史大夫下设御史丞和御史中丞。明代改御史台为都察院，其副都御史相当于前代的御史中丞。清代各省常以副都御史出任巡抚，故巡抚也称中丞。李鸿章有都察院右副都御史职衔，此处的"中丞"即指李鸿章。
③ 此碑文及拓片由无锡市锡惠公园管理处文物管理科金石声科长提供给本文作者并授权使用。

于"置死后生"之境；作为该路淮军统领，他是首倡修建该昭忠祠者。

经过大殿是昭忠祠正门，面阔三间。昭忠祠还有起居殿，面阔三间，进深七架。西殿院中有戏台一座，后部寝殿面阔五间，进深八架。清代学者邵涵初记载："祠有戏台、碑亭、燕坐之堂、间居之室。崇闳壮丽，辉映山椒。"①

辛亥革命后，惠山昭忠祠改为"忠烈祠"。②《无锡市志》记载：惠山寺大雄宝殿名大同殿，李鸿章在其废墟上建昭忠祠。辛亥革命后撤去牌位，先后改称"先烈祠"和"忠烈祠"。③ 对其变迁，汪春劼教授在著作中记载：辛亥革命后，同盟会会员执掌无锡权柄，淮军昭忠祠更名为先烈祠，崇祀为推翻清朝捐躯被难诸烈士，以前供奉的淮军将士神位被清除。1913年袁世凯镇压二次革命后，先烈祠复更名为昭忠祠，反清烈士的牌位全扔进惠山寺前的金莲池中。1927年3月北伐成功，老同盟会员们以胜利者的身份回到无锡，建立政权后议决发封惠山淮军昭忠祠和李公祠（注：李鹤章祠），将两祠管理员拿住，令其交出祠产、款项、器具、账目等，然后将两祠配飨神位一千六百余分三处用火焚毁，昭忠祠再次更名为忠烈祠，祭祀国民党反清和北伐烈士。1936年7月9日，当局在忠烈祠公祭国民革命军阵亡将士。1946年抗战胜利后，国民党规定本年7月7日全国扩大举行抗战死难军民追悼大会，无锡第一绥靖区司令部于7月7日上午在惠山忠烈祠举行抗战死难军民追悼大会。1948年3月29日为当时的先烈节，无锡举行致祭革命先烈暨抗战殉难烈士入祠典礼，18位革命先烈暨抗战殉难烈士（或是无锡籍，或是在江苏战场上成仁者），陆军第七十九军军长王本甲、三十八师副师长齐学启等神位入祀于惠山忠烈祠。

1949年春夏，中国共产党及解放军解放了苏南地区。7月，苏南新闻专科学校在无锡开办，昭忠祠、李公祠以及一些祠堂都成了校舍。政

---

① 转引自顾文璧、钱宗奎《无锡最大的清代祠堂建筑——淮湘昭忠祠》，无锡祠堂文化研究会主办：《祠堂博览》2004年第1期，第19页。

② 《惠山寺》，无锡地方志编纂委员会办公室、无锡县志编纂委员会办公室编：《无锡地方资料汇编》第二辑，1984年，第56页。

③ 无锡市地方志编纂委员会编，庄申主编：《无锡市志》，第1册，第7卷，"胜迹"，江苏人民出版社1995年版，第569页。

权鼎革后,忠烈祠里供奉的神位又被请出,忠烈祠更名为大同殿,它是无锡现存最完整的清代祠堂建筑,1949年后被保存下来,无锡历史博物馆一度在此办公。现在大同殿中供奉的是无锡历史上的一些名流。[①] 1957年8月,无锡市将惠山淮军昭忠祠以"清祠堂建筑"[②]的名称加以保护。十年浩劫中,此建筑遭到破坏,1983年11月,无锡市又再次命名以保护。2002年,无锡在原址重修惠山寺,淮湘昭忠祠前半部分已不存,后半部大同殿还在,2004年恢复宗教活动。2006年5月25日,惠山昭忠祠作为"无锡惠山祠堂群"中的一处历史遗迹,被国务院批准为第六批全国重点文物保护单位,名称为"惠山镇祠堂"。2011年6月,以惠山古祠堂群为中心的惠山古镇被列为"中国历史文化名街"之一,2012年又跻身中国世界遗产预备名录。

三 无锡淮湘昭忠祠入祀的淮湘军重要将领

根据清代礼制,昭忠祠祭祀属于"群祀",被祭祀的人员分为正祀、祔祀两种。正祀也称列祀,被祭祀者一般在战场上阵亡且官位较高,神牌(即牌位)尺寸较大,被安放在昭忠祠显著位置(一般在前正殿和后正室)以供祭祀。祔祀也称附祀,是昭忠祠祭祀中对阵亡伤故但官位较低者,以及对兵丁和一般殉难民众的祭祀,其神牌尺寸较小或几十人合一神牌,安放在不太显著的位置或两庑。淮军昭忠祠祔祀还有另一种特殊情况,即原属淮军系统将领或文员,后来出任较高官职,病故后经李鸿章上奏,清廷允准,可以祔祀于各地淮军昭忠祠的人员。根据清代祭祀制度及其他淮军昭忠祠祭祀制度来考察,清代无锡惠泉山淮湘昭忠祠应有三种祭祀,即官方每年二月和八月的春、秋二祭,淮军内部的祭祀,以及日常祭祀。根据汪春劼教授的记载,该昭忠祠共祭祀淮军神牌1600余。

---

① 汪春劼:《无锡:一座江南水城的百年回望》,同济大学出版社2018年版,第127、132—134页。
② 无锡市地方志编纂委员会编,庄申主编:《无锡市志》江苏人民出版社1995年版,第1册第7卷"胜迹",第569页;第4册第49卷"文化",第2720—2722页。

前已述及，忠君保国是淮军修建昭忠祠及祭祀的主线。这条主线体现在无锡淮湘昭忠祠，该祠正祀的人员为淮军在苏南浙江等地参加镇压太平天国阵亡病故将士。关于该昭忠祠同治初年到晚清时期入祀人员，有三种说法。一是李鸿章在《惠山建立昭忠祠片》中称，主要祭祀"肃清苏省，兼复浙境"的淮湘军"所有阵亡员弁兵勇，共约数千人"①。李鸿章在《惠山昭忠祠碑记》中还称："凡先后死事者皆列祀"，即淮湘军在征战中亡故于江浙的人员，一律列祀即正祀于该祠。二是《无锡金匮县志》记载"祀淮湘诸军克复江苏全省阵亡将士"②。三是清代无锡学者邵涵初《慧山记续编》③中"淮湘昭忠祠"条目记载："同治二年，江苏巡抚、合肥李公鸿章平定吴中，奏请敕建是祠于此。祀太子太保、江西南赣镇总兵、忠烈公程学启，凡提（督）、镇（总兵）以下，参（将）、游（击）、都（司）、守（备）至弁勇等，以阶为次，列于两庑室。"④即该祠正殿只正祀程学启神牌，其他将弁均正祀于两庑。上述记载所称湘军，即曾国藩从湘军中拨给李鸿章的数营官兵，实际上也属于淮军。对上述三种说法、标准及记载，应以李鸿章及邵涵初的记载为准，该昭忠祠正祀袝祀的淮湘军人员应包括以下几类。

第一，淮军名将程学启。程学启（1830—1864）⑤，字方忠，安徽桐城（今枞阳）人。早期参加太平军，受太平军将领陈玉成赏识，"陈玉

---

① 李鸿章：《惠山建立昭忠祠片》，吴汝纶编：《李鸿章全集》（1），奏稿卷七，海南出版社1997年版，第262页。

② 裴大中修，秦缃业纂：《无锡金匮县志》卷十二，"祠祀"，第8页，清光绪辛巳（1881）镌版。

③ 邵涵初，字吟泉，清代江苏无锡人，明代礼部尚书邵宝八世族孙，道光五年（1825）拔贡，曾任阜宁训导。邵宝于明正德十一年（1516）在无锡惠山创办二泉书院，曾撰《慧山记》。邵涵初所编《慧山记续编》，即邵宝一书的续编，清同治七年（1868）二泉书院刻本，三卷首一卷，四册，苏州大学图书馆藏。该书正文分11门，其中五为"祠庙"。

④ 转引自顾文璧、钱宗奎《无锡最大的清代祠堂建筑——淮湘昭忠祠》，《祠堂博览》第1期。邵涵初所记"同治二年"有误，应为三年。

⑤ 程学启生卒年代，马昌华主编《淮系人物列传——李鸿章家族成员·武职》第113页记为1829—1864年，но据沈葆桢修《重修安徽通志》，以及《昭忠录》《清代七百名人传》，李鸿章《程学启请恤折》记载，他死时"年三十五"。按照清代人们通常以虚岁计算年龄的习俗推算，他应生于1830年。故本文认为程学启生卒年代为1830—1864年。

成奇其勇,使佐叶芸来守安庆"。咸丰十一年(1861)初因湘军施策反计而投降湘军,但不被重用,后因用计助湘军攻下安庆才逐渐受到信任。李鸿章组建淮军时,"知学启有将才",向曾国藩请求被允准,他率部加入淮军,立"开字"两营,成为淮军"最为劲旅"[①]。到上海后,在虹桥、北新泾、四江口与太平军交战均取胜,因功被清廷"以总兵记名加提督衔,授江西南赣镇总兵"。同治二年后率军主攻苏州。十月底,先施计使苏州太平军守将纳王郜云官杀害慕王谭绍光并献城投降,再以八降将"未薙发,乞总兵副将官职,署其众为二十营,划半城为屯"的要挟条件隐含杀机为由,与李鸿章密议后又用计杀害郜云官等人及部分原太平军将士,"抚其降众,遂定苏州",清廷又赏他云骑尉世职及黄马褂。同治三年二月,他又率部猛攻浙江嘉兴,亲率死士登城,被子弹击中脑部,当时气绝,苏醒后被抬回军营,转到苏州医治。李鸿章与他感情至深,在治疗期间再三劝慰,并延请内外科医师诊治。到杨库前线之前又去看视,要他安心调治。程学启终因创重,"脑浆迸流",于三月初十(4月15日)死于苏州。

李鸿章在常州前线闻程学启死讯后"不胜悲悼",与曾国藩向清廷联衔上奏,称淮军初到上海,取得虹桥等三捷,"实赖程学启多谋善战,以少击众,威名自此大振"。更可贵的是在上海,他与李鸿章"言外夷轻视中国,必须练兵自强,取彼之长,去吾之短。该部操习洋枪数千枝,整齐变化,已与洋兵相埒"。他还发愤学习炸炮技术。奏折称他用兵如神,率军攻下苏州省城"为东南第一战功",请求清廷从优赐恤。[②] 清廷闻程学启出缺,在上谕中表示"将才难得,悼惜殊深",赞誉他"实为东南战功称最",追赠太子太保衔,照提督阵亡例从优赐恤。加恩予谥,入祀昭忠祠,国史馆立传,于安庆、苏州、嘉兴建立专祠。加三等轻车

---

① 赵尔巽总纂:《清史稿》,第40册,卷416,列传203,第12073页,"程学启传",中华书局1977年版。

② 李鸿章:《程学启请恤折》,吴汝纶编:《李鸿章全集》(1),奏稿卷六,第220—222页。

都尉世职，谥忠烈。①

程学启因镇压太平天国而扬名，清代有关史书对他评价甚高，称他"忠勇多谋，……三年之中，收复省城二，府城一，州城一，县城五，为平吴战功第一"②。《清史稿》称："李鸿章创立淮军，一时人才蔚起，程学启实为之魁"。李鸿章在甲午战败后哀叹："程方忠若在，何忧勍敌?!"③可见他在李鸿章心中的位置。他确是淮军历史上无出其右、因伤殒殁的早期高级将领，应如邵涵初所记载，正祀于无锡淮湘昭忠祠。

第二，淮军早期亡故将领。包括张遇春（？—1864，安徽巢县人），乃李鸿章回籍办团练最早的将领，后随李率团练加入湘军，被编为"春字营"。咸丰十一年冬，"春字营"又成为淮军最早的营伍。同治元年后他率部转战于上海和苏南，三年四月因旧伤发作卒于军，官至提督衔总兵，后入祀京师昭忠祠。张遇春子张志邦（？—1867）随父加入淮军，积功至副将，署皖南镇总兵。同治六年（1867）二月遭雷击船沉人亡，他应衬祀其父神牌之侧。江西人刘玉林，原太平军在上海南汇县城守将。同治元年五月率部降于淮军，所部被编为"玉字营"两营。七月底在解上海北新泾之围中阵亡。他是淮军较早阵亡人员，后入祀于京师昭忠祠。安徽巢县人汪龙淦，同治二年阵亡，入祀昭忠祠。合肥人董正勤，同治元年冬在常熟阵亡，入祀无锡惠泉山昭忠祠。④合肥（今肥西县）人周盛春、周盛波胞弟，同治三年卒于无锡军营。入祀原籍及立功地方昭忠祠⑤等。

第三，原来隶属于湘军的将领。湖南清泉（今衡南）人陈忠德（1829—1864），咸丰二年（1852）入太平军，十一年降于湘军，帮助

---

① 《清穆宗实录》卷98，《清实录》，中华书局1987年影印版，第47册，第161页。
② 江苏省忠义局编纂：《昭忠录》，清同治四年至十一年（1865—1872）苏州忠义局刊行，卷一，第4页。
③ 吴汝纶：《程忠烈公神道碑》，缪荃孙等编：《清代碑传全集》下卷，第1067页，上海古籍出版社1987年版。
④ 黄云修，林之望纂：《续修庐州府志》，清光绪十一年（1885）刻本，卷36，"忠义传二"，第72页。
⑤ 倪应、倪运熙：《"盛军"人物调查记》，马骐主编：《淮军故里史料集》，黄山书社2009年版，第254页。

湘军攻占安庆。同治元年随程学启入淮军，领开字中营。同治三年随程攻浙江嘉兴，六月率军救援湖州时阵亡。清廷按提督例从优议恤，准在湖州府城建专祠，光绪元年（1875）入祀京师昭忠祠。① 何安泰（1828—1864），安徽舒城人，曾参加太平军，程学启部下。程对他非常信任，后来一同投降湘军。同治元年随程转入淮军，三年正月攻嘉兴阵亡。清廷照提督阵亡例赐恤，建专祠，② 后入祀京师昭忠祠。

韩正国（？—1862），湖南湘阴人。咸丰四年（1854）入曾国藩幕，"明干有才"，与曾私交甚厚，是他最亲信之人，并任曾国藩两江总督府亲兵营营官。李鸿章组建淮军，曾国藩拨亲兵两营归韩正国、周良才统带到上海。当年五月率军参加虹桥之战，因功赏知府衔。八月率军解北新泾围，多处受伤，仍尾追太平军，回营后因伤不起，不久在虹桥身故。清廷按知府例荫恤，附祀昭忠祠。曾国藩闻其因伤身故，在给李鸿章的信中建议他对韩正国按武职阵亡请恤。③ 江福山（？—1864），湖南清泉人。咸丰五年（1855）入湘军水师，同治元年改隶太湖水师，后率军援上海。同治三年六月湖州晟舍之战，营官江福山中炮阵亡。清廷给他极高祀典：按提督例赐恤，死事地建专祠，入祀京师昭忠祠，予骑都尉兼云骑尉世职，谥武烈。

此类淮军将领还有安徽合肥人张行科（1835—1864），咸丰十一年入湘军，同治元年随程学启入淮军。三年在攻打常州时，捉拿了太平军护王陈坤书并因此受重伤，呕血而死，清廷赠提督衔，同治六年入祀京师昭忠祠。赖荣光（1825—1863），湖南湘乡人。咸丰年间入湘军水师，同治二年充淮扬水师前营营官，七月初进攻江阴阵亡。清廷赠提督衔，死

---

① 江苏省忠义局编纂：《昭忠录》，清同治刊本，卷一，第6—7页；《清史稿》卷492，列传279，"忠义6"，"陈忠德传"，中华书局1998年缩印版，第4册，第3485页。

② 沈葆桢修，何绍基纂：《重修安徽通志》，清光绪三年刊，卷211，"人物志·忠节"，第20页；《昭忠录》卷一，第7—9页。

③ 曾国藩：《复李鸿章》，同治元年八月二十五日。殷绍基整理：《曾国藩全集·书信》（四），第2999页。岳麓书社1992年版。

事地方建专祠。① 覃联陞（？—1863），四川云阳人。原为霆军浙江提督鲍超麾下哨官，李鸿章组建淮军时调至淮军，组建"陞字营"。同治二年二月进攻东乡新仓镇阵亡。

第四，阵亡的湘淮军一般将领。在江苏阵亡者，同治元年包括守备衔陈德胜，千总衔文清林，哨官周再升，淮扬水师营蔡东祥等。同治二年蓝翎千总黄虎臣、邓松元，五品蓝翎把总黄庆荣、彭长贵，千总夏化普等。② 开字营安徽巢县人徐万银、苏得胜在江苏阵亡，入祀无锡昭忠祠。③ 同治三年，郭松林部都司张荣魁，副将刘起，守备彭昌谕，千总顾仲学等。铭字营舒城人石胆成，守备衔千总，攻克常州阵亡。④

在浙江，同治二年进攻嘉善等地，蓝翎把总拟保守备潘国宏等阵亡。十一月底进攻浙江平望镇、九里桥等处太平军营垒，蓝翎守备孟得元，蓝翎把总刘富春等阵亡。⑤ 同治三年，花翎都司合肥人蒋正芳等在湖州晟舍阵亡。

第五，无锡淮湘昭忠祠还祔祀了经李鸿章上奏、清廷允准的后来病故的淮系官员将领，包括署理天津镇总兵郑国魁（1828—1889），祔祀无锡、庐州、直隶淮军昭忠祠。记名提督、委带天津练军中营兼全营翼长阮炳福"附祀程学启专祠、淮军昭忠祠"⑥。原任福建按察使徐文达、原任山西大同镇总兵张树屏祔祀各省淮军昭忠祠。⑦ 原任广西巡抚潘鼎新、

---

① 李瀚章修，曾国荃纂：《湖南通志》，清光绪十一年版，卷181，"国朝人物七·湘乡"，总第3册，第3660页。
② 李鸿章：《克复崑新折》，吴汝纶编：《李鸿章全集》（1），奏稿卷三，第125页。
③ 沈葆桢修：《重修安徽通志》，清光绪刊本，卷211，"人物志·忠节"，第19页。
④ 吕林锺修，赵凤诏纂：《续修舒城县志》，清光绪丁未（1907）刻本，卷37，"人物志·忠义"，第59页。
⑤ 李鸿章：《攻克平望镇九里桥黎里等贼垒折》，吴汝纶编：《李鸿章全集》（1），奏稿卷五，第193—194页。
⑥ 郑国魁材料，见中国第一历史档案馆编《光绪朝朱批奏折》，中华书局1995年版，"军务·人事"，第40辑，第78—80页；阮炳福材料，中国第一历史档案馆编：《光绪朝朱批奏折》，中华书局1995年版，第41辑，第365—366页。
⑦ 李鸿章：《徐文达请附祀片》，吴汝纶编：《李鸿章全集》（4），奏稿卷69，第2006—2007页；《清德宗实录》，中华书局1987年影印版，第55册，卷291，第871页；李鸿章：《张树屏请恤折》，吴汝纶编：《李鸿章全集》（4），奏稿卷71，第2056—2058页；《清德宗实录》（四），中华书局影印版，卷296，第928页。

原任广东巡抚刘瑞芬附祀淮军昭忠祠。[①] 提督衔记名总兵刘祺"附祀淮军昭忠祠"。他们应衬祀于无锡淮军昭忠祠。

四 无锡淮湘昭忠祠的历史定位及重要影响比较研究

无锡淮湘昭忠祠作为淮军修建的首座昭忠祠，从建筑形制、特色，到祭祀规制等方面，均具有引领示范的重要作用，对淮军历史及晚清抚恤制度产生了重要影响。我们可用比较研究方法，进行分析研究。

第一，建筑艺术及雕刻工艺水平较高，在所有淮军昭忠祠中具有引领作用。清代学者邵涵初称赞该昭忠祠"崇闳壮丽，辉映山椒"。顾文璧、钱宗奎在文章中称：该祠是无锡地区现存最完整、规模最大、规格最高的清代祠堂建筑。主要建筑都有雕刻装饰，集中反映了晚清无锡地区砖、石、木雕工艺水平。其二门清水砖砖雕牌科门楼为现今无锡地区最精美的一座砖雕门楼。该祠是研究鉴定晚清苏南地区古建筑的实物标本，有很高的保存价值。其后修建的淮军昭忠祠，在建筑艺术方面也仿效该昭忠祠，均很有特色。如第三所淮军昭忠祠即苏州淮军昭忠祠从大门房脊的砖雕、两侧的鱼龙吻脊等来看，建筑工艺也非常讲究。现存的保定淮军昭忠祠，以徽派建筑艺术特色马头墙为代表，并有大量精美的砖、石、木雕和彩绘，在晚清保定建筑中具有非常鲜明的特色且独树一帜，1991年被评为中国近代优秀建筑。这些建筑特色，均与无锡淮军昭忠祠的示范作用相关。

第二，从建筑规制上讲，独特地在昭忠祠内修建戏台。清代规制，京师昭忠祠、贤良祠祭祀型建筑内均无戏台，但各地宗祠及会馆等民间建筑大多修建戏台，以起到娱神娱人的双重作用。无锡淮军昭忠祠修建

---

① 李鸿章：《潘鼎新请祀昭忠祠折》，吴汝纶编：《李鸿章全集》（4），奏稿卷63，第1858—1859页；《清德宗实录》（4），中华书局影印版，卷259，第479页；李鸿章：《刘瑞芬请付史馆折》，吴汝纶编：《李鸿章全集》（4），奏稿卷74，第2131页；《清德宗实录》（5），中华书局影印版，卷312，第60页。

了戏台，使其兼具官方及民间建筑规制并首开其端。其后，苏州淮军昭忠祠内虽无戏台，但附近有安徽会馆和戏台，并由皖人和淮军掌管。保定淮军昭忠祠公所内也修建了一座颇具规模的戏台，其建筑规制应与无锡淮军昭忠祠有承袭关系。

第三，从建祠基址上讲，无锡淮军昭忠祠选择了惠山寺基址，这种重视风水选址特别是庙宇基址的做法也被其后修建的淮军昭忠祠沿袭下来。如光绪二年（1876）唐定奎主持修建的台湾凤山淮军昭忠祠，基址选在凤山县城北门外武洛塘山南，也适合修建祭祀型建筑。[①] 光绪十四年（1888）开始修建的保定淮军昭忠祠公所，即选在城内西南侧废弃的土地祠基址及附近，符合阴阳学说，也是祭祀亡灵的较好基址。光绪十八年（1892）在淮军故乡修建的巢湖淮军昭忠祠选在了巢湖北岸中庙（忠庙）之东，南望烟波浩渺的巢湖（巢湖地形风水学上有巨龙之说）和湖中心的圣姥庙及姥山塔，堪称风水宝地，也是修建祭祀型建筑的绝佳基址。

第四，从建祠费用来讲，开启了主要由淮军内部捐资修建之先例，有的昭忠祠并购置了祠田。该祠的修建，虽有当地士大夫"相率踊跃趋事，鸠工庀材"，但主要费用来自淮军内部"公议捐助饷银"。其后修建的淮军昭忠祠建祠费用，据笔者研究，也大部分由淮军内部捐款而来。如苏州淮军昭忠祠，所需工费由李鸿章与淮军将领周盛传、吴长庆、刘盛藻、唐定奎等禀商，"由淮军公助银两，以伸袍泽之谊，毋烦绅民筹措"[②]。第四所淮军昭忠祠即台湾凤山淮军昭忠祠，由提督唐定奎"于光绪二年七月分筹款，在于凤山县北门外武洛塘购买基地"后建成，并购置了祠田，作为常年祭祀及修缮经费。台北淮楚昭忠祠的修建，据刘铭传奏称，"建祠经费再由臣等妥筹"[③]。最著名的保定淮军昭忠祠公所，

---

① 参考傅德元《1874—1875年淮军援台与台湾凤山淮军昭忠祠》，《安徽史学》2017年第5期。

② 张树声与李鸿章合奏：《请建淮军昭忠祠折》，何嗣焜编：《张靖达公奏议》卷一，第5—6页，台北：文海出版社1968年版。

③ 刘铭传：《请恤战死将士建昭忠祠折》，《刘壮肃公奏议》卷六，台北：文海出版社1968年版，第15页。

据现在保存完好的昭忠祠西路东侧墙壁上的《建立淮军昭忠祠暨公所捐资文武衔名》碑刻记载，捐银者66人主要为淮系官员将领，总计捐银55000余两，其中李鸿章独自捐银15000两，捐银者还包括直隶按察使周馥、直隶津海关道刘汝翼、直隶提督叶志超等。该昭忠祠公所也有盛军苇地等作为常年经费。由淮军内部捐款修建昭忠祠的制度，保证了各个昭忠祠在修建及后续祭祀维修等方面不会烦扰地方民众日常生活，不给当地带来任何经济负担。

第五，从祭祀制度上讲，无锡淮军昭忠祠首开淮军与湘军合祀一祠之先例。其后，武昌、台北淮楚昭忠祠也入祀了淮军以外的人员。武昌淮军昭忠祠入祀了湘军将领吴宗（崇）国、湖北地方官，以及黑龙江甲兵等。光绪十一年（1885），刘铭传在台北修建淮楚昭忠祠，也将淮军与楚军（湘军）在台湾抗法保卫战中阵亡将士合祀一祠。虽然有学者认为淮军与湘军有一定矛盾，但淮军出自湘军，淮军总首领李鸿章师出于曾国藩，使淮军与湘军在共同利益及民族大义之下，能并肩战斗，共同抵抗外敌入侵，刘铭传指挥淮楚军共同抗法，即是明显战例。

顺便提及，笔者根据《昭忠录》记载也统计出，同治元年到三年，李鸿章统率的淮湘军在苏浙地区阵亡人数及作用变化很大。同治元年刚刚抵达苏南（上海）时，湘淮军及淮扬水师各有伤亡。同治二年后，淮军官兵阵亡人数越来越多：同治元年十月共阵亡33人，其中淮扬水师25人，庆字营淮勇8人。同治二年七月共阵亡215人，其中淮军各营195人，其他各军20人。同年十二月共阵亡321人，其中淮军各营319人，只有2人不属于淮军。这说明湘军将领所统带的湘军及淮扬水师在苏浙战场的作用越来越弱，淮军在人数、战斗力等方面都有明显提高。另据粗略统计，同治元年三月至三年六月共29个月（同治元年有闰八月），以上军队共阵亡官兵5337人，其中淮军占80%左右。[①]

第六，无锡淮湘昭忠祠的修建，对淮军历史及晚清抚恤制度产生了

[①] 江苏省忠义局编纂：《昭忠录》，卷五至卷九，"湘淮各营阵亡将士表第一至第九"，清同治四至十一年苏州忠义局刊行。

重要影响。首座淮军昭忠祠的修建，引领出了其后的几座淮军昭忠祠。与昭忠祠相伴随的，是清廷及淮军对阵亡伤故将士的抚恤制度。这些均影响到淮军故里大量人员不断积极参加淮军，成为淮军兵员补充的重要来源。同治九年（1870）李鸿章任直隶总督兼北洋大臣之后，淮军的职能发生变化，由对内镇压为主逐渐转变为抵御外敌为主，淮军成了防守东部沿海及参加对外反侵略战争的主要军事力量。吴汝纶曾记载："及相国移督直隶，治兵北海，淮军屹为中国重镇。天下有事，取兵于相国，相国辄分遣淮军应之。……淮军旗鼓独行中国者，垂卅年。"[1] 李鸿章在奏折中也称：庐州为各将士故乡，亲见"父兄子弟，从征四方，长往不返"，"迨巨寇削平，各军调办海防，修筑台垒，勤苦工操"，"淮军之起逾三十年……迄今拱卫畿疆，东至营青，南迄闽广，屹为海防得力之师"[2]。晚清历史上的几次对外战争，清廷倚靠的主要军事力量是淮军。淮军将士之所以能前赴后继，英勇抗敌，与其有一套行之有效的昭忠祠及抚恤追思制度密切相关。

总之，无锡淮湘昭忠祠的修建，对后来淮军修建的另外8所昭忠祠，从建筑、祭祀等方面均起到了重要的示范作用，对淮军历史及晚清政局也产生了重要影响。

---

[1] 吴汝纶：《合肥淮军昭忠祠记》，吴闿生编：《桐城吴先生全书·文集》，清光绪甲辰（1904）刊本，卷二，第36页。

[2] 李鸿章：《巢湖建淮军昭忠祠折》，吴汝纶编《李鸿章全集》（4），奏稿卷74，第2112页。

A New Research on Built the Loyalty Memorial Temple of the Huai-Army in Wuxi and Contemporary Value of Historical Relics of the Huai-Army

—A Discussion on the Loyalty Memorial Temple of the Huai-Army in Wuxi and Four Remaining Loyalty Memorial Temples of the Huai-Army in China

Fu Deyuan[*]

Abstract: The first Loyalty Memorial Temple of the Huai-Army was built by Li Hong-zhang in the fourth year of Tongzhi (1865) with the approval of the Qing Imperial Court, namely the Huiquan Mountain Loyalty Memorial Temple of the Huai-Xiang Armies in Wuxi. The purposes of such construction were to illustrate the imperial memorial codes and rituals, memorize and sacrifice many Huai-Army's generals and soldiers who died for the country, and promote the Huai-Army generals' and soldiers' loyalty to the Qing Imperial Court. This Loyalty Memorial Temple not only represented the higher level of southern Jiangsu architectural arts in the late Qing Dynasty, but also set up the architectural model for the Huai-Army's other eight Loyalty Memorial Temples built later in the Qing Dynasty, and had an important influence on the history of the Huai-Army and the late Qing Dynasty. The Loyalty Memorial Temples of the Huai-Army are worthy of comprehensive and in-depth study.

Keywords: Li Hong-zhang; The Loyalty Memorial Temple of the Huai-Xiang Armies in Wuxi; Enter and Worship

---

[*] Fu Deyuan, Research Center of Returned Students and China Modernization of Xi'an Siyuan University.

医学人文　公共卫生研究

作为影响人类历史基本参数和决定因素之一的传染病
——有关历史上瘟疫与当下新冠肺炎疫情的对话

Heiner Fangerau（房格劳）[*]　李雪涛[**]

编者按： 2020年突发的新冠肺炎疫情，将如何影响世界和人类？本刊特别刊登了德国杜塞尔多夫大学医学历史、理论和伦理学研究所所长、德国国家科学院院士房格劳（Heiner Fangerau）教授与北京外国语大学历史学院院长李雪涛教授的这一长篇对谈。在对话中，两位教授从人类疾病史出发，梳理了自中世纪和近代以来各种瘟疫对人类社会造成的影响。他们也从疾病史的角度对"污名化"和"刻板印象"作了深入的探讨，指出"对他者污名化比瘟疫本身更可怕"。新冠肺炎的大流行，使得人类生活方式、伦理道德都面临着巨大的挑战。最后两位学者一致认为，新冠肺炎无论如何都不可能阻挡人类交流与合作的步伐。

---

[*] 作者简介：房格劳（Heiner Fangerau），德国杜塞尔多夫大学（Heinrich-Heine-Universität Düsseldorf）医学历史、理论和伦理学研究所（Institut für Geschichte, Theorie und Ethik der Medizin）所长，德国列奥伯蒂纳国家科学院院士。主要研究方向为19—20世纪的医学历史和伦理、医学和社会的交互作用等。

[**] 李雪涛：北京外国语大学历史学院院长，德国波恩大学（Rheinische Friedrich-Wilhelms-Universität Bonn）哲学博士，中国中外关系史学会副会长，曾任"东亚文化交涉学会会长"（2017—2018年度），主要从事全球史、德国汉学史、德国哲学史的研究。

一　新冠肺炎疫情与人类历史上的瘟疫

李雪涛：人类文明史实际上一直伴随着各种各样的瘟疫，诸如鼠疫、霍乱、天花、汗热病、流感等各种各样的传染病不断侵袭着人类，数以千万计的人因此送命。1347年鼠疫通过贸易商路由小亚细亚传到了欧洲，当时人口的1/3，即超过2000万人，在其后的6年中死于这场瘟疫。1918—1919年暴发的西班牙大流感，有超过2500万的欧洲人死于这场大流行病。自19世纪以来，世界上的多个国家和地区都发生过由于被污染的饮用水而造成的霍乱大流行。……这些您在跟腊碧士（Alfons Labisch，1946—）教授新出版的《鼠疫与新冠》（*Pest und Corona*，2020）中都有涉及。病毒很可能在第一个细胞进化出来时就存在了，其存在的历史要远远早于人类形成的历史。瘟疫在人类历史上究竟扮演着怎样的角色？

2020年由德国赫尔德出版社出版的房格劳和腊碧士教授合著的《鼠疫与新冠》一书德文版扉页书影

作为影响人类历史基本参数和决定因素之一的传染病

有哪些跟今天的新冠肺炎表现出类似的现象？如果按照医学史的观点来看，今天的新冠又如何归类？

房格劳：瘟疫对人类历史的影响当然是巨大的，但瘟疫致死的具体人数却是很难统计的。在您提到的我们刚刚出版的那本书中，我们也列举了20世纪一些大流行病的数据，以此来作为比较的基点。在人们的集体记忆中，历史上最大的一次流行病是发生在1346—1353年的鼠疫，当时被称作"黑死病"。而4—6世纪，饥荒和疾病是人类进行大规模迁移的推动力。欧洲人在征服美洲的过程中，他们所携带的病毒也起了决定性的作用。因为这些病毒让从来没有接触过这些病原体的当地人大量死亡。有一种在小范围内经常谈到的说法，即在1870—1871年的普法战争中，普鲁士取得胜利的关键在于他们的士兵注射了预防天花的疫苗。

李雪涛：的确是这样，我们今天知道，同样的疫病在熟悉它并具有免疫力的人群中流行，与在完全缺乏免疫力的人群中暴发，所产生的效果是完全不同的。这也许就是1519年科尔特斯（Hernán Cortés, 1485—1547）带领区区1000人，就轻松地征服了具有数百万之众的阿兹特克帝国的根本原因所在吧。由于西班牙人在这场灾难面前几乎毫发未伤，使得阿兹特克人也开始改信"更管用"的基督教的上帝。同样，中国古代北方的官员在被发配到南方边远地区时，也不得不面临着同样的问题，很多官员在谪居南方期间病死在那里。这也是为什么早在两千多年前司马迁（前145—前87）就曾写道"江南地卑湿，人早夭"的原因。[①] 历史学家威廉·麦克尼尔（William H. McNeill, 1917—2016）也曾提到过蒙古入侵前的1200年中国人口为1.23亿，而到了1391年却锐减到了6500万，他认为即便是蒙古人无比残暴，也不可能导致人口如此急剧的衰减，其真正的原因是腺鼠疫的流行。再回到在第一次世界大战期间肆虐的西班牙大流感，您认为它影响到战争的结果了吗？

---

① ［美］威廉·H. 麦克尼尔：《瘟疫与人》，余新忠、毕会成译，中国环境科学出版社2010年版，第54页。

引进欧元之前西班牙 1000 元比塞塔纸币

房格劳：一百年前的大流感尽管使得上百万人丧命，但它对战争结果的影响并不大，因为参战各方的士兵在前线几乎都染病了。当时人们不断在寻找引发这种瘟疫的细菌，那时人们还不太清楚病毒与流行病学之间的关系。人们在这场突如其来的疾病面前感到束手无策：口罩是否能有所帮助？学校是否要关闭？对感染者如何进行处置？这些问题在当时都不清楚。在欧洲疾病史上真正产生巨大影响的是一直延续到19世纪末的各种瘟疫，这是欧洲人口的死亡率居高不下的重要原因之一。这种情形一直持续到了19世纪末20世纪初，随着大城市公共卫生设施的改善以及采取了相应的卫生防疫措施，天花等疾病逐渐消失，情况才有了很大的改善——这在医学史上被称作"流行病学的转变"（Epidemiologischer Wandel）。由此人们认为，一切传染病尽在掌控之中。但瘟疫的出现有一定的周期性，这并不随着人的意志为转移。西班牙大流感之后，工业国家的人普遍认为，人类已经阻止了瘟疫的蔓延，但事实上这只是北半球某些人的错误想象而已。由于香港流感、猪瘟、大肠杆菌以及禽流感等基本上都被控制在一定范围内，也没有产生特别严重的后果，因此人们便形成了这样的一种印象：人类可以战胜一切瘟疫。

二 鼠疫与艺术

李雪涛：20世纪以来，心脏循环的疾病以及癌症成为对人类最具杀伤力的疾病。但我们却忽略了这样的一个事实：全球每年都有几十万人死于疟疾和肺结核等传染病。

房格劳：是的。从 19 世纪末开始，所谓的"大众疾病"代替传染病成了工业国家最主要的致死原因，但人们依然对传染病怀有深深的恐惧。尽管以细菌学和自然科学为基础的现代医学在对传染病的认识方面取得了重大进展，但对传染病的解释依然保留着宗教的成分。有些人认为瘟疫是上帝对有罪之人做出的惩罚。这样的一种观念其历史相当久远，在启蒙时代以前，诸如黑死病一类的瘟疫就通常被看作上帝对人类的惩罚。这些想法也通过集体记忆而固定在时代的艺术之中。在中世纪，从瘟疫发展出一个完全独立的艺术题材——"死亡舞蹈"（德语：Totentanz，法语：Danse Macabre），以及世界文学中的相关文学创作，如薄伽丘（Giovanni Boccaccio, 1313—1375）在《十日谈》（*Decamerone*, 1349—1353）中叙述了 1348 年黑死病第二次大流行时，十名青年男女从佛罗伦萨逃到乡村别墅避难，他们讲述贪财好色的罗马教会教士无恶不作的故事。这些作品不断地向人们直观地展示死亡可以随时随地降临到一个人身上。

15 世纪著名的巴塞尔死亡之舞的局部

李雪涛：多年前我在参观你们医学史研究所时，看到过一组题为"人与死亡"（Mensch und Tod）的版画，其中一组"死亡舞蹈"的作品给我留下了深刻的印象。这些产生于中世纪晚期以来的画作，表现的是象征死亡的骷髅带领众人走向坟墓的舞蹈。这些人中包括教士、富人、工匠等，表明了不同社会等级的人在死神面前并没有什么两样。黑死病致人死亡的速度惊人，没有谁能在周围人暴死的惊恐面前超然度外。骷髅当然是拟人化的死亡，让人们从中看到死亡的巨大力量，以及生命的脆弱。而当时暴发的黑死病，仅在佛罗伦萨一地就有十多万人丧命，薄伽丘的这部旷世之作就是以此次瘟疫为背景进行创作的。不光是薄伽丘，乔叟（Geoffrey Chaucer, 1342/1343—1400）、郎格兰（William Langland, 约1330—1387）也都描述过瘟疫，并且将之看作上帝对人类的惩罚。死亡、灾难和恐怖等也正是在此时成了欧洲艺术创作的主题。

房格劳：是啊，此时的贵族们蜷缩回他们的城堡之中，过起了与世隔绝的日子，尽管这常常是电影中虚构的场景，但跟穷人比较起来，富人似乎有更多的机会来逃避瘟疫。但从根本上来讲，没有谁能真正逃避瘟疫。有钱人仅仅是在组织方面有自己的优势而已，在某一地区暴发瘟疫的时候，他们能够出门旅行，从而避开在当地被传染的危险。社会不平等在医学上也一直是一个备受关注的话题。有钱人也因此被归咎为有罪者、瘟疫的传染源。对某种传染病与固定族群之间的联想，也常常是某一时代的重要的话题。

李雪涛：您刚提到的这些方面，可以举例予以说明吗？

房格劳：一个特别典型的例子就是艾滋病。免疫缺陷在每一个人身上都会发生，但一般公众的感知却是另外的：艾滋病只有那些同性恋的男性和卖淫的女性才会得上。这一自我防御性的态度，尖锐地表达了"瘟疫只传染给他人"的看法。中世纪时人们认为，为了惩罚有罪之人，上帝降下了瘟疫，当这一解释方式在近代不再适用之时，必然要有其他的逻辑方式予以替代，以便解释这世上发生的一切。

三　瘟疫传播的三个阶段

李雪涛：随着疫苗的发明和推广，以及近代医学的发展和公共卫生事业的建立，人类第一次通过科学原理在卫生行政上的运用，有效地预防了多种疫情的来袭。其实近代以来人类之所以能战胜瘟疫，其主要的原因在于，医学技术的发展和公共管理体系的完善，以及人类营养和生活条件的改善。这也是1993年诺贝尔经济学奖获得者福格（Robert W. Fogel, 1926—2013）为什么认为，人类进入长寿时代的决定性飞跃，是20世纪上半叶特别是1890—1920年在"西方"发生的原因。瘟疫是看不见的敌人，在所有的时代，瘟疫都给社会提出了巨大的挑战。从疾病史的角度，我们如何给新冠肺炎定位？也就是说，这一病毒发生的机理是什么？其运作的模式是什么？

房格劳：从瘟疫史的角度来看，一般来说，一种瘟疫的传播常常需要经过几个发展阶段。简言之，最初人们是这样一个假设：染病的人跟一般人完全不同。如果我们跟踪相关报道的话，就会发现，报道者的立场是瘟疫离我们很远，因此我们这边并没有什么危险。接着便进入第二阶段，感染的人数剧增，传染病离大家越来越近，此时政治家们开始考虑是否应当采取措施予以应对疫情。港口城市可以将其大门关闭，当地的人们常常会有这样的反应：瘟疫尽管已经接近，但只有那些边缘族群才可能感染上。之后进入了第三个阶段，瘟疫真正变成了大流行。此时人们会想，上帝啊，这种灾难也会在我们这里发生，我们该怎么办呢？这时公众的伦理介于两个极端之间：即便世界末日到来，我还是该吃吃，该睡睡；我们逃脱不掉这场灾难，怀着必死无疑的恐慌。这也导致了公共秩序的瘫痪。政治家们如果在此时能够采取理性的措施，在很大程度上会起到安定人心的作用，让人们感到恐惧的实际上根本不是瘟疫本身，而是来自社会和政治上的威胁。我明天还能回家吗？家人还会有吃的吗？如果发生了什么紧急情况，警察能保护我们吗？这些平时很少会有的想法，此时充斥着我们的头脑。今天大家总会说，现代的传染病与全球化有关。其实至少在近代早期，当时的人们就已经意识到了，瘟疫是沿着贸易的商路传到世界各地的。

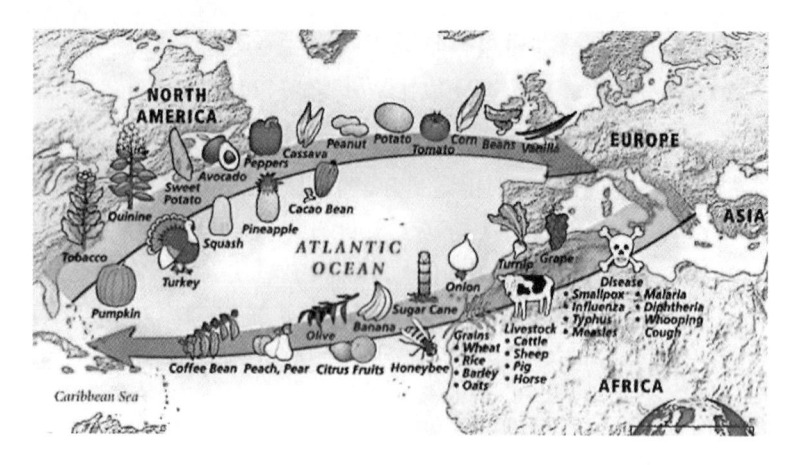

《哥伦布大交换：1492年以后的生物影响和文化冲击》

李雪涛：是的，全球联系的加强，也加剧了新冠肺炎疫情传播的速度。所谓的国际贸易其实一直都存在，但以前货物的运输都是经过很长的时间才能到达目的地。传染病也随着贸易线路缓慢地传到了世界各地。1492年哥伦布首次航行到美洲大陆所引发的"哥伦布大交换"（Columbian Exchange），不仅是东西半球之间生物、农作物、人种、文化间的交流，同时也使得新旧大陆的传染病开始相互传播。西班牙人将天花带到了没有抗体的美洲原住民那里，造成当地50%—90%的人口丧生，死亡人数估计多达一千万以上。随着旧世界的脉鼠疫、水痘、霍乱、流感、麻风病、疟疾、伤寒等瘟疫被带入新世界，新世界的梅毒、黄热病等传染病也被带到了旧世界。在近代早期，瘟疫已经对经济造成负面影响了吗？我们如何看待全球化对今天新冠肺炎疫情的传播所起的作用？

房格劳：早在全球化之前，瘟疫在贸易、战争和殖民扩张中就已经存在了，也就是说，会随着贸易、行军和迁徙路线而传播。欧洲人曾对美洲印第安人实施了种族灭绝行为，并且将欧洲大部分的疾病带到了那里。如果说19世纪以前的瘟疫是以马的速度传播的话，那么今天的流行病就是以飞机的速度进行传播的。瘟疫到达某一城市后，人们最常用的应对方式是"隔离"。这是一个很古老的观念，至少在14世纪的时候这一措施就被运用了。到达威尼斯的旅行者和商人在黑死病流行期间要被隔离40天,因此"隔离"的意大利语"quarantena"是"四十天"的意思。今天德语的quarantäne和英语的quarantine都是从这里来的。但隔离也会导致贸易活动的瘫痪。近代早期如此,今天也是一样,只要谈到瘟疫,人们马上会想到国民经济上的损失。

四 瘟疫对人类历史的反作用

李雪涛：在历史上,负面、消极的东西也能产生反作用。例如历史学家莫里斯(Ian Morris,1960—)认为,通过战争,人类创造出了更加庞大、组织体系更加完善的社会。这样的社会其实减少了社会成员死于暴力的风险。从布罗代尔(Fernand Braudel,1902—1985)的三个时段的历史中"长时段史"来看,其实瘟疫在人类历史变迁和文明发展中扮演了多种角色,当然,从事件史的方面来看,瘟疫的负面影响是巨大的。

房格劳：如果把医学上的清理、解释和处置都算在里面,医学从古代开始就致力于解释传染病的形成以及防治理论。细菌学产生于19世纪末,作为回答大流行病的成果之一,至今依然是一套有效的解释系统。并且从中也产生了治疗方法,例如运用抗生素来进行救治。用疫苗来应对病毒,也是大流行病的研究产物。天花、脊髓灰质炎以及麻疹都是通过坚持不懈的接种而予以消除的。

李雪涛：是的,在此之前在欧洲流传着疫病是由人类尸体或其他动植物腐化后所产生的瘴气(miasma)造成的。直到19世纪80年代随着显微镜对病原菌的发现,病菌理论才逐渐为学术界和公众所接受。疫苗是用细菌或病毒制造出来的可使机体产生特异性免疫的生物制剂,本身也是瘟疫的产物。德国在19世纪末20世纪初人类抗疫的医疗实验中取得过辉煌的成就。德国著名的医生贝林(Emil von Behring,1854—1917)由于发明了治疗白喉和破伤风的药物而获得1901年首届诺贝尔生理学或医学奖。之前这两种疾病也像瘟疫一样对人类的健康造成了极大的危害。试想,1774年贵为法国国王的路易十五（Louis XV, 1710—1774）也无奈地死于天花。其实人类真正弄清楚瘟疫的病因，现代医学技术和理疗机构开始对人的防疫和救治产生影响，是1850年以后的事情。

细菌学的始祖之一的科赫（左）及其弟子贝林（右）

房格劳：贝林是细菌学的始祖之一科赫（Robert Koch, 1843—1910）的弟子。科赫属于细菌学的首批代表人物。他通过显微镜发现，是细菌产生了传染病。例如霍乱，科赫由于发现炭霍乱弧菌，从而发展出一套用以判断霍乱病原体的理论，构成了现代"免疫学"的基础。科赫和他的弟子们不仅解释了病因，还进一步研究出了治疗这些疾病的方法。因科赫对结核病的研究，1905年他获得诺贝尔生理学或医学奖，但对后世影响更深远的却是他提出的新理念，所谓的科赫氏法则（Koch-Postulate），它帮助医学家们确认了许多疫病的病原体。

五　他者、污名化及刻板印象

李雪涛：面对瘟疫，人们一直在寻找替罪羊，在新冠肺炎疫情方面的替罪羊竟然是中国人，我们明显感觉到最初西方媒体攻击的对象是中国和中国人。而之后欧洲人又被怀疑将病毒带到了印度、美国等地。作为医学史和医学伦理学的专家，您如何看待这种现象？从什么时候开始，人们将传染病的替罪羊归于某一特定的族群？

房格劳：我认为这种将罪责归咎于某一族群，并对某一民族进行污名化的做法，可能会涉及任何一个民族。如果人们自己不愿意成为替罪羊的话，就要将罪责推给其他的族群，认为某个民族更应当对某一事件负责任。如果这一病毒来自墨西哥的话，那么我们今天就会认定墨西哥人要对此负责，因为他们没有控制好病毒。但诸如新冠肺炎病毒一样的病毒，是无法控制的。在德国公众的观念中，他们认定大部分的瘟疫都来自东方，因为那里是陌生的异域，是西方世界的他者。从美国的角度来看，他者常常是拉美地区的人，这些人是美国人偏见的对象。一旦这样的族群被找到之后，人们便与之"划清界限"。被污名化的民族，总是边缘化的他者。其实这种做法从有文字记载瘟疫的历史以来，都是如此。人们不断寻找瘟疫的来源，并将视角转向了"他者"——那些所谓的外来者。最著名的一个例子就是14世纪鼠疫在欧洲大流行期间，作为基督教信众的欧洲人对犹太人实施的大屠杀（Judenpogrome），当时人们认为这场瘟疫是犹太人犯下的罪恶，他们被指控在井里投了毒。人们总是认为，瘟疫是从外面传来的，这一观念跟瘟疫一样顽固。

李雪涛：这种将人性的低劣强加在另一个群体之上的做法，实际上是非常卑鄙的。其实当时犹太人并没有很多人感染上鼠疫，最主要的原因是他们谨守着宗教上的禁戒，即便如此，他们还是受到了欧洲当地人的怀疑。如果我们从东西交涉的历史来看，从1096—1291年的十字军东征（Cruciata）开始，欧洲以外的一切都被看作罪恶的。天主教以外的宗教、文化、习俗都被认为是异端，应当坚决消灭之，只有这样才能保证欧洲的安全，保持欧洲人的自我。而哲学家黑格尔（G. W. F. Hegel, 1770—1831）所认为的"世界精神"（Weltgeist）是由东方发展到西方的。对黑格尔来讲，亚洲代表着过去，西方人可以通过对亚洲的研究将历史唤回到他们的记忆中去。因此，东方的这个他者在文化史上由来已久。

房格劳：是啊，在与瘟疫打交道的过程中，对他者进行污名化，这涉及对某一民族的刻板印象，目的是与他者划清界限。至于传染病，人们一定会将传染源指向他者，以否定与自我相关。只有将罪责推卸给了他者，人们才能感到精神和良知上的轻松，同时也赋予了瘟疫本身以意义。可悲的是，人们常常是以污名化他者的方式给自身以安慰。西班牙大流感期间，德国方面认为流感是协约国的殖民军带来的，因为他们住在拥挤狭窄的营房之中，而从协约国传出的说法是，病原体来自德国的实验室。

李雪涛：冷战结束以后，整个世界日益融为一体。20世纪90年代我在德国留学期间，开始有申根国的出现，后来开始使用欧元。一直到新冠肺炎疫情来临之前，国与国之间的边界似乎不再存在了。但新冠病毒是否也使得多年来形成的诸如"宽容"等观念在面对受到他者的威胁时，重又为"不宽容"所替代，所谓文明的边界重新得以呈现？

房格劳：刻板印象或抽屉式思维在给他人迅速定位方面会有所帮助。我完全不否认，此类思维在特定的社会语境下是有意义的：例如在有礼貌地与周围的人打交道时，我们不需要每次重新讨论就能知道应当如何对待这些人。凭感觉认定某个族群是病毒携带者的方式很简单，那就是要避开这些人，认为他们中的每一个都可能有潜在的危险。千百年来人们不断熟练地运用着这一极为古老的行为模式。有时甚至会将这些事件无限放大，例如在近代早期会给麻风病人配一副发出声响的木片（德语称作 Warnklapper），他们走到哪里都要将鼓打响，以便让"正常人"及时避开这些病人。也就是说，要告诫人们提防一种被传染的危险，而另外一个人群则用具有警示作用的木片作为被污名化的标志。

李雪涛：这些刻板印象一旦形成，就很容易发展成为文化偏见，而这种固化了的价值观很难在短时间内被消除。污名化很可能会一代一代传下去。

房格劳：刻板印象的形成涉及一个持久的过程，包含多个步骤，人们得知并传播某一族群的负面看法，有时甚至会进入知识的层面。在今天有关新冠病毒的讨论中,可以看到一个固定的思维模式:"从中国来的人,如果咳嗽的话,从理论上讲他们已经感染上了新冠肺炎病毒。"最初这还不是价值判断。第二步会从描述性的陈述进一步发展成为偏见。例如:"所有来自中国的人都感染上了新冠病毒。"这一具有偏见性的刻板印象接着就导致了第三步:种族主义的行为,对某一族群采取鄙夷和歧视的态度。刻板印象会不断增强,最终这一被挤入某一角落中的族群,便很长时间都没有机会重新走出来。

李雪涛:您刚才提到的瘟疫史中的污名化和刻板印象,为什么会出现这种现象?

房格劳:对此有不同的理论来予以解释。首先,这种刻板印象的思维定势要比从疾病、健康和族群等方面进行综合思考简单得多。刻板印象也可以从意识形态方面帮助自我或自我所属的社会群体,使他们有更加明确的身份认同,并明显地感觉受到了保护。透过污名化和刻板印象能够使自我价值得到提升。污名化能使对手在经济竞争中得以削弱,可以使自身获得物质上的利益,尽管这样的做法是不道德的。最终,从历史的角度来看,污名化和刻板印象会产生长久的影响。

李雪涛:也就是说,在我们战胜了瘟疫之后,各种偏见依然会长久存在。

房格劳:污名化持续的时间可能要比瘟疫本身更长久。举例来讲,心理分析学家曾经尝试着对一些受到污名化的人进行心理疏导,告诉这些人其实污名与他们没有什么关系,但这些尝试大部分都以失败告终。这当然不仅仅局限于瘟疫。在集体思维模式中,污名化与刻板印象已经成为一种传统,通过童话、小说、电影或流行文化得以不断传播。您只要思考一下任何一个具有负面内涵意义的身体特征或某一种疾病,就会明白,刻板印象的所谓"附着性"是多么顽固!大腹便便的胖人一直都是偏见的对象,这种偏见早在16世纪宗教改革之前就已经形成:这些人放纵自己、懒惰,即便这些说法都是错误的。面对艾滋病病毒携带者,以往的偏见依然在起着作用。一个有意思的现象是,有些疾病被浪漫化,而另外一些则被丑化:肺结核就曾经被认为是死亡与疾病的理想化身,而梅毒和霍乱则被认为是反面的典型，它们成了丑闻的代表。

李雪涛：第二次世界大战之后，人类成功地控制住了疟疾，但肺结核仍然是最广泛与持久的人类传染病，每年死于肺结核的人数大约是350万。根据澳大利亚国立大学张宜霞、伊懋可（Mark Elvin, 1938— ）的研究，中国在20世纪20年代每年有超过85万人死于肺结核病；到了30年代，这个数字达到了每年120万人，而患病人数则超过1000万。两位研究者通过对不同时期各种数据的分析，发现飞沫（即咳嗽和打喷嚏）可以将结核杆菌从一个人身上传到另一个人身上。因此过度拥挤的生活和工作环境，是致病的重要因素。而这些并非像以往理想化的人所认为的，跟社会阶层有多大的关系。您如何来估计新冠肺炎在社会中可能会产生的影响？

房格劳：就像20世纪60年代末的香港流感和2003年的"非典"一样，新冠肺炎也许只是一种增强了欧洲人看法的观念：在中国——这一异域空间，由于人口密度高，瘟疫容易产生，并且从那里开始向全世界传播。污名化比瘟疫本身更可怕。我们一定要注意，其实对瘟疫的恐惧已经深入我们人类的内心，即便在传染病不断下降的工业国家也不例外。正如我在一开头提到的，我们所亲历的最后一次大规模的瘟疫是一百年前的西班牙大流感。不过，作为时间单位，一百年对于整个人类的历史来讲，并不算什么。

李雪涛：瘟疫会改变我们的习惯，在瘟疫面前有时人类会再次感到自己的无能为力。人类已经很久没有经历此类大规模的灾难了，我们不仅感到生命的脆弱，有时甚至感到了我们的社会是多么的脆弱！不过，人类社会没有屈服，依然在和瘟疫作斗争。

房格劳：是的。从负面来看，新冠肺炎使我们看到了人类文明所潜在的脆弱性。如果我们看一下媒体对于欧洲新冠肺炎初期的报道，就会看到意大利人被污名化，德国最西部的小镇海因斯贝格（Heinsberg）也不幸成了德国媒体的焦点，电视中到处是抢购手纸和口罩的民众……所有这些都显示出我们社会伦理的脆弱。但另一方面，我们又可以看到，大家都在担心着家人的安全，孩子们通过视频跟爷爷奶奶对话，大流行病也向我们展示了为人类带来勇气和希望的一面。从启蒙和理性方面来看,在这一特殊时期,人们比以往更愿意接受他人。人们更有理性,相互之间也表现得越加团结。

李雪涛:西班牙大流感期间,无论是同盟国还是协约国,它们为了自身的利益,报刊都设置了审查制度,因此我们从中根本看不到真实的情况。今天的情况当然完全不同了,在众多德国人也感染了新冠病毒之时,媒体的重要性便被凸显出来了。

房格劳:媒体关心的是,哪些东西公众会感兴趣,最能吸引眼球,它们感兴趣的当然是在各地所发生的恐怖和不祥事件。在这里我想提到电影中一类所谓的"丧尸题材"(Zombiegenre)。所谓"丧尸者",通常是被病毒感染的人类,并且是嗜人肉、喝人血的怪物。这群丧尸者也是异乡人,而故事所描写的又常常是病毒大暴发时的情景。其实在今天这些影片中虚构的场景变成了现实的照片,从而引发人们对鼠疫或其他瘟疫产生集体记忆。

李雪涛:我们在历史上从来没有一个时代像新冠肺炎疫情暴发之前那样享有"充分的""最大限度的"自由,并且我们已经习惯于此,常常将"我"与"我们"对立起来。不过现在一切都改变了,新冠肺炎疫情发生之后,我们希望从最大限度的自由转到最大限度的实施国家防御措施和社会救济。

房格劳:如果为了阻断病毒的进一步传播,真正地实行了封城,也就是说原有的公共生活瘫痪了,公交车不再运行了,超市不再供应任何东西了。这些眼前的事情,涉及每一个人和每一个家庭。在这种情况下,其他所有的一切都退居次要地位了。此时需要格外注意的是,临时实施的防疫法可能与宪法之间有冲突。在这方面并不存在全球通用的固定模式,每个国家都要摸索出符合自身情况的防疫措施。

六 瘟疫对人类伦理可能产生的影响

李雪涛:瘟疫在多大程度上改变了我们公共与私人的生活?以往瘟

疫的社会、历史和文化的背景是什么？如果我们要继续保持我们今天的生活方式，作为个人我们应当如何去做？政治家和卫生部门又应该做些什么？其实新冠肺炎疫情在今天已经绝不仅仅是一个医学现象了，诸如病毒、传染等概念已经超出了医学的界限。在很多国家和地区，现在都要求人和人之间要保持安全社交距离。这种距离会对以后人和人之间的关系产生影响吗？

房格劳：您也看到了，在新感染的人数回落之后，很多地方又恢复了原有的生活。因此我担心的倒不是社交距离是否之后能够迅速恢复，而是希望人们不要马上忘记曾经与瘟疫打交道的艰难日子。但问题是人都是特别健忘的，疫情过去不久，大家就会将这一段经历抛到九霄云外去了。

李雪涛：被限制的旅行自由，没有观众的足球赛，教师对着屏幕上虚拟的学生讲课，即便是已经复工复产的公司，同事之间也相互保持着一定的社交距离……面对完全无章可循的疫情传播和残酷现实，能够抚慰大众心理创伤的很可能是那些从前我们完全不认可的世界。您认为疫情可能对人类的伦理产生什么样的影响？

房格劳：再拿保持社交距离为例，在病毒学、流行病学和政治学上，呼吁保持距离是一种规范，这在道义上得到了支持。出于对他人和对自己的责任，一个人应该与他人保持社交距离。但这绝不意味着一个忘记戴口罩上学的孩子，就一定是个"坏"孩子。从人类历史上的瘟疫来看，每一次规模较大的疫病都会使之前的社会结构分崩离析，人们会抛弃旧有的价值体系，从前的生活方式、伦理道德也会遭到极大的挑战。

七　阴谋论

李雪涛：2020年5月，腊碧士教授给我们北外的师生做了一场题为"瘟疫和新冠：其历史、现状和未来"（Plague and Corona-Pandemics: Yesterday, Today and Tomorrow）的报告。讲座后有两个学生提问说，新冠肺炎病毒是否是自然界对人类的惩罚？在新冠肺炎病毒肆虐之时，一些人被病毒感染而悲惨地死去，而另外一些人却毫发无损，这是否代表着上帝的正义？当然也有人认为，病毒是强迫人类逐渐取缔现金的使用。从医学史的角度，如何解释此类的阴谋论？

房格劳：所谓的"阴谋论"在人类瘟疫史中是相当经典的，为什么呢？因为某种视角赋予了瘟疫特定的意义。这种视角最初源于宗教。在中世纪，人们相信，瘟疫是上帝为了惩罚人类的罪孽而遣送至人间的。这当然也是人赋予瘟疫的意义。之后人们将"上帝"替换成了"自然界"等。或者也有这样的说法，病毒要向技术世界表明，它是不可被控制的。这些对病毒的归因，当然都是在瘟疫发生之后，人为地给出的。

李雪涛：3世纪时候的迦太基主教塞普利安（Cyprian，约200—258）曾经说过一段话，用来论证上帝将死神降临人间的正当性："至于人类中正义者和非正义者都不加甄别地死去，在这一点上，您一定别误以为毁灭对善恶都是一致的。正义者被召去开始新生，非正义者被召去受刑；信仰者很快得到保护，不信仰者得到惩罚……"在欧洲很多天主教的教堂里常常会供奉罗马时期的基督教圣人和烈士圣塞巴斯蒂安（St. Sebastian）的像，他被描绘成双臂被捆绑在树桩或柱子上，被乱箭所射，而后来这些箭被解释为不可预见之黑死病。在历史上，他被认为是具有特殊能力的圣人，可以让人们免于瘟疫的侵害，因此在瘟疫流行的时代对他的供奉大大增加。

八　展望

李雪涛：德国哲学家雅斯贝尔斯（Karl Jaspers，1883—1969）一直强调"交往"（Kommunikation），他认为能否促进人类"交往"是衡量哲学的标准。

房格劳：一种传染病意味着从外面传来了什么，这是我们所不认识的一种危险，它对肉体乃至生命都可能造成巨大危害。因为它是从外面传来的，所以我们首先要做的就是切断与外界的联系，避开外来的东西。而文化的驱动力却来自开放与交流，诚如雅斯贝尔斯所强调的"交往"一样。文化的生命力在于超越界限，建立关联，进行交往。如果对异域文化也进行"隔离"的话，那我们将无法应对新冠肺炎所带来的这场危机。如果病毒真的阻断了文化交流，那么这也是社会的终结。

一生之中不断强调"交往"哲学的德国哲学家雅斯贝尔斯

李雪涛：其实这种担忧大可不必，因为根据以往疾病史的经验，我们可以总结出其中的一个悖论：一个社会越是开放，其疫病的破坏程度就越小。欧洲由于与世界各地的交流甚为密切，后来遭遇到瘟疫的毁灭性打击的可能性就很小。如果长期不接触不同类型的传染病，人就无法获得相应的免疫力，从而更容易遭到瘟疫的致命打击。无论如何，新冠肺炎疫情都不可能阻挡人类的交流与合作。

房格劳：是的。上面我们谈到过当时德国科学家科赫和他的团队的合作方式，我们今天的可能性是以往任何时代所无法比拟的：通过网络我们可以连接世界范围内的所有研究团队。一百年前的科学交流依赖的是书籍和杂志，一位美国的学者要得到一篇德国学者的论文，至少是几天或几周后的事情。今天的情形完全不同，但研究工作依然需要艰辛的努力。

作为影响人类历史基本参数和决定因素之一的传染病

李雪涛：新冠肺炎疫情一开始暴发的时候，很多著名的科学家都出来"预测"，有的甚至说新冠肺炎病毒会像"非典"一样在夏天来临之际自然消失。现在看来事情并非那么简单。不仅"非典"病毒依然存在，许多被世界卫生组织宣布从地球上消除的疫病，如疟疾和天花，我们今天也很难肯定地说，其病毒不会有朝一日卷土重来。

房格劳：我也不认为新冠肺炎病毒会自然消失。它会永远伴随着我们。如果我们能够研制出新的药物加以有效预防的话，它渐渐地会淡出我们的关注范围，就像其他已经被人类控制的病毒和细菌一样。举例来讲，霍乱在西方工业国家已经不存在了，这与20世纪以来饮用水的改善有着根本的关系。疟疾在德国也消失了，因为沼泽地中的水早已被排掉了。但事情远非这么简单，气候的变化也使各种疾病改变了其原有的特征，或者以增强了的方式再次出现，或者真的永远消失了。我的预测是，气候的变化还会给人类带来一场前所未有的健康挑战。

李雪涛：人类的行为在大流行病期间都被无限放大了，社会的不公正也由于疫情得以尖锐化。2020年5月25日美国黑人弗洛伊德（George Perry Floyd）在疫情期间的非正常死亡，加剧了种族之间的冲突。新冠肺炎疫情可能给我们带来的教训是什么？

房格劳：回溯历史，我们在每一次的大流行病中都可以观察到的是：社会结构的分崩离析，相互指责对方为病毒的罪魁祸首，以及由于社会的不公正而引起的骚动。因此，在未来抗击疫情的道路上，人类需要更多的共同担当，而不是相互的指责推诿。国际合作当然重要，但在地区和社区层面所采取的措施也发挥着举足轻重的作用。各国科学家应当团结一致尽快研发出新冠疫苗，并合成治疗的新药；各国民众要形成打破疫病既定传播模式的卫生习惯。当这场大流行病过去之后，我们必须对所采取过的措施及其效果进行系统的评估，同时修订那些业已存在的应对大流行病的计划，并加以严格实施。我们必须未雨绸缪，为未来可能暴发的新的疫情储备足够的物质。这当然会产生财政的费用，有些人可能会怀疑这些东西八辈子都用不着，但在疫情期间，这些却都是救命的东西。我们来看此次新冠肺炎疫情的情况：如果有足够的卫生和医疗设施，有足够的物资供应作保障，很多国家的抗疫斗争就不会这么被动。历史上，每一次大的瘟疫消退后，人们马上就会将之忘得一干二净：1958年的亚洲大流感和1968年后的香港大流感后是这样，2003年的"非典"后也不例外。我只是希望新冠肺炎疫情过后，不是这样。

李雪涛：麦克尼尔认为："先于初民就业已存在的传染病，将会与人类始终同在，并一如既往，仍将是影响人类历史的基本参数和决定因素之一。"[①] 一般来讲，历史学家对于历史问题的兴趣来源于其对现实生活的体验。我想，经过新冠肺炎疫情之后，历史学家可能会对以往的历史有新的认识。

---

① ［美］威廉·H. 麦克尼尔：《瘟疫与人》，余新忠、毕会成译，中国环境科学出版社2010年版，第175页。

Infectious Diseases as one of the Basic Parameters and Determinants of Human History
— Dialogue about the plague in history and COVID – 19

H. Fangerau[*]　　Li Xuetao[**]

Editor's note: What kind of influence will COVID-19 (breaking out in 2020) have on the world and human beings as a whole? We specially publish the dialogue between Professor Heiner Fangerau, director of the Institute for the History, Philosophy, and Ethics of Medicine at the University of Düsselforf, member of the Leopoldina, the German National Academy of Sciences (ML), and Professor Li Xuetao, dean of School of History at Beijing Foreign Studies University. In the dialogue the two professors started with the history of human diseases and examined the impacts incurred by various plagues on human society from the Middle Ages to modern times. They discussed the phenomenon of stigmatization and stereotype from the perspective of history of diseases and agreed that social stigmatization of others is more frightening than plagues themselves. Though the spread of COVID-19 poses great challenges to the lifestyles and ethnics of human beings, both of the scholars believe that human communication and cooperation will not be hampered by COVID-19 no matter how appalling it becomes.

---

[*] H. Fangerau, Heinrich-Heine-Universität Düsseldorf.
[**] Li Xuetao, Beijing Foreign Studies University.

北京协和医学院高等护理教育早期历史研究[*]

王 勇[**]

摘要：北京协和医学院护理教育至今已历百年，在1920年北京协和医学院设立高等护理教育至1953年停办期间，协和护校为中国培养了相当数量的一流护理工作者，是中国护理教育史上很值得研究的部分。在这一历史时段内，协和高等护理教育办学水平曾经达到了世界一流水准，其高等护理教育对于中国近现代医学发展起到过重要的推动作用，在高等护理人员培养、公共卫生、军事护理等领域都有过杰出的贡献。中华人民共和国成立初期，协和护校虽由于客观历史原因而停办，但其人才培养模式与办学经验仍然值得加以研讨总结，以服务于中国护理教育的未来发展。

关键词：护理教育；北京协和医学院；早期历史

北京协和医学院护理教育至今已历百年，其间既有独树一帜的领军时代，也有因社会变迁而跌入低谷的黯淡时光，更有乘风破浪的重新启航。2020年，北京协和护理学院以"来径翠微"为题纪念协和护理学院创办百年，文字出自李白的诗句"却顾所来径，苍苍横翠微"。回首协

---

[*] 基金项目：教育部人文社会科学规划基金项目"北京协和医学院民国时期教育史料整理与研究"（项目编号：15YJA770021）。

[**] 作者简介：王勇，中国医学科学院—北京协和医学院人文学院副教授，博士，主要从事中国近现代医学人文史研究。

和护理教育发展百年沧桑历史，令人颇有暮色苍苍、路径茫茫之感。其中，自1920年北京协和医学院设立高等护理教育至1953年停办的早期发展历史，虽已渐行渐远，却是中国护理教育史上很值得研究的部分。当时协和高等护理教育办学水平曾经达到了世界一流水准，并对中国护理事业发展起到了深远的推动作用。中华人民共和国成立初期，协和护校虽由于客观历史原因而停办，其人才培养模式与办学经验仍然值得加以研讨总结，以服务于中国护理教育的未来发展。

当我们探寻中国医学科学在21世纪的发展道路时，应重视已有历史资源的挖掘与传承。本文无意做教科书式之归纳，抑或宣教故事之励志，而是希望以研读北京协和医学院档案室和洛克菲勒档案中心收藏的历史档案为基础，参考当年在协和护校供职的老一代护理人的记述回忆，梳理北京协和高等护理教育早期发展脉络，尝试重现这段值得发掘的历史发展进程，在分析第一手资料基础上，对其办学宗旨、教学内容和历史影响做系统研究，希冀学界可以借鉴其经验，从而对促进中国护理教育未来的发展有所助力。

一 北京协和医学院护士学校的创办与办学宗旨

北京协和医学院在中国近现代医学史上占有重要的历史地位，对于我国医学教育和医疗卫生事业发展起到过不可忽视的推动作用。它在办学实践过程中形成了一套颇具特色的医学教育模式，培养出大批杰出的医学科学家、医疗工作者和公共卫生名家，为中国近现代医学科学发展和医疗卫生制度建设作出了杰出贡献，积累了宝贵经验。

北京协和医学院（以下简称协和）的前身是6个英美传教会于1906年在北京联合创办的协和医学堂，其办学水平一般，只是当时外国传教会在华医疗和传教系列机构之一，对于中国医学发展并未太大社会影响，其规模和医疗、教学水平都不高，主要收入来自医院营收和为中国政府提供医疗服务而获得的补助，勉强做到收支相抵。1914年，美国洛克菲勒基金会拟在中国投巨资兴办医学教育与公共卫生事业，派出考察团来华考察，最终决定在北京和上海各建一所高质量的医学院校，措施之一就是计划收购北京协和医学堂作为办学基础。

1915年，洛克菲勒基金会再次派出以霍普金斯医学院院长威廉·韦尔士和洛克菲勒医学研究中心主任西蒙·弗莱斯克勒为首的考察团来华，以确定具体的办学方针。考察团对协和医学堂进行实地调研后，对该校的办学和医疗条件都不满意，回国后建议洛克菲勒基金会将该校推倒重建，另起炉灶办一所世界一流水准的医学院校。其中，考察团在协和医学堂考察时注意到该校附属男、女医院分别开办了为期三年的一个护士培训班，当年已有女护士生结业后在协和医学堂女子医院工作。考察团对此予以了重视，并在考察中注意到当时中国医院护士紧缺，认为未来新建的协和医学院应该包括一所护士培训学校，这是协和护校的发端。

考察团回国后向洛克菲勒基金会提交提出了如下建议：

（1）在学校教学过程中必须用英文教学。

（2）严格招生，学生的入学条件应尽可能如美国一流医学院的要求。

（3）学校要拥有高水平的教师队伍。

（4）要从头开始建设一所够得上世界一流水平的医学院。

（5）要同时办一所护士学校。

洛克菲勒基金会接受了考察团的建议，买下协和医学堂和附近的前清豫亲王王府地产，在此基础上大兴土木，扩大规模重新办学。从1917年9月开始，洛克菲勒基金会大规模兴建协和医学院建筑群，至1921年落成，共耗资750万美元。北京协和医学院在建校之初，在教育方针上就明确强调了高标准、高质量办学的宗旨，具体内容主要有：

（1）学校拥有高质量的教师队伍、高水准的教学条件和达到国际先进标准的教学医院与医学图书馆。

（2）学校建立了装备先进的实验室，可以为来自全国的医学工作者提供科学研究的机会。

（3）推进现代医学和公共卫生知识在中国的传播。协和的课程设置虽源自美国，但要加以修改以符合中国政府的法规和中国社会的需要，这是贯穿协和办学历史始终的基本原则。

1916年，协和董事会聘任美国青年医学家富兰克林·麦克林为新的北京协和医学院首任校长，并邀请美国驻华资深外交官顾临（Roger Greene）担任洛克菲勒基金会驻华医社主任，配合麦克林开展协和创办工作。顾临是个中国通，在中国政界、医界以及科学文化界都颇有人脉。同年，麦克林和顾临经过几个月对在华各地医学院校和西式医院考察后，向洛克菲勒基金会提交了协和护校的建校方案。在方案中，他们详细规划了协和护校的办学方案。该方案基于中国各地医疗机构的实践经验，包括有长期医疗与办学经验的胡美、石美玉等人的建议，其中特别提及中国女性比男性更胜任护士执业，因为中国女性更热衷于学习和服务，也愿意从事医疗临床工作。该报告认为，当时中国真正出色的男护士往往是有雄心的（ambitious），他们更愿意转行学医而不是留在护士岗位。同时，上海的西式医院已经有过女护士在男子医院担任护理工作的成功经验，1916年中华护士会也认可了这一办法。麦克林与顾临向洛克菲勒基金会建议，尽快聘请大学毕业、受过一流训练并具备管理工作经验的女性护士来办理协和护校，招收来自中国社会较高阶层并接受过良好教育的女孩入学，为中国培养一批可以在男、女医院都开展护理工作的优秀女护士。[1] 该建议为洛克菲勒基金会和协和医学院董事会采纳。

1919年6月，协和董事会聘请美国约翰·霍普金斯医院护士沃安娜（Anna Wolf）及12名美国护士来协和筹办护校。1920年9月28日，协和护校正式开办，协和护校英文名称（School of Nursing）一直未变，但是中文名称多次变更，其中流变从一定程度上讲，也是中国近代护理事业发展的一个缩影。根据1924年出版的北京协和医学院校刊《协医年刊》，护校名称为"看护科"，1928年出版的协和护理招生宣传册《君之良好机会》称为"养护学校"；1930年出版的《私立北平协和医学院附

---

[1] Franklin C. Mclean, Roger S. Greene, Present Conditions at the Union Medical College in Peking, with Suggested Plans for Development: Joint report to the Board of Trustees, 1916；洛克菲勒档案馆：CMB Inc., box99. folder711。

设护士学校简章》称为"护士学校";1932年出版的《协医年刊》及同一时期出版的协和护校校刊记载的名称是"护士科";抗战胜利协和复校后,根据当时的护校校长聂毓禅档案,护校名称为"护士专修科"。

协和护校的校训是"勤、慎、警、护",口号是"中国需要护士"(China Needs Nurses)。护校作为北京协和医学院的一部分,办学宗旨是与协和总体方针一致的。鉴于当时中国医学人才非常缺乏,且当时的中国医学院校教学质量普遍不高,协和校方认为要办好高质量的医学教育,提高医疗质量,必须有相应的高质量医学教育,以培养高水平的医学人才。协和护校根据学校总体方针,也相应提出了"培养具有良好文化教育、自然科学、社会科学、预防保健、医疗和护理科学水平的护理骨干、师资和领导人才,以提高护理专业水平,适应近代卫生事业迅速发展的需要"① 的办学宗旨。

当然,协和护校在办学过程中对当时中国妇女的社会地位与人生追求也给予了充分的考虑。在护校招生简介《君之良好机会》这一文献中,护校校方比较完整地阐述了协和护校之办学宗旨。在文献中,协和护校从中国社会现实和护理发展历史角度,号召中国女性加入护理职业,称护士为"中国女子之新职业","养护系学习照料病人及弱智,于家庭,于医院,或于遭意外之境遇,及国家有灾难时,最为需要",劝勉中国青年女性"假定君非一感情之幻想者,而为一真实而爱国之青年女子,诚愿将君之能力,用于最有益之职业,则此间现有一良好机会,需要君莫大之贡献。君如欲得一职业,其发端于太古而进化于近世,与人生及生死问题有密切之关系,且务实际而尚建设,并能得满足之效果者乎?则宜学习养护"。同时,护校校方考虑到当时中国女性的社会处境,文中也颇为实际地表示:"学习养护者,除服务社会外,并能发达治理家庭之能力,教育女子成为贤妻良母,及预备应付人生各问题:如婚姻,生死,

---

① 政协北京市委员会文史资料研究委员会:《话说老协和》,中国文史出版社1987年版,第232页。

经济变动，儿童教育，及照料老弱亲戚等。"①

另据1930年《私立北平协和医学院附设护士学校简章》规定："协和护校专以培训女护士为宗旨，在中华护士会、美国纽约大学登记，并经教育部立案，为我国之第一护士学校。本校分甲乙两种课程，均用英文教授，并参用新译中国护士等名词，以备本学院及附属医院、公共卫生事务所等处实地练习之用。"②

此后，1931年，协和护校校长胡智敏发表了"School of Nursing Peking Union Medical College"一文，提出：协和护校的办学标准是"开设与西方最好的医学院校拥有相同的教学标准和专业水平的护理课程"，并强调护理培养不仅是医疗实践还要进入预防医学领域，以满足中国迫切的传染病防治需要。③ 至此，北京（北平）协和医学院护士学校办学宗旨、方略基本齐备，既为中国青年女性提供了一条具有自主与尊严的求生途径，又为中国医疗事业发展补齐必要短板开拓了道路。

二 协和高等护理教育办学历史脉络与教育内容

（一）协和护校管理体制与师资的早期历史变迁

协和护校开办后从美国聘请护理人员来华从教，自1920年至1940年的前三届校长及护理部主任都是美国人，校长先后为沃安娜、盈路德（Ruth Ingram）和胡智敏（Gertrude Hodgman）。

1921年9月协和新校区落成，它原是现位于东单三条九号的清代豫亲王府，洛克菲勒基金会从豫亲王后人手中买下拆除后建造了一所中西合璧、世界一流的医学院校及规模较大的附属综合医院——北京协和医院。洛克菲勒基金会为了培养医疗、教学、预防、科研相结合的中国医

---

① 北京协和医学院护士学校：《君之良好机会》，北京协和医学院印刷，1928年，第6页。
② 北平协和医学院护士学校：《私立北平协和医学院附设护士学校简章》，北平协和医学院印刷，1930年，第1页。
③ Gertrude E. Hodgman, "School of Nursing Peking Union Medical College"，洛克菲勒档案馆藏：CMB collection, box101, folder729。

学人才，先后投入了4000多万美元的资金。协和医学院新校区正式启用后，洛克菲勒基金会力图将该校建设成为一座世界一流的医学院校。学校配有先进齐全设备的基础医学实验室，以协和医院作为临床实习基地，并由国际著名公共卫生学家兰安生（John B. Grant）创办了协和公共卫生学系，他后在北京市东城区建立第一卫生事务所，作为公共卫生与预防医学实习基地。

北京协和医学院管理体制周密完备、严谨科学，在20世纪20年代确立了"科学济人道"的校训，将科学精神与人道主义相结合作为学校办学方针，同时以优厚的待遇，吸引了国内外杰出人才来校任教。协和护校的师资与办学水平起点自然是水涨船高。但是由于护理教育从全球范围而言尚未得到充分发展，协和护理教育也有一个逐步成长的过程。根据1923年入学的聂毓禅回忆，协和护校办学之初，教学要求虽很严格，但是教师仅有两名美籍专职教师，分别担任基础护理和实习课程。其中，解剖生理学由护理部美籍护士担任，其他基础课及临床课则都是各科医生兼任，因此，护理学的教学内容尚不完备。学生的临床学习则全部由各科病房的护士长辅导。她们往往工作繁忙，只能安排学生的工作，难以进行必要的检查和指导。

1930年以后，随着协和护校毕业生不断充实到教学岗位，院方又聘请了美国霍普金斯医学院护士学校毕业生且曾担任过耶鲁大学护理系主任的美籍教师胡智敏担任护校校长，情况才大有改观。胡智敏学识渊博、经验丰富、精力充沛，立志献身于护理事业。她来校后按照霍普金斯医学院的培养模式全面提升协和护理教育水平，立志打造世界第一流护士学校。

胡智敏十分重视师资培养，除原有的基础护理科专职教师以外，为各专科都聘请了专职护理教师，担任授课和督导员的职务，从而加强了病房的行政管理及学生在病房的实习，使理论与实践相结合。各门医学课程都由北京协和医学院专职教授任课。此外，她还充实了课程内容，与兰安生创办的北京第一卫生事务所合作，增设了公共卫生护理实习科目，由该所护理主任分配学生去北京的学校、工厂及城乡居民家庭，进行治疗、护理和卫生宣传教育等工作。这使得学生在毕业前有机会走向社会，对人民保健事业有所了解。她采取的这些改革措施，丰富了教学内容，教学质量大大提高，真正达到了名副其实的高级护士教育水准。

1937年中国全面抗战开始后，日军占领下的北京社会环境日益恶化，协和的外籍教师开始陆续回国。1940年，北京协和医学院聘请本校护理毕业生聂毓禅为首位中国籍护校校长。次年12月，太平洋战争爆发，日本对美不宣而战，派出军队强占协和校产，学校被迫关闭。聂毓禅校长临危不惧，从容安排，对在校学生做出了妥善安排。她设法为毕业班学生联系较好的医院实习，对无力继续就读的学生，帮助她们平安回家；对仍愿继续求学者，为她们寻找学校和实习的单位。1943年春，聂毓禅、王琇瑛带领协和护校师生离开沦陷区，经过两个多月的艰险跋涉到达重庆。后经协和董事会协商，在陈志潜、周诒春的帮助下与华西大学达成协议，于1943年9月在成都恢复护校，借用华西大学部分校舍和设备，并在该校附属医院开展临床实习。

抗战胜利后，北京协和医学院于1947年任命李宗恩为校长，负责复校工作，4月24日，聂毓禅校长带领学生50人和教职员离开成都，于6月中旬返回北京。之后，在护校聂毓禅校长、王秀瑛教务长带领下，协和护校重开，于当年10月1日招收新生，护理社会实习仍然安排在北京第一卫生事务所。当时该所所长是协和护校毕业生蔡蕙芳。中华人民共和国成立后，中央人民政府教育部和卫生部于1951年1月20日接管了协和医学院，妥善安排了教职员工作，受到广大师生员工的拥护，协和护理成为新中国医学事业的一部分，早期历史至此接近尾声。

（二）课程设置

协和护校自1920年开办后，按照章程规定招收高中毕业生入学，学生必须年满18周岁且未婚。在校修业四年，其中预科一年，修业结束后发给护士文凭，但是不授予学士学位。校方考虑到学生以女性为主的状况，课程设置包括家政、护理教育、社会服务、医药及自然科学。1920年刚创办时的课程设置包括：预科一年，学习英文、化学、解剖与生理学、卫生与细菌学、汉语语言与文学、护理史与伦理学、数学、生物学、饮食学与护理学大纲（Elements of Nursing）。① 此后护理专业课程三年，培养内容根据1923年入学的聂毓禅学籍档案记载，该学制课程设置内容包括：

第一学年：高级护理学、细菌学、临床显微术、英语、内科学、妇科学、卫生学、本草学（Materia Medica）、按摩术、营养学、眼科学、骨科、耳鼻喉科、病理学、儿科学、心理学、外科学、药学、护理临床。

第二学年：国文、英语、神经学、护理学、产科、社会学、按摩术、卫生学、护理实践。

第三学年：上半年是外科护理学，下半年是临床实践。②

1926年，协和医学院与燕京大学合作办理预科教育，本校不再开设预科，医学生和护士生的预科都主要由燕京大学承担，课程内容包括基础科学、人文及社会科学。学生在燕京大学预科修业结束后，通过协和校方考试后再进入该校读书。协和同时也与东吴大学、沪江大学、金陵大学和岭南大学有合作，接收这些学校的预科生入学。

根据护校学制作了相应调整，据1926年考入协和护校的周美玉的记述，协和与燕京合作后，协和护校护士生培养方式分为Course Ⅰ、Course Ⅱ两种，第一种是四年制，也就是既往聂毓禅的修业方式，周美玉也是该学制毕业生。护校学生在燕京大学读一年预科，再到协和护校读三年，修业结束发给毕业证书及护士执照，虽不授予学位，由于北京协和医学院与美国纽约大学定有协议，协和护士学校颁发的护士证书也为美国纽约大学承认。后来，美国纽约大学也在中华护士会注册，协和护校学历可以在中美两国通用。协和护士学校毕生生都有参加纽约护士就业考试的资格，她们的学历在赴美深造时也因此能够得到美国医学院校的承认。聂毓禅、周美玉都是在毕业后在美国大学进

---

① 北京协和医学院："Training School for Nurses"，北京协和医学院印刷，1920年，第2页。

② 北京协和医学院档案室藏：聂毓禅档案，北京协和医学院1949年前人事档案，档案号2437。

修获得了学位。

第二种是五年制,与周美玉同年入学的王琇瑛选择了这一种。根据她的记述,护校生前两年是在燕京大学生物系医学预科就读,课程包括生物学、化学、物理学、心理学、社会学、历史、文学及家政学。后三年是在协和护校学习两年半,课程包括解剖学、生理学、药物学、基础护理学、伦理学、营养学、饮食学,以及内科、外科、妇产科、小儿科、公共卫生护理等专科护理。最后半年回到燕京大学生物系,写一篇有关护理学的毕业论文。毕业后授予协和颁发的护士文凭与燕京大学授予的理学学士学位。[①]

此后,出于适应中国社会发展需要以及时局变化的影响,协和护理课程的设置是有变化的,其中值得注意的是公共卫生教学课程分量大为增加。自1925年起,在北京第一卫生事务所设立公共卫生实习基地,该所设有公共卫生护理股负责卫生宣教和家庭访视,护校学生都要定期在这里开展公共卫生实践工作。

1932年协和护校教师周美玉在河北定县卫生实验区建立农村卫生护理教育基地,开展农村卫生保健护理工作,协和护校学生要在这里开展农村基层护理实习。通过学习,护校学生认识到护理工作不仅局限于医院,在做好疾病护理的同时,还要面向社会,致力于卫生宣教和预防保健工作。

协和护校在教学实践探索中,开创了当时在中国具有深远影响的公共卫生护理教育,把公共卫生护理作为本科教学的重点内容。在北京协和医学院与北京第一卫生事务所、河北定县卫生实验区建立合作关系以后,协和护校规定学生整个第三学年的13周课程都是公共卫生课程,其中理论教学77学时,公共卫生护理实习494学时。课程安排如下:

---

① 政协北京市委员会文史资料研究委员会:《话说老协和》,中国文史出版社1987年版,第215页。

表1　　　　　　　　北京协和医学院护士学校公共卫生课程

课程名称	主要内容	学时
卫生学与公共卫生	预防医学发展史 生命统计 环境卫生 传染病管理	22
公共卫生护理原理	公共卫生护理基本原理及工作范围	11
公共卫生专科护理及技术操作	家庭护理：一般疾病家庭护理、孕产妇及婴幼儿家庭护理 学校卫生：青少年保健护理 工厂卫生：职业病防治护理	33
公共卫生营养学	包括家庭饮食学示教	11
公共卫生护理实习	在北京第一卫生事务所、河北定县卫生实验区从事地段社区、农村公共卫生访视、家庭护理工作	每周理论教学6学时，实习38学时

　　协和护校公共卫生教育非常重视理论结合实践，理论课即安排学生到工厂、学校及居民家庭访视，进入实习后由指导教师示范指导学生独立操作，学生全面了解城乡公共卫生护理工作。协和公共卫生护理教育强调做好家庭护理是基本功，内容涉及各个阶层居民的生老病死不同阶段、不同年龄的健康维护需要，包括妇幼卫生，如孕妇的产前保健、产后护理、新生儿护理、婴幼儿保健及营养不良儿饮食指导等。

　　传染病的防治也是教育重点所在，包括对传染病患者的护理与消毒隔离指导、流行病学调查、开展全民性预防接种等。同时，在学校卫生实践中除学生体检、轻症处理外，还包括组织、督促学生进行常见身体缺点矫治，关注改进学校环境卫生，对学生进行卫生教育，培养学生卫生员等。在工厂卫生实习中，除体检、缺点矫治及轻症处理外，还要关注环境卫生及职业病防治相关劳动条件、劳保措施，要到车间宣传卫生常识和劳动保障知识，指导劳保用具使用等项工作。

　　此外，在基层保健工作中，学生要做到主动发现问题，及时处理，对因故不能住院治疗的重症患者设立家庭病房，进行临床护理以及康复护理指导。其服务中国民众工作内容之细致周到,至今令人钦敬感动。①

抗日战争时期,由于日本侵略军的破坏,协和护校正常教学无法进行,即使是抗战胜利后,也未能完全恢复旧观,课程设置因此有了调整。根据协和档案室藏聂毓禅担任协和护校校长时的档案,1946年协和护校课程设置如下:

预科:国文、英语、化学、生物学、社会学、心理学。

第一学年:

(1)春季学期:解剖与生理学(理论学时48,实验学时96)、营养学(理论学时48,实验学时48)、细菌学(理论学时32,实验学时32)、个人卫生学(理论学时32)、护理技艺(理论学时32,实践学时96)。

(2)秋季学期:饮食疗法(理论学时48,实践学时48)、内科护理学总论(理论学时64)、外科护理学总论(理论学时64)、药物学与治疗学Ⅰ(理论学时24,实践学时16)、专业评估Ⅰ(理论学时16)、护理技艺(理论学时32,实践学时64)。

第二学年:

(1)春季学期:临床显微镜学(理论学时8,实践学时24)、内科护理学专题(理论学时32)、外科护理学专题(理论学时32)、药物学与治疗学Ⅱ(理论学时32,实践学时32)、妇产护理学(理论学时64)、儿科护理学(理论学时64)。

(2)秋季学期:神经学和心理学与护理学(理论学时32)、教学原理与方法(理论学时24,实践学时24)、卫生教育(理论学时16)、汉语写作(理论学时32)、急救与军事护理学(理论学时24,实践学时24)、案例研究(理论学时16,实践学时48)。

第三学年:

春季学期:预防医学(理论学时64)、公共卫生护理学(理论学时56,实践学时24)、护理教育与管理(理论学时48)、专业评估Ⅱ(理

---

① 吴阶平、董炳琨:《协和育才之路》,中国协和医科大学出版社2001年版,第180—181页。

论学时 16）、医疗社会机构社会实践（实践学时 18）。

协和护理理论及技术的课堂教学，基本上依靠教师课堂讲授和指导学生课下到图书馆阅读参考书并做读书札记，融会课堂内外所获知识，强调培养学生独立思考能力。教学语言除国文课外，均用英语授课，所用教材和参考书及资料也是英文版，学生考试时也要以英语答卷，从而有助于提高学生英语水平，为出国进修打好基础。协和护校课堂教学注重与临床相联系，教师都注意在病房及门诊寻找与教学内容有关的病例或操作，带学生到病房观察，或请病人到教室作介绍，使学生加深认识。[1]

另外，除日军强占协和校址期间有中断外，协和护校自 1925 年起至 1951 年，开设有进修生学习班，"为增进护士学术起见，特设研究班，兼收已毕业之男女护士，来院研究护士学"。进修生学习班分为甲、乙两类。

甲类是"公共卫生护术班"，每年 7 月开班，培训时间为 11 个月。入学者必须具备资格：初中三年毕业生（最低限度）；曾在中华护士会登记之护士学校毕业；中国护士会会员；经协和体检合格。课程内容包括：

预备学期 7—9 月，共 8 周：公共卫生护术原理 18 学时，护术实习 16 学时，讨论病案 12 学时。

第一学期 9—12 月，共 12 周：产育及婴儿卫生 16 学时，学校卫生 24 学时，传染病 12 学时，营养家政学 16 学时，社会学原理 14 学时，事件调查 6 学时，专件讨论 12 学时，参观 12 学时，口齿卫生 12 学时。

第二学期 11 至次年 2 月，共 12 周：公共卫生护术之沿革 12 学时，个人卫生 12 学时，卫生教授法 12 学时，心理学原则 16 学时，环境卫生 12 学时，生命统计 8 学时，公共卫生行政 8 学时，职业上之社会卫生问题 12 学时，专件讨论 12 学时。

---

[1] 中国协和医科大学编：《中国协和医科大学校史（1917—1987）》，北京科学技术出版社 1987 年版，第 129 页。

第三学期 2—5 月，共 12 周：公共卫生护术之组织与行政 15 学时，工厂卫生 12 学时，乡村卫生 16 学时，神经卫生 12 学时，伦理学 12 学时，参观 12 学时，专件讨论 12 学时。

乙类是"医院护术研究班"，入学资格与公共卫生护理班相同，进修时间为 6 个月。学习时间较为灵活，分为上半学期三个月（每年三月至五月或九月至十一月），学习课程为护士学原理，内容包括：

（1）护术大纲 30 学时：了解护士学发展之过程及护士职业之问题，并对于我国护士之问题特加注意。学习期间安排在北京各医院及卫生事务所参观。教学方式为演讲与讨论。

（2）应用护术 36 学时：了解协和护理程序，"俾学者能得应用学识，藉为划一护术程序张本；同时教授原理，及实行方法，并令学者至病室实习，迨课程终了时，应至卫生事务所参观"。教学方式为演示与实验。

（3）专件研究（学时不详）：课程内容是让学员切实研究各种病案，"凡病者之一切事实，如履历，病历，诊断，治疗，护术，种种情形，汇集成案，经教员之指导，俾学者完全了解病者之概况"，学员完成的病案，应按照学者选修的科室编成四份，由教师审查。

（4）学习各科护理技术 30 学时。

（5）到协和医院门诊及各科室实习，每天 4—6 小时。

下半学期三个月的课程安排，根据进行者的个人需要及协和医院设备使用情况灵活制定，每年 3—8 月或 12 月至次年 2 月开班，在医院各科临床实习，每星期 46 小时。①

1933 年以后该班课程内容做了调整，不用英文而用汉语教学，按照学员的职务改为两种进修方式：一种是为期 8 个月，学员愿意从事教学与管理职务的入此班；另一种为期 5 个月，学员为从事护士监察与领班护士者可入此班。进修班的学习内容包括：医院行政原则（病房管理 10

---

① 私立北平协和医学院护士科：《私立北平协和医学院护士科研究班简章》，北平协和医学院印刷，1931 年，第 1—4 页。

小时、医院经济 6 小时、医院行政 8 小时、观察及练习监视)、护士教育问题(教学原理实施 12 小时、病房教学 4 小时、护士学校行政包括编订课程 10 小时、观察及实习教学)、护病学教学法(护术初步 25 小时、示教 25 小时)、护术概论(护士史 10 小时、职业问题 10 小时、参观 36 小时)、卫生教学指南(包括个人卫生 28 学时)、营养学及饮食学(正常营养与病时营养 50 小时、家政学 5 小时)、社会学(病者之社会问题及处理原理 26 小时、专件研究方法 10 小时)、心理学初步 15 小时、神经卫生 12 小时、细菌学 12 小时、各科护术学习(学理、实习各 10 小时)、普通护术学习根据医院情况酌定。[①]

(三)临床实习安排

协和护校教学强调临床实践,管理严格。为理论联系实际,培养优秀人才,护校校长兼任协和医院护理部主任,护校教师兼任医院护士长及各科护士长,各科护理工作与提高临床教学相结合。根据王琇瑛的回忆,护校基础课的示教室内的设备(病床、用具、模型病人等)以及护理操作规程、病例记录等,也都与病房一致。有些简易技术,学生可在示教室内互相练习,体会病人对各种操作的感觉,使学生亲身体验熟练的护理技术、技巧以及对病人认真负责的态度,对于减轻病人痛苦的重要性。

协和护校学生入学后,自预科起,先要由基础护理教师带领参观协和医院,了解开设医院的目的,并由各科护士长介绍实习病房的环境、规章制度、用具设备等。护士生在临床实习阶段,要按计划规定时间完成晨间(上午 7—9 时)、晚间(下午 7—9 时)护理训练,两个小时内要高效率完成任务,务必使病人舒适,病床整洁,要把了解到的病人情况变化和所提要求,向护士长汇报。凡有特记录单的情况,必须填写清楚才能交班,不能有半点马虎。护士长对学生们的要求十分严格,随时予以指

---

① 私立北平协和医学院护士科:《私立北平协和医学院护士科研究班简章》,北平协和医学院印刷,1933 年,第 2—5 页。

导。护校学生在教师悉心指导下，坚持协和护校"勤、慎、警、护"的校训，以医院为接待病人之家，对病人的生命健康勤谨呵护。

三 协和护校的办学条件与管理制度

北京协和医学院自建校起一以贯之、根本性的办学方针，是要在中国办一个世界最高水平的医学院，培养第一流的临床专家、教育家、科学家和卫生行政学专家，造就中国未来的医学领导人才，从而为中国的医学与卫生事业和世界医学作出贡献。

协和护士学校实行严格的淘汰制，据1921年入学的王雅芳回忆，协和护校淘汰率很高，第一年考试不及格或被认为不适于从事护理工作的学生在第二年就会被淘汰。她入学时班里有8名学生，1925年毕业的时候只有5名。另据1945届毕业生李懿秀回忆，护校学生考试成绩75分才及格，65分以上的才有补考机会；65分以下或补考仍不及格的要重读；重读必须得到任课老师的许可，否则就要退学。更为严格的是，即使每门功课都及格了，但是期末各门课平均分数达不到80分也要被淘汰。[①] 在如此高标准要求下，学生们都很努力，平时下课后稍事休息就到图书馆学习，图书馆晚上10点钟闭馆，学生们还要带书本回宿舍继续学习。

协和护校教学管理也非常严格，特别是临床实践环节。学生们不但要仪表整洁、态度和蔼，还要有高度的责任心、高标准的工作质量，决不允许学生发生事故差错。凡给错药、打错针的学生要延期3—6个月毕业；学生如有对病人不关心、态度不好、护理不当的行为，就被视为不适于护理工作而被劝退。

学生在病房实习，要作个案研究。病人由指导教师选定，从病人入院后的护理到出院后的修养，从始至终要由指定学生负责到底。其间，

[①] 政协北京市委员会文史资料研究委员会：《话说老协和》，中国文史出版社1987年版，第206、233页。

学生要对病人作细致深入的了解，从性别、年龄、受教育程度、职业、性格、爱好、生活习惯、饮食、经济状况、居住条件、健康史、婚姻状况、家庭成员及相互关系、病程详细情况和医生的处治方案等，都要一一掌握。之后，在此基础上制订详细的护理计划，包括提出护理工作每一阶段的观察重点和护理要点；预估可能发生的情况和应对措施；知晓每项治疗用药的作用和副作用，并提出相应的治疗对策；还要给病人做好保健宣传教育和出院指导。更为难得的是，当患者出院家里没有休养条件的，还要帮助他们联系疗养院；需做家庭观察护理的，要把他们介绍给居住地卫生事务所地段公共卫生护士；有其他困难的，要联系协和医院社会服务部工作人员协助解决。① 这种管理方式，使得学生可以对护理工作有全面的掌握，锻炼了她们的思考能力，获得完整的护理概念。学生在临床实习中开始了解病人的个性、习惯，摸索他们的喜怒哀乐、忧虑烦恼，寻找他们生病的原因，观察疾病的发展和转归，认识到任何一个病人都是生活在不同环境里的有思想、有感情的活生生的人，从而避免了见病不见人的冷漠、呆板、肤浅等片面的医疗服务问题，最终做到知识（脑）、感情（心）、技巧（手）融合在一起，使护理工作既科学又充满了人道关怀，真正实现协和校训"科学济人道"（Science for Humanity）。

公共卫生护理实践作为协和护校最具特色的重要教学内容，其教育学风也非常严谨，学员要与公共卫生护士一样穿着统一的清洁整齐简朴的制服，每人配备一个访视医务皮包，皮包内的药物、器械用品均有明确规定，要按照规定保持完整。开展公共卫生访视前要对访视工作内容、要解决的个案问题进行周密的安排设计，访视后必须认真完成每日访视记录及工作统计。城市社区地段护理个案的收案、转案、消案、重开案都有表格记录，有专人负责管理。实习地公共卫生护理部门为了保证家庭护理质量，做到因人制宜，适应多样性的家庭环境，

---

① 政协北京市委员会文史资料研究委员会：《话说老协和》，中国文史出版社1987年版，第238页。

同时还要保证各项护理操作符合医学科学标准，制定了严格规范的技术操作规程，例如规定进行居民入户访视时，要用纸张将医务皮包及一切用具与被访人家的物件隔开，防止交叉感染；对传染病人访视时必须穿隔离衣；等等。①

当然，与严格管理相匹配，北京协和医学院办学条件在当时是世界一流的，不仅拥有中西合璧宫殿式的校园和专业图书、学术期刊收藏丰富的图书馆，协和校方还定期邀请知识界、科学界名人来校为师生做专门讲座，在学生和教职工中也有专门的学术研究团体，每周定期开展科学研讨活动，从而形成了极好的追求科学、勤于思考的校园文化氛围。

协和后勤设施与管理也极其完备。校内有独立的自来水装置，向全院供应经过净化和消毒的水，可以不经煮沸即饮用。并有热水管道，一年四季供应热水，且系统畅通，几十年没有发生断水、失修现象。学校还设有动力发电供热设备，供全院照明取暖之用。所有供热系统由专人负责，工程师定期检查，及时维修，保证全院日夜工作的顺利运行。为美化学校环境，协和建立了一个花房，聘请花匠管理，一年四季培育各种花卉、绿植摆放在门诊、病房、礼堂、庭院和学生宿舍，把这所宫殿式的校园装点得更加壮观、美丽。

护校师生和护士们都住在专门建筑的护士楼里，环境舒适、清洁、设备完善。夜班设有夜班卧房，有遮光和淋浴设备。每日有清洁员工负责铺床、打扫房间。护校师生的所有衣服都由洗衣房代洗、熨好送回。学校食堂也是每日三餐营养充足。学生患病，可以住学校配备的疗养室，有专人照顾；需要住院的，免费住院；患结核病的，有专门的休养室，可免费休养一年。

根据《协和护校校刊》刊登的图片，当时的学生宿舍条件即使在现今中国也足以令人羡慕，两人一间，房间宽敞，床铺整洁，窗明几净，安装了集中供暖的暖气，每人都有一个衣柜和书桌。据周美玉回忆：当

---

① 吴阶平、董炳琨：《协和育才之路》，中国协和医科大学出版社2001年版，第182—183页。

时协和护校"学校发给每人七套制服,每天换一套干净的,所以协和的学生是没有理由穿得邋里邋遢的,否则护理长会叫你回房去换。……学生的全部时间就只需要花在念书、实习上。饮食方面也相当好,……学校伙食都必须经过营养师计算,每人每餐四菜一汤,清洁卫生皆合乎标准,每年均有体格检查。总之,学校对学生的身体健康非常注意。心理卫生方面,我们有导师,学生有问题,可与导师谈,请他帮忙开导"[1]。如此校园环境足以保障协和师生能够全身心投入护理教育与临床工作。

协和护校学生毕业后,如果留校工作,待遇是较高的。例如,1927年聂毓禅毕业后在协和医院担任护士。当时协和医院向社会招聘的普通护士月薪为25元,而聂毓禅入职后就拿到了960元的年薪,合每月80元,次年就升到年薪1080元。1930年,她在北平第一卫生事务所担任卫生指导员时年薪达到了1200元。1939年1月,她升任协和护校副校长时年薪为3000元。根据协和护校毕业生林斯馨在1934年的调查统计,当时中国医院的护士长能拿到月薪60元的仅占17%。[2] 协和护校能培养出当时中国一流的护理人才,严格的管理与良好的待遇相辅相成是不可忽视的环节。

四 早期协和高等护理教育取得的主要历史成就

基于北京协和医学院精英教育原则和严格的淘汰制,协和护校早期毕业生人数并不多,1924年第一班毕业生仅曾宪章1人。据统计,协和护校自1924年至1952年共毕业学生28个班,总计263人。根据《协和护校校刊》记载,毕业生出路包括两类,一是从事医院服务,包括行政员、讲师、监督、领袖护士、护士;二是从事公共卫生服务,包括行政

---

[1] 张朋园:《周美玉先生访问记录》,台北:"中央"研究院近代史研究所1993年版,第10页。

[2] 林斯馨:《医院中之护病费用》,《中华护士报》1935年第4期。

员、监督、教员、学校护士、工厂护士、产科卫生指导员、卫生指导员。①

20世纪30年代以后，协和护校以其高标准、高水平的办学模式获得了国内外医学界的赞誉，1930年，国际联盟卫生组织与中国教育部、卫生部联合聘请哥本哈根大学医学教授Knud Faber来华考察中国医学教育。Faber教授调研了当时中国各所医学院校，于次年提交了调查报告，他在报告中称赞北京协和医学院毕业生是高水平的，并指出，协和护校办学虽然费用高昂，但是对培养护理带头人和护士长是非常有用的。②

抗日战争时期，协和护校毕业生积极参加了中国军事护理建设工作，其中以周美玉的贡献最为突出。她应中国红十字会救护总队队长林可胜先生的邀请，担任战时卫生人员训练所护理训练任务，成为中国军事护理事业的先驱开拓者。从1938年至1945年抗战胜利，由协和毕业生为骨干的战时卫生人员训练所，培养了大批战时中国急需的军事医护人才，先后训练医护人员达四万余人。1948年，协和复校后，护校毕业生陈琦在护校同学录中写道："回忆抗战期间有可逐述者二：（一）协和院校因环境关系不得继续，但护士学校在万分艰难中，仍于四川成都经聂毓禅同学主持下继续开办，护校之得屹然独立，实为医学院校今日复校之先导。（二）军队护士由周美玉同学冲破重重困难，适应国防需要，奠定军护基础。以上两端，不仅为母校增光，凡我校友亦与有荣焉。"③

中华人民共和国成立后，根据北京协和医学院校方统计，协和护校早期毕业生中，曾任中国各地医院副院长者10人，任医学院校护校校长或护理部主任者55人，任护理系主任者5人，任护校教员或医院各科护士长者46人，任各地区卫生局副局长、卫生所所长、防疫站站长、计划生育委员会主任、高校卫生保健组织负责人者18人。聂毓禅、林斯馨、

---

① 北京协和医学院护士学校：《协和护校校刊》，1941年。
② Knud Faber, *Report on Medical Schools of China*, League of Nations, 1931, p.3.
③ 北京协和医学院护士学校：《协和护校校刊》，1946年。

徐霭诸、林菊英先后担任过中华护理学会主任。

协和之历史成就，主要在于为我国医学界造就了一批杰出的"协和人"。"协和人"诞生于中华民族面对内忧外患必须做出生死抉择的社会历史环境之中。他们面对政局动荡，面对思想彷徨，面对重重困难，总是能够坚定不移地探索创造，取得具有基础性与里程碑式的成就。

我国的护理事业是中国医学体系中的薄弱环节，协和护校开我国高等护理教育与公共卫生护理之先河，适应当时医学发展与中国社会需要设置了护理本科课程，是当时中国唯一的高级护理教育机构，造就了一批具有良好文化教育水平和较高医疗保健知识的护理骨干，在中国护理界起到了尖兵和榜样作用。[①] 早期协和护校毕业生之中涌现了聂毓禅、王琇瑛、周美玉、陈路得、林菊英等杰出人物，王琇瑛是第一位获得南丁格尔奖的中国护士。她们对提高中国护理质量造福中国民众，促进中国护理学完善发展都作出了重大贡献。

这里特别要指出的是，毕业后从事城乡公共卫生护理工作的协和人，在中国基层医疗保健和预防医学与公共卫生领域作出了重要贡献。她们不仅为当地居民提供了在近代中国乃至是当今都未充分普及的高质量医疗保健服务，也对提高人民的预防保健意识发挥了重要的作用，如开展孕产妇及婴幼儿保健，降低了妇幼死亡率；开展城乡卫生知识教育，推行免疫接种，为防治天花、白喉、麻疹、猩红热、痢疾、结核病等在当时中国流行肆虐的传染性疾病，减少传染、降低合并症及死亡率作出了重大的贡献。

中华人民共和国成立后，协和护理教育走过一段弯路，1950年8月召开的第一届全国卫生会议制定了医学教育实行高、中、初级三级制的方针，强调以发展中级医学教育为主，护理教育被列入中级医学教育。自1952年起，大学本科水平的护理学校停止招生，1953年4月，协和护校停办，除毕业年级外，在校学生或者转到本校八年制医学专业就读，

---

① 吴阶平、董炳琨：《协和育才之路》，中国协和医科大学出版社2001年版，第186页。

或者到北京医学院继续学习。多年以后，聂毓禅先生在回忆录中写道："高级护校竟断送在我的手中，实为终身憾事"，但是她坚信"在全国人民的重视和支持下，我们自己的高级护理教育工作，一定会结合我国的实际情况和人民的需要，创造出优异的成绩。这也是我，一个老护理工作者最大的愿望"①。

此后，北京协和医院于1954年开办了中专护校，接续了协和早期高等护理教育的烛光，直至改革开放。其间，北京协和医院护校培养出来的毕业生，多数已经成为新中国护理界的骨干。1984年，中国协和医科大学（原北京协和医学院）成立高等护理教育筹备组，于1985年5月成立了护理系，恢复了护理本科教育。1995年，协和护理系改建为护理学院，2005年，北京协和医学院复名，协和护理学院也于该年开始招收培养护理学博士，继承了协和护校建立之初的高标准、高起点、高水平办学方针，为21世纪中国护理事业培养更多、更优质的护理骨干和领导人才。

---

① 政协北京市委员会文史资料研究委员会：《话说老协和》，中国文史出版社1987年版，第204页。

A Study of the Early History of PUMC Advanced Nursing Education

Wang Yong[*]

Abstract: In the past a hundred years of the history of PUMC advanced nursing education, from 1920 to 1953, the nursing school of PUMC provided an adequate of professional nurses of the highest type, which should be pay more attention in the history research of modern Chinese nursing training. In this period of PUMC medical education historical progress, the nursing school of PUMC accomplished educational and professional standards comparable to the best in Western schools, and had done great benefits to the development of Chinese modern medical science, in the fields of advanced nursing training, public health and military nursing. Although for the certain objects in the early history of PRC, PUMC nursing school was closed, but its advanced nursing education and talent training model should be doing more researches for the development of Chinese nursing education in the future.

Keywords: Nursing Education; PUMC; Early History

---

[*] Wang Yong, Chinese Academy of Medical Science-Peking Union Medical College, School of Humanity and Social Science.

中国著名生理学家林树模述论

朱素颖[*]

摘要：在中国现代生理学发展史上，林树模一直是一位举足轻重的人物。他生于1893年，曾就读于湘雅医学院、上海圣约翰大学、美国宾夕法尼亚大学和康奈尔大学，并在英国爱丁堡大学进修一年。先后在协和医学院、岭南大学医学院、贵阳卫生人员训练所、重庆中央医院、湘雅医学院、中山医学院等地工作。其科研成就主要集中在血液化学、物质代谢、消化生理、内分泌生理等方面，特别是用自己创建的方法测定了中国人自己的血液化学成分正常值和多种疾病患者的血液化学成分变化，改变了过去一直沿用外国人血液化学数值所造成的脱离本国实际的状况。此外，在教材编写与翻译、人才培养上，他同样作出杰出贡献。对其个人生命史进行研究，对补充和完善中国现代生理学学术谱系与彰显中国科学家精神具有重要意义。

关键词：林树模；生理学；成就

林树模是中国现代生理学奠基人林可胜的学生，为中国第一代生理学家，承林可胜余绪开创岭南现代生理学事业，对岭南生理学学术谱系的形成和发展贡献十分巨大、不可忽视。由于中国现代医学家个人生命史的研究仍处于起步阶段，关于林树模事迹和贡献的整理还十分缺乏，目前可见

---

[*] 作者简介：朱素颖，中山大学孙逸仙纪念医院助理研究员，博士。

的中山医学院生理教研室所撰《怀念林树模教授》①一文，仅对其生平及成就进行了简单总结概括，并未展开描述；1996年广东省政协文史资料委员会与中山医科大学合编了一本《医林群英——广东著名医学家传》，其中收录了姚愈忠、詹澄扬所著的《生理学家林树模教授》一文，该文较前作详细，分政治思想、科研和治学三部分进行介绍。另外，2010年中山大学实施知名教授的口述史采集工程，部分成果刊登于《中山大学校报》上，其中关于林树模的口述史名称为《为学精与专、为师严与爱——记著名生理学家林树模教授》②。其余为：广东广播电视台在2016年制作的纪录片《大医精诚之六：林树模——上下求索》③，其中部分材料可作为口述史史料使用，但大部分材料未脱离过往所见。本文拟利用中山大学档案馆所藏档案，综合其他文献材料，对林树模生平经历及成就贡献进行勘正补缺，以完善中国生理学学术谱系中的关键一环。

一　生活背景与个人经历

林树模，字竹筠，出生于1893年6月17日，籍贯湖北鄂城县林家畈村。七岁以前在家读私塾。1910年9月至1917年7月在武昌文华书院读中学，1917年9月至1920年7月在长沙湘雅医学院就读，1920年9月至1922年7月在上海圣约翰大学医学院就读，1922年9月至1925年3月至美国宾夕法尼亚州立大学和康奈尔大学就读，1925年7月至1929年6月任协和医学院内科助教，1926年担任第一届中国生理学会理事，1929年7月至1930年6月任协和医学院内科讲师，1930年7月至1931年7月任协和医学院生理科讲师，1931年9月至1932年7月任英国爱丁堡大学生理科研究员，1932年9月至1935年6月任协和医学院生理科讲师，1935年7月至1937年

---

① 中山医学院生理教研室：《怀念林树模教授》，《生理科学进展》（第14卷）1983年第4期。

② 刘李云、李卓怡：《为学精与专、为师严与爱——记著名生理学家林树模教授》，《中山大学校报》2010年10月8日。

③ 广东广播电视台：《大医精诚之六：林树模——上下求索》，https://www.iqiyi.com/w_19ru9l6vmh.html。

7月①任协和医学院生理科副教授，1937年8月至1938年10月任广州岭南大学医学院生理学教授，1938年11月至1942年2月任香港岭南大学医学院生理学教授，1942年4月至1944年7月任曲江岭南大学医学院生理学教授，1944年9月至1945年1月任贵阳卫生人员训练所生理科教员及一等军医正（上校）、军医科科长，1945年2月至1946年7月任重庆中央医院生化检验室主任，且从1945年3月始兼任湘雅医学院生理科教授，1946年8月至1952年7月任岭南大学医学院生理科教授。1950年加入广州市医务工会，曾任岭南大学医学院博济医院委员会副主席、业务工资委员会主任。1951年加入广州市中苏友好协会分会。1956年3月26日在华南医学院由党委书记龙世雄及院长柯麟介绍加入中国共产党。1966年2月始任中山医学院基础部主任。1980年，第一届广东省生理学会成立，林树模担任名誉理事长。曾任第一届广东省科协委员，第四届广东省政协委员。

林树模娶妻毛玉棠②，两人共生子女八人，依次为长女林传家③、长子林传骥④、次子林传骧⑤、次女林传申⑥、三女林传厚⑦、四女林舜华⑧、三

---

① 1937年7月7日晚10点，林树模携家乘火车离开北平，40分钟后卢沟桥事变爆发。2015年林树模三子林传骦向笔者口述，但笔者未见林树模在其个人自述的任何材料中提及此细节，林树模早于一年前接受了黄雯聘请，且做好一切准备，但有可能火车票时间定在"七七"事变后几天，笔者猜测是林传骦唯恐父亲背负沦陷期间的各种莫须有罪名刻意提前了时间。

② 职业为家庭妇女。

③ 中国儿童保健科奠基人之一，1942年毕业于岭南大学医学院，1956年加入中国共产党，历任中央妇幼保健实验院婴幼保健科主任、北京儿童医院保健科主任、北京市儿童保健所所长、北京市儿科研究所副所长、首都医科大学（原首都医学院）儿科教授。

④ 病理科医生，毕业于岭南大学医学院。一次与父亲争执后出走香港，在九龙医院病理科任职，后再转至加拿大。目前国内无资料留下，笔者亦就询问林树模其余子女，均不知下落。

⑤ 著名心血管内科学家、医学教育家。1943年毕业于岭南大学医学院，20世纪50年代初，在北京医学院第一附属医院创建心血管病实验室，开展心导管检查、心血管造影及心血管专业其他方面的研究工作。历任中华医学会内科学会理事、中华医学会心血管病学会常委、中国生物工程学会心脏起搏工程专业委员会顾问委员、中国介入心脏病学研究学会顾问委员、《中华内科杂志》副主编、《中华心血管病杂志》编委及编辑部顾问等职。

⑥ 曾任南京华东军区医院附设护士学校教员，后任中国人民解放军护士学校教员，曾主编出版《针灸学》。

⑦ 目前资料显示为曾为北京第七医院护士。

⑧ 曾任哈尔滨医科大学第一附属医院妇产科医生，后转至北京友谊医院任妇产科医生。

子林传骝[1]、五女林舜英[2]。

  林树模的家庭出身填写为地主。出生时祖父已逝，几年后父亲在汉口开布店的同乡商人吴玉山资助下参加科举，得中举人后，出任河南省扶沟县县令。上任后林树模舅父将林家妻小送至扶沟，林树模在那里接受了良好的士大夫教育，并培养了勤奋刻苦、追求上进的思想品质。1910年，因听说教会学校教育质量高，林父送林树模前往武昌文华书院学习。进了校门后林树模看见美丽的校园，深感激动。父亲对他说："这是最好的学校，你应该立志读书。"他从乡下进入城市，一切都感觉新鲜，但是校规不准出校门，因此林树模一直埋头苦读。文华书院当时的学生多是洋行买办和教授的子女，六年中学后，大部分同学去了海关邮政局或洋行工作，但是，林树模认为这都是极其普通的工作，中学生便可胜任，而将来工作前途只与人事有关，他想从事一个"不求人"的职业以作长远打算。因医生为当时收入和地位都较高的职业，个人自由度较大，不容易被威权左右，林树模便决定学医，考取了湘雅医学院。1922年他转到上海圣约翰大学医学院读完医学课程毕业后，因想进一步深造，便打算到美国留学。但是由于辛亥革命后父亲失业，积蓄用于还债和支付儿女学费，林树模便向妻子毛玉棠娘家（岳父为汉口另一布店商人）借债赴美。因为觉得自己读书时没有学好生物化学这门课，所以留美时他选择了在当时算作冷门的生物化学作为专业，希望回国后避开激烈竞争。到了美国后，美国的导师夸奖他说："中国医生来进修生物化学的很少"。这给了林树模极大的鼓励，认为自己没有选择错方向。在美国时，林树模学习了有机化学、物理化学、生物化学等科目，同时在生化检验室化验体液。赴美一年后，林树模遇见协和医学院耳鼻喉科医生刘瑞华，经他介绍到协和医学院纽约办事处兼职。因此，在1925年4月林树模便顺理成章到协和医学院担任内科助教。

  协和医学院的中美医生一向有矛盾，林树模不适应这种气氛，但由

---

[1] 中国著名核物理学家，师从中国核物理学奠基人之一的王淦昌，参与引爆中国第一颗原子弹。

[2] 北京农业机械化学院毕业后到农场工作，后因父母无人照料返回广州。

于子女众多，家庭负担重，只好留在协和。当时生理科主任林可胜在协和名望甚高，林树模加入他的团队进行胃代谢的研究后，深受林可胜赏识，便转到生理科任讲师。因要解决胃代谢的生化问题，1931年林可胜送林树模到自己的母校爱丁堡大学学习一年。1932年林树模回国，于1935年晋升为副教授。在协和医学院期间，林树模大部分论文都用英文发表在《中国生理学杂志》上。

二 岭南大学医学院期间

1936年，岭南大学医学院院长黄雯到协和医学院延请教员，黄雯首先会见了生化科主任吴宪[1]，吴宪推荐了一名生化科助教，但是由于这位助教只能任教有机化学而未获接纳。黄雯想要一位可以同时胜任生理科和生化科教授工作的科学家。此时林可胜推荐了林树模。林树模起初觉得岭南大学医学院缺乏协和医学院的先进设备，不愿就任。但是林可胜认为他来到岭南可以在岭南开创生理学，且可以自任主任，而在协和医学院则永远没有这样的机会。在林可胜的劝说下，1937年8月林树模到岭南大学医学院就任生理科教授兼主任，10月即开课，当中用了三个月时间布置实验室和准备教材，可见林树模对教学和科研工作相当重视。协和医学院一向高薪，林可胜又额外支付了六个月薪水给林树模作为差旅费，因此他得以从容准备。当时尽管日军屡屡轰炸，岭南大学医学院仍未停过一日课。其间，林树模出任岭南大学斐陶斐励学会会员和岭南大学助学委员会委员，当时岭南大学医学院合格线为七十分，合格者方可申请助学金。林树模的课深受学生欢迎，他把协和医学院所用的教材及在国外所学，毫无保留地传授给了学生。一位名叫陈玉辉[2]的女学生曾专门向林树模表示道谢，认为她过去从来没有听过这样生动的授课。听了学生的话，林树模大受鼓舞，工作热情高涨。

---

[1] 中国第一位诺贝尔奖提名者。
[2] 1941年随岭南大学医学院搬迁至曲江时患恶性疟疾殉职。

1938年10月日军逼近广州，林树模舍不下学生，决定随岭南大学师生迁往香港，借用香港大学开设夜校。此时因黄雯兼任广东省卫生厅厅长，需要前往韶关，在岭南大学校长李应林建议下，林树模暂代黄雯出任岭南大学医学院代理院长，与香港大学医学院负责人商量借用玛丽医院作为实习场所。这一年，林树模父亲在轰炸中身亡，大家庭财产遗失殆尽。1941年12月香港沦陷，由于交通不便，两个多月后林树模才与学生们一起经广州到韶关与黄雯会合，且在韶关曲江继续开办岭南大学医学院直到1944年夏。此时衡阳告急，岭南大学不得不在曲江疏散。因妻子毛玉棠患恶性疟疾在医院治疗，而长女林传家在重庆中央医院任小儿科医生，稍有好转后林树模便与妻小到贵阳，打算再转往后方重庆。路经图云关时，因协和医学院同袍柳安昌①劝说其留在图云关卫生人员训练所，而此时毛玉棠大病未愈，仍要休养，林树模因此留在图云关，直到1945年1月。1月份，林树模终于到达重庆，由卫生署署长金宝善介绍到重庆中央医院检验室工作，直到光复后接到协和医学院校友李廷安②邀请，回岭南大学医学院继续出掌生理科。在重庆时，林树模从中英科学合作社领出一批医书，1946年暑假带回广州，以备授课。1947年，国民党卫生署发出医师登记的通知，林树模亦申请登记，并取得医师资格证书。

1949年10月，中华人民共和国在北京成立，国民党在广州节节溃败，广州城内人心惶惶，谣言满天飞。已经厌倦了奔波、渴望安宁的林树模，认为"这回我不走了，共产党的军队也是中国人"，因此留在广州观望。1949年10月13日，林树模正在长堤的岭南大学医学院内工作，忽然听到海珠桥即将被炸毁的消息，他马上回到康乐园的住宅内躲避。当日下午四点海珠桥被炸毁，林树模担忧了整晚。第二日广州解放，他亦不敢出门。过了四五天，他收到消息说广州市面平安无事，也见到派

---

① 柳安昌，著名生理学家，1928年毕业于协和医学院，1949年随国防医学院迁至台湾，后任国防医学院生物物理学系主任兼生理系教授。

② 李廷安，著名公共卫生学家，1926年毕业于协和医学院，哈佛大学第一位取得公共卫生博士学位的中国人。1946年黄雯离职后接任岭南大学医学院院长。

来岭南大学护校的解放军军纪严明、态度和蔼，远远出乎他的意料之外，对新政权的好感油然而生。

广州解放后不久，岭南大学医学院改用人民币发薪，林树模等许多师生依旧换成原来使用的港币。但是1950年1月5日新政权发行了第一次"人民胜利折实公债"，他很快开始购买，并积极推动其他同事参与，显然内心慢慢接受了新政权。1950年，林树模带头改用中文授课，编写中文讲义。如何在新的意识形态指导下进行各类科学名词的重译、首译、统一与知识介绍，是一项极其艰巨的工作，但以林树模为首的岭南大学医学院教师们很快在短时间内完成各类讲义的新编。

三 图云关卫训所期间

贵阳图云关是抗战期间全国最大的战时医疗救护中心和军医培训基地，是中国红十字会救护总队部和战时人员训练所所在地，由林可胜建立并领导。

它的任务是：首先，办理短期调训班（简称学员班），专门训练从兵站、陆军医院、后方医院以及部队军医卫生单位调来受训的医务人员，提高业务水平，学员结业后仍各回原单位服务；其次，办理军医分期教育班（学生班），专门训练招致来的青年学生，施以两年基本卫生的前期教育后分派到部队服务一个时期，再回所继续两年军医业务的后期教育。

它的编制是：主任林可胜，副主任张先林。下设主任办公室，主任秘书高昌国（同上校），秘书詹汝嘉（同上校），教务处处长柳安昌（少将），军医科科长林树模（同上校），护理科科长周美玉（同上校），外科学组主任张先林（兼），内科学组主任周寿恺（同上校），卫生工程学组主任过祖源（同上校），扩验学组主任陈文贵（同上校），生物形态学组主任林绍文（同上校），生物化学学组代主任李冠华（同中校），解剖学组代主任梁序穆（同中校），放射学组主任荣独山（同上校），矫形外科中心主任屠开元（同上校），学生大队大队长相铮（上校），学员大队大队长王玉瓒（上校），卫生用具制备科主任胡会林（同上校），总务科科长陈裕廉（同中校）。另外还有汪犹春（同中校）与相天石（同上校）。

林树模在此担任第一任军医科科长，军衔是一等军医正（同上校），林绍文亦曾代理军医科科长。军医科的职权范围是：①审定学员、学生各班级的教育训练计划；②制定课程进度表；③安排学员实习；④学员、学生成绩双核；⑤检查学员、学生管理制度执行情况；⑥协助教务处处长召开有关教学会议；⑦关于教学所需器材统筹规划事项。

早在1939年下半年，林可胜到香港时，便委托林树模代图云关卫生人员训练所及红十字会救护总队合编的一套《卫生工作规程》（共六编），担任全部校对清稿工作，印好后内运至贵阳应用。1939年至1940年林树模在香港还给林可胜捐得一些卫生器材。林树模是林可胜的学生，两人师生情谊深厚，他得到林可胜重用是自然而然的事。在图云关，林树模除了担任军医科工作，还兼任教官。1939年下半年国民党开始在卫训所成立党组织，直属重庆军医署第九医党部领导，林可胜是负责人，他任命相铮为组织干事发展党员工作，办理分批集体入党，凡是集体入党的介绍人一律填写林可胜和相铮，集体入党的党证编号是军"竸"字，1940年曾经按各部门编党员小组。按照规定卫训所所有人都要加入国民党，但也许工作时间较短，卫训所里并没有林树模的入党记录[①]。

四　思想转变

新政权建立后，岭南大学师生开始学习社会发展史。开始时林树模抱着应付的态度，但是，很快岭南大学开始一系列新举措，争取高级知识分子对新政权的认可。1950年8月14日至9月4日，广东省文教厅举行"广州市公私立大专院校教师暑期研究会"，林树模奉命参加了会议，

---

① 据汪犹春亲笔提供，1969年4月28日于上海，林树模档案，中山大学档案馆藏，档案号MR21—001：158—160。此事据林树模回忆，他按照柳安昌的要求填写了履历表，但是没有领到任何国民党员证件，也没有缴纳过党费，林树模档案，中山大学档案馆藏，档案号MR21—001：无页码。

在会上学习了土地改革问题、辩证唯物论和历史唯物论,反对美帝侵略和保卫世界和平等思想政治课程。学习之前他认为"耕者有其田"的政策是应该的,但是不应该把地主都当作恶霸来斗争。学习之后,他认识到"土改"是阶级斗争,只有认清地主是农民的敌人,农民才能真正站起来,才能提高生产力适应现阶段国家的需要。此时,林树模在刘国兴的介绍下参加广州市医务工会,并被选为岭南大学医学院博济医院委员会委员。在这些学习、工作以及各项群众游行和时事报告中,林树模渐渐接受了新政权。1950年6月25日,朝鲜战争爆发,林树模担心战火又起,捐献了147万元①。在抗美援朝、"三反"、"五反"等运动中,林树模率先完成了思想改造。他是岭南大学医学院知名教授中资历最老者,也拥有相当的话语势力,他对中国共产党的拥护起了突出的带头作用。

1952年11月,林树模出席中南区高等医学教育会议,参观了河南医学院,并参加自查课、实际课程讨论等教学环节,汲取和学习他们的教学经验,对如何向苏联学习、进行教学改革,有了更加深刻的认识。1953年春,应中南同济医学院的邀请,林树模前去教授生理学课程四个月余,实地了解了同济的教学改革情况。同年8月去北京参加中央卫生部举办的巴甫洛夫学说学习会。当时,对这次会议评价非常高:这次会议是中国生理学史上的一件大事,标志着中国生理学界进入了一个新的时期,明确提出了以巴甫洛夫学说作为今后生理学科工作的指导思想。会后该学说委员会拟定了高等学校生理学教学大纲草案,力求贯彻巴甫洛夫的神经论思想和反射学说。② 在今天看来,这些评语都是缺少科学依据的。

经过这一系列的观察和学习,特别是对巴甫洛夫学说的学习,林树模认为自己得到新政权的重视和关怀,并对自己的政治水平和业务水平得到提升而自得。在学习巴甫洛夫学说的过程中,苏联专家亚历山大罗

---

① 此币值为中国发行的第一套人民币币值,折合第二套人民币1.47万元,第一套人民币使用时间从1948年12月1日至1955年5月10日第二套人民币使用时间从1955年3月1日至1998年12月31日。

② 吴襄:《生理学大纲》,高等教育出版社1956年版,第273—279页。

夫做了四场报告①，并热情洋溢地参加了学习讨论，仔细解答中国学者的疑问。林树模当时对此感到满意，实际上巴甫洛夫学说片面强调神经的作用，忽视了内分泌、体液调节的影响②，给观察分析问题带来极大的局限③。这对一位从英美接受教育的生理学家而言，从根本上理解和接受巴甫洛夫学说是一件极为困难的事④。但是当时林树模改变了自己的态度，认为"苏联专家大公无私，鼓舞了我学习的信心，这是共产党人真正为人民服务的表现，也是我过去几十年没有见过的"。在阅读了巴甫洛夫《给青年的一封信》之后，林树模写下了读后感："在我读到巴甫洛夫给青年的一封信的最后一段时，他说：'关于我国一个青年科学家的地位还有什么可说的呢？那是非常清楚的。给予他的很多，但要求于他也很多。不辜负我们的祖国所寄托于科学的那些伟大的希望，是青年们的光荣，也是我们大家的光荣。'再回头想我过去的丑恶行为，又想到解放以来我们的党和人民政府对于知识分子的团结和关怀的精神，不能不使我感到惭愧。我还有什么理由不好好地进行自我改造成为人民的勤务员呢？"从读后感中，可以看出他当时真心实意地在思想上改变自己，向新政权靠拢。

从武汉回来后，林树模即着手准备推动巴甫洛夫学说的学习，将巴甫洛夫学说编进教材中，重新编写讲义。随后，中央卫生部委托华南医学院编写生理学教学大纲，林树模于1955年1月启程前往北京参加卫生部召开的全国教学大纲审订会议，与苏联专家共同研究制定了新的生理学教学大纲。林树模深感自己得到重用，觉得肩上责任重大。3月，他在《华南医学院院刊》上发表了一篇热情洋溢的散文《科学、和平、民

---

① 赵以炳：《十年来巴甫洛夫学说在我国的成就》，《生理学通报》1959年10月号，第468页。

② 2020年12月30日上午9点9分，中山医科大学原校长、著名生理学家卢光启在微信上回复笔者提问。

③ 2020年12月30日中午12点29分，国家级名师、著名生理学家王庭槐在微信上回复笔者提问。

④ 巴甫洛夫高级神经活动学说影响极为深远，其最大的弊端在于被利用作为苏联与中国推行"血统论""出身论"的科学基础。

主的战士——巴甫洛夫》①，简单介绍了他的生平事迹，高度评价了他的成就贡献。12月底他又在《华南医学院院刊》上发表一篇关于深入学习苏联专家的报告体会的文章《加紧学习，迎头赶上》②，文中提到了当年的苏联医学科学代表团来广州访问的事件，认为这给了他一个空前的学习苏联先进医学科学经验的好机会，来访的苏联生理学专家克瓦索夫《"分析器"（感觉器官）和肌肉与简单定向反射问题的分析》的报告内容是世界学术上的新成就，是对巴甫洛夫学说的进一步发展。

1956年3月4日，在正式加入中国共产党前夕，林树模已经几乎全盘接受了学习苏联先进经验、进行教学改革的指令③。在所有从旧时代过来的高级知识分子当中，他是第一位加入中国共产党的岭南大学医学院教授。1956年4月4日，他在《华南医学院院刊》上发表文章《为共产主义的伟大事业贡献出自己的一切》④，文章里说："我就更明确认识到解放前科学是和人民生活脱节的，现在共产党领导全国人民向科学进军，指出发展科学的正确方向，科学必须为人民的利益而服务。作为一个医务工作者的我，在医学科学中为人民的卫生事业做得太少了。党中央在全国农业发展纲要内提出在七年内基本消灭危害人民最严重的疾病，更使我激动。社会主义的建设事业是一个整体的事业，农业发展纲要不仅是'全国农民和农业工作者的奋斗目标'，而且和卫生工作者有密切的关系。例如纲要中规划消灭疾病，保护妇女儿童，这都是我们的任务。国家建设的迅速发展必然地要求我们培养足够的、优秀的医务人员，以适应这种新形势的卫生建设的需要。作为一个共产党员，我要很好地锻炼自己、克服缺点、贯彻党的政策、服从党的领导，在国家的文化卫生事业总的规划下，努力进行科学研究，提高教学质量，积极培养新生力

---

① 林树模：《科学、和平、民主的战士——巴甫洛夫》，《华南医学院院刊》1955年3月1日第2版。

② 林树模：《加紧学习，迎头赶上》，《华南医学院院刊》1955年12月21日。

③ 《自传》，1956年3月4日，林树模档案，中山大学档案馆藏，档案号MR21—001：54—58。

④ 《生理学教研组教授兼主任林树模 为共产主义的伟大事业贡献出自己的一切》，《华南医学院院刊》1956年4月4日。

量，为共产主义的伟大事业，毫无保留地献出自己的一切。"

加入中国共产党后，林树模也成为中山医学院党委成员。他努力按照"又红又专"的标准要求自己，落实党委会议精神，在生理学教研室里建立党组织，依靠党组织来解决生理学教研室的具体问题和任务，从来没有缺席过党组织生活和缴交党费。这给他的同事留下极其深刻的印象①。

五 科研成就

林树模在生理学上的贡献极为卓越。笔者整理论文列表如下：

表1　　　　　　　　　林树模生理学论文

序号	作者	论文题目	杂志名称/发行单位	发表年、期数
1	林树模	《身体脂肪之来源》	《美国生物化学杂志》	1925，64
2	林树模	《脑脊液蛋白质之测定——斑疹伤寒病者脑脊液蛋白质浓度之升高》	《美国生物化学杂志》	1926，69
3	林树模	《因摇动而起的蛋白质凝固作用》	《中国生理学杂志》	1927，1
4	林树模	《鸡蛋白质与共蛋白质之分别》	《中国生理学杂志》	1927，1
5	林树模	《用比色法以测定血浆、脑脊液与尿中之蛋白质之法》	《中国生理学杂志》	1927，1
6	林树模	《康健之中国人血中化质成分之研究》	《中国生理学杂志》	1928，1
7	林树模	《大脑垂体与尿中盐类成分之关系》	《中国生理学杂志》	1928，2
8	林树模	《检查血中化质成分对于诊断及治疗之价值》	《中华医学杂志》	1928，14

① 2009年7月4日，刘李云、陈满意在中山大学北校区外宾接待室采访林树模助教陈助华，陈助华口述。

续表

序号	作者	论文题目	杂志名称/发行单位	发表年、期数
9	林树模	《患黑热病人血清中蛋白质之分配》	《美国实验生物和内科学杂志》	1930，27
10	林树模	《营养不足时血清蛋白质之变化》	《中国生理学杂志》	1931，5
11	林树模	《食品内油质之增建与血中脂肪质之关系》	《中国生理学杂志》	1931，5
12	林树模	《营养不良性水肿、血清蛋白质与水肿发生之关系及几种无机盐对于水肿之影响》	《美国临床研究杂志》	1931，10
13	林树模	《脂肪制止胃分泌之机制——肠黏膜所含之胃分泌素》	《中国生理学杂志》	1932，6
14	林树模	《肠黏膜素内之血压抑制质——胃制止素之制纯》	《中国生理学杂志》	1934，8
15	林树模	《胰腺细胞分泌之碳酸氢钠及氯化钠之浓度》	《中国生理学杂志》	1936，10
16	林树模	《门静脉吸收脂肪之问题》	《中国生理学杂志》	1937，12
17	SCHMORL M. LING	"A Comparison of Different Urease Preparations in the Determination of Urea"	The Society for Experimental Biology and Medicine	1925，23（3）
18	SCHMORL M. LING	"Is Uricase Present in Soy Beans?"	The Society for Experimental Biology and Medicine	1927，24（7）
19	SCHMORL M. LING and SHIH-HAO LIU	"Studies on Plasma Lipoids. I. Fatty acids of Blood Plasma in Diabetes and Nephrosis"	Chinese Journal of Physiology	1928，11（2）
20	沈隽淇、林树模	《鸭之呼吸率与填喂之关系》	《中华医学杂志》	1934，4
21	林可胜、林树模、柳安昌	《肠黏膜素内之血压抑制质54》	《中华医学杂志》	1934，4
22	林可胜、林树模、柳安昌	《胰脏内之胃制止素》	《中华医学杂志》	1934，4
23	林树模、沈隽淇	《鸭之淀粉质代谢》	《中华医学杂志》	1934，4

续表

序号	作者	论文题目	杂志名称/发行单位	发表年、期数
24	林树模	《对于胃分泌之新知识》	《孙逸仙博士医学院月刊》	1938，1（1）
25	卢光启、温燕昌、林树模	《假饲对海登汉氏及毕克尔氏小胃分泌的影响》	《生理学报》	1958，22（3）
26	林树模、陈毓槐、詹澄扬	《胃幽门部在胃小弯酸性胃液作用下对胃大弯海氏小胃分泌的影响》	《中国生理科学会学术会议会议论文》	1964，8
27	林树模	《定量化验体液法》	协和医学院生理学系发行．京华印书局	1931
28	林树模、陈培熹	《生理学实验》	广州私立岭南大学孙逸仙纪念医学院生理学科	1950
29	林树模、陈志毅	《生物化学实验》	广州私立岭南大学孙逸仙纪念医学院生理学科	1950、1951
30	林树模	《对于生理学教授法之我见》	《医育》	1937，2（9）
31	林树模、朱纪勋	《正常人体生物学教材及教法之商榷》	《医育》	1941，5（2）

  前16篇文章均以英文写就，笔者根据林树模本人于1955年所译而摘录，在中文译名中可以看见1955年时中国的生理学名词已经基本固定，并沿用至今。另有英文论文三篇，因林树模漏列在成果表中，因而没有中文译名[①]。除了英文论著，林树模还发表过系列中文论文，主要集中在《中华医学杂志（上海）》上，而1953年后，由于确立了向苏联学习的教育方针，中国高等教育的工作重点开始转向以教学为主。因此，1953年后林树模的科研工作成果不多，笔者目前仅查到两篇以中文发表的文章。

  这一系列文章主要集中在血液化学、物质代谢、消化生理、内分泌生理等方面。在血液化学方面，首先建立了分标本血液测定胆固醇的方

---

① 这三篇英文文献，均得自协和医学院内分泌内科李乃适教授，特此致谢！

法，改进了血液、脑脊液的尿蛋白测定方法，特别是用自己创建的方法测定了中国人自己的血液化学成分正常值和多种疾病患者的血液化学成分变化，填补了这方面的空白，改变了过去一直沿用外国人血液化学数值所造成的脱离本国实际的状况，从而提高了临床诊断的准确性。在此基础上，1931年他在协和医学院编写了《定量化验体液法》，这是中国第一本血液生化的检验手册，"序言"中写道："关于细菌及寄生虫之检查法，译书颇多；但定量化验体液各法，国文部帙，尚觉阙如。编者有鉴于此，乃搜集各家化验体液之法，编译斯册。

卷中所译各法，曾在北平协和医学院试验室，详细试验，应用多年，深知其可靠，故敢为介绍……本书名词，皆根据科学名词审查会所审定者，并附注原文，以便对照。名词尚未经审定者，则斟酌译音译意，其不适用及错误之处，在所难免。"可见他此时已经非常关注生理学名词的翻译与统一问题。

在物质代谢方面，林树模对身体脂肪的来源、食物脂肪对血脂分布的影响、糖尿病人及肾病患者血浆脂肪酸饱和度的变化等课题上进行了卓有成效的研究，也为营养性水肿与血清蛋白质的关系、无机盐对水肿的影响等课题提供了重要的资料。他比较了自食鸭与填喂鸭碳水化合物的代谢，对人工填喂鸭进行了详细的气体代谢与呼吸商测定。

在消化生理方面，林树模提出了胰腺细胞分泌碳酸氢钠和氯化钠的浓度有一定的比例，胰液分泌量及阳离子总量有一定比例；还提出胃液中含磷的脂类由泌酶细胞排出，与线粒体有关，而不含磷的脂类由泌酸细胞排出，与高尔基氏器有关的观点。1929—1934年在林可胜的领导下，他参与了进食脂肪可抑制移植小胃分泌和运动的研究。1930年林可胜发现并命名了一项假想的激素——肠抑胃素。这是中国人发现的第一个激素，尽管它至今仍未被提纯，但无疑是存在的。这一发现被全世界公认为是一项经典工作[①]。提纯工作方面林树模进行过不少探索，也探

---

① 王志均：《既开风气又为师——林可胜先生传》，《中国生理学史》，北京医科大学、中国协和医科大学联合出版社1993年版；转引自曹育《中国现代生理学奠基人林可胜博士》，《中国科技史料》1998年第19卷第1期。

讨了胃黏膜的胶氨基硫。

在内分泌生理方面，林树模研究了脑垂体与尿无机磷、硫，及氯化物排出的关系，甲状腺与血清蛋白的关系。

著作方面，1950年以后，林树模编写了《生理学实验》与《生物化学实验》（上、下）两套中文教材，由岭南大学医学院出版，供学生使用。《生理学实验》分为十三章，分别为：绪论、肌肉之收缩、神经之传导、反射作用、血液生理、血液循环生理、呼吸生理、消化生理、代谢作用、排泄生理、内分泌生理、感觉生理和附录（生理学实验室、生理学实验应备之器械、生理学实验应备之药品、解剖哺乳动物及消毒手术应备之器械）。他在《前言》中提到编著这本书的目的："本书之实验，乃按本实验室之设备情形，由各方采取，经多次修改，颇适合医学院学生之需要，所有实验之编排，均按系统配合讲授之题目，以求理论与实习互相联系，并加插图，使学生易于了解实验手续，而节省时间。"

除了科研工作外，林树模还相当重视科普工作，堪为今日医学科普之先驱。1957年他专门写作了一本18页的科普小书《人体的新陈代谢机能》，以为大众读物。在书里他简明扼要介绍了蛋白质、糖、脂肪、盐类、水等在体内的代谢过程，分别作了叙述，并说明了它们之间互相的转化、影响，以及神经系统对新陈代谢的调节机能。他认为"人身体内的组织物质不断地和周围环境中的物质进行着交换，在交换的过程里，一方面，人靠外来物质更新自己的组织、建造自己的组织；另一方面，人还要在这过程中获得生活中所必需的能力并排除废物"。这是一个复杂的生理活动，因此要让高中以上的学生、中学教师以及初、中级医务干部在学习和工作中认识到这一过程，提高大众科学素养。

六　教学成就

林树模对教学工作一直有独到见解。1937年他在《医育》该刊上发表文章《对于生理学教授法之我见》。对于生理学的教学，他详细介绍了自己的做法：

"教师授课，按应有之时间，（讲授约六十小时，实习约一百八十小时）。将生理学顺序分为无数小暇。最好每小时能讲一题，若遇大题，可分数小时讲授，总要在所定时期，将全部讲毕。凡讲一题，应提纲挈领，一步一步解释明白。如能用图表示，则更清楚。因用图讲解，能使一器官之组织，对其工作之反应，并与邻近机件之关系，一目了然故也。倘遇难透彻之处，不妨设譬喻，或选最显明之试验结果，以了解之。务必使听者觉得豁然贯通，似乎将各条理论，在实习时间逐一证明之。此种实习，应与届时所讲之题相同，并应由学生自主做去，使其练习手术，教师不过间时指导而已。如是，则初学者有机会亲见身体各部机件工作之精细，将来临症时，庶易于悟解。至于最难题目，教师可在示教室作一表演，使学生对于讲授之理，信而有征也。

"学生进修，既知生理学可以实地观察，学生每逢听讲后，即应至实习室，将教师所讲各节，在人身上，或犬、猫、兔、鼠等动物身上，逐一试验，以证明之。生理学之真理，固由动物身上研究得来，而学生对于所用动物，应当爱惜，切不可徒然牺牲一切动物之性命，而一无所为，凡暴殄天物者，人人所不容也。若遇试验结果不确时，宜立刻查明所用手术，有无失当，然后再做。课毕，复将所得结果，在自修时切实研究，苟有不明了之处，再在课外时间，与教师讨论，务必求其所以然，方达目的也。要知生理学能研究尽善，则疾病所生之各种变常形态，逐无从推想其原因，而诊断治疗亦因之欠正确适当，若此时为亡羊补牢计，不若在学习时考察清晰之为愈也。"

从中可以看出，林树模非常重视学生的自学与实践，强调实验伦理，强调医学人文，今天看来在生命观上依旧远远领先于后人。对教学方法和教学时长，他也作了具体要求，以保证教学质量。文末，他还对当时一句谚语"学生怕过考"作了辩证分析，认为学生考试挂科原因有二：一是老师教得好，学生没学好，这种情况学生不能怪老师；二是老师没教好，所以学生学不好，这种情况老师不能怪学生。他进一步说，考试不过是表面文章，并不能完全考查出学生的实际能力，不能按照卷面分数来决定学生去留。老师应该注重学生的技术和思想水平，性情是否精细稳重，思维是否别出心裁，才是医学人才选拔的要旨。这种有教无类的教学观既继承了传统儒家教育也融合了欧美精英教育思想，但是对实际动手能力的考察需要大量教师力量，远没有书面考察简单便捷，未必适应扩大招生规模的要求。结语中的林树模相当谦逊和辽阔，"教师与学生，不过先觉后觉之分，而同是一学生，不宜有隔阂，应互相切磋琢磨，共求深造，庶乎生理学之真理，可多得一线之光明，而人民亦多享一线之幸福也矣"。为水深火热之中的中国人民谋取光明和幸福，是当时民族知识分子的普遍追求与渴望，即使在学术论文中，林树模亦作如此肺腑，可以作为管窥知识分子心态的一扇窗口，也可以成为1949年后他积极主动加入中国共产党、年岁老迈却最迅速接受新政权的思想注脚。

1941年林树模和同袍朱纪勋在《医育》上发表《正常人体生物学教材及教法之商榷》，文章对生物学教学中存在的问题一一进行分析，并提出改进措施，务使生物学与其他学科联系紧密、统一，避免课程重复，方便学生记忆，为下一环节的学习打好扎实基础，文末附上了详细的教材分配简表，共分人体构造之基础、人体之来源、人体组织之研究、人体系统之研究四个部分，三个学期教完。

岭南大学实行全程导师制，1940年的岭南大学医学院共4位教师、75位学生。林树模是岭南大学所有教师当中带教学生最多的，当年他一共带了20位。名单如下：区宝祥、陈慕贞、陈寿铿、陈淑慈、陈瑞珠、陈德广、周爵潭、徐钜章、柯公可、叶承爵、叶承林、甘尚权、黎兰芳、林广深、林道楷、梁贵尚、李绍胜、梁筱羽、凌万鹏、吴楚安①。20名学生是极大的工作量，何况于战乱之中。林树模以坚毅和热忱继续工作，当中许多学生后来成长为著名医学家。

1953年后，林树模的工作重心依旧在生理学的教学上。此时，由于陈心陶邀请，1950年许天禄从美国接回了许鹏程、龚兰真夫妇，许鹏程

---

① 《导师学生姓名分组表》，《岭南大学校报》1940年10月21日。

出任生化教研室主任，林树模不再兼任。1950年，他印刷了《生理学实验》[①]一书，在《前言》中他写道：

"生理学乃基础医学中之重要科目，内容无限丰富，非坚持不懈努力，锐意钻研，不易把握其具体真理而心领神会。因此，要实际贯彻，必须认真思考，反复追究，分析事物，处理问题，经过精密之咀嚼与消化后，方能彻底理解，应用自如。

"余授生理学约二十年，规定讲授与实验配合，由浅入深，自易到难，循序渐进，以求逐步证明理论之真确。可能范围内尽量灌输临床应用知识，采用人体实验，以求与临床科目密切联系。不能时则代以动物实验，以启发学生之思想，及训练其手技。普通实验由学生个别自行操作，大规模实验四人或六人分组举行，最复杂实验则采用示教方法，务求学生不致空谈理论。实验完毕后，经过小组讨论，交换各人意见，解释结果与理想不符之疑难，然后由学生各自写实验报告，叙述实验经过，分析结果，加以讨论，引出结论，交由教员改正。"

这里可以看出林树模非常重视实验课，关于实验课的教学方法和要求，提出了比1937年更为具体的要求。从一开始要求学生学会自学，到这时明确提出培养学生独立工作能力。他的学术论文大部分用浅显文言文写成，这一方面是1949年前学术期刊的要求，另一方面也是因为他的白话文可能不算好，这是幼时熟习四书五经的结果。这种知识结构，显然与他的学生差别甚大。在中华人民共和国成立后的历次运动中，他不得不长期接受学生们对他的思想改造直到"文化大革命"过后。之后的学生虽然已经有机会绕过20世纪五六十年代培养起来的教师，直接师承于民国时期知识分子，但遗憾的是林树模1982年因病逝世，时代并没有继续给予他大展拳脚的机会。除了本科生和研究生，林树模还培养了相当数量的进修生，但是没有具体数

---

① 林树模、陈培熹：《生理学实验》，广州私立岭南大学孙逸仙纪念医学院生理学科，1950年，前言。

字留下。

还需特别提到的是林树模的婚姻,在中山医学院所有的知名教授当中,林树模的妻子毛玉棠是最没存在感的一位。除了一个姓名,她几乎没有任何信息留下。林树模的儿女、学生与同事,似乎都没有打算在林树模的生活中为她留下一席之地。目前仅有林树模的幺女林舜英的一点回忆:

"年轻时,林树模奉父母之命在乡下娶妻,妻子是个缠着小脚的'旧式妇女',而林树模从不曾表示过丝毫的嫌弃。要求夫妻一起出席的场合,他都坦然带着妻子。林舜英说自己年轻时比较调皮,学校的老同志就教育她说:'你应该向你爸爸学习,看你爸爸多忠厚,每次工会发票看电影,你父亲都是牵着你母亲的手慢慢地从家里走到电影院去,而且在整个放映过程中,他们的手一直都是牵着的。'当时,另娶新妻的风气在留洋回来的人士中比较普遍,林树模不少同学就如此,而他与这位乡下发妻却相伴到老,终身体恤。"①

在这单薄的一鳞半爪中,毛玉棠留下一个贤妻良母式的剪影:小脚妇女,出身于民族资产阶级(其父在汉口开设纺纱厂,可能是从世族地主或缙绅地主转变为工商业者),受过私塾教育(可能仅粗通文墨,亦可能精于古诗词,不过出于传统的守拙而无人知晓),接受包办婚姻,以生儿育女、传宗接代、相夫教子为终身职业。这与陈耀真之妻毛文书、钟世藩之妻廖月琴、许天禄之妻许汉光等一大批在个人事业上极尽辉煌的民国时期新女性形象大相径庭。从婚恋观中可以阅读到林树模的人生观,这未尝不是新文化下恪守旧道德的结果。而对新文化与旧道德的理解与阅读中,可以想见林树模的个人品行,同样可以观照一位以自然科学为学术基础的医学精英的人文修养,为我们进一步探索现代医学精英的心灵世界打开一扇宽阔的窗口。这方面尚有待我们解读更多的材料,作进一步研究和探讨。

---

① 刘李云、李卓怡:《为学精与专、为师严与爱——记著名生理学家林树模教授》,《中山大学校报》2010 年 10 月 8 日。

七 结 语

从林树模的学习和工作经历中，我们可以看到一位现代医学精英动荡的生活轨迹和剧烈变化的心路历程。他们当初设想的保持独立、自由的科学工作者立场，受到现实政治的强烈挤压。而在新旧政权更迭中，林树模的心态和生存策略也适时作出积极的调整，并且及时适应。这种在理想与现实之间保持的必要的张力，使他能相对平稳地度过历次运动。在中山医学院所有的一级教授档案材料中，林树模是最完整的一位。笔者所见的交代材料，仅有1952年"忠诚老实运动"中的一份，交代的都是一般性事务。另外，在林树模的专业选择上，我们也能看到一门学科的文化如何崛起、如何发展，这给我们看待如今层出不穷的交叉学科和边缘学科提供了更多的参考与乐观期待。

Schmorl M. Ling, A Famous Physiologist in China

Zhu Suying *

Abstract: Schmorl M. Ling had always been an important figure in the history of modern physiology in China. He was born in 1893, studied in Hsiang-Ya Medical College, St. John's University, University of Pennsylvania and Cornell University, and studied in the University of Edinburgh for one year. He has successively worked in Peking Union Medical College, Medical College of Lingnan University, Emergency Medical Service training school, Chungking central hospital, Hsiang-Ya Medical College, Zhongshan school of Medicine, etc. His achievements mainly focused on blood chemistry, material metabolism, digestive physiology, endocrine physiology, etc. He has used his own method to determine the normal value of blood chemical composition and various diseases of Chinese people, changed the situation which was divorced from the reality of the country caused by the use of foreign blood chemical values in the past. In addition, he also made outstanding contributions to textbook compilation, translation and personnel training. Therefore, the study of his personal life history is of great significance to supplement and improve the academic pedigree of modern physiology and to highlight the spirit of Chinese scientists.

Keywords: Schmorl M. Ling; Physiology; Achievements

---

* Zhu Suying, Sun Yat-sen Memorial Hospital, Sun Yat-sen University.

20世纪美国公共卫生学家塞缪尔·克拉宾及其贡献

夏媛媛[*]

摘要：20世纪初美国的公共卫生状况并没有随着细菌学的发展而发生显著改变，人们的卫生习惯和生活环境仍较糟糕，特别在美国西部较贫困地区更是如此。公共卫生学家塞缪尔·克拉宾通过独特的健康教育手段，改进了当地的水及食品卫生状况并推动了相关的立法工作，成为全美国效仿的榜样。同时他还通过同样的策略，在与传染病的斗争中取得了胜利。他还积极推动生命统计工作，努力改善儿童的健康状况。回顾克拉宾医生的生平及贡献，可以为当代的公共卫生策略提供历史的借鉴。

关键词：公共卫生；美国；塞缪尔·克拉宾；食品卫生；传染病

20世纪初的美国，一方面细菌学的地位日益增长，为国家和地方政府控制疾病的努力提供了新的合法性；另一方面随地吐痰的习惯却依旧存在，使用公用饮水杯和毛巾的做法非常普遍，对于传播细菌的苍蝇和蚊子视若无睹，在溪水中倾倒污水的现象随处可见。政治家和市政官员们在建设卫生基础设施以及在民众中推广健康习惯方面的责任，也是断

---

[*] 作者简介：夏媛媛，江苏南京人，南京医科大学副教授，博士，研究方向为医学人文史。

断续续而不均衡的。① 直到塞缪尔·克拉宾（Samuel J. Crumbine）医生教育公众认识生活周围存在的危险，教导他们隔离诸如结核病或霍乱等致命疾病的必要性，并在流行病暴发时采取预防措施时；直到克拉宾和他的同事们建立了一个比当时所采用的措施更加有效的公共卫生系统来传播科学进步信息时，情况才有所改变。克拉宾和他的公共卫生成果不应该从公共卫生运动的史册中消失。

一 塞缪尔·克拉宾的生平简介

1862年9月17日，塞缪尔·克拉宾出生于宾夕法尼亚州韦南戈县（Venango）埃姆伦顿市的一个小木屋里。他的父亲塞缪尔·雅各布（Samuel Jacob）是联盟军第101步兵团第14连的第一级中士，被南方军队俘虏后关押在弗吉尼亚州里士满的利比监狱，在他出生前一个月死于监狱里。克拉宾人生的前8年，主要是由他的祖母马尔（Mull）抚养长大。② 1869—1878年他在埃姆伦顿市以西大约30英里的梅塞寄宿学校上学，这所学校最初是为了教育被杀害的美国内战士兵所留下的贫困儿童而建立的。从梅塞学校毕业后，他在附近的菲利普斯医生经营的舒格·格罗夫（Sugar Grove）药店里找到了一份工作。3年后，克拉宾获得了在辛辛那提医学与外科学院在解剖学教授W. E. 刘易斯医生指导下学习的机会。直到1889年，他才从辛辛那提医学与外科学院获得医学学位。③ 毕业后，克拉宾搬到西部，在堪萨斯州的道奇市开设了自己的医疗诊所。在此期间，他还担任了两届县验尸官。1890年9月17日他与凯瑟琳·祖尔舍（Katherine Zuercher）结婚。他的儿子沃伦·杰伊（Warren Jay）和他的女儿维奥莉特·露丝（Violet Ruth）分别出生于1892年1月29日和

---

① James Colgrove Book Reviews, "From Snake Oil to Medicine: Pioneering Public Health", *The Journal of American History*, March 2008, pp. 293 – 1294.

② Martin Kaufman, Stuart Galishoff, and Todd L. Savitt (eds.), *Dictionary of American Medical Biography*, Vol. I (Westport, CT: Greenwood Press, 1984), p. 168.

③ Samuel J. Crumbine, Frontier Doctor (Philadelphia: Dorrance & Company, 1948), p. 18.

1896年3月5日。① 1899年克拉宾被任命为堪萨斯州卫生委员会委员。1904年，他搬到托皮卡，开始担任州卫生委员会秘书和执行干事。1908年，克拉宾被任命为美国食品和药品管理局（FDA）的检查员。② 1911—1918年，他还担任了堪萨斯大学医学院的院长。1923—1935年，他领导了美国儿童卫生协会的公共关系处。他还担任过美国药品和食品官员协会（Association of Drug and Food Officials）和州卫生委员会会议（Conference of State and Provincial board of Health）主席。③ 1954年7月12日克拉宾死于肺炎，享年91岁。为了纪念他，1954年美国设立了克拉宾消费者保护奖，并于1955年首次颁发。

二 在水与食品安全领域的贡献

在克拉宾医生众多的兴趣中，水卫生是他所关心的一个话题。当时对水的研究还处于起步阶段，起因通常是为了研究霍乱和伤寒的暴发来源。例如，1832年的亚洲霍乱疫情促使纽约市改善了供水条件，1854年新奥尔良的黄热病疫情使该市开始研究其排水和污水问题。直到1893年，劳伦斯工程实验室的海勒姆·米尔斯（Hiram Mills）才开发出了第一个开放式慢砂滤池，用于生产安全饮用水。到1911年，大约20%的城市人口饮用过滤水，并且开始用氯来处理水。随着城市越来越多地利用其边界以外的水库，垃圾处理的问题变得更加严重。大多数大城市简单地把污水排入邻近的河流。这个问题源于19世纪的两种观念：污物是引起传染病的根本原因，活水可以自己净化。④ 1903年，堪萨斯河（亦称考河）及其支流淹没了堪萨斯州的东北部和中部，造成了致命的伤寒疫情，特别是对托皮卡和堪萨斯两个城市的大型社区造成了严重的打击。

---

① Dodge City Times, September 12, 1890; Dodge City Democrat, October 4, 1890;
② Robert Lewis Taylor, "Swat the Fly! - Ⅱ", The New Yorker, 24 July 1948., p. 28.
③ Crumbine, S. J., Great Names in American Medical History, Postgraduate Medicine, 35 (3), A-170, 1964.
④ Gerald N. Grob, The Deadly Truth, Cambridge, MA: Harvard University Press, 2002, p. 188.

克拉宾根据堪萨斯州的堪萨斯城和托皮卡的伤寒死亡人数估计，仅这两个城市可能就有1500例伤寒病例。第二年，当他成为卫生委员会秘书时，他发现没有任何州法律可供卫生委员会使用，来控制堪萨斯州的供水和污水系统。1911年，在堪萨斯科学院学报上发表的一篇题为《地下水污染》的文章中，克拉宾警告说，外屋和污水池的不明智布局可能会导致饮用水受到污染，受污染的水很快就会在山上找到它的位置，进入邻居的井，然后这些井将被用于园艺、做饭、饮用、洗澡而传播疾病。他观察到，阿肯色河和堪萨斯河沿岸人口密集社区的水井"特别容易受到这种形式的地下水污染"。除此以外，小城镇和社区还将污水排入粪池或废弃的井中。他在烟山河岸边的一个小镇上测试了一口水井，在里面加入了硫酸铁溶液。48小时以后，用户们都可以品尝到铁的味道。他的测试表明，用户也在饮用稀释的污水。小镇上的许多水井，都有谷仓和厕所排出的水流进来，成了伤寒、腹泻、痢疾和霍乱的源头。此外，寄生虫的卵也会进入吸收者的肠道。他向堪萨斯大学工程学院寻求帮助。学院的院长马文担任卫生委员会卫生顾问并任命W.C. 霍德（W. C. Hoad）教授为委员会的卫生工程师。之后马文和霍德制定了一部出色的供水和排水法，克拉宾从议会那里获得了批准。[1] 克拉宾医生的工作促成了"堪萨斯州饮用水净化条例"的实施。到1914年，堪萨斯州拥有污水处理厂的城镇数量排名全国第四，因为该州与污染水的斗争起步较晚，所以这是一个令人羡慕的记录，同时这也是克拉宾可以引以为荣的记录。

除了水的卫生，在克拉宾的一生中，他还提倡一系列的食品安全问题。国会在1888年颁布了一部内容有限的法律。该法案以1875年的英国法律为蓝本，试图禁止在哥伦比亚特区（DC）生产和销售掺假食品和药品，国会对掺假食品和药品实施全面控制。第二年，堪萨斯议会根据哥伦比亚特区的法律制订了一项简单的控制计划。该计划禁止生产或销

---

[1] R. Alton Lee, From Snake Oil to Medicine—Pioneering Public Health, Praeger Publishers, 2007, p. 37.

售掺假食品、药品和饮料，如果它们和（1）与《美国药典》（United States Pharmacopoeia）规定的强度、质量或纯度标准不一致；（2）混合或提取的物质会降低、折损或对其质量、强度或纯度产生不良影响；（3）完全或部分由患病、分解、腐烂、受感染或受污染的物质组成。该法还禁止对这些产品进行染色、粉化、着色、混合或涂抹，以掩盖损坏或劣质，并对违法者处以25—100美元的罚款和/或在县监狱中监禁30—100天。[1] 然而，这部没有权威的法律执行起来断断续续，直至最终不复存在。

1891年7月31日，托皮卡的伯纳姆—克鲁普克杂货店老板C.L.伯纳姆（C. L. Burnham）出售了一磅坏的土耳其摩卡和爪哇咖啡。据该市的分析化学家N. D. 丘奇（N. D. Church）描述，它的构成大约包含50%的坏咖啡浆果和50%的菊苣根和干豌豆，菊苣根和干豌豆的比例是2∶1。克拉宾从自己的工资中拿出20美元购买了一些常用的杂货。他把样本送到了委员会的官方化学家堪萨斯大学化学系主席E. H. S. 贝利教授那里进行分析。贝利发现这些食品中含有掺假物、防腐剂和色素。为此，他在1906年1月发表了一篇令人震惊的报告，同时他还写了一本小册子，其中介绍了一些程序，妇女们可以使用这些程序在简单的厨房测试中检测食品和饮料中常见的掺假品。[2] 从此开始，克拉宾的委员会和大学科学家之间开始了合作，这种合作后来扩大到堪萨斯大学医学院和曼哈顿的堪萨斯州立农业学院。

克拉宾也进行了自己的测试。他测试了阿摩尔公司的"防腐牛肉"，美西战争中的士兵们声称它杀死的人比西班牙的子弹杀死的人还要多。他从市收容中心里借来了3只小狗，并给它们提供特殊的饮食。一只狗被喂食掺了硼砂的肉，硼砂是当时常见的防腐剂；另一只被喂食含有苯甲酸盐的肉，苯甲酸盐是另一种广泛使用的防腐剂；第三只狗被喂食的

---

[1] R. Alton Lee, *From Snake Oil to Medicine—Pioneering Public Health*, Praeger Publishers, 2007, p. 38.

[2] Thomas Neville Bonner, *The Kansas Doctor*, Lawrence: University of Kansas Press, 1959, p. 125.

肉没有添加防腐剂。喂了6周后，吃硼砂的狗增加了1磅，吃苯甲酸盐的狗增加了3磅，吃鲜肉的狗增加了6磅。这使他确信，不应该再使用防腐剂，或者最好也得保守使用。虽然很多制造商们认为，气候差异和长途运输需要这些掺假物，以保护产品。然而，他坚持认为，大多数使用的防腐剂是为了掩盖劣质产品，防止产品进一步变质。克拉宾允许在食品和饮料中有限地使用煤焦油染料，但他坚持认为要诚实地标注所使用掺假物的种类和数量。[1]

随着关于掺假产品的科学证据的出现、公众对克拉宾净化运动的广泛支持，克拉宾说服了议会颁布一部纯净食品和药品法。1907年3月，州议会基本上重新制定了《1889年堪萨斯法》的条款，同时也为了能够充分执行而做了一些重要补充。州卫生委员会获得授权，负责制定、发布和执行有关掺假食品、药品和饮料的规章制度，条件是这些规则和条例要符合国家农业部的条例。分配给堪萨斯大学药学院的任务是根据《美国药典》中制定的标准来检查药品。委任给堪萨斯大学和堪萨斯州立农业学院类似的职能，进行食品和饮料的测试，同时授权这些机构雇用化学家从事此类工作。参议院以32票赞成对0票反对通过了这项法案，下议院的投票结果是77∶3。[2]

克拉宾还面向批发商和零售商集团做了无数的报告，告诉他们他的目的是预防，而不是惩罚，以及确保他们了解法律，不至于无意间违反。他要求他的执法官态度克制，并要会使用技巧，而公众也逐渐意识到他不是一个追求轰动效应的人，而是在试图帮助和保护他们。他与约翰·克兰汉斯（John Kleinhans）一起在1907年堪萨斯仲冬博览会（Kansas Mid-winter Exposition）上举办了一场纯净食品展，他们拿来两种食品，一种是纯净的，另一种是买来时的状态，用这两种食品来说明如果遵守了法律，食品应该是怎样的。克拉宾医生还在全州的妇女俱乐部里使用

---

[1] *Topeka Daily Capital*, June 23, 1907; *The Merchants Journal* (Topeka), September 22, 1906.

[2] *Kansas Senate Journal*, 1907, p.387; *Kansas House Journal*, 1907, p.750; *Kansas Laws*, chap.381.

了戏剧性的食品微观演示技术。对抛光咖啡、有色醋、错贴标签的啤酒、柠檬水饮料进行了分析。他向母亲们发出警告说，她们的止咳糖浆实际上是在抚慰她们的孩子，因为止咳糖浆酒精含量高，孩子们喝后会变得醉醺醺的。他曾警告说，温斯洛（Winslow）夫人的舒缓糖浆中含有吗啡和硫酸盐，而莫菲特（Moffett）医生的提丝纳（Teethina）出牙粉中含有鸦片粉。伴随着这些曝光，堪萨斯医学协会发起了一项运动，从报纸上删除了专利药品广告。①

三 与苍蝇及传染病的斗争

克拉宾在1905年发起了一场声势浩大的运动，使得全世界永久地把他的名字和他的口号"拍苍蝇"联系在一起。他的改革运动始于他对一份军事研究论文的研究。在美西战争期间，军队派遣医生沃尔特·里德（Walter Reed）、爱德华·莎士比亚（Edward Shakespeare）和维克托·C.沃恩（Victor C. Vaughn），研究了伤寒对田纳西州奇克莫加公园（Chickamauga Park）所驻扎士兵的破坏性影响。他们在混乱的帐篷里发现了苍蝇，苍蝇毛茸茸的腿上带着给厕所消毒所用的石灰，黏附在食品上。如果这些无处不在的苍蝇能把石灰带到人们的食物中，那么显然它们也能从粪便中带来数百万致命的杆菌。他们通过对样本的生物测试验证了这个初步推断。克拉宾医生发现了"令人遗憾"的情况——人们忽视了这个警告。于是，克拉宾试图制订一个行动计划：第一，深入细致的公共卫生教育计划；第二，建议用刚刚开始采用的金属网消除建筑物内的苍蝇；第三，消除苍蝇繁殖地。

首先是对公众进行充分的教育。克拉宾着手通过他最著名的宣传运动来实现这一目标。但他面临着一项艰巨的任务，即克服人们认为苍蝇烦人但"无害"的思想。被灌输了这种观点的美国人很难怀疑常见的苍蝇是他们危险的敌人。克拉宾甚至遭到了公开的反对。克拉宾写信给美

---

① Bonner, "Kansas Doctor", *The Merchants Journal*, February 8, 1908, pp. 126-129.

国公共卫生署，撰写了 10 页关于苍蝇生命周期及其习性的稿件，文章告诉读者们以下事实：苍蝇的孵化期为 10 天，"蛆或蠕虫"是"对牲畜运动场上家禽的主要诱惑，一般雌蝇可产 120 枚卵，假设其中一半是雌性的并且在一般季节可繁殖 13 次，那么后代的数量是巨大的。他还指出：一位著名的生物学家在一个苍蝇斑点上就发现了 5000 个结核病菌；而另一位生物学家则发现，杆菌从接触了结核病患者痰液的苍蝇身上传下来 15 天后仍然是活的。克拉宾宣称，州细菌学家发现结核病患者痰液中含有普通家蝇的活幼虫。他还在《昆虫简报》特刊上发表了一篇文章，这是一份 4 页的传单，他的传单上写着这样珍贵的警告语："这只出生在粪堆里的苍蝇，正在品尝你的咖啡，在你的奶油里洗澡，在你的糖浆里扮演'兔子兄弟'和'柏油娃娃'。"他还贴出了巨大的 10dm × 16dm 的海报，展示在邮局和公共建筑内。普通民众可能无法理解科学家和他的显微镜的功能，但可以理解克拉宾医生在解释这种威胁时使用的语言。

1905 年的一天，克拉宾收到韦尔城（Weir City）一所公立学校的老师弗兰克·H. 罗斯（Frank H. Rose）寄来的一封信，说明自己在那里组织了一个童子军，表示愿意为克拉宾的"净化、整修"运动提供帮助。克拉宾把文献、计划和防蝇示范条例发给了罗斯老师。罗斯把这个城镇分成了几个区，每个区都分派一组童子军，他们拿着耙子、锄头和铲子；市参议员们提供马车，从街道和小巷里运走垃圾和成堆的粪便。罗斯还买了一卷金属网，把它切成小方块，然后钉在木棒上并给镇上的每户人家都送了一个这样的小网，他将其称为"苍蝇拍"。[①] 当地报纸刊登了有关这些活动的报道，使这些活动得到了进一步的宣传。克拉宾医生从这一事件中总结出，如果提供有能力的领导，人民、社区或城市都会在任何合理可行的卫生项目中进行合作。而关于这次公共健康运动的名字，则源于一场棒球比赛的启发。在参加本赛季棒球比赛的开幕式时，克拉宾在听到球迷大喊"用力击出飞球"（swat a fly），这导致克拉宾创

[①] Harriet S. Pfister, *Kansas State Board of Health*, Lawrence：University of Kansas Governmental Research Center, 1955, p. 46.

造了"拍苍蝇"（Swat a Fly）这一口号。这句话传遍了全美国，传到了欧洲、亚洲和世界各地。现代苍蝇拍诞生了！克拉宾的名字永远和这个朗朗上口的口号连在了一起，他把常见的苍蝇从儿童的朋友变成了公共卫生中最大的敌人之一。

从某种意义上说，"打苍蝇"行动只是克拉宾减少传染病传播的传奇努力的冰山一角。1908年秋天，来自世界各地的4000名代表聚集在华盛顿特区参加国际结核病大会，这是世界范围内抗击白色瘟疫斗争迈出的一大步。美国国务卿伊莱休·鲁特（Elihu Root）欢迎了这些官员，包括来自德国的科赫（Koch）和来自法国的阿尔伯特·卡尔梅特（Albert Calmette），克拉宾作为美国公共卫生署的代表出席了这次会议。会后克拉宾决定在堪萨斯建立一家结核病疗养院并获得一部法律，要求医师报告结核病病例。

该州结核病导致的死亡人数以惊人速度增长。卫生委员会统计学家J. W. 迪肯（J. W. Deacon）向代表们展示了他在托皮卡城编制的一张图表。卫生报告指出，1907这种疾病导致480人死亡。这相当于城市人口的12.62%。如果将这一比例应用到之前十年的州平均人口，相当于每年有2084人死亡。代表们组成了堪萨斯州结核病研究和预防协会，并选举克拉宾为主席、堪萨斯大学校长弗兰克·斯特朗（Frank Strong）为副主席。[1]

抗击人类结核病和抗击牛结核病之间有紧密的联系，因为感染的牛会通过奶制品和牛肉传播给人类。1912年，威廉·H. 帕克和查尔斯·克鲁穆里德（Charles Krumuride）证明了肠道结核病和一大部分的儿童结核病源于受污染的牛奶，"因此迫切需要消除牛结核病，或者用巴氏灭菌法对牛奶杀菌，或者两种方法都用"。然而，直到联邦或州的计划在1917年实施时，认真的消灭工作才开始。

作为对抗结核病斗争的一部分，克拉宾立即在堪萨斯开始了净化牛

---

[1] Marion M. Torcha, "The Tuberculosis Movement and the Race Question, 1890–1950", *Bulletin of the History of Medicine*, 49 (Summer 1975), p. 152.

奶的工作。他提出了一个示范法律，供各城市实行，即每个销售者必须取得执照，每个城市指派一名牛奶检查员，检查是否有任何患传染病的人销售牛奶，检查是否有来自病牛或脏罐的牛奶。该检查员必须抽取牛奶样品，并将样品送给堪萨斯州立农业学院的奶制品检测人员进行检测。

另一项举措则是禁用公用水杯。家庭、学校、火车和公共建筑内都会提供公用饮水杯，这种传统在欧美已经有好几个世纪了。在1906年州卫生官员年会上，讨论了铁路上的不卫生状况，其间有人提出了公用饮水杯的问题。但会议只是通过了车厢卫生清洁规定，却忽略了杯子的问题，尽管大家都认为公用杯子会带来严重的健康危害。[①]

为了得到相关证据，让卫生委员会制定反对公用水杯的规定，以确信在法庭诉讼中会得到支持。克拉宾劝说巴伯教授用一周时间对进入堪萨斯城联合车站的火车上的所有水杯采集拭子样本。他则对堪萨斯州怀恩多特（Wyandotte）的公立学校的水杯采集拭子样本。在收集到了充足的科学证据，并证明其有危险性后，他联系了在堪萨斯州运营的铁路公司的总经理们。在他做了解释之后，他们同意遵守他希望推行的卫生委员会的规定，即取缔火车上、学校里以及公共建筑里的公用水杯。卫生委员会发布了他所要求的法令，使之于1909年9月生效。

堪萨斯州是第一个扔掉公用杯子的州，克拉宾在这方面的工作在全国范围内得到了大力的宣传。在堪萨斯卫生委员会禁止使用公用水杯的1909年，波士顿的休·摩尔（Hugh Moore）和他的姐夫劳伦斯·卢伦（Lawrence Lullen）一起发明了圆锥形打褶纸杯，这就是广为人知的便士杯（Penny Cup）的雏形。他们组建了公用杯子供应商（Public Cup Vendor）公司来向铁路系统出售他们的机器和杯子。它极大地推动了全国范围内禁止在学校和其他公共场所使用公用水杯的运动。[②]

克拉宾还发现通过教育能帮助到很多人。他在1909年劝说州议会拨款2000美元，用于结核病的巡展。展品包括卧室模型、帐篷、睡袋，以

[①] G. V. (Trudy) Martin, "Dr. Crumbine's Health Bricks", *International Brick Collectors Association Journal*, 5 (Spring 1987), p. 4.

[②] http://ww2.lafayette.edu/~library/special/dixie/dixie.html.

及卫生和不卫生家庭的照片,这些照片是"从堪萨斯州实地拍摄的"。一个牛奶场模型展示出来了,另一个展品是一架立体感幻灯机,它让图画在一块大屏幕上闪现。他以电影的形式讲述了一个故事,介绍了苍蝇以及苍蝇是如何传播疾病的,包括结核病。这一巡展到了该州的每一个县,在小城镇分发资料给学校的孩子,其中讲述了结核病的故事以及如何与之斗争。他知道教育公众的价值,特别是年青一代,告诉他们结核病意味着什么、怎样预防,以及怎样帮助患病者。他还在全州提供了用具包,用于收集疑似结核病患者的唾液样本,寄送到托皮卡做免费检测。这样的服务以前是收费的,而这种收费"阻止了普遍接受此类检查的机会"。这次巡展是第一次以州拨款的名义开展的,其目的是预防疾病,使该州处于那一代人最重要卫生运动的最前沿。

四 保护儿童的健康

20世纪初,"卫生措施的改进、更好的营养、个人卫生状况的改善和医疗知识的增强"[①],使克拉宾和州卫生委员会更好地推动了婴儿和儿童护理工作。

从1880年开始,由于消化和营养失调导致的死亡率较高,所以工作重心从关注婴儿环境转变为关注婴儿喂养方式。之后,在19、20世纪之交,改革者开始集中关注母亲身份问题以及母亲生育和养育健康婴儿的能力问题。S. 约瑟芬·贝克(S. Josephine Baker)医生成为纽约市针对婴儿高死亡率的公共卫生运动的幕后推手。到1908年,她成功说服了该市卫生委员会,组建一个以她为首的儿童卫生处。她设计了一个针对母亲教育的计划,开发了"几种拯救婴儿的方法,这些方法被全国的卫生部门效仿"。克拉宾决定尽力为堪萨斯州设立一个类似的部门。在这一领域,克拉宾凭借其名声吸引了全国的关注,使他更好地促进公共卫生的

---

① Charles R. King, "Childhood Death: The Health Care of Children on the Kansas Frontier", *Kansas History*, 14 (Spring 1991), pp. 26–30.

职业生涯进入了最后一个伟大的阶段。①

在克拉宾的支持下,儿童发展委员会成立了。然后,这个团体决定向下一届议会请愿在州卫生部门之下设立一个类似的儿童卫生处。之后不久,借助于克拉宾的宣传帮助,一个叫州优秀公民联盟的团体在恩波里亚举行会议,并决定加入这项运动。克拉宾继续起草必要的立法,议会在其1915年的会议上通过了这一法案。该法案指导卫生委员会创建一个儿童卫生处,儿童卫生处的职责"包括发布婴儿护理和儿童卫生方面的教育文献资料,研究导致婴儿死亡的原因,以及采取预防措施以预防和抑制婴幼儿期的疾病"。这成为继纽约之后美国第二个儿童卫生处。

新的儿童卫生处在塞缪尔·克拉宾监督下于1915年7月1日正式启动,他选择来自纽约市的莉迪娅·艾伦·德维尔比斯(Lydia Allen DeVilbiss)医生来管理该处。其中"沃伦车厢"(它是以克拉宾儿子沃伦的名字命名的)被证明是儿童卫生处最引人注意、最有效的活动。1916年,普尔曼公司捐赠了一节火车车厢,克拉宾和他堪萨斯州结核病和卫生协会主席的继任者查尔斯·H.莱里歌(Charles H. Lerrigo)将其转变为一个公共卫生展品,在全州巡回展出,以推动进行的对抗结核病和改善儿童健康的运动。

"沃伦车厢"在全州巡回展览了5年,展出了关于婴儿和儿童护理的内容。他们向城市官员、俱乐部妇女、学校管理人员和报社发送了先进的宣传资料。当它到达镇上时,电话接线员会给乡村居民打电话。车厢有一个部分使用木偶来传递关于新鲜空气、锻炼、正确食物和衣服重要性的信息。母亲们可以让公共卫生护士检查她们的婴儿,并接受关于儿童保育的建议和资料,而且这项服务是免费的。②

1923年克拉宾成为美国儿童卫生协会公共关系处负责人,并于1925年5月16日成为总负责人。在1923年至1926年,儿科医生、美国儿童

---

① Richard A. Meckel, *Save the Babies*, Ann Arbor: University of Michigan Press, 1998, pp. 5 - 6.
② Frank M. Chase, "Taking Health to Kansas in a Railroad Car", *The Dearborn Independent*, October 8, 1921, p. 12.

卫生协会秘书菲利普·范·因根帮助十几个州的卫生部门更新了他们的出生登记程序。1932年，在克拉宾的推动下，出生登记区域覆盖了全国。

克拉宾还组织了86城调查，即在86个人口4—7万的城市进行调查，5名受过训练的调查人员收集了这些城市关于"儿童公共卫生工作计划"的数据，并公布他们的调查结果。问卷包括11个类别，用于评估社区及其卫生工作，包括生命统计、传染病、学前卫生、卫生和健康指导。这份614页的报告"使社区仔细考虑了其工作的效率"，因为他们的平均得分只有50%。这成为协会对改善儿童健康最持久的贡献。[1]

这项任务之后，胡佛建议对学校卫生活动的评估进行追踪。这项工作充其量只有25年的历史，而且没有现成的方法来测算这些计划，甚至没有统一的、可接受的儿童健康标准。克拉宾的工作人员随后花了18个月的时间，开发了"方法模式和测算方法"。然后，3个5人小组分别进行实地调查，调查了70个城市并收集统计数据。此外，学校还制订了定期疫苗接种计划，并由校医定期进行体检。结合这项工作，在156个城市和42个州的农村地区对2—6岁的学龄前儿童进行了调查。克拉宾指出，这份报告"列出了有史以来此类调查中最细致的结果，并首次提出了一个全国性的指数，表明我们在从出生到6岁这一非常重要的时期内保护孩子的程度"[2]。

塞缪尔·克拉宾的纯净牛奶运动也对儿童健康作出了重大贡献。86城调查显示，全国约25%的儿童不喝牛奶，并且他们消费的牛奶大多是被污染的。因此，儿童健康运动与牛奶运动应更好地"携手并进"[3]。通过研究，克拉宾提出了生产有益健康的市场牛奶的原则：（1）在可行的情况下应该要求进行巴氏杀菌（加热到大约145华氏度，在该温度下保持约30分钟，然后冷却到50华氏度）；（2）应该要求采取卫生的生产方式；（3）生产者和卫生官员之间的合作最有利于改善；（4）在各地方没

---

[1] Giglio, "Hoover and the ACHA", pp. 437–438.
[2] Van Ingen, "American Child Health", pp. 20–22.
[3] John Duffy, *The Sanitarians*, Urbana: University of Illinois Press, 1992, p. 207.

有牛奶控制规定的情况下，州必须承担责任。然而，此时的牛奶检验技术相当原始，监管也很容易被规避。塞缪尔·克拉宾在1925年进行了一次全国调查，以确定这些原则的实施情况。他派了一辆汽车巡游，把一个箱子固定在一个从后面伸出来的车架上。箱子是一个小实验室，司机是化学家查尔斯·F. 克里斯曼（Charles F. Crisman）。克里斯曼的行程包括婴儿死亡率高的社区和那些没有牛奶控制计划但需要实施计划的社区。克里斯曼在到达之前首先获得了各州卫生和农业当局的关注和支持。他还获得了细菌学家、兽医和检查员的服务。牛奶场是随机选择的，在每个地点都选择了一瓶可以交货的奶。随行的兽医检查了奶牛是否有结核病。许多奶场主很重视这项服务，因为这为他们节省了要付给牛奶厂检查员的费用，而检查员可能会因同样的工作收费100—500美元。[①]

这个流动实验室访问了一个又一个州，之后，儿童卫生组织的一名代表与妇女俱乐部、学校官员、奶场主和有兴趣的市民一起开会，进行追踪，以引起人们对建立当地牛奶监督中心的关注。大型经销商开始与卫生部门合作，因为他们意识到，与法规抗争是徒劳的，另一方面，严格的执法可能会迫使那些小竞争对手破产。据白宫会议调查报告，到1930年，大约250个社区执行了《标准牛奶条例》，但牛奶改革的实施进展缓慢，特别是在美国的中小型城市，为清洁牛奶产品的斗争一直持续到20世纪30年代。

五　总　结

克拉宾医生在很多方面都取得了巨大的成功，为公共卫生事业留下了终生的贡献：打击掺假食品和饮料，抵抗结核病的传播，主张开展更好的供水和污水处理系统运动，改善儿童卫生状况，以及针对卫生官员、全职的县卫生单位和生命统计数据记录的年度学校教育，这些都在美国

---

① R. Alton Lee, *From Snake Oil to Medicine—Pioneering Public Health*, Praeger Publishers, 2007, p.173.

20世纪美国公共卫生学家塞缪尔·克拉宾及其贡献

的其他州被效仿。他曾经相当骄傲地说："堪萨斯州领先，其他州紧随其后。"为了纪念他，1954年美国设立了塞缪尔·J.克拉宾消费者保护奖，1955年首次颁发，获奖项目中的关键人物通常是卫生官员、食品项目的直接主管和首席保健人员，这些奖项会在国际食品保护协会、国家县市卫生官员协会和国家环境卫生协会的年度会议上颁发。这个以他的名字命名的奖项，不仅是对克拉宾医生一生和成就的致敬，也成了衡量公共卫生服务卓越的标准。

克拉宾医生留给美国和各州的最大遗产是一种新型的公共卫生系统，一种既能保持健康又能促进健康的公共卫生系统。虽然克拉宾在堪萨斯州所创造的公共卫生系统在他离开后并没有完好无损地保存下来，但他作为该领域先驱之一所作的贡献却产生了持久的影响。当今世界上的许多成年人，有很多时候都得益于克拉宾医生所推广的卫生常识，其中有一些人，甚至他们的存在，都得益于这位克拉宾医生。正如历史学家杰拉尔德·格劳博所指出的，婴儿死亡率的下降导致了预期寿命的增长和老年人发病率的增加，这是任何社会都乐意接受的一种折中。人口统计学家将这称为第二次流行病学革命，克拉宾医生对此作出了重大贡献。在他的职业生涯中，诸如波士顿、纽约和费城等东部城市以及密西西比河以东的几十家报纸都认识到了他的开创性工作。他为公共卫生官员举办的年度学校教育也吸引了来自东海岸和其他地方的报名者。来自哈佛大学、麻省理工学院、约翰霍普金斯大学和其他沿海地区顶尖大学的科学家们利用他的思想和著作来学习和效仿。

所有这些成就的获得，除了因为时代的进步，科学的发展，最终还要归功于克拉宾医生对健康教育手段的充分利用。他"很早就知道我们常常因为无知而遭受痛苦，而我们可以通过获取知识来摆脱痛苦"[①]。他认为必须教育他的病人和公众，摆脱他们的迷信思想，摆脱那些无稽之谈，摆脱他们缺乏关于自己和自己身体危害方面常识的状况。只有当公

---

① Samuel J., Crumbine to the Meade Workshop, January 8, 1952, Series 16, Post-American Child Health Association Folder, Crumbine Papers.

众充分认识到某种疾病或公共卫生状况的危害后，才会自觉地遵守一系列公共卫生的条例或法规。

但更为重要的是，在执行这些规则时，克拉宾医生是毫无私心的。他认为：任何工作受到支持或普遍认可必须基于三条基本原则：第一，满足公众的需要；第二，让公众了解这一需要，以及为充分满足这种需要而使用的手段和措施；第三，对所有有关的利益方和人员应公正、明智、无畏和公平地开展工作，始终牢记的是要达到的目标而不是可能涉及的人。他不仅在推行食品和药品控制措施中，而且在所有改善公共卫生的活动中都客观地遵循了这些原则。他的成就不会随时间的流逝而消失，他的策略更值得公共卫生领域的同人们借鉴。

Samuel J. Crumbine, American Public Health Scientist in 20th Century, and His Contributions to Public Health

Xia Yuanyuan[*]

Abstract: At the beginning of the 20th century, the public health situation in the United States did not change significantly with the development of bacteriology, and people's health habits and living environment were still bad, especially in the poorer western areas of the United States. Samuel Crumbine, a public health scientist, became a national model for improving water and food hygiene and promoting legislation through his unique approach to health education. He also used the same strategy to win the fight against infectious diseases, and he pushed for vital statistics to improve the health of children. Reviewing Dr. Crumbine's life and contributions can provide historical lessons for contemporary public health strategies.

Keywords: Public Health; The United States; Samuel J. Crumbine; Food Satety; Infectious Diseases

---

[*] Xia Yuanyuan, Research Center of Medical History, Nanjing Medical University.

编　后　记

　　《白鹿塬论丛》第一辑的编校工作终于结束了！此时，从创刊的设想、计划；联系出版社，组稿、审稿、修改、送审；校对：一校直到四校；反复审定封面……这些无休止的技术工作已经压得人毫无生气，没有再写作的欲望。但是，面对即将付印的校样，还"兴不由衷"地写一点感想，这不仅是常规的编辑工作，也是《白鹿塬论丛》的特殊性所致。

　　首先，要诚挚感谢本刊的编委会主任、西安思源学院校长、全国民办教育创新协作联盟理事长周延波先生。作为一个民办教育家，他在2014年即以一般人少见的文化视野和魄力，在刚刚告别蛮荒的白鹿塬上，领导创建了陕西省乃至大西北第一个"留学生与现代中国研究中心"！为最具中华民族底蕴和文化特色的黄土地，与近代以来中国最具现代科学文化的留学生群体搭建了探索、研究的平台！

　　也正是因为有此依托，西安思源学院的留学生研究在白鹿塬莽苍苍的黄土地上起步，执着前行，取得了一系列成果如论文、论著、项目等，举办了多个学术会议，获得了多方赞许，先后获得了欧美同学会留学报国思想与实践研究基地、陕西高校哲学社会科学研究留学生与中国现代化研究基地等称号！

　　于是乎，一个新的念头也随之而萌生，这就是创办一个学术刊物，《白鹿塬论丛》也就在此情境下诞生！其主旨在前面的"发刊词"中已经表明。在此还想说的是，今天中华民族的复兴任重而道远，需要完成的事务千千万万，崇洋媚外不可取，妄自尊大同样不可存；唯有立足黄土地，放眼向洋看世界，在全面继承中华民族优秀传统文化的基础上，广泛博纳人类的一切优秀文化，从根本上更新中华文化，才能真正提高民族精神的境界，推动民族复兴大业的完成。历史上的留学生群体为"索我理想之中华"（习近平语）已经建立了不朽的功勋，当代的留学生更肩负促进中外文化交流和"科教兴国"的重任。这对于新创建的《白鹿塬论丛》而言，也是应该彰显的一个特色。

因此，本期的第一个栏目就是"留学生与中国的社会发展"，编发的4篇文章，从不同的角度论述了这个问题：苗丹国等的文章结合共产党建立百年，从一个侧面展示了共产党与留学生的关系；李清等的文章通过对留德专家李仪祉水利思想的追溯，肯定了他之所以能够在水利事业上造福中国，就在于能够融汇中西的水利理论和实践；贾辰飞的文章虽然是对抗战时期留学生与西北工学院就职关系的研究，但对于今天大西北如何吸引留学生人才仍然具有启迪；鲁芳的文章则对目前形势下东盟来华留学教育问题进行了多方面研究。

"教育 修身研究"栏目的内容，与当今中国高校对大学生思想政治教育的整体情况一致。张海鹏先生的文章，以一个历史学家的经历和感受，强调了大学生具有爱国意识的必要；姜建成的文章具体地论述了加强当代大学生思想政治教育的方法；吴克峰的文章不同于一般的关于"壬戌学制"和胡适的研究，指出胡适参与"壬戌学制"的制定，是他学术思想"再造文明"的一个实践。

"文艺学 美学研究"编发了6篇文章：李继凯的文章是为纪念鲁迅诞辰140周年而作，一反常人"鲁迅是破坏型、批判型人物"之论，强调鲁迅的"人生与文化理想就是要立人立家立象"；赵惠霞的文章质疑了柏拉图提出的"美是什么"的问题，认为"美学的现代转换"，关键是要转换思维方式；刘宁之作的新意是：以陈忠实小说《白鹿原》的问世为标志，"白鹿原"从历史上一个纯粹的地名，又转化为一个新的独立的文学意象；杜睿的文章从"地理空间"这个视角切入，不同于于常见的延安文艺问题的研究；王敬艳等人的文章提出，大数据对大众审美的影响有值得注意的两面性：既能预测用户的审美需求，也能够助推文艺创作的模式化倾向，扼杀作家的创作灵感。周牧之作综述了近年来对中国画学研究会研究的情况，肯定了该会"精研古法，博采新知"的宗旨，也指出了实际上"博采新知"的不足。

"文化 历史研究"栏目两篇文章：刘吉发的文章以理论见长，用文化学的理论对中华原文化进行了分析，强调了中华原文化的历史价值和现实意义；傅德元的文章则以具体案例为中心，梳理了无锡淮湘昭忠祠的修建过程，认为淮军的历史遗迹值得综合研究。

"医学人文 公共卫生研究"栏目，紧密结合近年来新冠疫情的现实，对有关公共卫生的问题进行了探讨：德国 Heiner Fangerau 院士和李雪涛的对话文章，追溯了人类历史上主要传染病的情况，对时下新冠疫情期间出现的"污名""阴谋"等问题进行了探讨。王勇的文章详细地梳理了北京协和医学院早期高等护理教育的历史，对当今的护理教育等当有启示意义。朱素颖的文章以档案为基础，属于学术传记，还原了我国第一代生理学家林树模的一生。夏媛媛的文章评述了20世纪美国著名的公共卫生学家塞缪尔·拉宾的一生及其贡献，或许"可以攻玉"。

一言以蔽之，具有深厚中国历史和中华文化底蕴的白鹿塬，乃是《白鹿塬论丛》的出生和栖息之地；或者如《发刊词》所说，《白鹿塬论丛》乃是一只新生的雏凤！其声或许稚嫩，但是真诚；或许细微，但是健壮！孰优孰劣，不敢自诩，诚望见之者评之论之褒之，闻之者笑之悦之察之。

蓝田人在白鹿塬的出现，是白鹿塬文明史开始的起点；陈忠实小说《白鹿原》的出版，使白鹿原获得了独立的文学意象；而《白鹿塬论丛》的问世，则标志着白鹿塬前所未有地进入了探讨中外古今的天地，将来或许能够成为"白鹿塬学术"的符号。在此馨香以祝！

谢谢所有催生、助产《白鹿塬论丛》的领导、专家、作者、编辑；也提前谢谢将来阅评《白鹿塬论丛》的读者！

周棉写于《白鹿塬论丛》清样校毕中

征稿启事

由陕西高校哲学社会科学重点研究基地西安思源学院留学生与中国现代化研究中心主办的《白鹿塬论丛》，已与权威的中国社会科学出版社签订出版合同，特向国内外专家、学者、老师征约稿件。

▲《白鹿塬论丛》为综合性的哲学社会科学类学术刊物，暂定为年刊，每辑26万字，发表中外留学生研究、哲学社会科学、人文科学和交叉学科等各个学科门类的学术文章。设有"留学生与中国社会发展研究""白鹿塬论坛"（侧重古今陕西研究）、"东南亚研究""教育研究"等专栏。

一、指导思想：坚持"二为方向"，贯彻"双百"方针，立足白鹿塬，立足陕西原点，从留学生的视角和全球的视野，从跨文化的高度和广度，极目五洲四海，研究中外古今，繁荣、更新中华传统文化，研究中国的现代化；探索人类文明进程和社会发展规律；培养学术新秀。

二、内容要求：注重真正的学术性、原创性、学科交叉性和陕西地方特色。观点明确，言必有据，逻辑严谨，条理分明；谢绝非学术的陈词滥调、标语口号式文章。

三、语言要求：用语规范，明白晓畅；避免欧化，杜绝长句子；标点正确。

四、字数要求：9000—15000字。特殊稿件可更长，与编者商讨。

五、学术规范：

1. 正文题目：2号宋体，居中，上下各空一行。
2. 作者姓名：最多3人，4号宋体，居中，上下各空一行。

3. 内容摘要：300字以内，注意摘录主要观点，不要用"本文通过……、反映…..."这种写法；用小4号楷体，1.5倍行距。

4. 关键词：3—5个；用小4号号楷体，1.5倍行距。

5. 正文：小4号宋体，1.5倍行距；第一页下面依次署上：

投稿日期：如：2022—2—4；

基金项目：本文为XXXX项目（编号）的成果；

作者简介：150字以内，包括姓名、籍贯、任职单位、职称、学位，主要研究方向。

6. 全文结束后，加上英文翻译，包括正文题目；作者姓名、单位；内容摘要；关键词。

7. 数字用法：公历世纪、年代、年、月、日、时间和各种计数、计量，均用阿拉伯数字。

8. 引证规范：见另文。

9. 投稿邮箱：bailuyuanlc2021@163.com

10. 联系人：秦老师；电话：18392850012；029–82604280

引证规范

《白鹿塬论丛》的引文出处一律采用脚注、圆码。

一、非连续出版物

（一）普通图书

（1）中文著作标注顺序：责任者/著作名/译者/出版年/页码

①茅盾：《神话研究》，天津百花文艺出版社 1981 年版，第 14 页。

②黑格尔：《逻辑学》上卷，杨一之译，商务印书馆 1976 年版，第 30—35 页。

（2）中文析出文献标注顺序：著者/析出篇名/文集编者/文集题名/出版者/出版年/页码

①马克思、恩格斯：《共产党宣言》，《马克思恩格斯选集》第 1 卷，人民出版社 1995 年版，第 199 页。

②范文澜：《论中国封建社会长期延续的原因》，《范文澜历史论文选集》，中国社会科学出版社 1979 年版，第 41 页。

③詹姆斯·法尔：《概念变迁与宪法变革》，谈丽译，载特伦·斯鲍尔、约翰·波考克主编：《概念变迁与美国宪法》，华东师范大学出版社 2010 年版，第 16 页。

（二）古籍

（1）一般应标注责任者、书名、卷次或责任者、篇名、部类名、卷次、版本

①王夫之：《读通鉴论》卷1。

②杨时：《陆少卿墓志铭》，《龟山集》卷34，四库全书本。

(2) 常用古籍可不注编撰者和版本

①《孟子·公孙丑上》。

②《史记》卷 87《李斯列传》。

二、连续出版物中析出文献

(一) 中文期刊标注顺序：著者/篇名/期刊名/年期

①李子建：《托克维尔〈旧制度与大革命〉中的反讽要素》，《学海》2015 年第 1 期。

(二) 报纸标注顺序：著者/篇名/报纸名称/出版年月日/版

①周扬：《三次伟大的思想解放运动》，《人民日报》1979 年 5 月 7 日第 1 版。

三、未刊文献

标注顺序：文献标题（用双引号，引用者自拟标题不用引号）/时间/藏所/编号

①"傅良佐致国务院电"，1917 年 9 月 15 日，中国第二历史档案馆藏，北洋档案 1011—5961。

四、外文文献

引证外文文献，原则上应以该文种通行的引证标注为准。

(1) 外文著作标注顺序：责任者［名 + 姓］/著作名/译者/出版地：出版公司/年/页码

①T. Basar, G. J. Olsder, *Dynamic No cooperative Game Theory*, New York: Academic Press, 1982, p. 123.

②M. Polo, *The Travels of Marco Polo*, Translated by W. Marsden, Hertfordshire: Cunberland House, 1997, pp. 224 – 225.

(2) 外文析出文献标注顺序：著者［名 + 姓］/"析出篇名"/文集编者/文集题名/出版者/出版年/页码

①G. Daily, P. B. Ehrlich, "Population Extinction and the Biodiversity Crisis", In C. Perrings, K. G. Maler and C. Jansson, (eds.), *Biodiversity Conservation*, Dordrecht: Kluwer Academic Publishers, 1995, pp. 45 – 56.

(3) 外文期刊标注顺序：著者/"篇名"/期刊名/期号/卷/（年）/页码

①J. Rawls, "A Reconsideration of Public Reason", *The Journal of Philosophy*, No. 3, Vol. 30, 1988, p. 97.